作者简介

AUTHOR

任素贤

上海市第二中级人民法院审委会委员、刑庭庭长，法学博士，全国法院办案标兵，上海审判业务专家，中国刑法学研究会理事，公安部网络安全法律咨询委员会委员，国家法官学院上海分院兼职教师，复旦大学课程实务导师，上海政法大学兼职教授，互联网企业反腐败与合规研究院研究员。

Research on Rule of Criminal Law upon Illegal Fund-raising in Internet Finance

互联网金融非法集资行为刑法规制研究

任素贤/著

北京大学出版社
PEKING UNIVERSITY PRESS

图书在版编目(CIP)数据

互联网金融非法集资行为刑法规制研究 / 任素贤著. —北京：北京大学出版社，2023.11

ISBN 978-7-301-34398-2

Ⅰ. ①互… Ⅱ. ①任… Ⅲ. ①互联网络—金融诈骗罪—研究—中国 Ⅳ. ①D924.334

中国国家版本馆 CIP 数据核字(2023)第 171670 号

书　　名　互联网金融非法集资行为刑法规制研究
HULIANWANG JINRONG FEIFA JIZI XINGWEI XINGFA GUIZHI YANJIU
著作责任者　任素贤　著
责任编辑　孙　辉　方尔埼
标准书号　ISBN 978-7-301-34398-2
出版发行　北京大学出版社
地　　址　北京市海淀区成府路 205 号　100871
网　　址　http://www.pup.cn　http://www.yandayuanzhao.com
电子邮箱　编辑部 yandayuanzhao@pup.cn　总编室 zpup@pup.cn
新浪微博　@北京大学出版社　@北大出版社燕大元照法律图书
电　　话　邮购部 010-62752015　发行部 010-62750672
编辑部 010-62117788
印 刷 者　涿州市星河印刷有限公司
经 销 者　新华书店
650 毫米×980 毫米　16 开本　22.75 印张　294 千字
2023 年 11 月第 1 版　2023 年 11 月第 1 次印刷
定　　价　89.00 元

序一

陈兴良[*]

任素贤法官在其博士学位论文基础上修订而成的《互联网金融非法集资行为刑法规制研究》一书即将由北京大学出版社出版，她邀请我写序，我感到十分荣幸。收到任素贤法官发给我的本书电子版，我首先被书名所吸引。非法集资犯罪在我国刑法学界是一个已经积累了大量研究成果的题目，但互联网非法集资则是一个具有前沿性和前瞻性的学术领域。本书在对互联网非法集资现象进行描述和分析的基础上，围绕着互联网非法集资行为的刑法规制问题进行了具有新意和创见的论述，值得嘉许。

值得注意的是，本书不是完全以罪名为研究对象的，而是以非法集资行为作为考察对象，但其在刑法中涉及两个罪名，这就是非法吸收公众存款罪和集资诈骗罪。因此，本书不完全以刑法规范为中心，而是从互联网非法集资现象切入，在现象描述的基础上再进行规范分析。因此，这一逻辑进路是具有特色的。本书书名中将互联网金融作为非法集资的前缀，具有限定本文研究主题、区别于通常的非法集资研究的蕴含。这里的互联网金融具有特定含义，是指通过互联网等技术提供货币、银行、支付、保险等在线金融服务的一种模式。本书所讨论的是发生在互联网金融领域的非法集资，只有在互联网金融这一背景的观照之下，才能清晰地揭示网络非法集资犯罪的属性。因

* 北京大学博雅讲席教授。

此,本书书名中的互联网金融非法集资,实则是互联网金融领域的非法集资的简略语。

在当前我国市场经济的背景下,经济生活中对资金的需求十分迫切,因而出现了各种集资行为。所谓集资也就是借贷,但它不是一般的生活型借贷而是生产型借贷,即以生产为目的的借贷。市场对资金的渴求引发了以高利贷为内容的民间借贷。然而,民间借贷通常发生在熟人之间,因而其满足市场对资金的需求的能力十分有限。在这种情况下,向社会上不特定对象吸收资金的集资现象在各地大量出现,为此,1997年《刑法》将这种非法集资行为规定为犯罪。值得注意的是,立法机关对该罪的罪名没有采用非法集资的通常提法,而是表述为非法吸收公众存款罪。这主要是将非法集资行为定性为侵犯金融机构吸储的垄断权,因而扰乱金融秩序。当然,在集资诈骗罪中仍然保留了集资的概念。虽然在集资者与被集资者之间存在债权债务关系,但由于这种集资活动是非法的,因而该债权债务关系并不受法律保护,而且我国《刑法》还明确地将非法集资行为规定为犯罪。非法集资现象刚开始的时候发生在现实空间,主要采用媒体、推介会、传单、手机短信等途径向社会公开宣传,因而其影响较为有限。然而,近些年来,随着互联网在社会生活中的普及,非法集资行为开始出现在网络空间,这就是本书所研究的互联网非法集资。在非法集资进入互联网领域以后,其集资的方式和内容都发生了重大变化,对刑法规制带来一定的难度,因而需要从理论上加强研究。

互联网非法集资现象不同于现实空间的集资现象,这首先表现为集资方式的变化以及由此带来的集资规模的扩大。互联网具有弥散性的特征,建立在互联网之上的非法集资平台具有跨物理空间的扩散性,因而能够吸引更多的被集资者,集资的数额相比于现实空间的非法集资的数额呈倍数增加,因而对金融秩序具有更大的破坏性。互联网非法集资还往往以互联网金融创新的面目出现,设计出各种具有迷惑性的非法集资类型。在本书中,任素贤法官描述了互联网非法集资行为模式，根据其演变和内在特性，将互联网非法集资的发展分为三个阶段：一是初始阶段，此时的互联网非法集资主要表现为网络借贷、股权众筹等形式；二是发展阶段，此时的互联网非法集资主要表现为艺术品资产份额化交易、代币发行融资（ICO）等形式；三是未来发展阶段，此时的互联网非法集资主要表现为证券型通证融资。以上归纳和分析完全符合互联网非法集资行为的演变过程，对我们把握互联网非法集资的未来发展趋势具有重要的参考价值。

例如，在互联网上最初以 P2P 形式出现的网络借贷。最初，P2P 是以金融创新的名义出现的，P2P 网络借贷平台利用网络的便利性，为借贷双方进行撮合，由此收取服务费用。但现实生活中网络借贷平台在缺乏监管的情况下，已沦为非法集资的平台，甚至利用网络借贷平台进行集资诈骗。例如 e 租宝就是一个典型。2014 年 7 月，安徽钰诚集团在北京设立金易融（北京）网络科技有限公司，该公司在网络平台打着网络金融的旗号上线运营，以高额利息为诱饵，虚构融资租赁项目，以融资租赁债权转让的形式，持续采用借新还旧、自我担保等方式大量非法吸收公众资金。本书中，任素贤法官提出了网络借贷异化的命题，这主要表现为交易平台的中介功能的变化：从网络借贷的中介者异化为借贷者和放贷者。网络借贷平台的最初定位只是信息中介，提供借款信息上传和发布，借款事项由交易双方决定，投资人自己承担出借后产生的逾期坏账风险。但在异化以后，网络平台设置了资金池、对网络借贷的标的物进行拆分、期限实施错配等，把本应由投资者承担的风险转移给网络借贷平台，由此而使网络平台具有了金融机构的属性。

此后，随着 P2P 的爆雷，艺术品资产份额化交易和代币发行融资等非法集资的平台开始进入公众视野，其手法更为隐蔽，套路更为复杂，对社会公众具有更大的迷惑性。例如艺术品资产份额化交易，这种份额化交易是指将某种权益拆分为均等份额，然后利用网络平台公开交易。在某些案件中，网络平台采取集中竞价、做市商等方式进行集中交易。这种交易名义上是以艺术品为对象的,但由于份额化交易的特征,参与交易者不可能通过分割实际占有交易对象。因此,网络平台利用艺术品为道具,以约定回购等形式给予参与交易者固定回报,因而具有非法集资的性质。可以说,在现实生活中非法集资现象是随着金融形式的翻新而不断蝶变的,例如,目前随着各种数字货币的出现,代币融资形式的非法集资案件开始出现,向非法集资行为的刑法规制提出了挑战。

本书中,任素贤法官按照"行为模式—立法分析—实证研究—理念构建—规则制定—刑法适用"的顺序展开论述,因而本书的逻辑脉络十分清晰,阅读起来也非常轻松。在以上论述路径中,我认为主要分为现象描述、实证研究、行为归纳和规范分析这样一些步骤。其中,给我印象较深的是任素贤法官对现实生活中的非法集资现象的整体把握和性质认定。作者担任法官多年,对司法实践中非法集资的各种案件接触较多,并且具有丰富的资料积累和办案经验。在这种情况下,任素贤法官采用实证研究的方法,对案件资料进行细致梳理和精心归纳,从而为对非法集资的规范考察奠定了基础。本书并没有停留在现象描述层面,而是对非法集资现象进行了刑事司法的检视,揭示了在处理非法集资案件中存在的司法困境,由此对非法集资行为进行理论分析。在理论分析中,任素贤法官遵循着从理念到规则,从规则到适用的逻辑层层向前推进。例如,任素贤法官提出了在处理金融犯罪案件的时候,如何平衡绝对安全与相对安全的对立与冲突,这就是一个非常值得探究的问题。此外,还有如何区分金融创新与金融失范、金融违规和金融犯罪之间的界限,这些问题都是值得思考的。从本书的理论叙述部分可以看出,虽然作者是一名法官,但本书并没有局限在司法实践的视角,而是从理念和理论的高度对互联网非法集资犯罪进行了全面的检视,对于思考互联网金融犯罪具有重要的参考价值。在本书的刑法适用部分,涉及对非法集资犯罪的司法认定问题,对此需要进行刑法教义学的分析。任素贤法官对非法占有目的的判断、刑民交叉案件的处理、被害人自我答责原理的采用等问题都作了深入论述，对于正确认定非法集资犯罪具有较大的启示。

从本书后记可以获知，任素贤法官是在职攻读刑法专业博士学位的。可以想象，一名任职于基层法院的法官，其本职工作是何等繁忙。在这种情况下，还要兼顾学业，并且顺利完成博士学位论文，这是十分不易的。更加难能可贵的是，任素贤法官结合自己的司法实践经验，写出了具有相当高学术水平的博士学位论文。我长期在高校任职，指导了数十名刑法专业博士生，但指导的在职博士生只是个别。在我的思想观念中，对于一个博士生来说，全身心投入，在四年时间内修完学分，完成博士学位论文，已属不易。如果在职攻读博士学位，还要写出高水平的博士学位论文，这是非常人所能做到的。任素贤法官的博士学位论文无论从资料素材的丰富性还是论证说理的深刻性，都可以说是上乘之作。特此向读者隆重推荐任素贤法官的《互联网金融非法集资行为刑法规制研究》一书，并期待着作者保持对刑法的学术兴趣，在完成本职工作的同时，未来会有更高水平的著作问世。

是为序！

谨识于昆明华夏四季熙澜苑寓所

2023 年 8 月 1 日

序二

金泽刚 *

非法集资是伴随市场经济而来的常见经济犯罪类型，因其具有涉众性，影响国家金融体系安全乃至社会整体稳定，一直是司法机关严厉打击的金融犯罪类型。从发展上看，非法集资经历了传统口口相传型的非法集资到互联网金融非法集资的演变过程。后者是前者的升级版。据上海市人民检察院发布《2022 年度上海金融检察白皮书》显示，2022 年上海市金融犯罪案件和涉案人数小幅下降，但非法集资募集手段既"全"又"专"，且非法吸收公众存款罪连续三年位居案件数量第一位。

互联网金融非法集资现象的兴起不过是近 10 年左右的事。2013 年 11 月，当被誉为"P2P 非法集资第一案"——"东方创投案"平台公司的法定代表人邓亮、运营总监李泽明相继向公安机关投案自首时，"e 租宝"平台还未正式上线。两年后的 2015 年 12 月，"e 租宝"平台公司安徽钰诚控股集团、钰诚国际控股集团有限公司等被公安机关正式立案侦查，这一下让互联网金融非法集资进入了大众的视野中。经法院认定，2014 年 6 月至 2015 年 12 月间，钰诚公司等违反国家法律规定，组织、利用其控制的多家公司，在其建立的"e 租宝""芝麻金融"互联网平台发布虚假的融资租赁债权及个人债权项目，以承诺还

---

* 同济大学刑事法研究中心主任，教授。

本付息为诱饵,向社会公开宣传,非法吸收公众资金累计达人民币(以下币种相同)762亿余元。至案发,集资款未兑付共计380亿余元,涉及投资人90万余人。因涉案金额巨大,涉及投资人人数众多,该案被称为"互联网金融非法集资第一大案"。而那时,我国对P2P网贷平台的监管规则还不完善,P2P网贷平台借国家金融创新的风头"攻城略地",骗了一城又一城。

随后几年间,我国司法机关对诸如"e租宝"这种P2P网贷平台违法犯罪行为进行了清查,查获了"证大系""阜兴系""中晋系""红岭系""昆明泛亚""江苏钱宝"等令人瞠目结舌的重大互联网金融非法集资案件。据最高人民法院公布的官方数据,2017至2021年,全国法院受理金融犯罪一审刑事案件分别为22883件、20142件、21219件、21577件、22456件。其中非法集资案件数量多、占比大,约占全部金融犯罪案件的40%左右。

在有关案件推动下,2016年起,我国金融监管部门开始针对P2P网贷平台制定严密的金融监管政策,即"一个办法、三个指引",各省市根据政策要求陆续开展P2P网贷平台合规自查,并公开宣布逐渐取缔P2P网贷平台,实现P2P网贷平台的良性退出。2019年前后,在监管部门的强势干预下,属于P2P网贷平台的时代结束了!然而,P2P网贷平台的取缔,并没有使互联网金融非法集资犯罪走向消灭,犯罪分子在不断演化非法集资犯罪的行为模式,继续打着各种各样金融行为的旗号,借助互联网开展各式各样的非法集资活动,近年来新出现的代币发行非法集资、艺术品资产份额化交易投资非法集资就是典型例证。

这些新情况的出现,既凸显了刑事立法的局限性,又给司法实践中具体案件的审理带来了诸多疑惑与争议。特别是2022年最高人民法院通过修正非法集资刑事司法解释,对非法集资刑事案件的定罪处罚标准作了调整完善,结合犯罪发展的新形势,增加新型非法吸收资金的行为方式,为依法惩治P2P、虚拟币、养老领域等非法集资犯罪提供了依据。同时,该司法解释注重依法保护民营企业和民营企业家合法权益,对于非法吸收公众存款,主要用于正常的生产经营活动,能够在提起公诉前清退的,可免予刑事处罚;情节显著轻微危害不大的,不作为犯罪处理。对此,作为形而下的刑法实践,如何结合犯罪发展的新态势对以上新规定加以理解适用,实现打击犯罪与保障人权并重的效果,的确是不可回避的问题。

就是在这样的背景下,作为一线刑事法官的任素贤博士利用贴近实践便于搜集研究素材、位居审判前沿易于发现真实问题等“地缘优势”,开展了《互联网金融非法集资行为刑法规制研究》的博士学位论文研究工作。同名成果经其进一步完善后由北京大学出版社公开出版,才有了这部呈现在我们眼前、凸显上海刑法研究务实底色的成果问世,我对此表示衷心的祝贺。可以预见,本书的出版将丰富与发展金融刑法的理论与实践,为互联网金融非法集资审判实践中的疑难问题提供一种可供参考的解决方案。任素贤博士邀请我为她的新作写序,作为她博士学习阶段的指导老师,我当责无旁贷。

德沃金有句名言:“法官的任务是运用法律,而不是改变法律来符合他们自己的伦理学和政治。”我一直认为,在研究工作中应该多用实证分析法学或社会法学等理论来阐释刑法,相比较而言,自然法具有的抽象性与保守性,容易导致研究结论与社会实际脱节,甚至滑向主观臆断的泥潭,这是自然法可能带来的缺憾。在阅读本书的过程中,很高兴看到作者也持有同样的观点。在本书第三章“互联网金融非法集资案件刑事司法检视与困境初探”中,作者选取了上海金融检察白皮书、裁判文书网、上海市各中级人民法院、基层人民法院的实际判例,对其中所有的互联网金融非法集资案件进行了分析研判。她甚至还利用“工作便利”,结合自己亲自审理过的案例,走访其他法院,与其他法官座谈和研讨,以发现问题、总结特征,归纳出非法占有目的主观超过要素在司法裁判中无法彰显、非法性要素认定虚化成为裁判隐性惯例、财产形式的流变对存款的概念边界产生冲击、集资参与人法律地位存在争议等四大实践问题。可以说，作者在海量实际案例和一线走访中所发现的这四大问题是互联网金融非法集资案件审理中司法人员普遍面临的疑难问题。同时，作为一线法官，她也丝毫没有回避争议，在阐释问题的过程中揭示出了当下法院审理互联网金融非法集资案件中的一些短板。例如，针对裁判文书关于“非法占有目的”的说理问题，她提出，因为证明非法占有目的存在的情形也系行为人违法行为的具体表现形式，是司法裁判者认定行为人行为违法的主要事实依据，在此基础上再用于推定非法占有目的的主观要件，导致司法裁判者无法再寻觅出新的裁判理由，面临要么组织另一套说理、要么只是重复表述的两难境地。针对 33 起艺术品资产份额化交易非法集资案件，她特别提到，司法裁判者在案件审理中，对于非法集资的非法性要素仅以“违反了有关规定”或者“未经批准”进行阐述，或者直接不予回应，导致“非法性”这一法定要素在司法裁判中存在被虚置的倾向。

除实证分析之外，本书的亮点还在于使用了将刑法学与犯罪学相结合的刑事一体化研究方法。众所周知，19 世纪中叶西方刑事近代学派的出现，导致传统刑法学的学科分野，刑事古典学派占领了教义刑法学的地位，侧重于对刑法条文的法理阐释，研究定罪及量刑问题；而刑事近代学派则演变为如今的犯罪学，专门研究犯罪现象、犯罪原因、犯罪对策及犯罪预防等。在我看来，刑法学与犯罪学的分野固然使刑事法学科的研究更加精细化，但也产生了很多弊端，最典型的就是犯罪学与刑法学之间欠缺畅通的沟通渠道，往往在不同的领域各说各话。在司法实践中的表现是，一些法官在案件审理中机械适用刑法，而未深入剖析犯罪的行为模式、犯罪的特征、犯罪的原因等，导致案件在评价和审理中出现定性错误、罪刑不均衡等问题。这种弊端在网络时代更加被放大，面对从未有过的新技术犯罪行为，如果不能深入剖析该犯罪现象、犯罪特征，就无法在刑法上看透本质，予以正确的评价。这可能就是作者在本书中提到的“实务界对于新类型非法融资模式刑法规制的罪名有非法吸收公众存款罪,集资诈骗罪,擅自发行股票、公司、企业债券罪以及非法经营罪的定性分歧"的原因吧。在阅读本书的过程中,我很欣喜地看到,作者在本书的开篇并未拘泥于法律条文的堆砌与漫谈,而是根据实践的最新发展,对互联网金融非法集资行为的代际演变进行了归纳,根据行为发展的轨迹,总结概括为网络借贷、股权众筹、艺术品资产份额化交易、代币发行融资(ICO)、证券型通证融资等五种类型。这不仅让读者对互联网金融非法集资行为的演变有了历史脉络感,还为后文针对这五种不同的行为类型一一分析特征、原因、争议及解决方案埋下了伏笔,前后呼应连贯,体系自洽。通览全文,作者从在犯罪学意义上对互联网金融非法集资行为的代际演变为开端,继而按照立法分析、实证研究、理念构建、规则制定、刑法适用的逻辑顺序予以展开,其中第一章和第三章遥相呼应,最终在第五、六章又回归到第一章所提出的问题,提炼出互联网金融非法集资案件审理的刑法适用规则,全书将刑事一体化的研究方法一以贯之,逻辑体系严密,论证有理有力。

从结论上来讲,本书对相关问题提出的解决见解亦具有一定的创新性。这些创新性观点是作者基于实践中互联网金融非法集资行为的最新发展、基于对审判实践相关观点的争论与评析而综合提出的,有些观点还是在学界首次提出,颇具理论与实践价值。例如,作者认为互联网金融非法集资行为利诱性的认定与传统非法集资保本保息的常规认定标准不同,应将传统非法集资中的保本保息实质解释为给付回报,而非仅仅以还本付息作为利诱性的构成要件表现形式。因为投资交易形式表现出来的向社会公众募集资金的行为并不具有真正意义上生产经营活动的盈利能力,无论是行为人还是投资者实质上均不关注交易本身的未来价值,本质上是行为人操控下的击鼓传花式的资金游戏。再如,针对实践中出现的集资行为弱化趋势,作者认为,行为人通过发行资产份额、代币等吸收了大量资金,不可避免地形成了资金池;为吸引投资者购买份额作了各种虚假的承诺,从实质要件上其性质与传统非法集资相比并无明显区别,故互联网金融领域下的非法集资可以从资金池的形成、行为的欺骗性、交易的不可持续性、交易平台的操控性、高额回报的利诱性等多角度进行实质判断。此外,作者还对集资参与人非被害人的观点提出了质疑,认为集资参与人在主客观上存在的可谴责性过错、风险投机性都难以全面否定集资参与人的被害人地位,等等。

同时,在本书不同处,能够多次读出一名实务专家对刑法理论研究工作的深情呐喊。在"非法占有目的的主观超过要素之理论修正"部分,作者站在司法实务的角度,对刑法学者提出的非法集资犯罪中"非法占有目的"是主观超过要素的双层次犯罪目的学说提出了自己的思考。作者认为,在实务案件处理中,犯罪目的、故意、动机、意志甚至情感、情绪等心理因素系一个统一体,具有整体思维的表象,实践中需要对这些以整体构造呈现的心理因素进行分门别类的证明,十分困难。现行司法实践已经证明,仅凭推定这一法律技术难以界限分明、精准地推定出第一层次、第二层次以及犯罪故意等因素的内容,理论这样解释倒是可以自洽,但该理论在实践中却无法落到实处。实际上,无论是在互联网非法集资刑事案件还是其他传统集资诈骗案件中,司法裁判者并未将非法占有目的作为行为人主观目的的补充,没有作为主观超过要素予以考量,而是纳入犯罪构成的主观要件作为直接故意目的予以评判。作者进而感慨:理论的生命和价值最终需要在司法实践中生根开花,或者给予司法实践以指引,最终达到理论与实践互相支持、互相促进的理想园。这种理论与实践的分歧,让我想起霍姆斯《普通法》中的那句名言:"法律的生命不在于逻辑而在于经验,但是经验是由逻辑构造而成的。"在某种意义上,对于互联网金融非法集资行为刑法如何规制的问题,法官的经验又是由什么样的逻辑构造而成呢,这一定也是本书作者所要探寻的。

最后,针对作者在本书中提到的法益论问题,我提点不同的看法。作者在"对金融管理秩序法益的现实考量"部分认为,既然法益概念本就已经精神化，又怎么能以具体化的标准去衡量和要求它呢？刑法理论不应当要求法益概念具有绝对的明确性，因为刑法必须保护某些“东西”，将刑法必须保护的这些“东西”归纳为任何一个概念时，这个概念都不可能是绝对明确的。进而作者认为，在互联网时代下，构建秩序、强化安全等集体法益的独立地位已现实存在，维护金融管理秩序最终目的是每个公民的利益，但很难说它具体侵犯了哪一个具体的个人利益，所以不能以法益的抽象性否定金融管理秩序法益的现实意义。这表明，作者在认识非法集资犯罪的法益时，认可秩序法益观的独立性地位，亦承认其具有模糊性，而作者采取的对策似乎是不做任何改变。这与其上面强调“集资参与人的被害人地位”有所矛盾。

不可否认，随着国家和社会情势发展变化，法益的模糊化进程加快，但如果放任法益模糊下去，那么法益最终会变为什么呢？对立法、司法又会产生什么样的影响？所以，为了实现法益论的人权保障功能，我主张采取多元的层次理解法益内容，尽可能将法益具体化。以集资诈骗罪为例，该罪原本就是从普通诈骗罪独立出来的，即便根据现行刑法的体系，该罪所保护的法益从个人上升为了金融管理秩序，但我想在金融管理秩序法益之下，也不能否认本罪仍然保护着个人法益，否则集资诈骗罪中集资的钱财从哪里来的呢？总不能说是从“集体”而来的吧！没有个人法益保护，哪还会理解、宽容被害人的闹腾，又怎么还要尽量满足被害人的赔偿要求呢？2017 年，最高人民检察院《关于办理涉互联网金融犯罪案件有关问题座谈会纪要》就规定了，互联网金融犯罪案件办理中要依法保证互联网金融活动中投资人的合法权益，坚持把追赃挽损等工作贯穿到侦查、起诉、审判各个环节，配合公安、法院等部门最大限度减少投资人的实际损失。案件办理中要“依法保证互联网金融活动中投资人的合法权益”正是集资诈骗罪保护个人法益最直接的体现。

柯克法官说过，“法律乃一门艺术，一个人只有经过长期的学习和实践，才能获得对它的认知”。任素贤博士是“全国法院办案标兵”“上海法院审判业务专家”,在十余年前就代表上海参加最高人民法院的司法解释起草工作,理论功底扎实,实务经验也十分丰富。正如本书后记所言,攻读博士是她人生的又一次提升,近些年我也见证了她的学术成长历程。展现在读者面前的这本著作,既是她博士研究生学习生涯的总结,也是她学术之路的新开端。我相信,也很期待任素贤博士能以本书的出版为动力,继续研究互联网与金融相结合衍生出的新的犯罪问题,打通金融犯罪理论与实践的隔阂,创造出更多走在学术前沿的成果。

自古以来,受邀作序都是一件较高雅之事。在我看来,序的功能在于面向读者或评说作品,或介绍作者,有时也可趁机抒发点己见,但无论是评介,感悟,抑或商榷,终究是想能为读者阅读本书提供一点帮助,但愿不是误读或者误导。“既然已经看到了这里或那里冒出来的烟,他就决心找到火。”从本书来看,任素贤法官就是这样的人吧。就此为序,与读者诸君共勉!

于上海市杨浦区四平路同济大学衷和楼

2023 年 8 月 10 日

目　录

绪　论

随着科学技术不断发展和推进,没有一个世界像互联网这样呈现出祛魅的色彩和表相。在这个世界中范式和固化经验不占有真正重要的地位,创造性、变化性、流动性使人难以一眼看出行为的本质和意义,科技的创新伴随着行为模式的变迁。在金融改革的背景下,各类金融创新促进了金融交易的便利,但在赋予传统金融创新属性的同时也由此引发了新的风险,其中非法集资借助科技与网络的力量,利用互联网资源配置去中心化的特征,在犯罪形式、犯罪对象、侵害范围等方面均呈现出异化倾向,且不断刷新涉众人数,使非法集资涉众型金融犯罪成为司法的热点、难点和重点。特别是在社会领域经济犯罪与专业领域金融犯罪叠加,传统经济犯罪与网络技术犯罪叠加的情势下,司法人员面临着对金融创新与金融风险、行政不法与刑事犯罪等准确界定的司法难题。如何在互联网技术迅捷发展的背景下,利用刑法最后一道屏障功能为经济社会保驾护航,发挥刑法应有的惩罚犯罪、保障人权的功能,是新形势下一个亟待关注并解决的课题。

第一节　非法集资的样态

2018 年,全国各级检察机关起诉涉众型经济犯罪 26974 人,同比上升 10.9%。2019 年 5 月,公安部通报 2018 年至 2019 年第一季度全国非法集资、传销等涉众型经济犯罪案件近 1.9 万起,涉案金额达

4100 余亿元,单个案件中投资者超过百万人、涉案金额超过百亿元的"双百案件"数量较多。其中上海市 2018 年非法吸收公众存款案件数量为 1065 件,集资诈骗案为 75 件,2019 年则分别上升至 1407 件和 136 件,上升率分别为 32.1%、81.3%,非法吸收公众存款犯罪更是连续两年排在金融犯罪第一位,涉案金额 9030 余亿元,涉及投资者 667 万余人。涉众型经济犯罪已经成为全社会关注的热点问题,尤其是在互联网背景下借助于网络技术,它呈现出涉案地域广、金额高、受众多的特点。传统的非法集资行为人通常采用虚构项目、编造虚假信息、以高额利息为诱饵等手段欺骗被害人,使被害人陷入错误认识给付钱款;而加入互联网元素后的集资行为,尤其是以"金融改革""金融创新"名义实施的,具有更强的迷惑性和欺骗性。经统计,上海市 2018 年至 2019 年涉互联网经济犯罪案件中,涉案公司名称中冠以"投资"的有 123 家,"金融"的有 92 家,"金融信息"的有 87 家,"投资管理"的有 86 家,"资产管理"的有 72 家,其他带有"财富管理咨询""互联网金融""电子商务"等名称的也不胜枚举。这些案件所涉法律关系复杂、法律界定困难,案件数量大幅度上升,给社会金融秩序的稳定、投资者资金的安全等均带来极大的风险。

此外,在社会经济形态大变化的情势下,非法集资行为样态发生根本性变化,对其认定涉及了法律与技术、法律与经济、技术与经济的多重融合,司法实践中新问题、新类型、新情况层出不穷。从非法集资的主体、非法占有的主观目的、集资的行为样态、侵害的法益等方面来看,没有一个犯罪类型如互联网领域下的非法集资般显现出如此复杂多变的样态。但另一端是司法人员遵循着传统的法律思维、法律方法,处理审判实践中出现的各类疑难复杂的互联网金融犯罪,对新型金融交易模式下引发的各类刑事犯罪应对不足,单一的法学知识在涉及多学科融合的互联网金融犯罪样态时显得捉襟见肘。而理论对司法实践中业已出现的新型融资模式还未及时予以关注并作出指引,等待理论成熟解决司法人员面对复杂情境时的理论匮乏,已难以跟上互联网经济的快速发展;从司法实践中对行为模式进行类型化提炼、分析、研究,寻找刑法规制的有效路径,无疑具有现实的意义和价值。

第二节 域内外非法集资研究现状

国外普遍把互联网金融称为电子金融(E-Finance)或数字金融(Digital Finance),是指通过互联网等技术提供货币、银行、支付、保险等在线金融服务的一种模式,这个定义被国外学者普遍接受。在互联网融资模式上,国外研究比较多的是 P2P 网络借贷与众筹。Hulme 认为网络借贷依托互联网技术将发展得越来越快,在部分领域将代替传统金融机构的功能。Freedman and Jin 发现 P2P 平台可以降低交易双方的成本,但是由于交易双方存在市场失灵的情况,借款人将面临逆向选择的风险,这种风险远高于传统借贷风险。Lin 认为 P2P 网络贷款发展规模将逐渐扩大,因为此种贷款模式利用网络的便利进行小额借贷交易,为大多数人提供金融服务。上述对于网络借贷的研究主要从 2006 年开始,多以对融资模式的介绍为主,之后的研究主要集中于个人的借贷成功率、平台的中介作用、借贷的信息等方面,但几无刑事方面的相关研究。在监管模式上,国外对网络借贷的监管较为成熟,将网络借贷平台主要定位于信息中介,英美两国网络借贷被作为替代金融的一个重要组成部分,市场发展较为健康,没有出现过波及整个行业的系统性风险,也没有出现我国的异化样态,故对网络借贷在刑事规制方面的研究亦较少。

2006 年,网络借贷从域外传入我国后经历了四个阶段:无担保的信用借款,地域性或区域性借款,自我融资加高息回报借款,资金链断裂或平台跑路爆仓。2009 年之前的研究,较多学者对网络借贷持否定态度,认为此种转贷款模式只能由商业银行提供,但之后研究的方向主要是借贷平台所处的角色、是否提供抵押担保等。2013 年起针对部分平台涉及非法集资问题,有学者提出从资金流转的行为是否基于已经形成的债权债务关系、是否信息对称等来辨识“非法集资”的特征。有学者注意到中国网络借贷与英美的不同,提出将“自融自贷”“形成资金池”“平台抵押担保”等作为网络借贷金融异化的表现。2014 年 e 租宝案后,研究方向主要集中于网络借贷的风险、非法集资的侦查方法等,刑事理论研究文章较少。实践中,我国网络借贷交易模式确实在发展的过程中出现了异化,网络借贷平台的最初定位只是信息中介,只提供借款信息上传和发布,借款事项由交易双方决定,投资者自己承担出借后产生的逾期坏账风险。此种模式下平台不提供担保,本身不承担责任,交易成本较低,比传统企业更具有网络扩张效应,但该模式要求投资者具备一定的判断风险的意识和承担风险的能力,由于中国本身的征信特点以及投资者希望获取固定收益回报而不是通过定价来自己承担风险的传统,业务规模受限。2010 年,英国的 RateSetter 公司通过建立风险储备金为投资人提供本息保障后,我国网络借贷平台纷纷效仿,通过建立风险储备金、设立关联子公司、寻找合作担保公司等方法,为投资者建立一种“本息无忧”的投资环境。此种担保发展模式实际上由原本的信息中介转向了信用中介,而我国有关部门仍然按照信息中介的定位对网贷平台进行监管。后续我国相继出台禁止资金池的设立、为非法集资设置红线等规定,但网络借贷平台融资模式不断翻新,出现了债权转让交易模式,引入保险公司或担保公司模式,小额贷款公司+P2P 平台+担保公司等多种“创新”模式,实质上设置了资金池、对标的物进行了拆分、期限实施了错配等,把本应由投资者自己承担的风险转移到了网络借贷平台本身,筹资成本急剧增加,网络借贷业务模式发生变化。比较英美两国,在坚持 P2P 平台面对高端客户的前提下,还秉持着小额且分散化的原则,平台的制度设计为小额贷款,将贷款违约风险降到极低的程度,使 P2P 平台业务品质甚至能超过银行。而我国 P2P 平台对借款的资金体量和业务模式均没有严格要求,单笔大额的业务风险和整体业务的集聚性风险均十分突出,一旦出现违约,由于所涉金额较大,对平台正常资金流转会造成实质性的影响。[1] 在信用评级不完善的现实情境下,一些借款人借钱不还没有任何违约成本,一些非法集资行为人更是将平台作为吸收资金的工具。在上述情境下,对网络借贷的研究主要集中在对互联网非法集资的行为定性、非法集资与民间借贷的区分、非法集资的风险等方面,对互联网非法集资在产生、发展、变化过程中的突出问题从实践层面揭示的比较多,理论深入研究的较少。

在股权众筹上,国外对股权众筹的研究主要集中于影响众筹成功的因素,对众筹的实证研究较为丰富和宏观,更多的是对各个国家出台的相关文件进行评判与完善,几无学者对股权众筹领域非法集资进行研究,与国内的研究侧重点有所不同。Mollick 认为根据发展趋势,股权众筹会突破主要应用于小微企业融资及创新项目的界限,可能会跨越更多的学科界限而实现更综合的运用。[2] Lavinsky 和 Torrens 对股权众筹的融资方式进行了分析,认为股权众筹这种资金交易方式给社会带来了危害可能性,具有一定的法律风险,并对股权众筹融资行为的合法性进行了探讨。[3] Mitchell 探讨了美国《创业企业融资法案》(Jumpstart Our Business Startups Act,以下简称《JOBS 法案》)与美国各州众筹法的关系,分析各个州建立众筹制度的原因,认为州众筹法在实行时并不能满足小微企业的融资需求,并就此提出针对性意见。[4] Armour 和 Enriques 认为股权众筹给投资者带来了风险,但是英国的消费者保护法和美国的证券法的规定无法对该风险起

---

[1] 参见陈宗义:《英美成熟 P2P 商业平台运营模式特征解析及启示》,载《商业经济与管理》2017 年第 1 期,第 73—84 页。

[2] See Ethan Mollick, The Dynamics of Crowdfunding: An Exploratory Study, *Journal of Business Venturing*, 2014, 29(1).

[3] See Dave. Lavinsky & John M. Torrens, Should Equity- Based Crowd Funding Be Legal?, *Wall Street Journal-Eastern Editien*, 2012, 259(64).

[4] See CD. Mitchell, Charting a New Revolution in Equity Crowdfunding: The Rise of State Crowdfunding Regimes in Response to the Inadequacy of Title III of the JOBS Act, *Global Markets Law Journal*, 2015, 135(3).

到实际效果,并且阻碍了股权众筹的发展,对股权众筹监管提出了相应的对策。[1] 我国对股权众筹领域非法集资行为的研究主要集中于2016年至2017年,主要研究方向是法律风险、法律规制和监管制度。刘宪权提出股权众筹涉及的犯罪包括准入风险型犯罪与异化风险型犯罪,对股权众筹领域集资诈骗犯罪的手段进行了总结,明确了集资诈骗犯罪的司法认定,并对如何界定股权众筹行为刑法规制的范围提出了建议。[2] 王良顺、杨成总结了股权众筹可能涉及的犯罪,并从法律规制角度提出对策。[3] 董淳锷指出实践中不能有效防止融资者内幕交易和欺诈,应在大规模推行股权众筹之前,提前制定好完善的股权转让制度、融资企业欺诈处罚制度以及投资者权利救济制度。[4] 钟凯、郑泰安总结了股权众筹刑民交叉的规范本质及具体分类,从实体和程序两方面概括了刑民交叉的处理规则,分析了股权众筹所涉及的犯罪在案件处理中应遵循的法益衡量原则,并就如何平衡刑法的公共性法益和民法的私法性法益提出建设性意见[5]。

在网络借贷、股权众筹模式之外,又出现了一些新类型的融资模式。域外文化艺术品与金融市场的不断整合推动了对艺术资本化的探索与创新,出现了多种艺术品资本化的运作模式,艺术品资产份额化交易以金融创新产品的形象出现在公众视野。法国 A&F Markets 公司自 2009 年起筹备在线艺术品证券化交易平台(Art Exchange:

---

[1] See J. Armour & L. Enriques, The Promise and Perils of Crowdfunding :Between Corporate Finance and Consumer Contracts, *Modem Law Review*, 2018, 81(1).

[2] 参见刘宪权:《互联网金融股权众筹行为刑法规制论》,载《法商研究》2015 年第 6 期,第 61—71 页。

[3] 参见王良顺、杨成:《互联网金融下融资犯罪与法律规制——以 P2P 网贷和众筹为视角》,载《山东警察学院学报》2016 年第 4 期,第 93—99 页。

[4] 参见董淳锷:《中国股权众筹立法问题之检讨》,载《比较法研究》2018 年第 5 期,第 120—135 页。

[5] 参见钟凯、郑泰安:《刑民交叉规范本质的立法论与解释论考察——以涉刑私募基金为考察对象》,载《社会科学研究》2020 年第 6 期,第 90—99 页。

stock exchange for artwork)，系获得法国金融主管部门许可的创新型艺术品交易模式，它所采取的交易方式既不同于传统艺术品拍卖或直接出卖，也不同于证券即时交易，这种新型交易模式可以有效遏制市场操纵和恶意投机炒作，避免出现巨大的涨跌幅。英国则根据风险共担和收益共享的基本原则，将投资者分散的资金集中起来，由基金托管人托管、基金管理人运作，以艺术品投资组合的方式进行投资和独立核算，[1]以获得投资收益的艺术品金融服务。2010 年艺术品份额化交易在我国出现，理论界对其性质虽有金融创新与金融投机截然不同的观点，但鲜少从刑事角度进行研究。部分学者看到了此种交易模式存在监管不足、暴涨暴跌、风险极大等特点，但亦有学者认为这属于金融衍生品发展过程中的正常现象。大多数学者均围绕艺术品资产份额化交易的行为模式、存在问题、民事风险等展开研究，鲜少从刑事视角分析此种交易模式存在的法律风险。但从 2016 年起我国陆续有法院以非法吸收公众存款罪、组织领导传销活动罪、集资诈骗罪等对此种融资模式进行刑法规制。以“艺术品份额”“艺术品证券”“份额化交易”等为主题搜索中国知网，截至 2023 年 5 月 1 日，获得文章数量分别为 236 篇、87 篇和 155 篇，其中仅有一篇文章从刑民交叉的角度论述了艺术品资产份额化交易的性质与法律适用。但在裁判文书网上，以上述关键词进行搜索，分别发现刑事裁判文书 33 份，民事裁判文书 70 份。理论界与实务界的一冷一热，折射出此种交易模式的隐蔽性和复杂性。

2017 年，随着以比特币为代表的加密数字货币价格的暴涨，一种新型融资模式即基于区块链的以加密数字货币为融资对象的筹措资金的方式——代币发行融资(Initial Coin Offering，ICO)开始引起关注。诞生初始，由于数字加密货币的投机性、区块链的去中心化、融资

---

[1] 参见马健：《艺术品私募投资基金的成长历程与发展方向》，载《理论界》2011 年第 2 期，第 190—191 页。

方式的跨境性,对 ICO 融资方式的法律评价出现两极分化的现象。肯定者认为,其为区块链企业开创了新型融资方式;否定者认为这是一种新型非法集资模式,要予以取缔并打击。美国对加密数字货币的态度存在反复,但最终认为其仍然属于证券,对 ICO 的监管适用证券发行的相关规定,非合格投资者将不被允许投资。新加坡是全球最大的 ICO 执行中心之一,与其他国家的监管机构建立了多项国际合作,支持 ICO 友好生态系统的发展。英国实行的是监管沙盒制度,纳入其中测试的金融产品将不受部分金融监管规则的约束,也不会对金融消费者造成实质损害〔1〕,创新性金融产品和服务可以在相对比较自由的监管环境中进行试验。日本不仅允许比特币流通,还允许符合条件的数字货币交易所挂牌营业〔2〕,2017 年修订并于 2020 年生效的《支付服务法》《金融工具与交易法》,规定具有金融价值并可以用来支付商品和服务的加密数字货币如比特币、以太币、莱特币等可以注册,将加密资产包括在"金融工具"的定义中。2017 年, ICO 在我国很快被有关部门界定为非法融资。此种融资模式的法律属性,财产形式的流变对"存款"概念的冲击,发行代币过程中夹杂着传销手段如何定性等,是理论与司法实务中值得关注的问题。

2017 年,域外出现一种新型直接融资方式——证券型通证融资(Security Token Offering ,STO),也有学者称其为证券型 Token 发行,是将实物资产和金融资产转变为基于区块链的加密数字权益凭证,因为它的底层资产是实体有价资产,融资规模将更为庞大。在经济领域对 Token 目前分成两派:一派是链圈也叫通证派,他们认为资产的定义和数字化是最关键的,他们主张用区块链技术将实物资产加密上链,对应的是资产、信息等,系用区块链技术将实物资产数字化;

〔1〕 参见吴一波、王冠:《ICO 融资模式下非法集资问题研究》,载《行政与法》2018 年第 6 期,第 109—116 页。

〔2〕 参见赵磊:《数字货币的私法意义——从东京地方裁判所 2014 年(ワ)第 33320 号判决谈起》,载《北京理工大学学报(社会科学版)》2020 年第 6 期,第 115—122、152 页。

另一派是币圈也叫加密代币派，他们认为加密代币是最关键的，对应的是资产的一种定价或者工作量的激励用于流通和激励，系直接创造一个全新的货币化资产。代币发行融资（ICO）即是建立在币圈数字货币基础上的融资行为，而建立在链圈基础上的融资，其发行标的就是 Token。STO 一方面与 ICO 类似[1]，能够给企业带来融资和流动性，另一方面与 ICO 不同的是它不需要证券通证在公司运营中发挥效用，而仅仅代表一种所有权和分享未来收益的权利，投资者更加分散，募集资金体量可以更大。我国理论与实务界目前对此类融资模式研究极少。

第三节 本书研究成果概述

解决问题的前提是发现问题，为解决互联网领域非法融资的乱象，得找到其存在的主要问题，剖析根源，从而寻求妥适的解决方法。首先，本书立足于司法实践，选取了一家中级人民法院、一家基层人民法院，对所有涉互联网金融领域非法集资的案件进行了研判，收集整理了互联网领域下的非法集资案件数据；在审理上海首例艺术品资产份额化交易刑事案件的基础上，又走访了上海、江苏等地法院，通过与承办法官座谈、研讨等方式进行了系统的梳理和研究。其次，本书着眼于域内外互联网金融领域的比较，分析新型融资模式的刑法属性。再次，本书收集了大量文献，互联网金融的发展不是断层的独立的发展，它不同于传统金融但来自传统金融，并与其有着千丝万缕的联系，我国关于金融犯罪的文献庞杂并有一个演变过程，本书对此进行了细致梳理。最后，本书尝试了复杂系统的研究方法，理论上过去更多是用经济学的方法分析法律问题，特别是国外法学家们开展得轰轰

---

〔1〕 参见操群、林侃、李政、张卉琪：《证券通证发行（STO）国际监管比较与风险防控》，载《今日科苑》2020 年第 1 期，第 16—23、44 页。

烈烈的“法律经济分析”，而作为一名法律研究工作者，笔者更希望用法律的方法来研究这些边缘领域的经济问题，寻找刑法介入经济违法领域的合理边界。经济学家对问题的讨论可以多元也可以争论，但总的方法还是建立在一个统一的理论框架下和一致的假设前提下，而法律天生的对抗性导致法律学者的研究看起来充满矛盾和冲突，采用法律的思维与方法分析经济问题，本身就构成了一个经济问题程序化和司法化的法学方法。在民间融资与非法集资的界分上，鲜有人精细化地关注在疑难复杂案件的认定过程中司法裁判者的认定思路和逻辑进程，是否有意或者无意地遵循了某种规律。笔者从事金融犯罪审判工作多年，发现有的司法人员会主动检测每个行为是否违法，而非当一行为涵摄构成要件时，使用排除的方式对具有合法化事由的行为排除构成要件，所导致的结果是简单地以行为是否侵害了法益作为区别合法集资与非法集资的界限，没有进行细致的分析，尤其是互联网金融领域下非法集资行为所侵害法益具有抽象性，这更加会成为司法裁判者喜欢并普遍适用的理由，因为抽象性虽然难以在司法说理中展开，但同样也难以被反对者辩驳。

本书的主要研究成果如下：

第一，对互联网领域中的艺术品资产份额化交易、代币发行融资（ICO）、证券型通证融资这些新颖的金融模式尝试了空白式的研究，具有一定的现实意义和价值。研究方法上通过审理上海首例案件、梳理裁判文书网案例、与法官座谈等，立足司法实践的基础，提炼出案件共性特征，对深化金融犯罪理论研究、指导司法实践具有一定的现实意义。对艺术品资产份额化交易以及代币发行融资（ICO）的全面画像、司法检视，目前尚未发现相类似的文章，本书对其法律属性和刑法风险进行了深入的研究。对区块链下的证券通证型融资模式，进行了前瞻的分析与研究，目前亦尚无相关刑事领域的类似研究。

第二，运用互联网手段尤其是加入了区块链技术的网络融资行为，如何在互联网金融的创新与合理管控之间把握平衡，既不能在金融创新初始就介入刑法的调控手段,又不能继续金融创新发展之初的无序状态,是当下无论是理论还是实践均需破解的难题,而比例原则的适用不失为解决的思路之一。行政监管体现了对网络融资的引导功能,而刑法规制则体现了对非法网络融资的管制,利用事后制裁手段反向对网络融资进行引导。目前,对比例原则植入刑法理论的探讨也正日渐被重视并付诸实践,但对在网络非法融资刑法规制中植入该理论尚研究不多。

比例原则在网络融资司法应用的可行性上,本书提出对网络服务提供者既具有为他人实施犯罪提供便利,又有为融资方和借贷方提供借款便利双重行为性质,但意思联络存在形式上分离的行为,是否需要予以刑法规制以及如何规制是司法实践的难题。犯罪上的促进性与技术上的中立性两者交融,在过高容忍与低容忍之间进行合理的选择,在刑事责任的追究上要有必要的限制,将比例原则运用于网络融资的审判活动,注意刑法介入社会生活的尺度,合理考量、平衡不同的利益相关方,无疑具有现实意义。在网络融资的适当性上,主要用于对互联网金融的刑事立法及司法方面进行目的性指引与检讨,是对目的正当性的检验,主要检查目的来源以及目的本身是否正当。当价值、理念和刑事解释之间需要进行选择判断的时候,司法裁判者只能服从于当时的刑事政策导向,服从于主流价值、社会现实等综合作用下的合理内容,在适当性原则的指引下为控制、预防互联网金融风险提供全方位的应对策略,对刑法解释应对纷繁复杂的社会环境作出灵活且契合的调整。从规范目的看,刑法介入互联网金融领域旨在保障投资人的资金安全及社会整体的金融安全,自融或变相自融、直接或间接接受归集资金、虚假片面宣传以误导出借人或借款人、向投资股票等高风险的融资提供服务[1]、形成平台自有的资金池,以及利用信

---

〔1〕 参见邹玉祥:《非法吸收公众存款罪之行为类型研究——基于网贷背景下的教义学展开》,载《政治与法律》2018 年第 6 期,第 55—62 页。

息不对称误导投资方或融资方的判断等，均可能严重危及资金安全。随着越来越多的民间借贷向网络空间的整体转移，网络借贷领域出现深度的社会化，对被害人财产权利的侵犯、对金融秩序的破坏愈演愈烈，刑事司法调和法律规范与网络借贷之间的必要性凸显，但为避免一味地司法适用扩张，就需要对刑法规制的适当性进行审慎的考量。在网络融资刑法规制的必要性上，在民事、行政等非刑罚手段能够发挥大致相当的保护作用时，就尽量不应动用刑罚手段，即在有多种合目的手段进行规制时，应从中选择对公民个人法益侵害最小的方式。但当网络平台完全放任网络借贷主体的异常交易行为、异常资金往来、信息不公开等，不认真审查和识别网络用户的违法行为[1]，或者违规提供担保与非法集资网络平台形成共犯合意，对金融秩序造成较大危害，而民事和行政制裁手段明显打击力度不足，对法益难以周全保护时，刑法规制的必要性即显现出来。在网络融资刑法规制的狭义比例上，一方面从犯罪行为模式刑事司法解释的狭义比例原则考量，在金融创新、金融改革与刑事制裁之间寻求恰当的分界点，对新型互联网融资模式究竟是金融创新还是以金融改革名义衍生的犯罪这一问题，可以刑事解释的结果为中心展开，用影响分析法与成本效益分析法两种类型作为寻找结果的工具。影响分析法可以考察对新型网络融资行为刑法规制产生的社会效果，而成本效益分析法可以考察对新型融资行为予以刑法规制的司法成本与收益之间的权衡，即对此种行为进行打击付出的司法成本与保护的法益之间是否合乎比例，在当事人利益、制度利益、法治国利益之间进行纵向比较，在财产利益、社会利益、国家利益之间进行横向比较。

第三，在理论进路的宏观层面，比例原则的三阶段审查并没有将目的作为单独阶段，而确立目的的正确性，法益衡量就具有独立存在

---

〔1〕 参见陆旭、宋佳宁：《网络服务提供者刑事责任的界域限定与政策转向》，载《海峡法学》2021 年第 1 期，第 106—113 页。

的价值和空间。对互联网金融的刑事立法以及司法进行目的正当性的检验，检查目的来源以及目的本身是否正当，尤其是在对行政犯进行妥当性、必要性的审查中，如果不以法益保护为前提，比例原则的适用就难以确立犯罪的边界。所以，比例原则是以法益保护主义为前提而发挥机能的，而不是替代法益保护主义。[1] 在民间借贷向网络空间不断转移，网络借贷领域出现深度社会化的情境下，为避免一味地刑事立法的扩张，需要以保护法益为前提，比例原则在贯彻法益保护程序性、方法性规则上划定犯罪的边界。在对金融管理秩序法益的现实考量基础上，理论上法益衡量的各种观点放在刑事司法活动中，都无法承受现实之痛。基于现实的困境，笔者曾经也认为秩序法益的过度抽象是导致刑事司法无法把握的主要原因，但在研究过程中发现，法益概念本就已经精神化，以具体化的标准去衡量和要求秩序法益存在研究方向的偏差。法益的抽象性并非随着互联网金融犯罪的发展而成为一个新的问题，在其他犯罪类型中也无可避免地带有一定程度评价上的抽象性，但为什么会在互联网非法集资案件中成为一个突出问题，笔者认为是因为社会经济形态的变化、互联网金融的发展、网络化的社会模式对金融刑事审判提出了新的挑战，我们跨过关键一步在罪与非罪上讨论法益的难以把握，实质上是新型交易行为在传统刑法评价框架内无法匹配而产生的不适，是欲以 19 世纪的刑法手段来制裁 21 世纪的犯罪。[2] 现实困境的产生是我们想在个案中感受秩序法益的存在，想用个人法益的衡量方法去把握抽象的秩序法益，即将抽象的秩序法益还原为个人法益，但在互联网时代下，构建秩序、强化安全等集体法益的独立地位已现实存在，维护金融管理秩序最终目的是每个公民的利益，但很难说它具体侵犯了哪一个具体的个

---

〔1〕 参见张明楷：《论实质的法益概念——对法益概念的立法批判机能的肯定》，载《法学家》2021 年第 1 期，第 80—96、193—194 页。

〔2〕 参见陈家林：《法益理论的问题与出路》，载《法学》2019 年第 11 期，第 3—17 页。

人利益,所以不能以法益的抽象性否定金融管理秩序法益的现实意义。

在刑事司法中利益衡量的选择路径与方法上,司法裁判者在事实认定、法律适用、刑罚裁量上不仅考量客观的、记述的要素,不可避免地还要对主观、规范要素进行评断,其中必然带有价值判断的色彩。司法解释力图通过行为类型化的方式来替代对金融管理秩序法益受侵害的个案审查,但此种方式在互联网经济迅猛发展的情势下亦失去了适用的方向,司法解释所例举的非法集资行为模式在司法实践中已难觅踪影,对一些突破类型化规范的新型金融行为进行经验上的甄别与厘定已实属困难。面对经济生活对刑法规范的挑战,笔者认为需要司法裁判者发挥解释的功能,在个案中衡量法益能否被抽象的立法规范所涵摄,比较该种新型金融行为对法益的侵害是否与司法解释所规定的各种情形具有同质性,有无保护的价值和必要,以使司法裁判者得出合法且合理的解释结论,体现刑法解释的实质正当性。在此基础上司法裁判者再进行利益衡量,利益衡量无法抽象实现,必须在个案中进行具体分析方能完成,而在个案中进行利益的衡量,需要先厘清司法裁判人员在个案中的思考方法。概念法学三段论的推理方法在司法实践中通常存在于简单且争议不大的案件,而这样的案件一般不需要进行复杂的利益衡量,只有事实、法律因素不确定时,才有利益衡量适用的空间,而对于这样的案件本书在研究中发现,法官用的是倒置的三段论,根据众多可能后果的权衡和预判来重新理解法律、考虑诸多后果导向。

第四,在裁判规则研究的中观层面,本书分别针对理论与实践中发现的问题进行了分析研究。对传统非法集资认定的非法性、社会性、公开性、利诱性四要件,提出了对金融准入秩序的违反、利诱性手段的实质理解、集资名义的弱化等构罪要素的改造。在完善非法占有目的认定规则上,提出了主观要件的规范评判。对非法集资类犯罪刑法为什么要在直接故意的意志因素之外把非法占有的犯罪目的特别规定出来,司法裁判者对此应怎样将这个法律规范还原于案件事实中,是互联网非法融资刑事案件中的疑难复杂问题。在事实层面,犯罪目的、故意、动机、意志甚至情感、情绪等心理因素系统一体,具有整体思维的表象,理论上可以根据犯罪论体系中的位置变迁进行不同的区分,但在实践中需要对这些以整体构造呈现的心理因素进行分门别类的证明,司法实践已经证明仅凭推定这一法律技术难以界限分明、精准地推定出不同层次犯罪故意等因素内容,非法集资犯罪的非法占有目的的理论阐释与司法实践存在脱节。司法实践对非法占有目的的证明,与财产受到侵害的证明内容存在高度重合,证明过程不具有真正独立意义上的判断。将非法占有目的理解为直接故意目的,既回归了这一犯罪本身的实际内涵,也契合司法实践对这一主观目的的认定的操作路径。

第五,对互联网非法集资中表现较为明显的刑民界限不清问题,本书研究得出同一法律事实发生民事关系、刑事关系时究竟如何处置的困惑来自大前提的错误,即基于同一法律事实并存经济犯罪和经济纠纷本身就是伪命题,刑民交叉体现的是牵连而非同一法律事实关系,判断的基本方法是以民事法律事实作为参照对象,与犯罪构成事实加以对照,通过要素重合部分的分布情况判断二者的关系是否属于同一法律事实。在集资案件的审理中,则是用民间借贷合同行为与所涉相关罪名的犯罪构成事实对照,确定刑民法律事实之间的关系。非法吸收公众存款的自然事实要素有"未经批准""借用合法经营的形式""不特定对象""向社会公开宣传""承诺还本付息或回报""公众存款"等,而民间借贷合同事实表现为合同双方当事人的"合意",双方意思表示一致时成立借贷关系。比较两者,借款人签订借款合同的民事行为即使满足了犯罪构成中的大多数,但在"向社会不特定对象"这个要素上仍无法涵摄。

第六,对互联网集资参与人系被害人还是证人的法律属性之争,亦是理论与实践中的主要争议。本书基于目前的立法、司法实际,提出可以从以下几个方面对集资参与人的法律地位予以具体的考量:其一,集资参与人在主观上和客观上存在的可谴责性过错,难以全面否定其被害人地位。其二,对金融管理秩序法益的侵害不能必然得出集资参与人非被害人的结论。其三,视集资参与人为非法集资犯罪共犯的观点违背了罪刑法定原则。首先,将集资参与人和集资行为人类比为行贿人和受贿人,认为双方的行为属于对合犯类型的共同犯罪并均应受刑罚处罚的观点违背罪刑法定原则,法律对行贿人和受贿人对合犯类型的共犯均有规定,但对集资参与人的行为并未作出独立的入罪规定。其次,将集资参与人视为集资行为人帮助犯的观点与司法实践相偏离,在集资诈骗案件中,集资参与人的财产遭受损失,如果否定集资参与人的被害人的法律地位并予以共犯的评价,则会推导出集资参与人帮助集资行为人诈骗自己财产的逻辑悖论。即便在非法吸收公众存款案件中,其客观行为与集资诈骗的高度相似性,区别仅在行为人的非法占有目的之上,在此情形下,以集资参与人受骗的明知或不明知来予以界分缺乏合理性。最后,对集资参与人的行为予以刑法评价与二次违法相悖,集资参与人的行为在本质上属于民间借贷和金融投机,在民事法律保护未超过 24% 的年利率且不反对未超过 36% 的年利率的现实下,直接将集资参与人认定为非法集资犯罪的共犯跨越了民法的规制,也与国家政策允许甚至鼓励民间资金融通政策相违背。

本书在系统研究之余,尚有一些遗憾,主要体现在以下两个方面:

一是复杂系统的研究需要研究者在法律、经济、互联网技术等领域不是简单地涉足,而是能深入思考与领悟,打通不同学科之间的壁垒,将复杂系统之间的共性严格化,提炼出复杂性思想和工具并予以更广泛的运用。笔者在参与金融诈骗大数据、互联网案件大数据的司法研究过程中发现,法官们普遍不懂技术,而技术人员不懂法律,不知道从技术角度如何切入来研究与分析法律问题。新领域下的新问题需要复合型的法律人进行综合思考,而笔者虽然对经济学、计算机知识进行了研究,掌握了一定的数据,但囿于时间关系无法深入学习与把握,对数据之间的关联度、数据背后的规律性问题尚未有深入的提炼,多学科的融合没有达到最初的预想,运用数学、经济学等相关知识对非法集资案件建模的想法亦没有实现。在对艺术品资产份额化交易、代币发行融资(ICO)、证券型通证融资的研究中,因鲜有人从刑事角度进行规制研究,可供参考的资料有限,理论研究的深度和广度还有待进一步拓展。

二是互联网非法集资所涉法律疑难问题众多,面面俱到不但会挂一漏万也会淡化研究的重心,故笔者撷取了司法实践中普遍反映的疑难复杂问题进行了研究。但如何撷取重点,如何将重点问题体系化、逻辑化地布局,本身也是一个需要研究的问题,本书对理论与实践中已经有较多研究的互联网非法集资的风险、政府相关部门的监管、前置法的违反、侦查取证的方向和手法等不再涉及。从体系上看,由于互联网领域中的非法集资模式变化多样,模式与模式之间差异较大,不是一个简单的线性发展,所依据的技术手段明显不同;从司法实务中看,不同非法集资模式带来的问题各不相同,司法裁判者面对的问题也非常繁复冗杂,笔者在对司法实践中普遍反映的疑难复杂问题撷取后论证,会带来跳跃式论证之感,与通常的文章体例存有不同。采取这样的论证方法,是希望本书最终能从理论研究的"星空"落到司法实践的"土壤"中,落到司法裁判者的三尺法台上,因为刑法是社会正义的最后一道防线,司法裁判者也是互联网集资罪与非罪、此罪与彼罪认定中最后一道关口的守护者,他们迫切需要随着互联网的发展、犯罪模式的不断变化,对互联网领域中的非法集资模式有清晰的理论指导和裁判指引。本书在此做了一些努力,但依然还有许多的不足,希望在今后的工作中继续学习和研究。

第四节　本书的逻辑结构

本书针对互联网金融领域下非法集资行为从理论与实践两方面进行了研究,共分为六章。绪论先简单介绍了非法集资的样态,域内外非法集资研究现状,对书中的研究成果进行了提炼。第一章详细分析了互联网金融非法集资行为模式,根据其演变和内在特性,分为初始阶段的网络借贷、股权众筹,发展阶段的艺术品资产份额化交易、代币发行融资(ICO),未来发展阶段的证券型通证融资,分析了行为特点。第二章梳理了我国互联网金融非法集资相关法律法规,从积极性、局限性两方面对法律配置作了分析,提出司法实践中的刑法规制困境主要源于互联网金融风险的加剧带来的司法价值冲突,秩序法益观下的立法缺少互联网元素特征,前置法规定不足导致刑法保障法地位的逾越,互联网金融立法精细化的缺失引发裁判的困难。第三章对互联网金融非法集资刑事案件进行司法检视与困境初探,以网络借贷刑事案件为基础对案件进行细致"画像",在实证基础上对非法集资刑事案件作了类型化的特点分析,提炼出互联网非法融资刑法规制的主要困境。第四章、第五章、第六章分别从理论进路的宏观、裁判规则的中观、具体适用的微观三个层面,针对刑法规制的困境寻找解决路径。第四章从理念上先分析了互联网网状结构放大了金融风险,带来绝对安全与相对安全的理念冲突,针对金融安全与金融风险的矛盾,提出比例原则的价值与方法研究。对金融管理秩序法益现实考量的基础上,寻找刑事司法中利益衡量的路径和方法。第五章在裁判规则的中观层面,针对实践中发现的违法性要素被虚置、非法占有目的证明难、刑民交叉同一法律事实认定混乱、被害人法律地位不清等问题,分别从非法集资构罪要素的改造,非法占有目的的规范评价,刑民交叉中合同效力教义学分析,发展被害人自我答责规则等方面进行了论述。

第六章在刑法适用的微观层面,对互联网非法融资的特殊主体、新型非法集资行为的刑法属性、资产证券化非法集资行为以及交易行为与传销行为竞合的定罪逻辑、艺术品资产份额化交易不同参与主体的刑法评价等司法疑难复杂问题进行了研究。结语部分对 P2P 网络借贷平台清零后出现的助贷模式进行了提示,对互联网非法集资未来研究方向进行了思考。

本书的逻辑结构基本按照“行为模式——立法分析——实证研究——理念构建——规则制定——刑法适用”的顺序展开。

第一章　互联网金融非法集资行为模式

非法集资并非一个法律术语，这一名称最早见于国务院 1986 年公布的《中华人民共和国银行管理暂行条例》（已失效）中，早期将其称为“乱集资”“有偿集资”“高利集资”等。1995 年全国人民代表大会常务委员会公布的《关于惩治破坏金融秩序犯罪的决定》将非法吸收公众存款罪和集资诈骗罪作为非法集资犯罪的基本内容，但没有使用非法集资这一概念。1996 年最高人民法院公布的《关于审理诈骗案件具体应用法律若干问题的解释》（已失效）对非法集资的概念作了界定，认为非法集资是法人、其他组织或个人未经有权机关批准，向社会公众募集资金的行为。1999 年中国人民银行发布的《关于取缔非法金融机构和非法金融业务活动中有关问题的通知》，将非法集资界定为未经依法批准，以任何名义向社会不特定对象进行的集资活动。上述概念的内涵在之后的司法解释、行政法规、部门条例等不断发展、变化。2010 年最高人民法院公布的《关于审理非法集资刑事案件具体应用法律若干问题的解释》（以下简称《2010 年非法集资司法解释》）明确了非法集资具有违法性、公开性、社会性、利诱性四个特征。2021 年，国务院公布的《防范和处置非法集资条例》进一步作了规定，提出非法集资是指未经国务院金融管理部门依法许可或者违反国家金融管理规定，以许诺还本付息或者给予其他投资回报等方式，向不特定对象吸收资金的行为。随着互联网的迅速发展，融合了金融、科技力量的非法集资衍生出新手段，金融学界普遍认为互联网领域下的非法集资是指发生在互联网金融领域,参与互联网金融的单位或个人未经中国人民银行、国务院金融监督管理机构和国务院外汇管理部门许可,借助计算机、通信终端等信息设备,利用第三方支付、网络银行、网络贷款投资等渠道,许诺还本付息或者给予其他投资回报等方式,向不特定对象吸收资金的行为。它诞生初始是带着新型金融模式的“光环”而来,借助互联网技术的融资打破时空限制使资金实现快速流动,以解决中小企业借贷难问题,并且需求方和供给方无需像传统融资模式一样以银行业为中心,而是通过特定的互联网平台来进行信息的沟通、交流和交易,使融资模式出现去中心化的趋势。

从非法集资概念的发展与演变可以看出,金融、技术与法律的相互交织,使互联网金融领域下的非法集资因涉及多领域、多学科而呈现出复杂样态。借助于科技力量的集资行为随着互联网技术的辐射效应风险叠加,民间借贷与非法集资、行政不法与刑事犯罪界限模糊,网络借贷、股权众筹等融资模式游走于法律规定的模糊地带,已成为我国金融风险防范的重要领域。艺术品资产份额化交易、区块链技术上发展起来的代币发行融资、证券型通证融资等新型模式,因自身固有的风险属性叠加发展过程中的异化,使金融、技术、法律更加杂糅在一起。司法实践中,继 P2P 网络借贷爆雷后,非法集资类的刑事案件大幅增加,在上海地区已超越信用卡诈骗案位居金融犯罪首位。德鲁克说:“在几百年中,如果从一个更长远的视角来书写我们这个时代的历史,史学家们可能会发现最重要的不是技术,不是因特网,也不是电子商务,而是人类的情况发生了史无前例的变化。这是历史上第一次,拥有选择的人数有了极大增长,而我们的社会却还没有完全准备好应对这一切。”

第一节　网络借贷

中国人民银行等十部门 2015 年公布的《关于促进互联网金融健康发展的指导意见》(以下简称《互联网金融指导意见》),将互联网金融的主要业态分为互联网支付、网络借贷、股权众筹融资、互联网基金销售、互联网保险、互联网信托和互联网消费金融等。[1] 其中,被刑事司法领域较多关注的是网络借贷与股权众筹融资。对于网络借贷的定义,根据《互联网金融指导意见》的规定是指包括个体网络借贷(即P2P网络借贷)和网络小额贷款,个体网络借贷是指个体和个体之间通过互联网平台实现的直接借贷,系为投资方与融资方提供信息交互、撮合、资信评估等中介服务的网络平台,为借贷双方的直接贷款提供信息服务。网络小额贷款是指互联网企业通过其控制的小额贷款公司,利用互联网向客户提供的小额贷款,借贷方为当地银行或者贷款机构。

一、域外网络借贷的行为模式

(一)英国的自动匹配微借贷模式和订单驱动交易模式

英国2005年成立第一家提供P2P贷款的平台Zopa(Zone of Possible Agreement)即"协议空间",上线以来短时间内便在全球范围内迅猛发展,它最初的定位是作为提供借贷的专业平台,在线上组织借贷双方完成投融资服务,以期快速将借款人的借款需求和出借人的闲置资金对接。[2] 2010年,另一家名为RateSetter的平台在世界上率先成立风险准备金来防范借贷者违约。在英国,P2P行业遵循自治P2P金融协会的标准,P2P存款人不在金融服务补偿计划的保护范围内,P2P金融协会要求所有成员公司妥善安排,以确保即使平台组织破产也能提供贷款。[3]

---

[1] 参见林越坚、李俊:《P2P网贷平台犯罪及司法治理研究》,载《河北法学》2016年第10期,第190—200页。

[2] 参见彭龙、闫琳:《中美两国P2P网贷平台发展的运营模式对比研究》,载《国际论坛》2018年第3期,第55—60、78页。

[3] See Lending Club Corporation Annual Report, available at http://ir.lend-igclub.com/Cache/38285714.pdf? IID=4213397&FID=38285714&O=3&OSID=9, last access: Jan. 20, 2018.

英国的P2P借贷主要分为两种模式：一是自动匹配微借贷模式，主要以Zopa为代表。Zopa的注册投资者和借款人的所有投资活动都由平台交易系统自动匹配完成，Zopa并不在借款人和投资者之间促成直接交易，而是先向投资者承诺具体的投资收益率，待投资者将资金存入注册账户后平台的交易系统为这些资金自动匹配进行借贷。在某个时间段内，全部投资者的资金都会被汇集在一起，但当总额超过系统设定的某个限额后，交易系统会将资金分为每笔10英镑的微型贷款以覆盖所有审核通过的贷款申请，除非投资者清空自己的账户，否则平台交易系统会将这些资金持续性投入到新一轮的放贷中。二是订单驱动交易模式，主要以Rate Setter为代表。借款人在Rate Setter平台填写资料进行注册后就可以申请一定期限和金额的贷款，投资者在平台注册后填写意向投资额并存入相应资金，与其他平台明显不同的是，Rate Setter的投资者可以自行填写投资期限及利率水平〔1〕，这就是“订单驱动交易”投资模式的要件。

（二）美国的本票模式、证券产品模式和债权转让模式

美国P2P网络借贷的发展始于2006年2月Prosper即“繁荣”的成立，之后Lending Club即“借贷俱乐部”和其他贷款平台相继出现，上述两个平台占据美国主要市场份额，2016年全年贷款成交量分别为86.65亿美元〔2〕和22.57亿美元〔3〕。P2P网贷平台在美国呈现强劲发展态势，对金融体系起着重要补充作用。〔4〕早期的P2P平台对借款人资格没有有效限制，大多数贷款的期限至少为三年，这导

〔1〕参见陈宗义：《英美成熟P2P商业平台运营模式特征解析及启示》，载《商业经济与管理》2017年第1期，第73—84页。

〔2〕同上注。

〔3〕See Prosper Corporation Annual Report, available at https://www.prosper.com/Downloads/legal prosper10k12312016.pdf, last access: Jan. 20, 2018.

〔4〕See Lending Club Corporation Annual Report, available at http://ir.lend-igclub.com/Cache/38285714.pdf? IID=4213397&FID=38285714&O=3&OSID=9, last access: Jan. 20, 2018.

致了贷款缺乏流动性以及高违约率的出现。美国证券交易委员会(Securities and Exchange Commission,SEC)在2008年要求P2P平台根据《1933年证券法》(Securities Act of 1933)将其产品注册为证券。由于繁琐的手续、高昂的费用,导致Prosper和Lending Club暂时停止提供新的贷款,Zopa和其他平台被迫退出美国市场。在SEC批准Prosper和Lending Club可以通过提供的贷款收到的支付提供投资者票据后,Prosper和Lending Club均建立了二级市场,为投资者带来流动性便利,也使得P2P平台的贷款申请与常规证券化市场相比对二级买家和放款人更为透明。2009年,当美国非营利组织Zidisha率先通过其平台直接连接借贷者和贷款人时,P2P融资水平进一步提高。

美国P2P网络借贷主要分为三种模式:一是本票模式,以Lending Club的交易模式为代表。2008年之前,Lending Club仅在线为借贷双方提供投融资的信息服务,它向借贷方发放相应需求的资金,并将这些借款金额转换成借款本票转让给平台上的投资者,平台仅通过收取服务费的方式盈利,不承担任何违约责任。可以看出,此种模式平台仅起信息中介的作用,不参与借贷。二是证券产品模式,以Prosper的交易模式为代表。2008年之前,在线银行放款给平台上的借款人,同时对该笔交易制作相应的信用凭证,平台上的借贷双方通过信用凭证直接关联,平台则通过有偿发放该凭证给平台上的投资者来换取平台上的投资资金。[1] 2008年,SEC认定Lending Club出售的信用凭证是未经认证的证券产品,责令其暂停业务并向SEC提交注册申请。三是债权转让模式,这是Prosper在向SEC注册并通过静默期后采取的模式。Prosper平台上的借贷双方不再通过在线银行直接联系,而是在线银行将信用凭证出售给Prosper,Prosper再把信用凭证出售给平

---

〔1〕 See Lending Club Corporation Annual Report, available at http://ir.lend-igclub.com/Cache/38285714.pdf? IID=4213397&FID=38285714&O=3&OSID=9, last access: Jan. 20, 2018.

台上的投资者。此种模式下，投资人与 Prosper 平台之间变为无担保债权关系，Prosper 平台将负责对违约方的欠款追偿。2008 年之后的 Lending Club 也采取了债权转让运营模式，即向在线银行购买信用凭证后转卖给投资者，并将借款人的借款信用凭证出售给在线银行，如此投资者也变成 Lending Club 的债权人，一旦发生违约情况，将由 Lending Club 负责追偿。此时投资者投资的已经不是实际的贷款，而是一个收益权信用凭证，这实质上形成了债权转让模式，更大程度上保证了投资者的资金安全。

（三）英美两国网络借贷总体情况

英美两国网络借贷作为替代金融的一个重要组成部分，市场发展较为健康，没有出现过波及整个行业的系统性风险。近年来，网络贷款成交量增长速度虽然有所放缓，但成交量依然保持平衡上升。在英国，根据英国剑桥大学新兴金融研究中心（The Cambridge Centre for Alter- native Finance，CCAF）的一项报告显示，2017 年英国网络借贷平台累计发放了 46.6 亿英镑的贷款，虽然增长速率较往年有所下降，但市场已逐渐走向成熟。美国自第一家网贷平台 Prosper 成立以来，网贷市场规模逐渐扩大，2017 年美国替代金融总规模为 428.1 亿美元[1]，其中 P2P 贷款组成部分（商业贷款、消费贷款和不动产贷款）的占比为 37.63%，近年来 P2P 网贷业务规模占替代金融总规模比例有所下降，反映出美国替代金融开始向差异化、多样化发展。

二、网络借贷市场准入与监管环境

英国在 2013 年 4 月 1 日之前，都由英国金融服务管理局（Financial Service Authority，FSA）根据 2000 年《金融服务和市场法》（FSMA）对金

〔1〕 See T. Ziegler, D. Johanson, M. King, et al. Reaching New Heights: the 3rd Americas Alternative Finance Industry Report, Cambridge Centre for Alternative Finance, 2018.

融活动进行管理。随着 2007—2008 年金融危机的爆发,英国政府决定重新调整金融监管体系,最终 FSA 被废止,其架构革新并被两个新组织所取代,分别是金融行为管理局(FCA)与审慎监管局(PRA)。根据《金融服务和市场法案》规定除非得到该法授权或豁免,任何投资都是受监管的活动,旨在防止未经授权或非豁免的个人向公众提供产品。2013 年,FCA 确认投资型众筹平台(包含 P2P 平台)一样受到监管,FCA 新规延伸了合格投资者的范围。[1] 截至 2014 年 4 月,互联网金融中介平台必须获得许可才能准入,要求中介平台必须有合规负责人,寻求资金的公司必须向有关部门提交招股说明书并获得批准,必须提前公布招股说明书,准确披露财务信息、投资目标、组织结构和风险因素,招股说明书还必须说明经理刑事处罚情况等。FCA 担心投资会接触到不成熟的投资者,规定平台只能与认证为合格投资者的零售客户、高净值投资者的零售客户、已收到投资建议的零售客户以及不会投资超过其净投资组合 10%的零售客户进行直接沟通。[2] 此外,英国在监管过程中还让渡了一大部分权利给市场的行业自律,如 Zopa、Ratezetter、Fundnding Circle 三家互联网金融平台建立了行业协会,设计了他们自己认为最适合这个行业的监管框架。

经济大萧条使得美国《1933 年证券法》应运而生,为了保护投资者免受来自猖獗欺诈的高危风险,美国监管者加强了对证券市场的严格监控,《1933 年证券法》是对美国证券监管必要的改进,防止未来发生这样的灾难,要求进行证券众筹的人首先必须准备一份证券交易委

[1] See Financial Conduct Authority, The FCA's Regulatory Approach to Crowdfunding (and Similar Activities), Consultation Paper 13/13, 4 (Oct. 2013), available at https://www. fca. org. uk/publications/consultation-papers/cp13-13-fca%E2%80%99s-regulatory-approach-crowdfunding-and-similar, last access: Mar. 19, 2018.

[2] 参见孟柳:《英美互联网金融股权众筹监管及对我国的启示》,载《北方金融》2018 年第 3 期,第 72—78 页。

员会认为有效的登记表[1]、一份复杂的披露文件,并且禁止出售未经注册的证券。美国 SEC 认为 P2P 网络借贷实际上是证券发行与销售,要求 P2P 平台将发标作证券登记,平台必须接受来自联邦和各州证券法的持续性监管。随着 P2P 市场的违约率增高,美国在市场规范与监管方面也出台了多部法律,如通过了 SEC v. WJ. Howey Co.和 Reves v. Ernst & Young 两个法案,规定 P2P 网络借贷属于证券融资监管的范围,P2P 产品被归类为证券类,因此受到证券法规制,发行人忽略重要事实将需要对不实信息承担责任。自 1978 年开始,美国出台了 140 多部互联网金融监管的法律法规,分别从法律定位、监管主体、准入机制、业务运转等方面进行了规定,[2]平台开展业务需遵守《1933 年证券法》《真实借贷法案》《信贷机会平等法案》《个人隐私及数据安全法》等,平台诞生伊始就要受 SEC、FTC(Federal Trade Commission,美国联邦贸易委员会)、CFPB(Consumer Financial Protection Bureau,美国消费者金融保护局)、FDIC(Federal Deposit Insurance Corporation,联邦存款保险公司)以及地方监管机构的监管,形成联邦和州的多头监管机制。

三、我国网络借贷发展脉络与模式异化

(一)平台数与网络贷款余额的发展轨迹同步

我国 P2P 网络借贷兴起于 2007 年左右,第一家网络借贷平台在上海成立,2010 年 P2P 平台数量为 10 家。2013 年进入快速扩张时期,一些有线下放贷经验的创业者开始关注网络借贷平台;与此同

---

〔1〕参见孟柳:《英美互联网金融股权众筹监管及对我国的启示》,载《北方金融》2018 年第 3 期,第 72—78 页。

〔2〕1978 年通过了《电子资金转移法案》,1999 年通过了《金融服务现代化法》《统一电子交易法》《统一电脑信息法》《统一货币服务法》《国际与国内电子商务签名法》,2000 年通过了《美国金融改革法》《统一货币服务法案》《爱国者法案》,2012 年通过了《创业企业扶助法》《创业企业融资法案》《真实借贷法案》等。

时,一些软件开发公司亦嗅到了商机,开发了大量相对成熟的网络平台软件,给网络借贷提供了技术支撑。2014 年平台数量快速增长为 1575 家,2015 年为 2595 家,2016 年下降为 2448 家,2017 年反弹为 6535 家,但正常运营平台数量仅为 2409 家,累计问题平台 2003 家,累计停业转型平台数量 2123 家。2018 网贷平台为 6605 家,正常运营平台数量进一步下降为 1071 家,累计问题平台 2700 家,累计停业转型平台数量 2834 家。其中问题平台主要发生在上海、北京、杭州、深圳等一线大城市;同年 7 月,由于一些借贷余额大的平台爆雷,引发了全行业投资人的恐慌,从而又引发了其他平台的挤兑风险,对网贷行业造成了较大影响。2019 网贷平台为 6606 家,正常运营平台数量仅为 344 家,累计问题平台 2923 家,累计停业转型平台数量 3339 家。2020 年 11 月,平台数归零。[1]

就衡量平台经营规模、安全程度的 P2P 网络贷款余额[2]情况来看,2010 年至 2015 年网贷贷款余额分别为 0. 6 亿余元、12 亿余元、55. 83 亿余元、268 亿余元、1036 亿余元、4394.61 亿元,总量每年均在成倍增长,其中北京、广东、上海、浙江分列前几位。2016 年为 8303 亿元,上海超过北京排在第二位。2017 年网贷交易额集中分布又发生了变化,上海跃居第一,其后分别为广东、北京和浙江。2018 年起网贷行业借贷余额开始下降,为 7311 亿元,较 2017 年下降 39.33%,2019 年为 4915 亿元,较 2018 年继续下降 32.7%。就投融资人数、投资额情况来看,2016 年我国 P2P 行业活跃借款人在 572 万左右,人均借贷金额为 34.16 万元,投资人为 998 万左右,人均投资额为 19.6 万元。2017 年,行业活跃借款人和投资人均快速增长,分别为 1350 万和 1250

---

〔1〕 参见边万莉:《再见了,P2P! 网贷机构已完全归零》,载《21 世纪经济报道》2020 年 11 月 27 日。

〔2〕 P2P 网络贷款余额是指至某一时间节点借款人尚未归还放款人的贷款总额,它是衡量平台经营规模、安全程度的重要指标;贷款余额高,说明平台借贷规模大,同时流动风险也高,一旦无法如期收回借款,平台对投资人的兑付压力增大,可能产生崩盘。

万,人均借款金额和投资额分别为 20.1 万元和 21.7 万元。2018 年,和网络贷款余额一样,投融资人数和投资额均开始下降,行业活跃借款人为 1252 万左右,人均借贷金额为 12.9 万元,较 2017 年减少了 36%。[1]

对比网络借贷平台数量的发展与变化,可以看出平台数与网络贷款余额的发展轨迹相同,从 2010 年起曲线上扬,2017 年达到顶峰,之后开始下降,真实反应了 P2P 网络借贷从起步、繁荣再到衰败的过程。

(二)我国网络借贷异化表现

第一,交易平台的中介功能发生变化。网络借贷平台的最初定位只是信息中介,只提供借款信息上传和发布,借款事项由交易双方决定,投资人自己承担出借后产生的逾期坏账风险。这种模式平台不提供担保,本身不承担责任,交易成本很低,比传统企业更具有网络效应扩张,相对传统企业有成本优势,会增强社会融资透明度,降低社会融资利率,[2]中国最早的网贷平台拍拍贷开始时即采用这种风险自担的模式。但该模式要求投资人具备一定判断风险的意识和承担风险的能力,由于中国本身的征信特点以及投资人希望获取固定收益回报而不是通过定价来自己承担风险的传统,该种模式业务量规模受限。2010 年,自英国的 RateSetter 公司通过建立风险储备金为投资人提供本息保障后,我国网络借贷平台纷纷效仿这一模式,通过建立风险储备金、设立关联子公司、寻找合作担保公司等方法,为投资者建立一种"本息无忧"的投资环境。目前我国网贷平台大多采用了此种担保发展模式,实际上由原本的信息中介转向了信用中介,[3]但我国有关部

---

[1] 参见零壹财经·零壹智库:《中国 P2P 借贷服务行业发展报告(2018)》,中国经济出版社 2019 年版,第 30—31 页。

[2] 参见廖理、李梦然、王正位:《聪明的投资者:非完全市场化利率与风险识别———来自 P2P 网络借贷的证据》,载《经济研究》2014 年第 7 期,第 126 页。

[3] 参见张海洋:《信息披露监管与 P2P 借贷运营模式》,载《经济学(季刊)》2017 年第 1 期,第 371—392 页。

门仍然按照信息中介的定位对网贷平台进行监管,[1]导致国内网贷平台发展迅速,数量和金额都快速增长。虽然后续我国相继出台规定禁止资金池的设立,为非法集资设置红线,但网络借贷平台融资模式不断翻新,出现了债权转让交易模式、引入保险公司或担保公司模式、小额贷款公司+P2P 平台+担保公司等多种"创新",[2]实质上设置了资金池、对标的物进行了拆分、期限实施了错配等,把本应由投资者自己承担的风险转移到了网络借贷平台本身,筹资成本急剧增加。如上海陆家嘴国际金融资产交易市场股份有限公司(以下简称陆金所,2011 年成立,系通过国务院交易场所清理整顿的金融资产交易信息服务平台)披露 2015 年亏损金额中的 80% 以上是获客成本[3]及系统投入;[4]"宜人贷"披露的 2016 年年报中,营销费用是重要成本支出,占运营成本的近 80%。[5] 上述筹措资金的方式也系其他 P2P 公司的主要营销方法,这为之后 P2P 的爆雷潮埋下了伏笔。而对网络小额贷款公司而言,亦突破了传统小额贷款公司的限制,使传统小额贷款立足县域业务的要求流于形式,部分地方政府先行先试,将网络小额贷款公司业务布局全国,或者允许其开展资产证券化等业务,本质上拓宽了融资渠道,使网络小额贷款公司实质上具有了部分金融机构的属性,但却没有按照金融机构的要求进行监管,导致小额贷款公司的风险积聚。

第二,业务模式发生变化。英美两国在坚持 P2P 平台面对高端客

---

[1] 参见王黎黎:《互联网金融监管政府角色的错误期待与矫正》,载《宏观经济研究》2016 年第 8 期,第 56—62 页。

[2] 参见廖理、李梦然、王正位:《聪明的投资者:非完全市场化利率与风险识别———来自 P2P 网络借贷的证据》,载《经济研究》2014 年第 7 期,第 125—137 页。

[3] 获客成本是指获得新客户所投入的成本总和,由广告成本、营销人员的薪水和销售人员的薪水等成本之和除以获取的客户数量而得。

[4] 参见晓投资:《陆金所近 4 亿亏损八成是获客成本》,https://www.sohu.com/a/59222477_251719,访问日期:2019 年 2 月 17 日。

[5] 参见金融超市网:《P2P 平台获客成本上涨数倍 转化率不足一成》,https://www.sohu.com/a/144013824_390321,访问日期:2017 年 5 月 27 日。

户的前提下,还秉持着小额且分散化的原则,平台的制度设计为小额贷款,将贷款违约风险降到极低的程度,使 P2P 平台业务品质甚至能超过银行。此外,投资者还可以选择自动投资组合工具,根据自身对收益与风险的偏好分散投资,并在借款达成之前可以获得借款人的详细信息,从而可以进行风险预判。如果产生违约风险,则由投资者个人承担,平台不会提供额外的信用担保。为了保证借贷资金的安全,平台会对借款人的信用采纳费埃哲信用分(FICO 信用分)标准,[1]并结合借款人的其他基本信用信息,如债务收入比、工作状况、所在地、月收入等,对借款人进行信用评级,这可以较为准确地反映借款人的还款意愿和还款能力[2],坏账率较低。但我国 P2P 平台对借款的资金体量和业务模式均没有严格要求,单笔大额的业务风险和整体业务的集聚性风险均十分突出,一旦出现违约,由于所涉金额较大,对平台正常资金流转会造成实质性的影响。且在征信体系并不健全的情况下,借款人违约的概率比较高,这也是非法集资频频出现涉案金额超过亿元甚至百亿元,平台频频爆雷的缘由所在。

第三,业务对象没有实质限制。互联网技术通过信息共享的方式彻底消除了地域和时间的限制,借款人通过平台向投资者借贷,三方并不像传统金融样直接接触,网络借贷具有明显的脱媒性,交易过程中如何保证借款人及时有效还款是网络借贷面临的首要问题。英美两国成熟的 P2P 平台精准锁定了高端个贷市场,依托本国发达的信用体系筛选出高质量的客户,再以优良的风控模型与自动化的运算处理,表现出传统银行难以企及的低人力成本和运营成本。比如美国的两大 P2P 平台对借款人信用资质要求很高,个人信息评级比一般的信

---

〔1〕 FICO 信用分是由美国个人消费信用评估公司开发出的一种个人信用评级法,已经得到社会广泛接受。由于美国三大信用局都使用 FICO 信用分,每一份信用报告上都附有 FICO 信用分,以致 FICO 信用分成为信用分的代名词。

〔2〕 See Lending Club Corporation Annual Report, available at http://ir. lend-igclub.com/Cache/38285714. pdf? IID=4213397&FID=38285714&O=3&OSID=9, last access: Jan. 20, 2018.

贷机构还要高。英国的 P2P 平台对客户的要求也持审慎态度,如 Zopa 要求借款人为年满 20 周岁的英国公民,在英国居住超过三年,年收入不低于 1.2 万英镑,且能够提供 Zopa 认可的信用记录和完整的还款记录。Rate Setter 借款人的平均年收入为 2.94 万英镑,但平均贷款额度却仅为 4710 英镑。[1] 我国网络借贷被看作是实现普惠金融的重要途径,通过互联网平台将金融服务的门槛降低,在信用评级不完善的现实情境下,一些借款人借钱不还没有任何违约成本,一些非法集资行为人更是将平台作为吸收资金的工具。

四、网络借贷异化的成因

在互联网金融的浪潮下,网络借贷被称为"草根金融""普惠金融"属性的互联网金融新样态,但在我国现实的法律和社会背景之下,网络借贷从模式到运行均存在诸多风险,这些风险的客观存在也正是刑法对网络借贷规制的可能性与必要性。

(一)风险叠加:网络借贷之行业爆雷

网络借贷兴起之时,人们很难将其与集资诈骗犯罪相关联,但时至今日 P2P 网络借贷已几乎沦为集资诈骗犯罪的"马甲",并导致国家政策对 P2P 网络借贷从鼓励支持走向管制和疏导退出,P2P 网络借贷的异化进路如何形成值得研究与探讨。2010 年,互联网金融进入创新发展时期,互联网融资发展迅速,随着国务院 2014 年出台的《关于进一步促进资本市场健康发展的若干意见》,2015 年公布的《关于大力推进大众创业万众创新若干政策措施的意见》,互联网融资新模式不断丰富,与银行、证券、保险、基金不断融合创新,出现一大批互联网金融创新企业。但在创新的过程中,原本应是信息中介的互联网平台变相公开进行投资交易,互联网企业通过权益拆分等行为公开进行投资

---

[1] 参见陈宗义:《英美成熟 P2P 商业平台运营模式特征解析及启示》,载《商业经济与管理》2017 年第 1 期,第 73—84 页。

活动,风险不断加剧,导致 2016 年底“爆雷潮”开始出现。同时,在国内投资面过窄、投融资渠道不畅等因素综合作用下,投资者对新兴行业的投机心理普遍较强,短期获利后快速抽身离开是投机者普遍的心理状态,投资的内容和长期持续赢利互联网融资中不是主要考量的因素,“击鼓传花”式的牟取暴利、转移风险是我国互联网融资之初的实相。但当投资人持有的某一互联网产品存在兑付问题时,多会收回其他同类平台的投资以便及时止损,同时通过微信群等新型社交媒体的交流和讨论,使不信任情绪在互联网环境下快速发酵和扩散,这便是群体性恐慌导致严重的挤兑、抛售潮的连锁反应。一家接一家 P2P 公司爆雷后进一步加剧了风险的蔓延,最终平台停止经营形成行业性的“爆雷潮”。

上述现象产生的深层次原因,笔者认为主要有三个方面:第一,P2P 公司进入门槛低,行业监管没有及时跟进。互联网的虚拟投资场域使投资人与集资者不再面对面,对投资人而言,双方的交流被平台阻隔,其能够获取的信息不但有限而且真实性难以辨别,平台在运营时是否按产品描述配置钱款也不可知,这一环境下投资人始终处于低信任度状态,易对部分信息过度阐释,故当一家企业出现兑付暂时性困难时,会对投资者心理产生一定的冲击和压力。第二,非法集资行为多在平台跑路或爆仓后才进入警方视野,除了非法集资行为的隐蔽性较强以外,打着金融改革、金融创新旗号的投融资行为给侦查机关造成了困扰,金融改革创新与非法集资之间的界限不再像传统模式那么泾渭分明,对于新类型、新模式、新事物司法实践领域也存在一个面对、了解、熟悉的过程,这也是社会公众普遍质疑侦查机关行动滞后的原因所在。第三,P2P 等网贷公司改变信息中介的角色定位自投自融已成为行业普遍现象,万众创新、万众创业下大量互联网企业的诞生,裹挟在互联网金融的洪流中往前发展,使侦查机关无暇顾及,只能在平台爆仓后为维护社会稳定爆一个打一个,进一步加剧了爆雷潮的演变。

(二)模式特征:网络借贷之原罪宿命

第一,担保与托管的模式为网络借贷的异化提供了条件。基于网络借贷最大的风险是借款人违约的预测,为了减少违约风险给投资人带来的资金损失以吸引更多的资金,网络借贷引入了担保与资金托管。在抢占市场、扩大规模等因素作用下,网络借贷平台开始分别设立关联公司提供担保服务、资管公司提供资金监管服务。在此种模式下,网络借贷平台已不再是单纯地提供中介撮合服务,实质上已成为影子银行或者变相的金融机构。在担保、资金监管不足或不到位的情形下,担保和资金监管渐渐成为网络借贷的营销手段,投资人的资金处于风险境地。第二,网络借贷天然资金池的存在是非法集资的基础。网络借贷的本质是集聚小额资金借贷给资金需求者,从这一基础出发,投资人的钱款应直接对接借款人,网络借贷平台只负责中介撮合,并不参与资金的管理和风险的承担,也并不必然产生资金池,但资金募集和项目开展中必然存在时间差。投资者的资金进入托管账户是为了与借款者的资金形成匹配,但前提是必须要有足够多的投资者和借款者,否则难以形成借款人的借款金额、借款时间、还款期限与投资人的资金情况、对利润的心理预期等得一一匹配。为了提高网络借贷的成功率,平台对将借款人的资金形成资金池具有天然的心理倾向。第三,信息的不对称为非法集资提供了便利条件。虽然投资人可以对网络借贷的项目进行选择和监管,但是这种选择具有一定的盲目性,一方面投资人很难判断融资项目的真伪、资金用途等,另一方面网络借贷中平台、筹款人、担保人混同的情形并不罕见,在信息披露、中介服务、资金托管、第三方监管等配套制度不完善的情况下,实际控制人通过控制借贷平台、虚设理财项目、虚假造势等诱惑性手段更容易实现非法集资的目的。

第二节　股权众筹

众筹即向公众募集资金,它来自英文 crowdfunding 一词,而互联网众筹则是指借助互联网融资平台向公众募集资金,投资者付出少量的投资金额从融资者处获得实物或股权回报。众筹最早期的概念其实是奖励众筹,2009 年 4 月,以支持创新、创造、创意为宗旨的专门网站——Kickstarter 正式上线,通过网络平台向公众募集小额资金,旨在通过众筹帮助一些导演、艺术家、发明家等完成他们提出的有创意的项目,[1] 网站成立之初就为几个创意项目成功募集到了资金,这种独特的募集资金方式引起了社会的广泛关注。随着奖励众筹模式的成功,公益众筹、债权众筹以及股权众筹等迅速崛起,而其中股权众筹是最有争议的一种。学界将股权众筹定义为发起人作为融资者"出让一定比例股份,利用互联网和 SNS 传播的特性向普通投资者募集资金,投资者通过投资入股公司以获得未来收益的一种互联网融资模式"[2]。2014 年,中国证券业协会起草的《私募股权众筹融资管理办法(试行)》规定,股权众筹融资是指融资者通过股权众筹融资互联网平台以非公开发行方式进行的股权融资活动。2015 年,中国证券监督管理委员会(以下简称证监会)发布《中国证监会办公厅关于对通过互联网开展股权融资活动的机构进行专项检查的通知》,对股权众筹融资的基本含义进一步予以了明确,认为股权众筹融资是指通过互联网形式进行公开小额股权融资的活动,具体而言是指创新创业者或小微企业通过股权众筹融资中介机构互联网平台(互联网网站或其他类似的电子媒介)公开募集股本的活动。

---

[1] See T. Ziegler, D. Johanson, M. King, et al. Reaching New Heights: the 3rd Americas Alternative Finance Industry Report, Cambridge Centre for Alternative Finance, 2018.

[2] 蓝俊杰:《我国股权众筹融资模式的问题及政策建议》,载《金融与经济》2015 年第 2 期,第 57—58 页。

一、域外股权众筹的行为样征

(一)英国的非上市证券模式

英国的很多行业已经加入了一系列项目,以期用众筹的方式进一步扩大商业和文化范围。如互联网众筹平台 EBCI 平台,Abundance Generation 是其中专注于可持续能源项目的,秉持着“民主金融”模式已经资助了多达 140 万英镑的项目;[1] EBCI 平台上还包括 Crowdcube,它是经英国金融服务管理局(FSA)批准并作为开放的一个平台,投资者可以查看项目、创意点和其他生态系统,其中 Microcosom 是值得注意的项目之一,在第一轮众筹中以 10% 的股权获得了 5 万英镑的收入,在第二轮众筹中以 5%的股权获得了 10 万英镑。英国将股权众筹纳入非上市证券范围,依照非公开发行的监管体系将股权众筹合法化,强调筹资者只能通过众筹平台向合格的投资者融资,在没有打破原公募股权融资体系的前提下,确立了股权众筹非公开发行的合法地位。在准入方面设立了分级许可制度,即股权众筹平台提供尽职调查、投资者教育、支付服务以及投资建议等不同的融资服务,需要有关部门申请相应的许可和授权。将投资者分为成熟投资者和非成熟投资者,对于前者投资额不受限,后者则最多不超过净资产的 5% ,但对融资总额没有限制。对于募资方及众筹平台的约束程度相对较低,只重点对作为资金来源的投资者进行管控,要求投资者在参与股权众筹项目时接受众筹平台的适当性测试,以保证其了解股权众筹投资活动中存在的各类风险。同时,众筹平台需要全面查询筹资方财务状况及生产经营情况,并及时将所查询信息对外披露,从而缓解投融资双方之间的信息不对称问题。2014 年,英国以《金融服务和市场法》(Financial Services and Markets Act)为基础编制了《关于网络众筹

---

[1] See T. Ziegler, D. Johanson, M. King, et al. Reaching New Heights: the 3rd Americas Alternative Finance Industry Report, Cambridge Centre for Alternative Finance, 2018.

和通过其他方式发行不易变现证券的监管规则》,指出此类产品性质为不易变现证券,模式风险相比于其他模式更高,因此需要加强监督管理,且在具体操作过程中需要更加慎重,[1]将借贷型众筹和投资型众筹纳入《金融服务和市场法》及其他相关立法调整,在此基础上英国金融监管机构又根据众筹的特征发布了指引,在合格投资者、审慎、信息披露、监管豁免等方面制定了一些特殊规则,采用了审慎监管和行为监管相结合的双峰监管体系。[2]

(二)美国的混业经营模式

2008 年美国金融危机后,中小企业尤其是初创企业融资困难进一步加剧,美国银行的惜贷行为使中小企业无法从银行获得贷款,为拓宽中小企业融资渠道,促进经济增长,众筹在美国兴起。从美国证监会到投资者,都将众筹视作多层次资本市场的有效补充和延伸。[3] 2012 年,美国出台了《JOBS 法案》,确立了股权众筹的合法地位,通过豁免制度免除众筹产品的证券法注册要求,在公募的体系中确立了股权众筹的合法地位,[4]设置了一系列放松融资监管的规则,明确降低了对初创公司外部融资等活动的监督及管理力度。2015 年,SEC 根据《JOBS 法案》又通过了股权众筹实施细则 Regulation Crowdfunding, General Rules And Regulations(以下简称《众筹条例》),规定中小企业在众筹平台融资额度低于 100 万美元,可以对其上市注册的业务予以豁免,旨在减少股权众筹的风险。为保护投资者的利益,《JOBS 法案》将上市注册人数规定提高至 2000 人;为防止众筹平台与融资者相互

---

[1] 参见李晓云:《中外股权众筹监管制度的比较与借鉴》,载《财会通讯》2021 年第 11 期,第 154 页。

[2] 参见李军、陈新:《国外众筹监管的考察与我国众筹监管的完善》,载《西南金融》2020 年第 3 期,第 30 页。

[3] 参见肖本华:《美国众筹融资模式的发展及其对我国的启示》,载《南方金融》2013 年第 1 期,第 52—56 页。

[4] 参见都红雯、朱晓东:《中外股权众筹融资法律规制比较分析及启示》,载《杭州电子科技大学学报(社会科学版)》2019 年第 2 期,第 11—12 页。

串通，规定融资企业需要披露发行证券数量、持股比例超过 20% 的股东姓名、募集金额、发行价格的定价方法、募集时间、财务状况、财务报告、公司运营状况、付给平台的费用等。《众筹条例》还规定融资企业融资总额在 10 万美元以下的，只需披露财务报告；企业融资总额在 10 万美元以上 50 万美元以下的，必须披露由外部会计师评估合格的财务报告。在投资者的投资限额上规定个人投资者年收入在 10 万美元以下的，在众筹平台上每年的投资额不得超过 2000 美元；个人投资者年收入在 10 万美元以上的，每年投资额不得超过年收入的 10%，并且投资总额全部不能超过 10 万美元。〔1〕 由此可以看出，美国放开对小投资者的限制，不管是否具备投资经验均能参与股权投资。此外，禁止众筹平台向投资者提供任何投资建议，不能进行广告促销相关活动，同时不能给予代理商补偿费用。可以看出，美国一方面在放宽对中小企业融资限制的同时，对投资者的资格、经验、资产等不作限制；为提高股权众筹的运作效率，对众筹不到 100 万美元的可不作注册，符合一定条件平台就可以免予注册成为经纪交易商，增加了股权众筹的便捷性。另一方面又加强了监管，通过要求平台提供明确投资方向的相关信息，对融资总额、投资总额进行限制等，让投资者清晰投资所需承担的风险，加强了对投资者的保护以此来控制风险。

（三）意大利的资金募集方监管模式

与英美两国以投资者利益为监管重心不同，意大利以资金募集方为监管重心。意大利作为全球首家制定相应立法的国家，为有效保障股权众筹积极作用的发挥，在股权众筹兴起后即制定实施了众筹法案，要求资金募集方必须具有高新技术特性，存在实际收入上限，成立时间为两年及以下且不能为上市企业。可以看出，意大利对开展股权众筹的募资方要求必须为创新型初创公司，同时符合要求的公司要想

---

〔1〕 参见张海涛：《互联网金融视角下美国股权众筹法律监管经验及启示》，载《经济研究导刊》2020 年第 27 期，第 157—158 页。

组织开展股权众筹，只能通过注册券商或金融机构等平台，各平台在具体操作过程中需要对资金募集方开展尽职调查并有效组织开展信息披露。[1]

（四）法国的平台监管模式

法国将股权众筹平台作为监管重心，在2014年制定实施了《参与性融资法令》，鼓励个人投资者及高新技术类新创建企业积极应用此种方式开展投融资活动。在资金募集方面，制定了小额豁免标准，只要股权众筹项目在一年内的筹资总额不多于100万欧元，资金募集方仅需定期向投资者提供资金募集进度等信息，并向平台提交项目基本信息，无须向监管部门提供说明书。但要求平台需要加入行业自律协会，严格按会规组织开展筹融资活动，除法规允许范围外其他各项业务均不能开展。相应管理人员须遵守自律规定，同时平台还需要获取相应顾问牌照方可运营。在此种情况下，国家监督管理部门只需按照规定对行业自律协会进行监督管理，即可实现对整个行业的有效监督，此种监督方式以间接监督为主，监管方与各活动主体之间并不存在直接联系，监管成本也相对更低。[2]

二、我国股权众筹的三阶段发展与异化

我国的股权众筹和网络借贷曾经同是互联网融资的主要模式，也是在促进普惠金融构建的背景下兴起。2008年次贷危机后，银行等金融机构为规避风险普遍采取了惜贷的政策，股权众筹进入快速发展时期。2015年中国人民银行等十部门颁布的《互联网金融指导意见》将它与网络借贷一起列为分类指导，需要明确监管责任的一种互联网金融行为，并指出它是通过互联网形式进行公开小额股权融资的活动。

---

〔1〕 参见李晓云：《中外股权众筹监管制度的比较与借鉴》，载《财会通讯》2021年第11期，第154页。

〔2〕 同上注，第155页。

股权众筹的发展在我国共经历了三个阶段：第一个阶段是萌芽期，2011 年至 2013 年前后，我国出现了第一家股权众筹平台——天使汇，随后一批股权众筹平台纷纷上线，成为帮助企业众筹融资进行创新创业的中介服务平台。在众筹的模式和样态上，国内的众筹主要借鉴国外的一些经验，并在与本土的实践、国情相融合后自具特色。第二个阶段是崛起期，2014 年至 2015 年前后，一系列互联网巨头相继加入了众筹行业。2016 年 3 月，李克强总理作的《政府工作报告》提到"发挥大众创业、万众创新和互联网+集众智汇众力的乘数效应"，打造众创、众包、众扶、众筹平台，构建大中小企业、高校、科研机构、创客多方协同的新型创业创新机制。[1] 政府的支持和鼓励不仅体现在中央政府的态度上，地方政府更是摩拳擦掌、跃跃欲试，争取成为众筹的试点区域。如 2016 年 5 月，河南省许昌市人民政府在其发布的《关于加快众创众包众扶众筹发展的实施意见（试行）》中明确提到，"大力发展风险投资事业，鼓励众筹社会资本参与组建各类功能的创投基金……支持股权众筹。鼓励微型企业和创业者通过股权众筹融资方式募集早期股本，争取股权众筹融资试点……规范发展网络借贷。鼓励互联网企业依法合规设立网络借贷平台，为投融资双方提供借贷信息交互、撮合、资信评估等服务。探索开展众筹融资等互联网金融试点"[2]。第三个阶段是洗牌期，2016 年至今，[3]2015 年开始出现部分众筹平台

---

[1] 参见程宇薇：《股权众筹法律规制问题研究》，载《金融经济》2020 年第 10 期，第 39—40 页。

[2] 参见许昌市人民政府：《许昌市人民政府关于加快众创众包众扶众筹发展的实施意见（试行）》，http://www.faxin.cn/lib/dffl/DfflContent.aspx? gid = B901748&userinput = % E4% BC% 97% E7% AD% B9，访问日期：2020 年 10 月 10 日。

[3] 参见众筹之家网：《2018 互联网众筹行业现状与发展趋势报告》重磅发布：2017 全国众筹平台 280 家，同期相比下降 33%，http://www.sohu.com/a/216318736_786855，访问日期：2018 年 1 月 12 日；中国众筹行业发展报告 2018：众筹的过去、现在和将来，https://www.sohu.com/a/232666972_264613，访问日期：2018 年 5 月 23 日。

倒闭的情形[1]。随着以 P2P 为代表互联网金融平台爆雷、跑路等现象的频现,互联网金融的热潮逐渐退烧,众筹行业也受到了较大影响。截至 2017 年 6 月底,我国处于运营状态的众筹平台共有 439 家。[2] 截至 2018 年 6 月底,全国共上线众筹平台 854 家,其中正常运营的为 251 家,下线或转型的为 603 家。[3] 截至 2020 年 1 月底,我国处于运营状态的众筹平台共有 66 家。[4] 单纯从众筹平台数量和直线下降的趋势,可以看出众筹的热度已经不再。同时,因为 2020 年春新冠疫情的暴发,众筹行业备受打击,号称中国最大众筹平台的"众筹家"及其旗下的"人创咨询"在发布《2020 年 1 月中国众筹行业月报》之后,至今未再更新之后的月报。

股权众筹在我国主要有三种模式:一是凭证式众筹,即投资人投入资金后取得与企业股权相关的凭证,但不意味着拥有企业股东的身份。二是会籍式众筹,即投资人在熟人范围内选择投资,投入资金后直接成为股东。三是天使式众筹,即投资人借助平台选择投资企业或者项目,投入资金后即成为公司的股东。具体众筹方法上采用"领投+跟投"方式,筹资方与领投申请人"双向选择"中,可确立具有一定专业能力与经验、抗风险能力强的投资者成为领投人,领投人既是投资人也是管理者,代表其他跟投者与筹资企业接洽、调查并负责投资后的管理。[5] 众筹蓬勃发展意味着各种交易结构的众筹项目纷呈,但部分众筹超出了合法金融行为的边界,如汽车众筹项目中,有的约定

---

〔1〕 根据盈灿咨询发布《2015 年全国众筹行业年报》,2015 年全年共有 40 家众筹平台倒闭(平台网站无法打开时间超过 30 天)。

〔2〕 参见人创咨询:《中国众筹平台评级报告(2017)》,http://www.zhongchoujia.com/data/28813.html, 访问日期:2020 年 10 月 10 日。

〔3〕 参见人创咨询:《中国众筹行业发展报告 2018(上)》,http://www.zhongchoujia.com/data/31205.html, 访问日期:2020 年 10 月 10 日。

〔4〕 参见人创咨询:《2020 年 1 月中国众筹行业月报》,http://www.zhongchoujia.com/data/32392.html, 访问日期:2020 年 10 月 10 日。

〔5〕 参见杨东、苏伦嘎:《股权众筹平台的运营模式及风险防范》,载《国家检察官学院学报》2014 年第 4 期,第 160—161 页。

车商未成功销售或销售利润过低,车商按最低年化收益率支付投资人本金及分红。从这一最低保本分红的结构来看,这一类众筹实质上成为变相吸收存款行为。而我国相关监管部门,对股权众筹在鼓励创新的同时又收紧监管,对于金融创新的合法与否缺乏及时回应。在这一背景下,众筹市场欺诈事件层出不穷。2016 年,证监会等部门联合发布《股权众筹风险专项整治工作实施方案》,例举了股权众筹的异化行为:擅自公开发行股票,变相公开发行股票,非法开展私募基金管理业务,非法经营证券业务,对金融产品和业务进行虚假违法广告宣传,挪用或占用投资者资金等。

第三节　艺术品资产份额化交易

2010 年,我国资本市场出现一种新型交易模式,将艺术品与互联网深度融合,利用互联网高效的信息传输能力、便利的信息共享功能以及快捷安全的支付手段,实现艺术品市场与金融资本更加流畅的衔接。此种交易模式的设计初衷是希望中小投资者投入较少资金就可以拥有原本需要巨额投入的艺术品份额,分享稀缺昂贵的艺术品因价值增长而带来的收益,这就是艺术品资产份额化交易产生的初衷。因此,2010 年也被媒体称为“艺术金融的创世纪元年”。在房屋限购、股市低迷等带来的投资渠道狭窄之背景下,艺术品市场由于出现资产份额化交易这一创新模式而呈现不一样的“景象”。但随之而来的是在艺术品资产份额化交易过程中,部分行为人不经金融主管部门审批,通过虚假宣传艺术品或艺术品组合,利用免佣金账户自买自卖进行对倒交易,控制交易价格与交易量,与艺术品鉴定人员勾连出具虚假鉴定报告,最终诱使投资者购买艺术品份额。该类交易模式是否触及非法集资的红线,如何对参与该类行为的特殊目的载体公司、评估商、艺术品鉴定人员等主体进行刑法规制等,已经成为当前司法实践的疑难复杂问题。

一、艺术品资产份额化交易的实践争议

案例:2015 年 5 月,被告人张某、余某等人在香港设立国艺产交所作为空壳公司,同年 8 月在上海市自贸区注册成立艺术品投资公司作为国艺产交所的国内代理和资金结算公司。张某陆续招募被告人陆某、王某等人,分管资产包上市前的运营维护,制定国艺产交所的交易规则,对接推荐商并审核推荐商免佣金账户的出金,联系评估人员为推荐商撰写虚假的艺术品价值分析报告以及安排路演宣传等。同年 9 月,张某等人购买了份额化撮合交易系统软件,给推荐商的每个资产包开设 2—3 个免佣金账户,并教授如何利用免佣金账户进行对倒交易来控制资产包的交易价格和交易量。同年 11 月至 2017 年 7 月,颜某(另案处理)等 19 家推荐商将金丝楠木、字画、玉石等艺术品打包成 36 个资产包在国艺产交所拆分产权销售,每份产权金额为人民币(以下币种相同)一元,但资产包内艺术品的品种、质地与数量与对外宣传的严重不符。张某、颜某等人与艺术品鉴定人员庄某等人联系,让庄某等人在没有实地验货的情况下出具虚假的艺术品价格评估报告,将上述价值 2900 余万元的 36 个资产包虚假评估为 58 亿余元,并以此确定发售资产包的总价格以及发行份额、发行单价等,再通过拨打电话、网站宣传、微信群转发信息、召开宣讲会、口口相传等方式,吸引投资者购买资产包产权份额。颜某等推荐商则通过自买自卖的对倒交易拉升资产包的交易量和交易价格,造成资产包成交频繁的假象,在资产包价格被操纵至高位后卖给投资者从中获利。截至 2017 年 7 月,张某等人通过发售 36 个资产包变相吸收 3.6 万余名投资者资金累计达 110 余亿元,造成 1 万余名投资者损失合计 40 余亿元。

上述行为人的行为是否构成犯罪、构成何罪是该案的争议焦点。第一种观点认为,行为人的行为不构成犯罪。行为人没有非法占有投

资者钱款的目的,也没有虚构事实、隐瞒真相、虚构资产包真实价值的行为。至案发,艺术品投资公司收取的佣金大部分均没有动用,也没有挥霍、隐匿等情形。虽利用免佣金账户自买自卖进行对倒交易,但这系一种赚取差价的投机行为。艺术品的价值随个人喜好不同而相差极大,不能用衡量一般商品价值的方法进行估价;案发后相关部门组织的重新估价,由于带有不同评估人员的主观判断色彩而缺乏客观性。第二种观点认为,行为人的行为构成诈骗罪。行为人采用虚假宣传、虚构艺术品资产包真实价值、隐瞒免佣金账户的存在,自买自卖进行对倒交易控制艺术品资产包的份额价格与交易总量,造成虚假繁荣的假象诱骗投资者投资,骗取投资款。艺术品的价格虽与一般商品有所不同,但不能背离市场的一般规律,艺术品鉴定人员在没有实地验货的情况下直接出具评估报告,将价值仅 2900 余万元的资产包虚假评估为 58 亿余元,明显具有欺骗性,应以诈骗罪追究行为人的刑事责任。第三种观点认为,上述被告人采用欺骗手段,以艺术品资产份额化交易为名设立资金池,吸收 3.6 万余名投资者累计投入资金达 110 余亿元,并造成 1 万余名投资者损失达 40 余亿元,无论是吸收的资金总额还是造成的损失均特别巨大,应认定为集资诈骗罪。

法院认为,被告人违反国家规定以所谓的发售“股票”方式向社会公众公开吸收资金,并不以销售商品为主要目的,其行为符合集资诈骗罪的构罪要件。第一,未经有关部门依法批准吸收资金。被告人明知在国内注册成立艺术品产权交易中心需要文广局、金融办审批,为了规避法律,在香港成立国艺产交所后又在国内注册成立艺术品投资公司作为代理以及资金结算公司,国艺产交所并未取得金融类牌照以及相关部门的许可和批文。第二,非法集资类犯罪的利诱性特征是指以未来的获利吸引投资者,可以是承诺还本付息,也可以是宣传给予高额回报,实际有无兑现本金和收益并不影响利诱性的认定。被告人以拨打电话、网络宣传、召开宣讲会、口口相传等方式向社会公开宣传,向投资者承诺“将来要去美国上市”“股票只会涨不会跌”“资产包会在接下去的两个交易日内连续拉两个涨停板”等,诱骗投资者在国艺产交所平台开户买卖资产包份额,同时通过投资者的口口相传扩大影响,属于承诺给付回报的情形,符合利诱性特征。第三,集资诈骗是面向不特定对象吸收资金,诈骗通常是骗取特定对象的财物,被告人通过公开宣传、发售资产包的方式吸引3万余名不特定投资者,行为符合集资诈骗罪对象不特定性这一要件,且行为侵害的主要法益是金融管理秩序,次要法益是财产权利,以诈骗罪定性无法体现被告人对金融秩序的危害。

二、艺术品资产份额化交易的探索与创新

域外文化艺术品与金融市场的不断整合推动了对艺术资本化的探索与创新,出现了多种艺术品资本化的运作模式。法国A&F Markets公司自2009年起筹备在线艺术品证券化交易平台(Art Exchange:stock exchange for artwork),系获得法国金融主管部门许可的创新型艺术品交易模式。2011年发布第一批艺术品,每份10欧元,任何具有完全民事行为能力的成年人均可以在艺术交易所开户并申购。它所采取的交易方式既不同于传统艺术品拍卖或直接出卖,也不同于传统证券即时交易,而是规定投资人在周一至周五交易时段内统一报价,在下午五点至六点集中撮合。此种交易模式有效遏制了市场操纵和恶意投机炒作,避免出现巨大的涨跌幅。当有投资者买下80%的份额时,会被要求继续购买剩余的20%,全部买下时交易品退市。[1] 而英国则根据风险共担和收益共享的基本原则,将投资者分散的资金集中起来,由基金托管人托管、基金管理人运作,以艺术品投资组合的方式进行投资和独立核算,以获得投资收益的艺术品金融服务,[2]该种模式被称为艺术品基金交易。艺

〔1〕 See N. Hartvig, France’s stock market for art launches with an IPO of Le Witt and Vezzoli Works. Artinfo France, 2011(1).

〔2〕 参见邓梦薇:《当代国内外艺术品投资基金纵览与浅析》,载《当代经济》2015年第6期,第30—31页。

术品基金交易是艺术品金融化的产物，是艺术品资产化的另一种表现形式，它由专业的团队运作、雄厚的资金作为支持，准入门槛很高，是精英阶层的金融游戏。

通过检索发现许多可以进行艺术品份额化交易的英文网站，如Fine Art America〔1〕、Godivart〔2〕、Zazzle〔3〕，投资者可以在网站上选择不同的艺术品进行份额化购买（如图 1.1 所示），但学术界对此评价不多，在 SEC 官网、英国金融行为管理局、必应搜索引擎均未找到与艺术品份额化交易相关的规定或案例。通过比较可以看出，我国的艺术品资产份额化交易与法国的在线艺术品证券化交易类似，但在法国须取得金融主管部门的许可，而我国从进入刑事处罚的案件来看无一起经过审批。

图 1.1　STOCK EXCHANGE ART

〔1〕 Fine Art America, available at https: //fineartamerica. com/art/stock + exchange. htm, last access: Mar. 5, 2021.

〔2〕 Godivart, available at https: //www. godivart. com/artstockexchange. htm, last access: Mar. 5, 2021.

〔3〕 Zazzle, available at https: //www. zazzle. com/stock + exchange + posters. htm, last access: Mar. 5, 2021.

三、我国艺术品资产份额化交易的背景流变与风险积聚

传统的艺术品市场交易是以一级市场如画廊为主体、二级市场如拍卖市场为主体的交易，而通过文化产权交易所进行的艺术品份额化交易初始被称为“金融创新手段”，我国最初推出此种交易模式的系深圳文化产权交易所有限公司。2010 年 7 月，该公司将画家杨培江的 12 件作品打包成“杨培江艺术品资产包”，作价 200 万元基于权益拆分为 1000 份挂牌认购，每份 2000 元面向会员上市交易。同年 12 月，将艺术家黄钢创作的“红星和箱子系列”作品采用上述类似手法打包成资产包挂牌上市。2011 年，天津文化艺术品交易所推出《黄河咆哮图》和《燕塞秋图》进行上市交易，按照规则先将《黄河咆哮图》评估估价 600 万元后分成 600 万份，投资者根据购买的份额享有对该艺术品相应比例的股权，上市两个月内价格最高上涨 1700%。同年 3 月，经天津市政府有关部门干预，天津文化艺术品交易所将该交易产品特别停牌。基于其新型操作模式，目前尚无官方对其定义作权威解释。天津文化艺术品交易所制订的《天津文化艺术品交易所暂行规则》将此种交易模式表述为，将份额标的物即艺术品或者艺术品组合等额拆分，拆分后按份额享有的所有权公开上市的交易行为。[1] 郑州文化艺术品交易所制订的《郑州文化艺术交流临时管理办法》将艺术品资产份额化交易模式表述为，按照股份分割标的股权和分割股权所有权公开交易的方式。除上述规定之外，对艺术品资产份额化交易的规定散见于各艺术品交易所自行制定的规则或办法中。在研判了各地规则、办法后，结合司法审判实践中业已出现的案例，将艺术品资产份额化交易表述为通常是指由艺术品所有者将其所有或依法可以处分的艺术品、艺术品组合，向艺术品交易所提出上市交易申请，经交

---

〔1〕 参见张安毅：《刍论文化艺术品份额化交易的法律规制》，载《财会月刊：综合版》2012 年第 2 期，第 82 页。

易所审核后确定发行代理商,或由艺术品持有人自销,经鉴定机构或专家鉴定,评估得出市场参考价后确定发行总价,经过保险、托管等手续后将发行总价等额分成若干份额在交易市场发行,投资者通过申购、竞价等类似于股票交易的方式购买、转让份额。

此种交易模式最初的设想是促进金融产品创新,更好地获得稳定的预期收益以实现双赢,在推动文化产业发展的同时寄希望于拓宽文化产业的融资渠道,为文化产业发展提供必要的生产要素。但在实际运行过程中,不但风险逐渐显露且问题频出,主要表现在以下几个方面:一是暴涨暴跌风险叠加。天津文化艺术品交易所推出的《黄河咆啸图》《燕塞秋图》估价分别为600万元和500万元,但30个交易日行情后《黄河咆哮图》就涨至开盘价的17倍左右,市值超过1.8亿元,比当时国内书画作品成交价最高的齐白石的《可惜无声》还要高出8000多万元,显然有悖市场规律。在日涨跌幅限制上,艺术品交易所规定的是15%,这使每日的艺术品交易价格波动过大,价格下跌时有投资者130万元进场只剩22元离场。二是投机色彩较浓。艺术品资产份额化交易虽看起来有自己的个性色彩,但份额化、每股单价等元素在投资者眼中与股票无异,但与股票相比除了最初的单价等信息以外,没有其他重大信息予以披露,且换手率很高,给恶意投机和操纵市场留下可乘之机。三是退出机制不完善。虽然规定艺术品被要约全部收购而退市,但实际上无人全部收购,投资者投资目的并非是获得艺术品未来的增长收益,而是一、二级市场份额化交易所产生的差价,导致交易对象持续在市场流通,在政府紧急叫停发生退市后,投资者的损失由谁承担无明确规定。

第四节　代币发行融资(ICO)

随着互联网技术的发展,金融市场产生了新的变革,去中心化的区块链技术催化了新型融资方式的诞生。2008年,署名中本聪的作者发表了《比特币：一种点对点电子现金系统》的文章阐述了比特币和区块链的技术，[1]匿名性、去中心化、不易更改等特点使比特币引发全球广泛关注，[2]基于区块链底层技术的各种数字货币应运而生。对于数字货币、加密货币、虚拟货币和代币目前还没有明确的定义，理论与实务界经常会将数字货币等同于虚拟货币。主流观点认为广义的虚拟货币除了指 Q 币等虚拟货币以外，还包括比特币等数字货币，加密货币则是数字货币的另一个称谓。代币和比特币等主流数字货币有所不同，是由企业或项目方在区块链上自己设计并准备未来发行，还没有得到社会广泛承认、不能在交易所交易的虚拟货币。随着区块链技术的发展，ICO 融资模式就用了代币的表述，故本书除了比特币、以太币等主流数字货币以外，将企业自行设计并准备发行的虚拟货币统一称为代币。随着区块链技术的成熟和普及，将以比特币为代表的各类数字货币作为融资对象已成为可能，ICO 融资模式应运而生。ICO 并不是严格意义上的法律术语，系英文 Initial Coin Offering 的简称，字面意思为首次代币发行，通常是指初创区块链公司通过发行代币的方式进行融资，交易模式为投资者用比特币、以太币等主流数字货币购买初创区块链公司设计并准备未来发行的代币，后者用获得的数字货币在二级市场兑换为法定货币来支持企业的发展，投资者可以获得代币上市后的服务或利润。[3] 具体运行模式有类股权模式的 ICO 和非股权模式的 ICO 两种。所谓类股权模式的 ICO，是指初创区块链公司以类似公开发行股权的方式发行数字代币，筹集资金用于公司或者项目的发展；非股权模式的 ICO，指初创区块链公司以待开发或者正在开发的代币为对价获

---

〔1〕 参见郭洪平：《打着高科技旗号的“区块链”骗局》，载《方圆》2021 年第 7 期，第 24—26 页。

〔2〕 参见许明毅：《ICO 融资的类型与刑法评价》，载《江西警察学院学报》2020 年第 1 期，第 26—27 页。

〔3〕 See Initial Coin Offering, Wikipedia, available at https: //en. wikipedia. org/wiki/Initial_coin_offering. htm, last access: Nov. 14, 2020.

取投资者投资的模式。投资者持有的代币会随着初创区块链公司项目运行的好坏而波动，如果代币可以上市交易，投资者可以在自己认为合适的时机在比特币交易所抛售，换回比特币等通行的数字货币，进而“兑换”为法定代币。

一、代币发行融资（ICO）的实践争议

案例：2015年，被告人温某、王某等人成立网络科技有限公司，搭建网络平台，设置宝特币（也称TRC币）投资理财项目，对投资者发布白皮书宣称，宝特币具有区块链性质、有开源代码，总量只有2.1亿枚，是中美澳三国的数字货币团队联合通过挖矿方式获得的互联网虚拟货币，和比特币一样可以在世界各个交易网站流通交易，投资者可以线上租赁宝特币挖矿机挖矿获利。2016年，温某等人又搭建了国际积分和扶贫积分交易平台，让宝特币的投资者把名下的宝特币兑换成国际积分，宣称可用于中石化加油站、新能源的士车的消费，可以在网上用积分缴纳罚款和社保，还可在台湾用宝特币支付70万商家产生的消费等。同年6月初，宝特币的挂网价格每枚达4.11元，交易规则被设定为只涨不跌、不能低挂，需以5元以上高价卖出。通过上述方式，温某等人共吸收资金1.2亿余元。被告人郭某等人在推销宝特币的过程中，大力宣传宝特币的二种盈利模式：一是矿工收益，即会员在指定的矿机网站注册，以租赁矿机挖取宝特币方式获利；二是推广收益，推荐会员注册或自己注册成为会员，推荐一级会员可获20%的直推奖，直至九级结束。郭某等人共发展六级会员83人。

法院认为，被告人温某、王某等人以非法占有为目的，以高利润高回报为诱饵进行虚假宣传，虚构宝特币线上线下项目，诱导受害人进行投资，其行为构成集资诈骗罪。被告人郭某等人以投资虚假货币为名，要求投资者购买宝特币、注册矿机获得会员资格，并按照一定顺序

组成层级，直接或间接以发展人员的数量作为推广返利，引诱参与者继续发展他人，严重扰乱了市场秩序，其行为构成组织、领导传销活动罪。

被告人温某、王某的行为是否构成集资诈骗罪，郭某等人的行为是否构成组织、领导传销活动罪，司法实践中存在不同的观点。第一种观点认为，温某等人没有非法占有投资者钱款的目的，没有提供具有融资性质的金融产品，其发行与交易代币的行为不具有集资诈骗罪所要求的利诱性特征，投资者的利益主要来自代币在二级市场的买卖或发展会员所获得的动态和静态收益。现实生活中许多非金融性质的实物商品均有二级转售市场，如将实物商品的提供者宣称的可投资获利视为"对获利的承诺"，会扩大非法集资刑法规制的打击面，故对于投资者在二级市场投机获利的，被告人如果在代币发行过程中有欺诈行为或发展会员达到三层以上的，应与郭某等人以诈骗罪或组织、领导传销活动罪定罪处罚。第二种意见认为，被告人假借区块链技术发行代币，以静态收益与动态收益为诱饵，搭建网络交易平台并自行设置代币变现条件及交易价格，其主要目的并非在于代币的设计或未来的上市交易，而是将代币作为诈骗的一个工具。对于在代币销售过程中行为人采取的传销模式，只是犯罪的外在表现形式，不能因手段行为而定量刑较轻的组织、领导传销活动罪，忽视了对案件的完整评价，从实质要件而言，行为人具有非法占有的主观故意和诈骗的行为，应以诈骗罪定罪处罚。第三种意见认为，被告人温某等人将发行宝特币作为融资的手段，搭建网络交易平台，向不特定对象吸收资金形成资金池，并进行带有证券性质的交易，区块链和代币只是被告人集资诈骗的幌子，投资者的盈利并非来自宝特币未来上市交易后的服务或利润，只是被告人运用资金进行的资本游戏。被告人郭某、温某等人共同吸收资金共计 1.2 亿余元，其行为不但侵犯了金融管理秩序，也侵犯了投资者的财产权益，符合集资诈骗罪的构罪要件。

二、代币发行融资（ICO）的全面禁止 OR 沙盒实验

（一）代币属性的不同界定

2017 年 12 月，全球最大的期权市场芝加哥期权交易所（Chicago Board of Trade,CBOT）与芝加哥商品交易所（Chicago Mercantile Exchange,CME）相继推出比特币期货合约，使得一直处于灰色地带的数字货币得到主流金融机构的认可。2019 年，美国证监会主席 Jay Clayton 澄清说比特币不是证券："加密货币是主权货币的替代品……（他们）用比特币取代日元、美元和欧元。这种货币不是证券。"[1]美国的 SEC 指出，公司和个人越来越多地考虑将初始代币发行（ICO）作为筹集资金或参与投资机会的一种方式；尽管这些数字资产及其背后的技术可能为进行金融交易提供了一种新型而有效的手段，但由于与传统资本市场相比，这些资产的市场监管较少，因此它们也带来了欺诈和操纵风险的增加。[2] SEC 针对加密创业公司 TurnKey Jet 提交的 ICO 问询信件，在回信中发布了首份 ICO 监管指引，表示如按照《证券法》与《证券交易法》的要求，允许提供并出售特定条件下使用的 Token，[3]无须将其注册为证券。[4] 但 2020 年，SEC 又将 ICO 视为具有证券属性的产品，作为证券的 ICO 需要在 SEC 进行注册或者豁免注册，[5]否

---

〔1〕 SHARMA R. SEC chair says bitcoin is not a Security[EB/OL], available at https:// www.investopedia. com/news/sec-chair-says-bitcoin-not-security/, last access: Jun. 25, 2019.

〔2〕 See US Securities and Exchange Commission, Spotlight on Initial Coin Offerings (ICOs), available at https://www.sec.gov/ICO, last access: Feb. 27, 2021.

〔3〕 Token 是指具备权益凭证属性的区块链应用项目的代币，这些区块链应用项目都是在基础链上发展出来的，Token 是这些应用链的"代币"集合统称。

〔4〕 51BB8 财经：《重磅！SEC 发布首份 ICO 监管指引，高风险投资逐步规范化》，https://www.sohu.com/a/305957924_100189678，访问日期：2019 年 4 月 5 日。

〔5〕 See Initial Coin Offering, Wikipedia, available at https: //en. wikipedia.org/wiki/Initial_coin_offering.htm, last access: Nov.14, 2020.

则个人可能会受到起诉和最高五年的监禁。[1] 截至 2021 年 3 月 13 日，SEC 已就 ICO 所涉问题进行多次监管或提起诉讼。[2] 2021 年 2 月 1 日，SEC 指控自然人 Krstic 和 DeMarr 推广了未经注册的数字资产 Bitcoiin2Gen 证券的初始代币发行（ICO），违反了《证券法》的反欺诈和注册规定，而 Enos 则协助了欺诈行为，骗取数百名散户投资者超过 1100 万美元；美国纽约东区检察官办公室和司法部欺诈司对 DeMarr 提起刑事诉讼。[3] 2018 年到 2019 年，Telegram 的制造商通过 ICO 筹集了 17 亿美元，但由于开发团队涉嫌非法活动，2019 年 10 月 SEC 指控制造商违反《证券法》第 5（a）和第 5（c）条的注册规定；[4] 2020 年 3 月，美国纽约南区地方法院发布初步禁令，Telegram 必须向投资者退还 17 亿美元和支付 1850 万美元的民事罚款。[5] 综上可以看出，美国对代币的态度存在反复，但最终认为其仍然属于证券，对 ICO 的监管适用证券发行的相关规定，非合格投资者将不被允许投资。

英国金融行为管理局（The Financial Conduct Authority，FCA）指出，ICO 是指使用虚拟货币从公众筹集资金的数字方式，也可以称为“代币销售”，这是一种高风险投资。一些 ICO 具有与首次公开募股

---

〔1〕 See Kevin Helms,Crypto Founder Faces 10 Years in Prison Over Millions of Dollars in Exit Scam Without Paying Taxes, available at https://news.bitcoin.com/cryptocurrency-founder-years-prison-millions-dollars-exit-scam-without-paying-taxes/, last access: Feb. 28, 2021.

〔2〕 See Jeff John Roberts, Ripple says it will be sued by the SEC in what the company calls a parting shot at the crypto industry, Fortune, available at https://atozmarkets.com/news/us-regulator-sec-prepares-to-sue-ripple-over-xrp-token/, last access: Feb. 27, 2021.

〔3〕 See US Securities and Exchange Commission, SEC Charges Three Individuals in Digital Asset Frauds, available at https://www.sec.gov/news/press-release/2021-22, last access: Feb. 27, 2021.

〔4〕 See US Securities and Exchange Commission,SEC Halts Alleged $ 1.7 Billion Unregistered Digital Token Offering, available at https://www.sec.gov/news/press-release/2019-212, last access: Feb. 27, 2021.

〔5〕 See US Securities and Exchange Commission,Telegram to Return $ 1.2 Billion to Investors and Pay $ 18.5 Million Penalty to Settle SEC Charges, available at https://www.sec.gov/news/press-release/2020—146, last access: Feb. 27, 2021.

(IPO)、私人配售证券、众筹甚至集体投资计划类似的功能,一些代币也可能构成可转让证券,因此可能属于招股说明书范畴。

(二)代币的三种监管模式

新加坡是全球最大的ICO执行中心之一,与其他国家的监管机构建立了多项国际合作,以支持ICO友好生态系统的发展,它对ICO项目实行逐案评估的原则,认为部分ICO项目会受到《证券和期货条例》(Securities and Futures Act,SFA)第289章的约束。新加坡金融管理局(Monetary Authority of Singapore,MAS)于2017年11月14日发布并于2020年5月26日修订了《数字代币发行指引》(《A Guide to Digital Token Offerings》,以下简称《指引》),作为新加坡金融法律在实际应用于数字代币行业时的官方解释及澄清性文件,[1]而非正式立法或对现行法律的修改。《指引》指出如果数字代币构成证券等资本市场产品时,它将受到MAS的监管,否则,对于金融机构可被定罪和不超过100万美元的罚款;对于自然人一经定罪,可处不超过50万美元的罚款或不超过10年的监禁或两者兼处。虽然新加坡对数字货币的规定较为宽松,但MAS在2018年4月也对数字货币交易所和初始代币发行(ICO)提出警告,提出如果在平台上交易的数字代币构成证券或期货合约,则必须有MAS的授权;发行代表公司股权的数字代币,则应提前在MAS注册招股说明书,否则停止发行、退还资金。英国实行的是监管沙盒制度,纳入其中测试的金融产品将不受部分金融监管规则的约束,也不会对金融消费者造成实质损害,创新性金融产品和服务可以在相对比较自由的监管环境中进行试验。[2]

英国财政部通过修改英国的《反洗钱条例》(Money Laundering Regulations)实施了第五项反洗钱指令(5MLD),将通过ICO募集资金的加密

---

[1] 参见孙铭:《新加坡金管局发布〈数字代币发行指引〉》,https://www.sohu.com/a/205912058_286863,访问日期:2021年2月28日。

[2] 参见陈冠华:《英国监管沙盒项目对我国金融创新监管的启示》,载《中国物价》2017年第8期,第79—82页。

货币业务纳入监管范围中。[1] 自2020年1月10日起，在英国开展加密资产活动的现有企业必须符合《洗钱、恐怖分子融资和资金转移（付款人信息）条例》（The Money Laundering, Terrorist Financing and Transfer of Funds（Information on the Payer）Regulations 2017），并且向FCA注册，否则可能会被刑事定罪，判处不超过2年的监禁，单处或并处罚款。

日本不仅允许比特币流通，还允许符合条件的数字货币交易所挂牌营业，[2] 目前有23个经日本金融厅（Financial Services Agency, FSA）批准的加密货币交易所。2017年修订并于2020年生效的《支付服务法》《金融工具与交易法》，规定具有金融价值并可以用来支付商品和服务的加密货币如比特币、以太币、莱特币等可以在FSA注册，将加密资产包括在"金融工具"的定义中，提供或作为中介提供加密资产相关衍生工具的业务属于金融工具业务。总体来说，日本对数字货币采取了鼓励创新的态度，明确了数字货币及其交易平台的合法地位。

综合而言，对于ICO的运行模式目前是三种监管方式：第一种是全面禁止，以中国等国家为代表，禁止任何形式代币以及代币交易，认为数字代币不具有可交易性；第二种是纳入现行监管，以美国、日本等国家为代表，对ICO实行有效监管；第三种是监管沙盒，以英国等国家为代表，在一定空间内监管规定有所放宽，在保护消费者或投资者权益、严防风险外溢的前提下，尽可能创造一个鼓励创新的规则环境。三种模式虽然有所不同，但可以看出各国意识到数字货币对金融发展的巨大影响，越来越多的国家将其纳入证券的范畴，监管措施趋向于严格。

（三）我国代币发行融资的流变

2015年，ICO从美国传入中国，各种五花八门的代币在中国涌

---

〔1〕 See Therese Chambers, Unstable coins: cryptoassets, financial regulation and preventing financial crime in the emerging market for digital assets, available at https://www.fca.org.uk/news/speeches/unstable-coins, last access: Mar.1, 2021.

〔2〕 参见赵磊：《数字货币的私法意义——从东京地方裁判所2014年（ワ）第33320号判决谈起》，载《北京理工大学学报（社会科学版）》2020年第6期，第115—122、152页。

现，本书收集的128份涉代币发行和销售的刑事、民事裁判文书，发现有MGC、PLUS等企业自己设计代币就达34种之多。2017年，中国人民银行、中央网信办、工业和信息化部、工商总局、银监会、证监会、保监会发布的《关于防范代币发行融资风险的公告》(以下简称《防范代币融资公告》)，明确指出代币发行融资是指融资主体通过代币的违规发售、流通，向投资者筹集比特币、以太币等所谓“虚拟货币”，本质上是一种未经批准非法公开融资的行为，涉嫌非法发售代币票券、非法发行证券以及非法集资、金融诈骗、传销等违法犯罪活动。《防范代币融资公告》还指出，代币发行融资与交易存在多重风险，包括虚假资产风险、经营失败风险、投资炒作风险等，投资者须自行承担投资风险。同年，中国人民银行发布的《中国区域金融运行报告(2017)》指出，中国互联网金融的快速发展推动了金融服务的创新发展，但也容易导致风险扩散和交叉传导，特别是部分不法分子打着金融科技的旗号开展非法集资、金融诈骗等违法犯罪活动，严重影响了经济社会的稳定发展。中国互联网金融风险分析技术平台2017年8月发布的《2017年上半年国内ICO发展情况报告》显示，2017年上半年我国已经完成65个ICO项目，比特币和以太币占90%以上，累计融资规模达26.16亿元，约有10.5万人参与。而据中国产业研究的数据显示，2018年年初我国利用区块链概念的传销平台已超过3000家，同年上半年141起虚拟货币传销案中，至少有65种所谓的虚拟货币实为传销噱头。如“万福币”曾号称“对接比特币”，在宣传资料和视频中使用“在人民大会堂召开全球未来财富领袖峰会”，许诺“一定让所有投资人赚到钱”；“暗黑币”幕后的公司在香港举办了启动大会，接待数千名投资者前往“观礼”。可以看出，因为区块链技术的火热、比特币的疯狂暴涨，吸引了大量带有投机性质的人涌向代币发行与交易市场，由此造成无论是ICO项目数还是融资规模、参与人数都呈现了递增的态势，ICO的癫狂也意味着类似于早些年P2P的金融体系风险正在聚积。2019年，中国互联网金融协会发布《关于防范以区块链名义进行 ICO 与“虚拟货币”交易活动的风险提示》指出，金融监管部门和中国互联网金融协会监测发现，一些不法分子打着区块链旗号大肆炒作“虚拟货币”，ICO 与“虚拟货币”交易活动有死灰复燃迹象。究其本质，这并非真正基于区块链技术的金融创新，而是以区块链之名行 ICO 与“虚拟货币”交易活动之实，[1] 违反了《防范代币融资公告》的有关规定。

第五节　证券型通证融资

我国对数字货币和代币发行严厉禁止的监管态度，使缺乏监管制约和价值支撑的首次代币发行 ICO 浪潮已经退去，证券型通证的出现和兴起是创新型金融意欲回归金融基本逻辑，寻求与现有法律相协调的一种融资方式。因其带有独特的与区块链和数字货币相关联的性质，相关法律规范还明显滞后，发行标的 Token 的法律性质尚未明晰，国内外对其相关研究尚处于起步阶段，从互联网融资的角度研究目前鲜见，故本书将其作为前瞻型的融资样态放在本节论述。

一、证券型通证融资的发展

2017 年，域外出现一种新型直接融资方式证券型通证融资，也有学者称其证券型 Token 发行，[2] 主要应用于中小微企业，特别是金融科技相关企业的融资。[3] 在区块链领域 Token 翻译过来叫通证，是

[1] 参见孙点婧：《首次代币发行的监管：问题与对策》，载《东北财经大学学报》2020 年第 2 期，第 81—82 页。

[2] 英美法中有术语“Token Payment”（象征性付款），即“仅为确认债务的存在而支付的非常小的一笔款项”，Token 这种用无用或微小之物标识某种意义的用法，进而引申出“代币”“代金”“礼券”“令牌”等意义，目前广泛应用于经济、计算机等领域，在计算机领域被作为执行某个操作的权利标志。

[3] 参见杨志华、陈娟、陈起阳、丁民生：《证券型通证的海外实践与分析》，载《证券市场导报》2021 年第 4 期，第 2 页。

指可流通的加密数字权益证明。在经济领域对 Token 目前分成两派：一派是链圈也叫通证派，他们认为资产的定义和数字化是最关键的，他们主张用区块链技术将实物资产加密上链，对应的是资产、信息等，系用区块链技术将实物资产数字化；另一派是币圈也叫加密代币派，他们认为加密代币是最关键的，他们主张直接创造一个数字的全新的已经货币化的资产，对应的是资产的一种定价或者工作量的激励，用于流通和激励，系直接创造一个全新的货币化资产。比较分析可以看出，代币发行融资（ICO）即是建立在币圈数字货币基础上的融资行为，而建立在链圈基础上的融资，其发行标的就是 Token。证券型通证融资也叫 Security Token Ofering（STO），是将实物资产和金融资产转变为基于区块链的加密数字权益凭证，它的底层资产因为是实体有价资产，融资规模将更为庞大。STO 一方面与 ICO 类似，能够给企业带来融资和流动性，另一方面与 ICO 不同的是它不需要证券通证在公司运营中发挥效用，而仅仅代表一种所有权和分享未来收入的权利，投资者更加分散，募集资金体量可以更大。[1]

对证券型通证我国少有研究，域外的研究主要集中于两个方面：在理论上进行了概括性研究，讨论其未来的应用方向和相对优势；在实践上讨论融资成功要素与流动性等具体问题。证券型通证目前在国家与地区发展上分布不均，主要在美国、瑞士、欧盟等国家和地区开始发展。从行业分布来看，证券型通证主要应用于金融科技、房地产行业、风险投资行业等，基础资产包括股份、基金份额、债券、黄金、艺术品等另类资产。除个别以外，大多数证券型通证明确了投资者的基本权利，有的赋予投资者优先股固定收益权、到期回购权和投票权等。[2]

---

〔1〕 参见赵磊：《数字货币的私法意义——从东京地方裁判所 2014 年（ワ）第 33320 号判决谈起》，载《北京理工大学学报（社会科学版）》2020 年第 6 期，第 115—122、152 页。

〔2〕 参见杨志华、陈娟、陈起阳、丁民生：《证券型通证的海外实践与分析》，载《证券市场导报》2021 年第 4 期，第 2 页。

二、证券型通证融资的监管与运行逻辑

美国是通证型证券发行数量最多的国家,SEC 对 STO 项目从获批到发行没有任何辅导,只有十分严厉的监管。SEC 对合格投资者的要求除了银行、保险、信托、投资基金等机构外,也可以是过去两年年收入至少 20 万美元的高净值个人,或者净资产方除住所外需超过 100 万美元。由于通过注册发行证券昂贵且耗时,而多数区块链公司的体量较小且对于融资效率的需求更高,故公司尽可能地寻求注册豁免直接发布和出售通证证券。SEC 已审批通过 39 个 STO 项目,[1]如成功进行 STO 的 tZERO 公司拥有实际应用场景的商业模式,目前提供的服务包括证券经纪服务、入货及存储管理系统服务、24 小时交易平台的智能合约解决方案等;位于科罗拉多州的瑞吉 Aspen 度假村也在通过 Indiegogo 众筹平台来发行基于房地产的 Security Token,成功募集了 1800 万美金。

新加坡金融监管局(MAS)于 2017 年 11 月发布了《数字代币发行指引》(A Guide to Digital Token Offerings),明确指出若发行的通证具有证券属性,则可视为集资行为,应根据《证券和期货条例》受到 MAS 的监管。数字通证发行之前,要在 MAS 提前备案,并且在发行和交易的过程中必须符合《证券和期货条例》《财务顾问法》的相关要求,提交公开招股说明书。

欧盟证券监管机构为欧洲证券和市场管理局(European Market Infrastructure Regulation, ESMA)和欧洲央行(European Central Bank, ECB),其对证券注册豁免细则作了如下规定:一是欧盟证券监管机构认为豁免只针对合格投资者,包括信托机构、投资公司、国家或地区政府、大企业、高净值个体等;二是如果某个欧盟成员国国内的投资主体

〔1〕 参见罗枚:《数字资产领域的会计、税务挑战》, http://iof. hexun. com/2018-11-06/195120128.html,访问日期:2018 年 11 月 2 日。

数量少于150个自然人或法人主体,可以不受上述合格投资主体的资质限制;三是募资金额上限有严格的规定,如在德国项目募资总额不得超过250万欧元,单个投资主体不得超过1000欧元,单个高净值主体不得超过10000欧元;四是如果投资主体购买至少10万欧元的证券,或募集总金额在12个月内不超过10万欧元,则该证券的发行可免于注册。[1]

证券型通证即STO共有四种形式:一是通证化风险投资基金(Tokenized VC Funds),即通证持有人提供对基金份额的索偿权;二是类股票通证(Share-like Tokens),具有诸如对某一实体享有所有权份额、投票权、股息、利润份额或对未来成功的某一实体享有利益等特征;三是资产支持通证(Asset-Backed Tokens),类似房屋抵押贷款组合创建证券,将资产权益与数字通证捆绑发行证券;四是加密债券(Cyprto-Bonds),消除中间商和注册机构,减少结算时间并降低运营风险。它本质上是类证券数字资产,与同样建立在区块链技术之上的ICO不同的是,它关注的是未来的收益和能力,而不是现状,如共享产权、使用权、经营权或受益权,会有预期的变动和市场的波动,进而会有增量价值;要借鉴传统金融产品进行设计。

以数字货币为主的代币发行交易,其数字资产市场可以通过二级市场和衍生品继续拓展数字资产投资的交易深度和广度,即将数字货币资产证券化后可以实现二级市场交易。而证券型通证融资是将实物资产预期的现金流或收益打包,这个过程不是简单的上链确权,而是像资产证券化那样对未来的预期现金流或收益进行结构化,再通过隔离、增信等之后进一步等额切分。在此基础上,围绕着加密资产的质押融资、P2P理财等都可以实现,帮助传统产业快速前置融资。举例而言,一幢别墅的拥有人在房地产市场低迷的情况

[1] 参见操群、林侃、李政、张卉琪:《证券通证发行(STO)国际监管比较与风险防控》,载《今日科苑》2020年第1期,第16—24、44页。

下没有找到合适的买家，其选择将别墅进行数字加密后资产化，在区块链平台上提出请求，以8000万元的价格寄售。律师、第三方机构对别墅进行核查后将相关法定证明、增信报告上区块链，数字资产平台用智能化合约对别墅进行结构化处理，将未来的收益权等打包成资产Token，对总价、交易权限、交易节奏等进行锁定，并将发行与收益隔离开，通过代币对别墅进行货币化定价，比如如果别墅分为100万份，一个代币等于一份，形成代币与别墅的直接关系，通过资产交易后别墅的拥有人筹集到8000万元或等值的数字货币。而上述份额在数字资产交易市场（二级市场）交易后，任何人都可以购买或销售别墅的份额。

第二章　互联网金融非法集资非刑事立法与刑事立法检视

第一节　我国互联网融资四阶段立法的逻辑演变

2006 年，中国银行业监督管理委员会（以下简称银监会）报请国务院批准同意成立由银监会牵头的处置非法集资部际联席会议制度。2007 年，国务院批复同意建立“疏堵并举、防治结合”的综合治理长效机制，提出要研究处置非法集资的相关法律法规，制定处置非法集资的工作制度和工作程序，在工作机制、监测预警体系的建立方面都提出了相应的指导意见，对涉嫌非法集资案件事实清楚、证据确凿、政策界限清晰的，由案发地省级人民政府组织当地银监会、公安、行业主管或监管等部门进行性质认定；重大案件，跨省（区、市）且达到一定规模的案件，前期调查取证事实清楚且证据确凿、但因现行法律法规界定不清而难以定性的，由省级人民政府提出初步认定意见后按要求上报，由联席会议组织认定，由有关部门依法作出认定结论；经公安部门立案侦查，事实清楚、证据确凿且触犯刑法的案件，可直接进入刑事诉讼程序。在监测预警体系上提出通过群众举报、新闻监督、监管和查处等信息渠道，加强日常监管，由省级人民政府和行业主管、监管部门对本地区、本行业非法集资进行监测预警，对非法集资的苗头及时通报省级人民政府和联席会议。2007 年相关部门即发现非法集资有不断蔓延和演化的趋势，提出要健全监测预警体系、跨部门建立联席会议制度，但近二十年的时间里非法集资却愈演愈烈，有些企业或者个人集资规模达到百亿甚至千亿元才案发，监测预警体系并未充分发挥其功效，上海市仅2019年受理集资诈骗类犯罪案件即超过千件，涉案金额达9千多亿元，涉及投资人660多万，内在原因值得深思和研究。本书根据立法的内部逻辑及社会现实特点，将涉互联网融资相关法律法规进行了阶段分类，以互联网融资起步阶段、创新阶段、整治阶段以及爆雷阶段分别分析立法的积极性与局限性。

一、互联网融资的四阶段立法

（一）起步阶段

2000年颁布的《全国人民代表大会常务委员会关于维护互联网安全的决定》规定，利用互联网实施销售伪劣产品、损害商业信誉、侵犯知识产权、编造并传播影响证券、期货交易或者其他扰乱金融秩序的虚假信息等行为的，依照刑法有关规定追究刑事责任。这个阶段立法机关尚未意识到互联网非法集资会随着技术创新愈演愈烈。2006年，国务院办公厅发布《关于严厉打击非法发行股票和非法经营证券业务有关问题的通知》，规定利用互联网非法发行股票和非法经营证券业务的现象，由证监会牵头联合其他机关部门共同组成打击非法证券活动协调小组，严格监管未经批准非法经营证券业务等违法行为。2007年又发布《关于依法惩处非法集资有关问题的通知》，将非法集资案件的形式和主要特征等情况进行了通报，并就非法集资活动的惩治进行了规定。该通知指出非法集资具有涉及面广、变现形式多样的特点，严重影响社会稳定、政府声誉，国务院拟通过由银监会牵头的“处置非法集资部际联席会议”制度，惩治非法集资活动。要求各级人民政府加强协调合作，及时调查取证，将事前的监测预警与事后的及时处置相结合，同时提出通过电视、互联网等多种传媒手段，进行舆论引导和法制宣传，提高社会公众的风险防范意识,遏制非法集资现象的蔓延。上述通知以数据的形式反映了非法集资的社会危害性,如 2006 年全国公安机关立案侦查的非法集资案件达 1999 起,涉案总金额 296 亿元,剔除国民收入增长的因素,近 2000 件案件涉案金额近 300 亿元。非法集资的表现形式多样,主要表现在债权、股权、商品营销、生产经营等四大类,有的打着"支持地方经济发展""倡导绿色、健康消费"等旗号,有的引用电子商务、电子黄金、投资基金等新概念。2007 年,国家工商行政管理总局(以下简称工商总局)、银监会、国家广播电影电视总局、新闻出版总署联合发布了《关于处置非法集资活动中加强广告审查和监管工作有关问题的通知》,主要就互联网金融广告的市场准入和市场监管作出了规定,就市场准入方面通过"市场准入清单"的方式加强金融广告发布的事前审查与监管;在市场监管方面主要有两个方面的要求,在监管的侧重点上要求突出对重点网站、重点内容的审查,对于大型门户类网站以及特定的互联网金融业务平台进行重点监管和整治;在监管责任的分配方面,要求注重不同工作部门的沟通和协调,对于涉嫌违法犯罪活动的情形,要及时与相关职能部门联系,依法、依职责惩处互联网金融广告中的违法犯罪活动。此后,在 2008 年至 2014 年间,银监会、保监会、农业部等多个部门陆续发布了关于防范和打击非法集资活动的通知,全方位展开对互联网金融领域非法集资犯罪的打击。

（二）创新阶段

2010 年,互联网金融进入创新发展时期,各项业务蓬勃发展。2014 年,国务院出台《关于进一步促进资本市场健康发展的若干意见》,支持有条件的互联网企业参与资本市场,促进互联网金融的健康发展,扩大资本市场服务的覆盖面。2015 年 6 月,国务院又出台《关于大力推进大众创业万众创新若干政策措施的意见》,提出丰富创业融资新模式,支持互联网金融发展,引导和鼓励众筹融资平台规范发展。[1] 同年 7 月,国务院又出台《关于积极推进"互联网+"行动的指导意见》,提出了"互联网+"普惠金融的概念,鼓励互联网与银行、证券、保险、基金融合创新,要满足不同层次实体经济的投融资需求,培育一批具有行业影响力的互联网金融创新企业,鼓励互联网企业依法合规提供创新产品和服务,更好满足中小微企业、创新型企业和个人的投融资需求,探索互联网金融服务创新。同年,中国人民银行等十个部门出台《互联网金融指导意见》,对互联网金融的健康发展作出规划,首次对互联网金融的概念作了界定,认为互联网金融是传统金融机构与互联网企业利用互联网技术和信息通信技术实现资金融通、支付、投资和信息中介服务的新型金融业务模式,同时从互联网金融产业的政策支持、监管责任和制度建设三个方面对互联网金融业务的开展作了规定。在政策支持方面,提出国家通过简政放权、完善财税政策等方式,积极鼓励互联网平台和产品的发展,促进互联网金融在融资等方面的优势作用。在监管责任方面,提出以"分类指导"为主旨,分别针对不同类型的互联网金融形态的监管责任进行了规定,还分别以互联网支付、网络借贷、股权众筹融资、互联网基金销售、互联网保险以及互联网信托、互联网消费金融等互联网金融形态为核心,明确指出了业务监管的主体,并就不同业务的特点提出了加强风险管理,完善信息披露制度,在合法合规的基础上鼓励相关企业进行金融创新,发挥互联网对金融服务的积极作用。2015 年 10 月,国务院进一步出台了《关于进一步做好防范和处置非法集资工作的意见》,指出根据非法集资的状况将工作集中到重点领域和重点行业中集中进行处理,非法集资主要在民间融资领域的问题较为突出,且主要是在投资理财、P2P 网络借贷等高发重点区域,拟通过进一步加强民间融资和金融新业态

---

〔1〕 参见潘静:《从政府中心规制到社会共治:互联网金融治理的新视野》,载《法律科学(西北政法大学学报)》2018 年第 1 期,第 68 页。

法规制度的建设,明确 P2P 网络借贷、股权众筹融资等监管规则,规范金融市场,防治非法集资。

除上述的行政法规之外,互联网金融的各项具体规范也相继出台。首先,最高人民法院 2015 年发布《关于审理民间借贷案件适用法律若干问题的规定》,明确将网络借贷纳入民间借贷的范畴,对民间借贷的民事诉讼与非法集资等刑事犯罪的衔接问题,以及网络民事借贷纠纷的解决问题作了规定。其次,在股权众筹融资方面,中国证券业协会起草了《私募股权众筹融资管理办法(试行)(征求意见稿)》,从主体的角度出发对股权众筹平台、融资者和投资者的基本权利义务作出了规定,主要突出了平台准入机制、平台职责、融资者和投资者的范围等问题;从平台的运行角度出发,重点对备案、信息报送等机制和自律管理进行了规定。2015 年,证监会发布《中国证监会办公厅关于对通过互联网开展股权融资活动的机构进行专项检查的通知》,对股权众筹融资的基本含义予以了明确。最后,在虚拟货币方面,2013 年中国人民银行、工业和信息化部、银监会、证监会、保监会"五部委"联合发布《关于防范比特币风险的通知》[1],针对比特币的风险问题进行了规定,但并未对其他种类的虚拟货币进行规范。

在刑事方面,在充分认识互联网金融业务重要性的基础上,最高人民法院、最高人民检察院、国务院就互联网金融与非法集资活动的打击出台了两个规范。最高人民法院的《2010 年非法集资司法解释》主要规定了几个方面的内容:一是从法律要件和实体要件两个方面对非法集资进行了定义,即非法集资是违反国家金融管理法律规定,向社会公众吸收资金的行为。二是明确非法吸收公众存款罪是非法集资犯罪的基础罪名,列举了十种应以非法吸收公众存款罪定罪处罚的具体情形,对非法集资的具体特征要件予以细化。三是针对实践中存

---

[1] 参见许明毅:《ICO 融资的类型与刑法评价》,载《江西警察学院学报》2020 年第 1 期,第 30 页。

在大量以转让股权的形式进行非法集资的情形,规定未经国家有关主管部门批准,向社会不特定对象发行、以转让股权等方式变相发行股票或者公司、企业债券,或者向特定对象发行、变相发行股票或者公司、企业债券累计超过 200 人的,构成犯罪的以擅自发行股票、公司、企业债券罪定罪处罚。四是对非法集资犯罪活动中的虚假广告行为的定罪标准以及共犯处理作出了明确规定,广告经营者、广告发布者利用广告为非法集资活动相关的商品或者服务作虚假宣传,具有违法所得数额在 10 万元以上、二年内利用广告作虚假宣传受过行政处罚二次以上等情形的,以虚假广告罪定罪处罚。五是针对实践中对非法吸收公众存款罪的定罪和量刑情节认定标准掌握不统一的问题,区分了个人犯罪和单位犯罪,分别从吸收公众存款数额、吸收公众存款的人数以及经济损失数额三个方面作出了具体规定。六是规定了出罪事由,明确未向社会公开宣传,在亲友或者单位内部针对特定对象吸收资金的,不属于刑法规定中的非法吸收或者变相吸收公众存款;[1]主要用于正常的生产经营活动,能够及时清退所吸收资金,可以免予刑事处罚,情节显著轻微的,不作为犯罪处理。

2014 年,最高人民法院、最高人民检察院、公安部联合发布《关于办理非法集资刑事案件适用法律若干问题的意见》(以下简称《2014 年非法集资若干意见》),在《2010 年非法集资司法解释》规定的基础上,对非法集资的行政认定、“社会公众”及“公开宣传”的认定、共同犯罪的处理、涉案财物的追缴等方面作了明确的规定。一是在行政认定上,规定行政部门对非法集资的性质认定不是非法集资刑事案件进入刑事诉讼程序的必经程序,对案情复杂、性质认定疑难的案件可参考有关部门的认定意见,根据案件事实和法律规定作出性质认定。二是在向社会公开宣传认定上,认为《2010 年非

[1] 参见高绍安:《明确政策法律边界 从严打击非法集资 最高人民法院发布关于审理非法集资案件司法解释》,载《中国审判》2011 年第 1 期,第 51 页。

法集资司法解释》列举了媒体、推介会、传单、手机短信几种典型的公开宣传途径,但这是例示性的规定,宣传途径不应以此为限,行为人通过实践中常见的互联网、标语、横幅、宣传册、宣传画、讲座、论坛、研讨会等宣传方式,向社会公众传播吸收资金的信息的即属于"向社会公开宣传"。对于实践中大量存在的口口相传、以人传人的宣传方式,明确"明知吸收资金的信息向社会公众扩散而予以放任"也属于"向社会公开宣传"。三是在社会公众的认定上,针对司法实践中非法集资犯罪手法翻新,行为人规避法律和司法解释规定的情况,明确两种情形不属于《2010 年非法集资司法解释》规定的"针对特定对象吸收资金"的行为,应当认定为向社会公众吸收资金:第一种是在向亲友或者单位内部人员吸收资金的过程中,明知亲友或者单位内部人员向不特定对象吸收资金而予以放任的;第二种是以吸收资金为目的,将社会人员吸收为单位内部人员并向其吸收资金的情形,认为这种非法集资手段虽然具有一定的隐蔽性,但并未改变向社会不特定对象吸收资金的本质。四是对共同犯罪的处理问题作了规定,对一些单位和个人受利益驱动帮助非法集资犯罪行为人非法吸收资金,从中收取代理费、好处费、返点费、佣金、提成等费用的予以刑事打击,对其违法所得予以追缴,能够及时退缴上述费用的,可依法从轻处罚,情节轻微的可以免除处罚,情节显著轻微、危害不大的可不作为犯罪处理。五是明确了非法集资刑事案件中涉案财物的追缴和处置问题,规定了涉案财物的追缴范围,对因实施犯罪行为而取得的财物,以吸收的资金向集资参与人支付的利息、分红等回报,以及向帮助吸收资金人员支付的代理费、好处费、返点费、佣金、提成等费用,因其属于行为人对违法所得的处分予以追缴。同时出于实践可操作性和避免激化矛盾的考虑,明确集资参与人本金尚未归还的,所支付的回报可予折抵本金。六是明确了非法集资刑事案件中证据的收集,规定确因客观条件限制无法逐一收集集资参与人言词证据的,可结合已收集的集资参与人的言词证据、书面合同、银行账户交易记录、会计凭证、会计账簿、资金收付凭证、审计报告、互联网电子数据等,综合认定非法集资对象人数和吸收资金数额等犯罪事实。七是在刑民交叉上,明确了非法集资刑事案件中涉及民事案件的处理问题,针对司法实践中部分集资参与人在非法集资刑事案件立案前或者刑事诉讼过程中,以经济纠纷特别是借贷纠纷为由对非法集资犯罪行为人提起民事诉讼,要求其返还集资款项,部分案件民事判决生效后,涉案财物被强制执行的情形,解释强调在同一法律事实下,刑事案件应当优先于民事案件。对于公安机关、检察院、法院正在侦查、起诉、审理的非法集资刑事案件,有关单位或者个人就同一法律事实向法院提起民事诉讼或者申请执行涉案财物的,法院不予受理,并将有关材料移送公安机关或者检察机关;法院在审理民事案件或者执行过程中,发现有非法集资犯罪嫌疑的,应当裁定驳回起诉或者中止执行,并将有关材料移送公安机关或者检察机关;公安机关、检察院、法院在侦查、起诉、审理非法集资刑事案件中,发现与法院正在审理的民事案件属同一法律事实,或者被申请执行的财物属于涉案财物的,应当及时通报相关法院。

(三)整治阶段

以国务院办公厅发布的《互联网金融风险专项整治工作实施方案》为标志,2016 年互联网金融进入整治阶段。在人民银行等部门联合出台《互联网金融指导意见》的背景下,2016 年国务院公布实施了上述方案,分别针对不同领域的重点整治问题进行了规定,在 P2P 网络借贷和股权众筹融资业务方面,重申了 P2P 网络借贷和股权众筹融资中需要遵守的规范,如不得非法吸收资金等。与此相对应,互联网金融风险整治工作小组相继发布了一系列方案,如《开展互联网金融广告及以投资理财名义从事金融活动风险专项整治工作实施方案》,主要就互联网金融广告问题进行了规制,指出要重点整治 P2P 网络交易平台、网络借贷平台、股权众筹融资平台等,[1]重点排查作出保证性承诺、虚假宣传等行为,整治以投资理财名义从事金融活动的行为。《P2P网络借贷风险专项整治工作实施方案》指出要将防范风险和创新发展相结合,从市场主体、市场环境、产业机制方面进行综合整治,在对网贷企业进行排查摸底的基础上进行分类处置。《非银行支付机构风险专项整治工作实施方案》主要围绕非银行支付机构目前存在的备付金管理、资金清算业务和无证经营支付业务等问题展开,要求非银行支付机构应当完善备付金集中存管制度。[2]《股权众筹风险专项整治工作实施方案》全覆盖地排查互联网股权融资现状,重点整治以股权众筹等名义进行融资的行为,严厉打击涉互联网股权融资的非法金融活动,使股权众筹融资在法律规定的范围内有序开展。

此外,国务院各部门针对不同的互联网金融业务发布了专门的规范。针对P2P网络借贷主要有两部法律文件,2016年银监会、工业与信息化部、公安部、国家网络信息办公室联合颁布《网络借贷信息中介机构业务活动管理暂行办法》(以下简称《网络借贷信息中介办法》)对网络借贷中的部分基本概念作出了界定,从网络借贷中介机构的内部管理、出借人和借款人权益保护、网络借贷中介机构的外部监督三个方面作了规范。同年,银监会办公厅、工业与信息化部办公厅、工商总局办公厅联合颁布《网络借贷信息中介机构备案管理登记指引》,规定网络借贷信息中介机构的基本信息进行登记、公示并建立相关机构档案。2017年,银监会办公厅发布《网络借贷资金存管业务指引》,针对提供网络借贷业务资金存管服务的商业银行的资金存管业务进行了规范,对网络借贷资金存管业务中的相关主体进行了界定。

---

[1] 参见莫洪宪、尚勇:《产权保护视角下非法集资行为刑事规制的教义学重塑》,载《河南财经政法大学学报》2020年第2期,第95—105页。

[2] 参见张忱、钱箐旎、周琳等:《明确互联网金融风险专项整治重点》,载《经济日报》2016年10月14日,第05版。

这一时期,针对互联网金融相关的自律规范也相继发布,2016 年中国互联网金融协会发布《中国互联网金融协会信息披露自律管理规范》,对互联网金融从业机构的信息披露行为作出了较为明确的规定,主要就信息披露的相关概念、信息披露的管理与责任、方式和要求、信息披露的奖惩等方面进行了规定。2017 年,区块链作为新型的虚拟货币形式飞速发展,为规范区块链技术的应用,上海市互联网金融行业协会制定了《互联网金融从业机构区块链技术应用自律规则》,对互联网金融从业机构应用区块链技术进行了规范,对区块链技术的应用提出了第三方测试与评估、风险管控、实名认证、隐私保护、网络安全等要求。

(四)爆雷阶段

2017 年 6 月,最高人民检察院发布的《关于办理涉互联网金融犯罪案件有关问题座谈会纪要》标志着对互联网非法集资进入打击阶段,针对互联网金融领域的非法集资犯罪行为的相关法律规范陆续出台。上述座谈会纪要主要对办理涉互联网金融犯罪案件的基本要求,典型的涉互联网金融的行为性质认定,以及对涉互联网金融犯罪案件中的个别典型问题进行了研究。最高人民法院在 2017 年 8 月也发布了《关于进一步加强金融审判工作的若干意见》,对于加强互联网金融犯罪的审判工作作了总体性的规定,凸显了互联网金融犯罪惩治的重要性。2021 年 1 月 26 日,国务院颁布了《防范和处置非法集资条例》,对非法集资的定义作了明确规定,同时明确中国人民银行、国务院金融监督管理机构和国务院外汇管理部门系国务院金融管理部门,对行业主管部门、监管部门的职责作了清晰的规定。

在行政性文件方面,主要分为两大类:一类是互联网金融风险专项整治工作领导小组办公室发布了专门针对互联网金融方面的整治规定,另一类是国务院各部门发布的关于互联网金融相关业务的法律规范。这一时期,互联网金融风险专项整治工作领导小组办公室先后发布了三个通知,其中《关于对互联网平台与各类交易场所合作从事违法违规业务开展清理整顿的通知》,主要针对互联网平台中存在的变相公开进行投资交易的行为,指出通过权益拆分等行为变相公开进行投资交易活动属于违法违规的交易活动。《关于加大通过互联网开展资产管理业务整治力度及开展验收工作的通知》分别从网络小额贷款业务、金融机构“现金贷”业务、P2P 网络借贷信息中介机构业务三个不同业务类型对现金贷业务的整治进行了规定,提出完善市场准入,限制“校园贷”“首付贷”,规范“现金贷”业务。《关于加大通过互联网开展资产管理业务整治力度及开展验收工作的通知》主要规定了对前一阶段发布的相关整治工作的验收标准和处置方式,指出互联网资产管理业务依法属于特许经营行业,公开募集资金应当严格依照相关法律的规定,禁止非法金融活动;网贷机构应当按照规定将互联网资产管理业务剥离和整改,完善网贷领域风险整治和互联网集资管理领域的风险防控机制,严厉打击非法吸收公众存款、非法发行证券等非法金融活动。

针对 P2P 网络借贷业务,银监会制定了《网络借贷信息中介机构业务活动信息披露指引》(以下简称《信息披露指引》),就信息披露内容的留存时间、信息披露的报送、审批以及网络借贷信息中介机构的董事、监事、高级管理人员的相关义务进行了明确的规定。在全国金融工作会议顺利召开的背景下,针对虚拟货币,2017 年中国人民银行等七部门发布的《防范代币融资公告》,主要针对市场上部分融资主体通过筹集虚拟货币的方式进行融资的行为作出了规定,指出代币发行融资活动本质上是一种未经批准非法公开融资的行为,涉嫌非法发行证券、非法集资、金融诈骗等违法犯罪活动,属于应当禁止的行为。2018 年 8 月,中国银行保险监督管理委员会(以下简称银保监会)、中央网络安全和信息化委员会办公室(以下简称中央网信办)、公安部、中国人民银行、国家市场监督管理总局联合发布了《关于防范以“虚拟货币”“区块链”名义进行非法集资的风险提示》,针对新出现的以“虚拟货币”“区块链”为名义吸收资金的行为进行了专门性的规定。2019年1月,国家互联网信息办公室出台《区块链信息服务管理规定》,明确区块链信息服务提供者的信息安全管理责任,规范和促进区块链技术及相关服务健康发展,规避区块链信息服务安全风险。

在刑事方面,2019年由最高人民法院、最高人民检察院、公安部(以下简称“两高一部”)制定的《关于办理非法集资刑事案件若干问题的意见》(以下简称《2019年非法集资意见》)在构罪要件、涉案人员、涉案财物等方面作了规定。一是在如何认定非法集资的“非法性”上,规定应当以国家金融管理法律法规为依据,对国家金融管理法律法规仅作原则性规定的,可以依据法律规定的精神,参考中国人民银行、银保监会、证监会等行政主管部门依照国家金融管理法律法规制定的部门规章或者国家有关金融管理的规定、办法、实施细则等规范性文件的规定予以认定。二是在涉案财物追缴处置上,规定应当严格依照《刑事诉讼法》和相关司法解释的规定,依法移送、审查、处理查封、扣押、冻结的涉案财物,对审判时尚未追缴到案或者尚未足额退赔的违法所得,应当判决继续追缴或者责令退赔,并由人民法院负责执行,处置非法集资职能部门、人民检察院、公安机关等予以配合。三是在贯彻宽严相济刑事政策上,规定依法合理把握追究刑事责任的范围,综合运用刑事手段和行政手段处置和化解风险,做到惩处少数、教育挽救大多数,严格把握定罪处罚的法律要件,[1]防止将经济纠纷作为经济犯罪处理。对于非法吸收公众存款主要用于正常的生产经营活动,能够及时清退所吸收资金的可以免予刑事处罚;情节显著轻微的,不作为犯罪处理。

二、立法的两面:积极性与局限性

从上述关于互联网金融领域非法集资非刑事立法与刑事立法的规范可以看出,我国在此领域作出的规定庞杂而散乱,大量行政规范

---

〔1〕 参见王新:《民间融资的刑事法律风险界限》,载《当代法学》2021年第1期,第69—70页。

出现了刑法规范的内容，但内容抽象、原则，具体分析如下：

第一，起步阶段的立法规定了非法集资活动的惩治主要在行政机关，对市场准入和市场监管进行了规范，提出的非法集资的表现形式为债权、股权、商品营销、生产经营等。局限性主要表现在以下几个方面：其一，关于互联网金融的法律规范较少，系统的刑事司法解释尚未出台，实践中行为人通过互联网非法发行证券等现象业已显现，但相关法律法规并未就互联网金融的相关问题进行规制。其二，虽然对市场准入和市场监管作了规范，但范围狭窄，仅限于广告行业，对互联网金融企业的准入没有设置门槛，也未规定监管的具体措施。其三，这一阶段未涉及互联网非法集资的主要手段如 P2P、股权众筹等，与互联网金融起步阶段非法集资规模、手段、涉及范围等均无涉及，2006 年全国近 2000 件案件涉案规模不到 300 亿，而 2019 年仅上海一市非法集资案件就已达 1543 件，涉案金额近 900 亿，可以看出这一阶段的立法对非法集资的迅猛发展预估不足。

第二，创新阶段的立法对互联网集资的规定不仅限于行政法规，相关刑事、民事司法解释也陆续颁布，对互联网金融行业执行金融监管和备案等手续作了规定，在行业自律上强化了中国互联网金融协会的作用。对 P2P、股权众筹、虚拟货币等新型互联网融资手段开始涉及，严格限制比特币的交易和流通，对比特币互联网站进行备案管理，防范比特币可能产生的洗钱风险，金融机构和支付机构则禁止开展与比特币相关的业务。这一阶段立法的局限性体现在民事司法解释仅规定了涉嫌非法集资的民事案件移送问题，没有涉及民事违法行为的处理；行政方面对企业准入、监管等作了规定，但也无行政处罚事项，这一阶段的立法更多体现的是制度层面的构建。这一时期的刑事立法规定得较为详细，对非法集资的基本特征作了画像，但对互联网金融领域非法集资行为规定较少，明显与互联网金融发展的速度相比立法有所滞后。

第三，整治阶段立法的积极性主要体现在三个方面：其一，在《网络借贷信息中介办法》颁布后,监管政策密集下发,多份实质性监管政策落地,网贷监管的"1+3"体系即"一个办法,备案、存管、信披三个指引"终于完成,对网贷备案时间线、流程和其他事项作出具体要求,全国性互联网金融风险专项整治在持续推进,说明监管部门对互联网金融风险有了充分认识和政策应对。较之前的规定相比,网贷监管的步伐明显加快,在备案、存管、信披等关键问题上制订了具体内容规范,各地的风险整治逐步进入执行阶段。其二,这一时期的法律规范主要以互联网金融风险专项整治工作领导小组办公室发布的关于相关整治工作方案为主,[1]以国务院各部门关于互联网金融业务的相关规范为辅,构建了上下联动的治理体系。其三,明确了穿透式信息披露义务,更加注重实质意义。在信息披露管理与责任方面,规定从业机构与协会均有信息披露责任,从业机构主要通过内部的信息披露管理制度履行义务,协会负责督促检查。其四,自律性质的规定促进区块链技术服务实体经济,对互联网金融行业应用区块链技术起到了引导和规范的作用。但这一阶段的立法仍然没有具体明确的行政处罚规定,没有构建民事、行政、刑事立体的防范机制,在信息披露义务上更是由协会负责督促检查,监管力度明显不足。在刑事立法方面,依然没有规定行政与刑事的衔接问题,对互联网金融领域非法集资行为规定仍不充分。

第四,爆雷阶段的司法解释、行政规定相继纷纷出台,较以往相比规定更加具体和细致,并具有可操作性。其一,最高人民检察院的纪要首次从司法解释层面对金融创新和金融违法犯罪作了界分,认为符合国家相关规定的、经过有关主管部门批准的行为,应当属于合法的金融创新行为;违反现行的刑事法律和金融法律法规的行为,则应当属于金融违法犯罪。其二,针对司法实践中存在的打击不精准的现象,提出应当按照区别对待的原则分类处理,对各涉案人员具体分析,综合其在犯罪活动中的地位和作用、危害结果、主观恶性等因素分

〔1〕 参见宓迪:《百万条逃废债信息已上报》,载《新京报》2018 年 9 月 3 日,第 B02 版。

别进行认定，运用刑事追诉和非刑事手段进行处理，充分体现罪责刑相适应的刑法基本原则。其三，针对涉互联网金融案件跨区域、受害者分布区域广等特点，提出统筹协调、协同打击的三统两分思路，即“统一办案协调、统一案件指挥、统一资产处置、分别侦查诉讼、分别落实维稳”，提出既要注重检察机关内部的统一协调，又要注重检察机关与公安机关、地方金融办等其他单位之间的统一协调，共同打击互联网金融犯罪行为。其四，对典型的涉互联网金融的行为性质认定进行了研究，重点围绕非法吸收公众存款、集资诈骗和非法经营资金支付结算三类行为作出了具体规定。在非法吸收公众存款行为的认定中，认为应当重点审查互联网金融活动相关主体是否存在归集资金、沉淀资金，致使投资人资金存在被挪用、侵占等重大风险等情形。[1] 在非法吸收公众存款行为的具体认定上，提出认定的主要法律依据是《中华人民共和国商业银行法》(以下简称《商业银行法》)、《防范和处置非法集资条例》等现行有效的金融管理法律规定；主观故意认定应当结合行为人的任职情况、金融活动从业经历、专业背景等进行认定，并不以是否明知法律的禁止性规定为要件。其五，罕见地在实体事项规定的同时，又涉及了证据等程序性事项，提出注重数据完整性、程序合法性的要求，并对行政机关出具相关意见的出罪情形作了规定。如规定在存在行政主管部门出具相关意见的情形下，应当对相关意见的内容、出具程序等进行查证，查证无误的情形下，可以作为出罪的事由；应当注重电子数据、POS 机支付记录、资金收付凭证等证据的收集与运用，重视程序合法性和数据完整性。其六，对新型融资行为作了规定，对实践中出现的通过互联网、聊天工具等打着“区块链”名义，通过发行“虚拟货币”的方式吸收公众资金的行为认定是一种非法集资、传销、诈骗行为，应当依法严厉打击。其七，首次对非法集资的行政、刑事责任和资金清退、非法集资

---

〔1〕 参见崔志伟：《“但书”出罪的学理争议、实证分析与教义学解构》，载《中国刑事法杂志》2018 年第 2 期，第 21 页。

参与人应当承担的后果等作了严格规定,明确了各级政府、行政主管部门、监管部门职责分工,厘清金融风险防控的监管职责。

但这一阶段的立法也存在局限性,主要体现在以下几个方面:其一,各部门的规定纷纷出台,虽然较以往更多宏观方面指导相比更为具象和更具可操作性,但仍没有从根本上解决司法实践面临的各种问题,如仅从是否符合国家相关规定上界定金融创新与金融违法犯罪,并没有触及二者界分的实质要件,仅强调了违法性这单一元素。其二,针对互联网金融犯罪地域分布广、被害人人数众多等特点提出了三统两分的思路,要求各部门加强统筹协调,但与共同犯罪的案件移送规定相冲突,没有解决司法实践中以地域而不是以人来立案的乱象,同一被告人不同省市甚至不同区县分别立案、分别取证、分别审理的现象没有从立法上予以解决。其三,虽然在2021年春节前夕出台《防范和处置非法集资条例》,意图解决行刑衔接问题,通过加强行政监管、行为自律,严厉打击非法集资行为,以明确例举和兜底的方式对非法集资画像,厘清司法实践中的难点、疑点和争点,但因只规定了负面清单,在司法实践中有可能产生"一刀切"的现象,对正常的民间融资带来沉重打击。如规定"设立互联网企业、投资及投资咨询类企业、各类交易场所或者平台、农民专业合作社、资金互助组织以及其他组织吸收资金"就系非法集资,再结合非法集资的定义规定,互联网企业、投资及投资咨询类企业几无生存空间。[1]

第二节　刑法规制困境的立法根源

对互联网金融领域非法集资刑事案件刑法规制中出现的困境,除了互联网领域中的非法集资行为不断"推陈出新"导致刑法规

[1] 参见湖北省银行业协会、招商银行武汉分行:《防范非法集资风险 从严处置违法案件》,载《湖北日报》2021年6月15日,第08版。

制无法恰当适用以外,我国刑事立法的局限性也在一定程度上促进了困境的形成,“囿于成文法本身的局限性和立法技术的不足,刑事立法的规定难免存在模糊和不合理之处。诚如拉德布鲁赫所言:‘我们的时代已不再有人相信这一点。谁在起草法律时就能避免与某个无法估计的、已生效的法规相抵触?谁又可能完全预见全部的构成事实,它们藏身于无尽多变的生活海洋中,何曾有一次被全部冲上沙滩?’”[1]互联网技术发展下非法融资行为不断发展变化,具有稳定性特点的立法活动无法及时有效地对新类型犯罪模式进行规制,在积累了足够经验时才会考虑采取立法活动,而以现有法律为基础进行的司法解释工作也没有跟上互联网非法集资变化的步伐。

一、互联网金融风险的加剧带来司法价值的冲突

为推动金融发展、激发金融市场的活力,我国鼓励金融创新,但与金融创新相伴相生的是金融风险所带来的诸多不安全因素。2015年,“两高一部”发布的《关于依法处理非法集资犯罪的通告》对非法集资案件中的集资行为人、代理人,主动全部清退所吸收资金或者代理费、好处、返点费、佣金、提成等费用的,依然要追究刑事责任,只是量刑上可以从轻处罚。2013 年“五部委”联合发布的《关于防范比特币风险的通知》直接禁止各金融机构和支付机构买卖比特币以及与比特币相关的各项服务;2017 年再次出台《防范代币融资公告》对代币发行融资与交易的风险隐患予以了关注,认为代币发行融资与交易存在多重风险,包括虚假资产风险、经营失败风险、投资炒作风险等,禁止金融机构与非银行支付机构直接或间接从事与代币相关的产品或服务,任何组织和个人也不得从事代币发行融资活动,且将该行为直接定性为“非法”。2018 年银保监会等部门发布《关于防范以“虚拟货

[1] 于冲:《网络刑法的体系构建》,中国法制出版社 2016 年版,第 45 页。

币”“区块链”名义进行非法集资的风险提示》认为，以发行所谓“虚拟货币”“虚拟资产”“数字资产”等方式吸收资金的活动存在多种违法风险，[1]具有非法集资、传销、诈骗等违法行为特征。上述规定对互联网非法集资所带来的各种风险予以多种形式的提醒，与此相对应的是刑法逐渐加大对互联网非法集资的刑事打击力度。“两高一部”《2014年非法集资若干意见》规定行政部门对非法集资的性质认定，不是非法集资刑事案件进入刑事诉讼程序的必经程序；行政部门未对非法集资作出性质认定的，不影响非法集资刑事案件的侦查、起诉和审判。《刑法修正案（十一）》更是对非法吸收公众存款罪、集资诈骗罪的刑罚配置予以了调整，取消了罚金刑的数额限制，增设了刑罚档次，体现了对非法集资从重打击的立法精神。从重打击的背后是预防性干预与规制的思想对刑事立法的影响，传导至司法领域即是改变了传统刑法在危害结果发生后再进行处罚的模式，更加侧重于事前预防以及抽象危害犯在刑法体系中的处罚，使刑法较行政法更早地介入，为防控风险刑罚权不断再扩张，运用刑罚规制成为回应社会公众对金融风险关注的首要选择。

P2P网络借贷、股权众筹在我国的急剧发展在于其打破了传统的融资体系，推动了民间融资活动，它们所特有的创新体现了金融活动的自由，但金融自由是建立在稳健的金融秩序基础之上的，互联网非法集资刑法规制的困境之一即金融自由与金融秩序价值的冲突。互联网融资作为目前最为活跃的金融活动，极大挑战了我国传统的金融法律法规体系，尤其随着互联网融资创新手段的复杂化、资金积聚的海量化、金融风险的扩大化，给金融安全与稳定带来更大的危险。而目前的应对手段则为单纯加大刑法对互联网融资的规制力度，依靠对原有体系的简单强化，用严苛的行政监管、刑法规制抑制互联网融资活动所带来的风险聚集，增加违法成本，降低犯罪发生的可能性。而

[1] 参见《如何防范虚拟货币犯罪》，载《中国防伪报道》2020年9月10日，第55—56页。

正是因为互联网刑法与非刑法价值层面存在的冲突,导致了刑事法律司法实践层面的困境。金融刑法的立法目标与定位服从于金融法制的目标定位与要求,它为金融法制的实现提供坚实基础。现代金融法的调整需求源于平等主体之间的金融关系和金融监管关系这两种不同性质的社会关系,私法与公法规范的“二元规范结构”一直主导着金融法的发展。[1] 金融法规制对象在于金融监管关系和金融交易关系,其目标在于防范系统风险和危机,保护投资者、存款人、被保险人等,并提高效率。[2] 对于金融监管关系的刑法干预直到20世纪30年代“凯恩斯主义”之后才出现,20世纪80年代由于金融监管的放松使得金融衍生品不断增多,金融消费者群体空间壮大。当下我国金融法律体系与法制理论正处于转型与完善之中,金融法功能与转型方向的选择是其中重要的一项内容。在金融法的功能定位上,尽快放弃传统秩序导向的“一元化”功能观,确立金融安全、金融效率与金融公平“三足鼎立”的价值目标,[3]已成为中国金融法制改革的重要内容。但作为保障金融法实施的金融刑法并未及时跟进金融法制体系价值目标的调整,不适应目前价值目标多元化的金融法制改革,在金融违法行为的犯罪化标准上价值选择方向单一,没有体现对金融公平价值目标的金融交易秩序及交易利益的保护,[4]一味通过刑罚权的扩张、刑法的早期介入,解决金融改革以来金融衍生品增多、金融消费群体扩大、金融疑难复杂问题层出不穷等复杂现象。

---

[1] 参见王保树:《金融法二元规范结构的协调与发展趋势——完善金融法体系的一个视点》,载《广东社会科学》2009年第1期,第175页。

[2] 参见韩龙等:《国际金融法要论》,人民出版社2008年版,第43—50页。

[3] 参见冯果:《金融法的“三足定理”及中国金融法制的变革》,载《法学》2011年第9期,第93—94页。

[4] 参见钱小平:《中国金融刑法立法的应然转向:从“秩序法益观”到“利益法益观”》,载《政治与法律》2017年第5期,第41页。

二、秩序法益观下的立法缺少互联网元素特征

金融活动充满了复杂性，合法与违法的界限不总是那么泾渭分明。随着互联网金融的快速发展以及作为法规制对象的复杂性急速增加，当初立法时未曾出现也未曾想到的问题接踵而至，不仅给司法实务界，也给理论界带来了挑战，新型金融行为是否触犯了法益或者触犯了何种法益，因其高度抽象性而成了难以证明和难以反驳的问题。1995 年，全国人民代表大会常务委员会公布的《关于惩治破坏金融秩序犯罪的决定》中将金融秩序作为基本法益，金融管理秩序与金融交易秩序为法益子系统。[1] 金融管理秩序是将货币信用秩序、金融准入秩序、金融机构运行与管理秩序作为法益的基本表现形式，而金融交易秩序则以金融公共信用利益、金融机构利益、金融交易者利益作为其法益表现形式，秩序法益观由此生成，它奉行以国家金融秩序维护为法益选取根据的基本立场，是国家本位主义刑法观的具体化。1997 年，我国刑法对金融犯罪进行了类型化的编撰，分设破坏金融管理秩序罪与金融诈骗罪两节，非法集资行为主要涉及的罪名非法吸收公众存款罪在破坏金融管理秩序罪一节中，集资诈骗罪因增加了非法占有目的的构成要件而被放在金融诈骗一节。[2] 《2010 年非法集资司法解释》第一次就非法集资问题从违法性、公开性、利诱性、社会性四个方面明确了裁判规则：违法性指未经有关部门批准或者借用合法经营的形式吸收资金；公开性指通过媒体、推介会、传单、手机短信等途径向社会公开宣传；利诱性指承诺在一定期限内以货币、实物、股权等方式还本付息或者给付回报；社会性指向社会不特定对象吸收

---

〔1〕 刘远教授在与赵玮教授合著的《论金融犯罪的概念与地位》（发表于《河北法学》2005 年第 7 期）一文中认为，金融秩序由横向的金融交易关系与纵向的金融管理关系构成，其中，金融交易秩序是金融交易的目的和核心，金融管理秩序是金融秩序的手段和保障。

〔2〕 参见钱小平：《中国金融刑法立法的应然转向：从“秩序法益观”到“利益法益观”》，载《政治与法律》2017 年第 5 期，第 41 页。

资金。[1] 为了便于司法裁判者在审理非法集资案件时有可供参考的因素，该解释又以行为类型化的方式，从房产、林权、养殖、商品销售、提供服务、发行股票、债券、募集基金、销售保险、投资入股、委托理财等方面进一步规定了什么是非法吸收公众存款。

上述规定无不彰显了秩序法益观的立法倾向，立足于传统非法集资方式，缺少互联网时代的特征，以林权、养殖等方法非法集资在司法实践中已难觅踪影，新型非法集资手段在上述规定中没有丝毫涉及。同时，互联网非法集资的基本特性使公开性、社会性无须证明，它们作为非法集资的构成要件已失去存在的价值和意义。以 P2P 为例，非法吸收公众存款罪立案标准是个人非法吸收或者变相吸收公众存款，数额在 20 万元以上的，单位非法吸收或者变相吸收公众存款，数额在 100 万元以上的；个人非法吸收或者变相吸收公众存款对象 30 人以上的，单位非法吸收或者变相吸收公众存款对象 150 人以上的；个人非法吸收或者变相吸收公众存款，给存款人造成直接经济损失数额在 10 万元以上的，单位非法吸收或者变相吸收公众存款，给存款人造成直接经济损失数额在 50 万元以上的，[2] 即可以达到非法集资的入罪门槛。P2P 通过互联网信息技术的传输，在社会性、公开性上可以轻易突破上述红线，简单地以数额、人员数量、经济损失作为抽象秩序法益受侵害的标准，显然已“不堪重任”。互联网金融的兴起与发展看起来没有改变非法集资类案件的基本运作逻辑，只是利用网络 P2P 平台的集聚效应，使行为人能够在短时间内吸收更多的资金，并能够在更长的时间段内得到维系，造成更严重的危害社会后果，[3] 但此种秩序

---

〔1〕 参见最高人民法院：《最高人民法院关于审理对非法集资刑事案件具体应用法律问题的若干解释》，载《时事资料手册》2011 年第 1 期。

〔2〕 参见中国建设银行湖北省分行：《保护消费者权益 提升金融服务水平》，载《湖北日报》2015 年 10 月 16 日，第 02 版。

〔3〕 参见徐凌波：《金融诈骗罪非法占有目的的功能性重构——以最高人民检察院指导案例第 40 号为中心》，载《政治与法律》2018 年第 10 期，第 39 页。

不法究竟构成行政上的违法还是刑事上的犯罪存在较大争议。在秩序法益观指导下,以上述标准作为违反金融管理秩序可以入罪的依据,显然在互联网时代下会更加混淆违法与犯罪的边界,尤其是金融犯罪先天庞大的资金体量导致行为一旦违反金融管理秩序,即跨越行政处罚范畴直接进入刑法规制视野,刑法被作为了维护金融秩序的常用手段。根据法定犯的前置法用尽原则,非法集资的行为应当在犯罪之前首先被行政规范评价,但部分立法却在前置法尚未规定秩序不法的情形下,直接将相关行为犯罪化。[1] 如《刑法》第 174 条规定,只要未经国家有关主管部门批准,擅自设立商业银行等金融机构的,构成擅自设立金融机构罪,但前置法《商业银行法》和《银行业监督管理法》均规定:"擅自设立金融机构的或非法从事金融业务的,国务院银行业监督管理机构予以取缔。"由于秩序法益的高度抽象性,根据现有的法律规定,司法裁判者无法对行为人的行为是否破坏了金融秩序作出有力的论证,但同样辩方也无法提出有说服力的主张,导致"金融秩序的破坏"这一构罪要件成为了法庭上听得到但看不见的"风景线"。

三、前置法规定不足导致刑法保障法地位的逾越

对于互联网领域下的非法集资,目前行政立法更多体现的是制度层面的构建,没有具体明确以及可操作性的行政处罚规定,民事、行政、刑事防范非法集资的立体机制尚未有效构建,对于司法实务中涉及金融创新与金融违法、金融犯罪等界定的疑难复杂问题,现阶段只是由最高人民检察院以会议纪要的方式出台,民事、行政立法没有及时跟进。立法的局限性传导到司法领域就是各类疑难复杂问题的产生,司法裁判者面对互联网领域下法律问题与经济问题糅合的复杂案件认识不一,刑事审判本应作为调节社会关系的最后一道屏障,却因

---

〔1〕 参见魏昌东:《经济风险控制与中国经济刑法立法原则转型》,载《南京大学学报(哲学·人文科学·社会科学版)》2011 年第 6 期,第 140—141 页。

为民事法律规范、行政法律规范处罚的缺失,不得不挺身而出成为惩处互联网金融领域下非法集资的首要手段。在刑法规制的规范性上,存在将刑法规制扩大化的倾向。如在刑罚配置强度上,目前规制非法集资行为的主要罪名是非法吸收公众存款罪、集资诈骗罪、诈骗罪、非法经营罪等,《刑法修正案(十一)》将非法吸收公众存款罪的法定最高刑由十年有期徒刑提高到十五年,并删去了罚金刑具体数额的规定,加大了惩处力度;将集资诈骗罪的法定刑由原来的三档调整为两档,对数额较大的,由原来的五年以下有期徒刑或者拘役,调整为三年以上七年以下有期徒刑,对于数额巨大或者有其他严重情节的,调整为七年以上有期徒刑或者无期徒刑。〔1〕 在违法性的判断依据上,将“未经有关部门批准”的一元认定标准修改为“未经有关部门批准”“借用合法经营形式来吸收资金”的二元认定标准,使非法性的内涵和外延更为宽泛。尤其是司法实践中,以往争议比较大的“借新还旧”的集资方式是否应该纳入刑法规制范围,随着越来越多的此类刑事案件的出现,争议声在司法实务中已愈来愈弱。在违反前置法上,由“违反国家金融管理法律规定”演变为除了金融管理法律规定,对于只作原则性规定的可参考部门规章等,〔2〕可以看出为了应对非法集资的井喷态势,对前置法的外延作了扩张。

在刑法规制的合理性上,理论界探讨较多的是行政监管和刑法规制的有效衔接,认为刑法规制具有两面性,应以未来为导向,对创新活动带来的问题多一点宽容,让刑法作为“最后一道防线”;〔3〕在 P2P

---

〔1〕 全国人大常委会法工委刑法室编著的《中华人民共和国刑法条文说明、立法理由及相关规定》中,明确了《刑法修正案(十一)》对非法集资的修改目的是加大打击力度。

〔2〕 参见全威巍:《互联网金融刑法规制扩大化的反思与限缩》,载《河北法学》2021 年第 1 期,第 168 页。

〔3〕 参见刘宪权:《论互联网金融刑法规制的“两面性”》,载《法学家》2014 年第 5 期,第 91 页。

网贷犯罪中,刑法规制的作用被夸大,与“宽严相济”的刑事政策相违背。[1] 笔者认为,在目前网络借贷泛滥、行为普遍异化、新型集资模式不断产生的大背景下,通过刑法规制对互联网金融犯罪加大惩治和打击力度,净化互联网金融创新的法治环境,为真正的金融改革和创新活动创造一片纯净的法治环境,是刑法的任务,也是使命。在金融创新背景下诞生的网络借贷等融资行为,由于行政法的抽象规定、刑法的空白罪状,互联网金融领域下非法集资的无序发展已给理论和实务界带来挑战,如果一味强调刑法的谦抑性,等待民事、行政法规完善后再予以进阶式的规制,显然已不能适应当前互联网快速发展所带来的巨大风险,刑法应以何种审慎的模式介入管控才是当下应该思考并研究的课题。无论理论界对刑法的先行规制有多少不同的意见,司法实践中刑事手段的强力介入已是不争的事实,各地法院非法吸收公众存款案、集资诈骗案已呈快速增长态势,如何在打击犯罪和保护营商环境之间寻求妥适的平衡,如何在法秩序统一的基础上寻求“金融管理秩序”“投资者权益保障”“网络安全”等法益的综合考量,确定更为合理的价值指引,无疑具有现实的研究意义。

在刑法规制的适当性上,根据目前的《刑法》规定,互联网非法集资可能涉及的罪名主要包括非法吸收公众存款、集资诈骗等非法集资类犯罪,侵犯他人财产权益的诈骗类犯罪,集资特征不明显亦没有非法占有他人财物故意的非法经营类犯罪。此外,不容忽视的是非法集资过程中对行为人采用多层级发展客户吸收资金形式的,有些实务部门将其归入组织、领导传销类犯罪。对非法集资的特殊行为模式,有些实务部门认为其应当被归入证券类犯罪,具体将在下文予以着重阐述和分析。但无论以何种罪名认定,现有的罪名设置都是针对传统金融犯罪而言,互联网金融犯罪与传统金融犯罪的不同,使某些构罪要

---

〔1〕 参见李永升、胡冬阳:《P2P 网络借贷的刑法规制问题研究——以去了近三年的裁判文书为研究样本》,载《政治与法律》2016 第 5 期,第 45 页。

素在虚拟空间里呈现不一样的样态，如物理空间中的口口相传，在虚拟网络空间里因为互联网技术特征会导致海量的传播，物理空间的微小行为会在网络空间里被无限放大，故用针对传统犯罪的立法思路来规制互联网金融领域下的非法集资行为就导致适法的不统一。尤其是非法吸收公众存款罪开放式的罪状描述，使其随着时代的发展已变异为新的口袋罪，一些新类型的互联网金融犯罪无法找到妥适的罪名相匹配时，该罪名就成为“总有一款适合你”的最后选择。

四、互联网金融立法精细化的缺失引发裁判的困难

互联网融资兴起之初，监管部门并未预测到这一新兴金融科技行为对传统金融领域会带来何种影响，也未预料到其对社会经济生活以及社会稳定带来的强烈冲击，立法上对此没有充分论证和从容应对，导致司法实践中无论是民事还是刑事领域，互联网借贷纠纷都成为主要案件类型，非法吸收公众存款罪更是成为规制此类行为的口袋罪。从互联网融资设计的制度来看，各地的金融办、银行、电信等多个部门都对此种互联网金融行为有相应的制约和管理，但在实际运行过程中，“多头管理”并没有取得良好的成效，导致无论是行政违法还是刑事犯罪都成为法庭上主要争议焦点。我国虽然将互联网融资列入特许行业，规定须具备金融单位及电信业务两家核发的许可证才可以经营，从制度层面看似实施了双许可制，但对网络借贷平台的具体运作过程缺乏行政监管部门或者金融部门精细化的指导，实行的登记备案制度为此类行为的快速发展大开方便之门，在实际操作层面为多部门的推诿留下隐患。如为了防止 P2P 网贷平台形成资金池，保障投资人的资金安全，我国设置了银行存管制度，网贷平台向地方金融监管部门申请备案登记后可采用银行直连模式，或者银行和支付公司联合存管模式进行资金存管。资金被存管后，网贷平台的所有交易资金都在银行托管的主账户内，网贷平台无权动用该账户内的资金。借款人和投资人均实名在银行开立虚拟账户，投资人的资金从自己的虚拟账

户直接划转到借款人的虚拟账户,由于虚拟账户均挂在银行托管主账户内,所有资金均在托管主账户内流动,以此方式意图实现交易资金与网贷平台的自有资金完全隔离,以体现网络借贷平台信息中介的功能定位。正式交易后所有的交易合同也须在银行备案,银行会按照合同对投资人和借款人的交易进行检验,不符合合同规定的不予通过。上述制度设计看似完美,但现实操作中却不尽人意。在本书考察的互联网非法集资案中,2016 年前成立的网络借贷平台没有实行银行资金的托管,2016 年之后银行托管账户内的资金与网络平台自有资金因为细节问题而没有实现有效隔离的制度设计初衷。如借款人虽然在银行托管账户设立个人虚拟账户,当借款到期后银行会自动扣款,但当个人账户没有资金时,银行不会实施催讨行为,向贷款人催讨的义务由网络借贷平台实施,而有的网络借贷平台催讨来的钱款并没有进入银行托管账户,而是进入行为人设立的公司或者个人账户,使银行托管账户和网络平台自有资金账户之间的隔离线被打破。制度设计的成败某种程度上不在于立意高远、目标崇高,而在于是否可以精准落地、有效实施,且细节往往决定成败。从银行存管规定的设计来看,没有达到预期目的,关键在于银行在整个制度中的地位和作用没有精准定位,没有明确是服务还是监管,如果是服务就应当在投资者资金不到位的情况下实施催讨,如果是监管就应当对交易合同进行认真审核,但实际上,无论服务还是监管,银行目前均难以做到。

第三章　互联网金融非法集资案件刑事司法检视与困境初探

第一节　样本选择及检视对象的分类

我国关于非法集资刑事案件的四个专门性司法解释共涉及非法吸收公众存款罪、集资诈骗罪等七个罪名，其中《2010 年非法集资司法解释》确立了非法吸收公众存款罪的基础性地位，其他非法集资类犯罪一般在非法吸收公众存款罪的行为模式上展开分析与判定。从近年各地审理的此类案件来看，所涉及的罪名与传统犯罪大致相同，多以非法吸收公众存款罪、集资诈骗罪等定罪处罚，少数案件由于办案机关认识不一，认定为非法经营罪，组织、领导传销活动罪或是擅自发行股票、公司、企业债券罪等。

为全面反映互联网领域非法集资的司法实践情况，本书对非法集资案件进行司法检视，并对样本考察指标作了细分化设计。一是在考察的详略上，考虑到网络借贷诞生至今案件体量较大，司法裁判人员已将其作为常规案件审理；股权众筹、艺术品资产份额化交易、代币发行融资作为新型互联网非法集资模式，随着互联网的发展也累积了一定的案件量，其独特的犯罪手法对理论与实践均提出了新的挑战，亦有司法检视的必要，但后者与网络借贷在逻辑上有初始与发展、共性与个性、普通与特殊的关系，故以网络借贷为基础对行为模式进行了细致“画像”，其余模式作了类型化的特点分析，对共性的问题不再详细展开。二是在数据的选择上，网络借贷的考察数据除了来源于上海金融检察白皮书、裁判文书网，以上海整体网络借贷刑事案件作为考察对象，此外本书还各选取了一家中级法院、基层法院，对其中所有的互联网非法集资案件进行了研判，以保证样本具有较强的完整性和准确性，所反映的问题更加精准，为解决问题提供正确的方向。对于股权众筹、艺术品资产份额化交易、代币发行融资三类案件，除了笔者亲自审理的案件，还搜集了裁判文书网上的案例，逐件研究分析，以期从中发现规律与问题。三是在考察的方法上，除了笔者审理的 P2P 刑事案件、上海首例艺术品资产份额化交易刑事案件，还走访了其他法院，与法官座谈和研讨，以期理论与实践紧密结合，为司法实践中的各种疑难复杂问题探索解决之道。

第二节　非法集资刑事案件实践考察

一、网络借贷刑事案件情况与特征

（一）案件基本情况

1. 非法集资案件数量在金融犯罪中已位居首位

2016 年，上海受理金融犯罪审查起诉案件 1683 件，与 2015 年相比案件数量下降 21.3%，但涉案人数却上升 8%，究其原因是涉案人数众多的非法集资案件多发，其中非法吸收公众存款案为 309 件 1189 人，案件数量和涉案人数相较于上年的 101 件 390 人分别上升 206%和 205%，集资诈骗案为 37 件 105 人，案件数量与上年持平，涉案人数上升 17%。2017 年受理非法吸收公众存款和集资诈骗案件 672 件 1914 人，较 2016 年分别增长 94.2%和 47.9%，其中非法吸收公众存款案为 618 件，案件数量上升 100%，集资诈骗案为 54

件，案件数量上升46%。2018年受理非法吸收公众存款案1065件，较2017年上升72.3%，集资诈骗案75件，较2017年上升38.9%。2019年，受理非法吸收公众存款案1407件，较2018年上升32.1%，集资诈骗案136件，较2018年上升81.3%。如下图3.1所示，在上述非法集资案件中，以互联网金融名义实施非法集资的犯罪情况日趋严重。

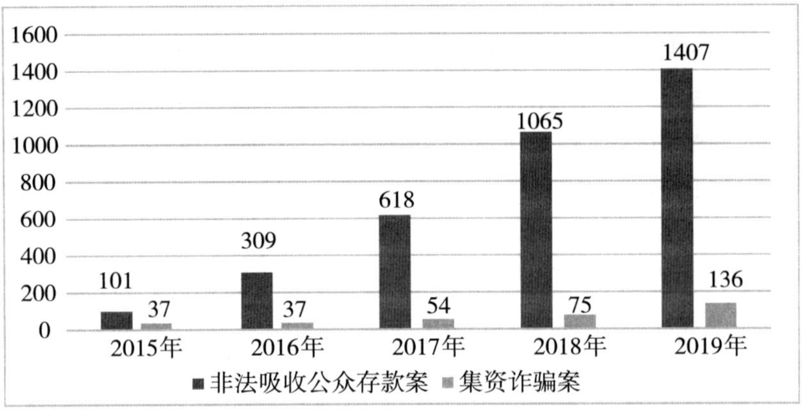

图3.1　非法集资案件数量(件)

2. 网络借贷刑事案件数量与非法集资案件数量变化轨迹相同

2014年，上海市发生首起P2P网贷平台非法集资案，2015年上升至11件，自2016年起案件数量陡升至105件，增幅达855%，2017年上升至540件，[1]增幅达414%，2018年上升至915件，增幅达69%，2019年上升至1239件，增幅达35%。虽然2017年开始，增幅比例逐年下降，但因为基数较大，所以案件数量明显上升，且网络借贷刑事案件占比2015年为10.9%，2016年为34.1%，2017年陡升为87.4%，此后占比均超过80%。如下图3.2所示，从案件数量的变化

[1] 参见胡蝶飞：《当心"天上馅饼"变"地下陷阱"！》，载《上海法治报》2017年7月5日，第A04版。

曲线可以看出，网络借贷刑事案件的增长与下降，与非法集资案件轨迹相同，意味着随互联网技术的发展，利用互联网平台融资已经成为非法集资的主要手段。司法实践中，无论是中级法院还是基层法院，非法集资案件不但成为金融犯罪案件中数量最多的种类，且因互联网本身技术特征导致涉案人数众多、法律关系复杂，刑事审判重点、难点问题频现。涉互联网金融案件数量的增加，也如实反映了金融行业创业潮退去后的狼藉，自 2014 年起诸多线上金融平台相继上线，为案件的大量爆发埋下了伏笔。在隐患相继爆发后，民事、行政处罚明显滞后且乏力的情况下，刑事处罚介入，利用其“雷霆手段”处罚了一大批涉案人员，互联网金融犯罪潮遂于 2016 年爆发，并在 2017 年达到高潮，短暂的平静后 2018 年年中发生了更严重的 P2P 公司“爆雷潮”。

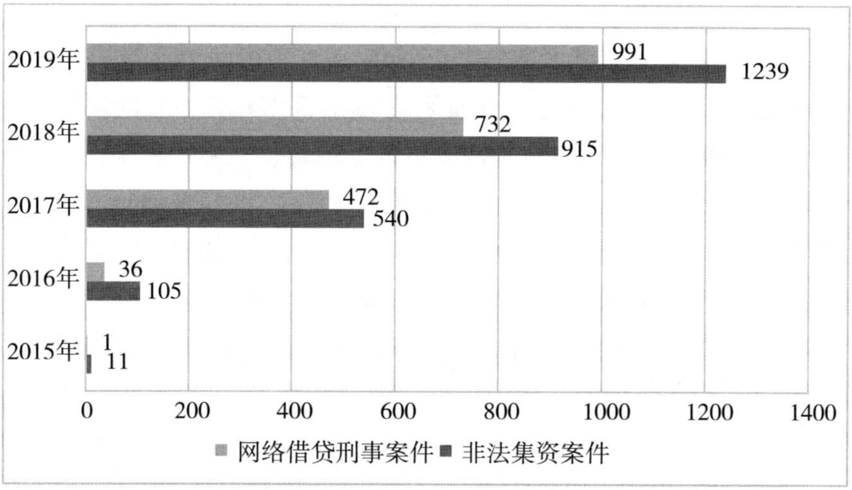

图 3.2　案件数量（件）

3. 涉案金额巨大，大案、要案频现

涉互联网非法集资案件涉及的投资人较多，涉案金额十分巨大，造成的社会影响及危害均十分严重。就互联网非法集资案件涉及的金额而言,2016 年至 2019 年行为人吸收公众资金亿元以上案件数量最多,超百亿的非法集资案件亦不罕见,如下图 3.3 所示。

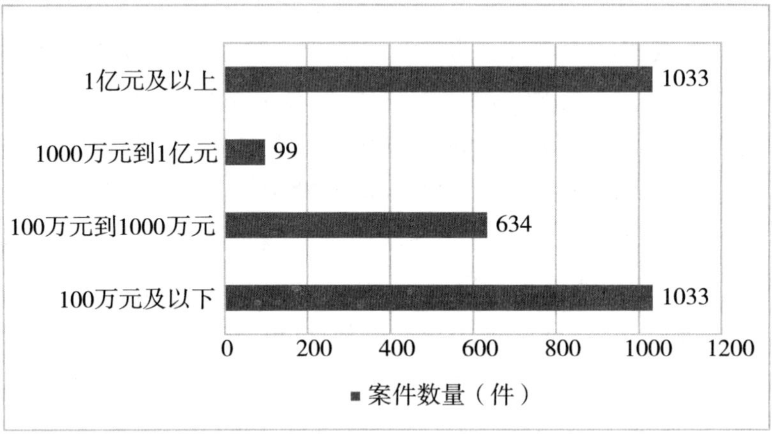

图 3.3　涉案金额区间分布

在互联网技术的助力下,融资平台吸引客户的能力得到了较大提升,吸收投资者的手段与传统集资诈骗案件多借助“口口相传”不同,互联网融资平台设立后能持续将浏览量转化为客户数量。以“大大集团案”为例,自 2014 年 9 月起至案发已累计吸收社会公众存款 138.76 亿元,涉及投资人 73028 人和 20 家企业。类似“大大集团案”涉案金额百亿元以上的案件有数十起,如表 3.1 所示。

表 3.1　涉案金额百亿元以上案件

序号	平台名称	案发年份	基本案情
1	快鹿集团	2016 年	非法集资 434 亿元,涉及投资人 3.5 万余名
2	大大集团	2016 年	非法集资 138.76 亿元,涉及投资人 7 万余名
3	上海中晋系	2016 年	非法集资 400 亿余元,涉及投资人 1.2 万余名
4	创怿嘉	2017 年	非法集资 110 亿余元,涉及投资人 1 万余名
5	金银猫	2018 年	非法集资 121 亿余元,涉及投资人 4.2 万余名

（续表）

序号	平台名称	案发年份	基本案情
6	普资金服	2018 年	非法集资 103 亿余元，涉及投资人 1 万余名
7	中亿国星	2018 年	非法集资 110 亿余元，涉及投资人 3000 余名
8	资邦系	2018 年	非法集资 593.57 亿余元，涉及投资人 11 万余名
9	联璧金融	2018 年	非法集资 758.22 亿余元，涉及投资人 90.86 万余名
10	聚财猫	2018 年	非法集资 735 亿余元，涉及投资人 19 万余名
11	善林金融	2018 年	非法集资 736 亿余元，涉及投资人 25 万余名
12	国金宝	2020 年	非法集资 162.01 亿余元，涉及投资人 27 万余名

（二）案件特征

1. 行为隐蔽性较强，模式上以销售理财产品为主

与传统的非法集资案件不同，互联网领域下的非法集资真实项目与虚假承诺、合法交易与违规操作会相互交织，大量案件从行为人成立公司从事非法集资至资金链断裂“爆仓”均有一个较长的周期。在集资初始阶段，行为人往往通过办理正规工商执照、税务登记等成立合法公司，以部分实际经营掩盖其犯罪活动，或以金融创新之名诱使投资者投入大量资金，公司名称通常会冠以“金融信息”“资产管理”“投资管理”“科技信息”等，其中以“金融信息”冠名的占 43%，以“资产管理”冠名的占 38%，具有较强的隐蔽性。在集资的中期，行为人会采取兑付回报的方式取得投资人的信任以掩盖其犯罪目的，后期通常以“拆东墙补西墙”的方式继续融资，具有较强的伪装性与欺骗性，不但被害人难以辨别，也给司法实践带来罪与非罪、此罪与彼罪的困惑。在具体的融资方式上以销售理财产品最多，占到 88%，其次为债权转让、股权销售、数字货币销售、会员返利等，分别占到 6%、2%、2%、2%，如图 3.4 所示。

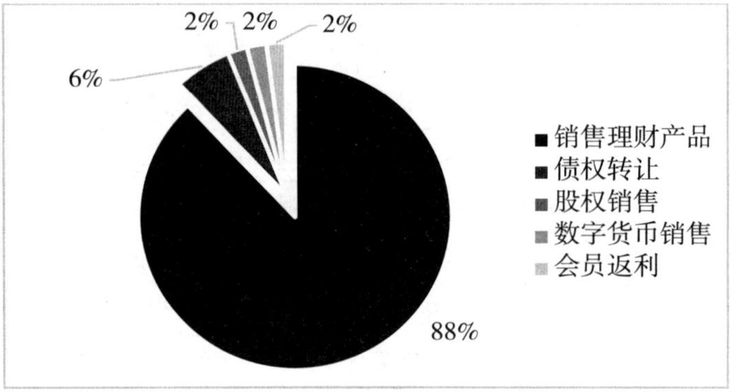

图 3.4　融资行为模式

2. 利诱性特征表现不明显

在销售理财产品的集资模式中，行为人多会向投资者允诺年化利率，而年化利率是认定行为人构成非法集资中是否具有利诱性的重要参考因素，如果行为人允诺的高额利率会明显导致集资的收益不能覆盖成本，或者利率只是一个幌子，实则系行为人“拆东墙补西墙”，则通常能反映出行为人主观上非法集资的目的。本书对年化利率情况进行分析以后发现，年化利率主要集中在 10% 左右，鲜少有超过 20% 之情形，少量甚至只有百分之几的年化利率，如图 3.5 所示，这也是非法集资案件中非法吸收公众存款案数量最多的原因之一，利诱性不明显导致司法裁判者多倾向于以无非法占有目的构罪要件的罪名予以认定。

3. 非法吸收公众存款罪和集资诈骗罪界分不清

互联网领域非法集资案件所涉罪名主要有非法吸收公众存款罪，集资诈骗罪，非法经营罪，组织、领导传销活动罪等，其中前两个罪名所占比重较大，分别约为 66% 和 11% ，如图 3.6 所示，且非法吸收公众存款罪占比最高。有的非法吸收公众存款案带有明显的诈骗成分[1]，在造成

〔1〕 参见董桂武、丛祎：《非法集资行为的刑法规制——以青岛市 2014—2020 年刑事判决书为样本》，载《中共青岛市委党校（青岛行政学院学报）》2021 年第 1 期，第 80—81 页。

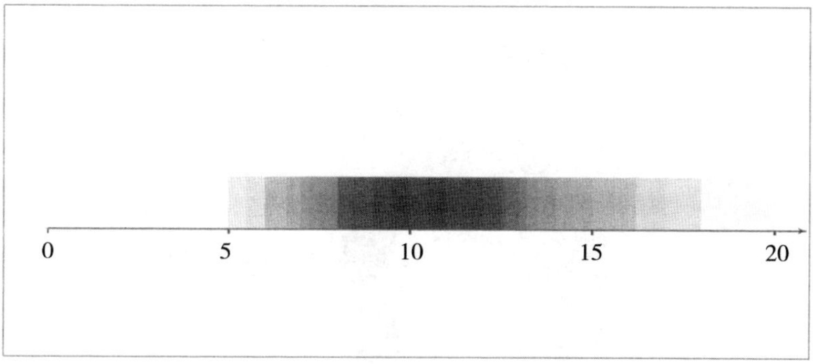

图 3.5　年化利率情况(%)

的损害、侵害的后果等要素上与集资诈骗罪相较并无实质不同,但囿于不同裁判者对证明标准的理解、证据确实充分的把握等有所不同,故对非法占有目的的认定采用了不同的判断方法。此外,有些案件涉及关联公司,或者同一公司内部不同岗位人员,被告人参与犯罪程度有所不同,有大量从事销售等工作的基层员工不具有非法占有目的,难以以集资诈骗罪追究其刑事责任,导致同一案件中会出现不同罪名的认定。

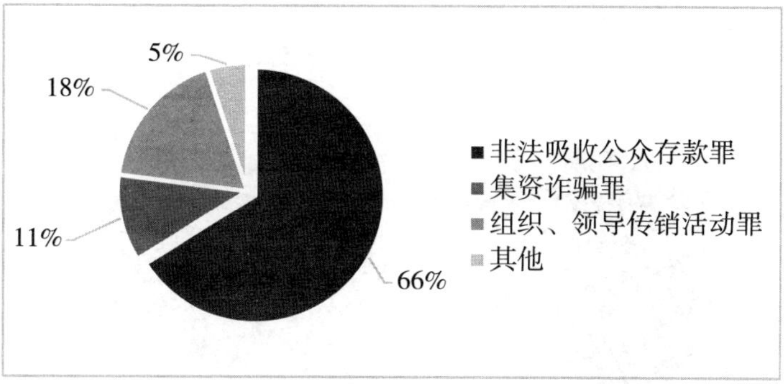

图 3.6　案由分布

4. 共同犯罪占比较高

互联网非法集资案件中共同犯罪的比例较高,占总数的 76%,如

图 3.7 所示，但由于存在分案起诉的情形，部分被单独处理的被告人实际也参与了共同犯罪，故共同犯罪率预估达到 80% 以上。

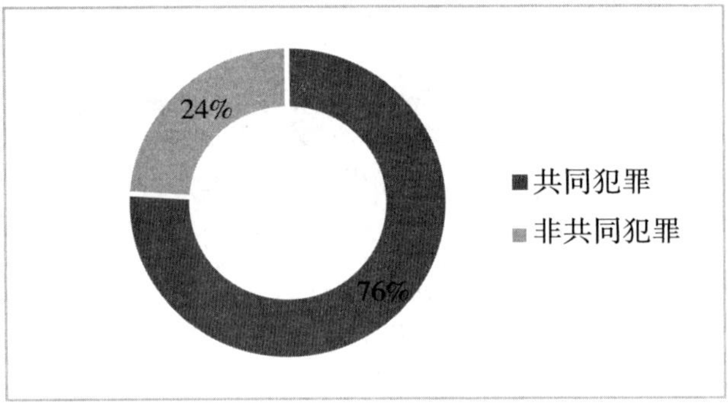

图 3.7　共同犯罪情况

5. 缓刑占比较大、罚金刑较低

在互联网非法集资案件中，被告人在主刑上多被科以有期徒刑，五年以上有期徒刑的占比 10%，一年至三年有期徒刑的占比 22%，一年以下的占比 23%，缓刑占比 45%，其中缓刑一年以上三年以下的占比 25%，缓刑一年以下的占比 20%，拘役占比较小，如图 3.8 所示。

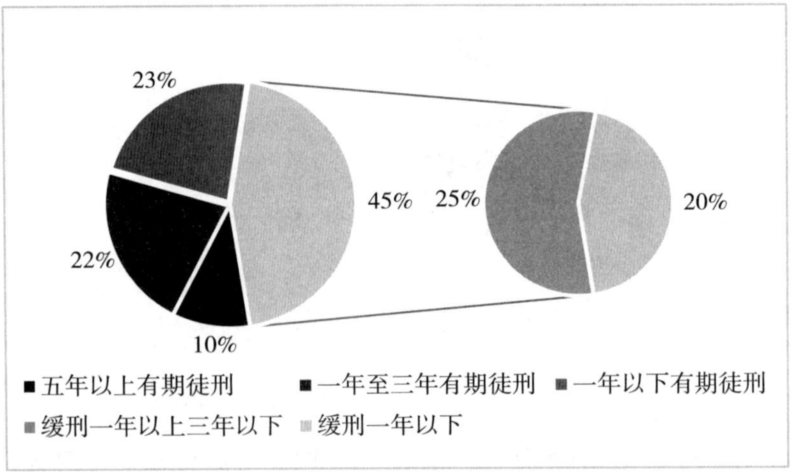

图 3.8　刑罚适用情况

在罚金刑上,判处 30 万元以上的占比 26.67%,10 万元至 30 万元的占比 19.11%,判处 5 万元至 10 万元的占比 16.88%,判处 2 万元至 5 万元的占比 23.10%,判处 2 万元以下的占比 14.23%。如下图 3.9 所示,罚金数额在不同区间呈纺锤型结构。

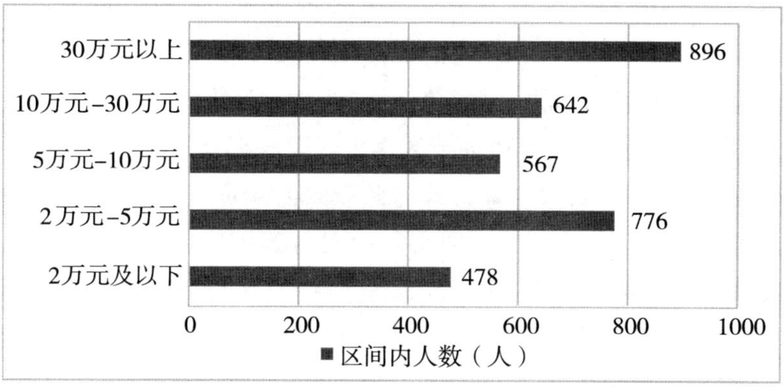

图 3.9　.罚金刑区间人数分布

二、股权众筹刑事案件特征

股权众筹刑事案件在司法实务中并不多见,本书中以“股权众筹”为关键词在中国裁判文书网上搜索到刑事案件 46 件,再以“众筹”“私募”为关键字进行搜索,案件数量明显增多,分别为 783 件和 1065 件,众筹刑事案件中几乎与股权众筹无关,故笔者逐一研究了 1065 件私募基金刑事案件,发现其中大量以销售理财产品方式非法吸收公众资金,少量以销售股权方式吸收或诈骗公众资金,进行整理后共得出股权众筹刑事案件 90 件,以此为基础进行了分析。

2016 年股权众筹刑事案件进入刑法规制范畴,之后案件数量逐年攀升,2019 年达到高峰后下降。在所涉案由上,非法吸收公众存款罪占比最高,达 50%,其次诈骗罪占比 21.1%。与网络借贷刑事案件明显不同的是股权众筹刑事案件认定为组织、领导传销活动罪的超过非法集资类案件,占比为16.7%。究其原因并非股权众筹行为模式与网络借贷明显不同,从而予以不同行为定性,而是因为股权众筹犯罪对于有些司法人员而言是一个全新的类型,只因在外在形式上呈现出司法人员熟悉的传销模式,故以此来认定罪名。被告人年龄特征上以40—60岁居多,部分具有一定的金融知识背景,具有更强的隐蔽性。涉案金额在千万元以上居多,涉亿元案件也不罕见,有的股权众筹涉案金额高达40多亿元。地域分布上,上海、安徽、江苏、江西位列前位,内蒙古、云南、甘肃等边远地区也出现了股权众筹的刑事案件。行为模式上,除了以股权众筹方式非法吸收公众资金,有的案件还夹杂着销售理财产品、债权转让、数字货币发行等手法。司法裁判人员对涉股权众筹刑事案件量刑明显不高,其中三年以下有期徒刑占比为35%,三年至五年有期徒刑占比为24%,五年以上有期徒刑占比为20%,缓刑占比为21%。

对裁判文书进行综合分析后发现,股权众筹刑事案件主要具有以下特点:

(一)真实的股权众筹存在非法集资的天然风险

目前我国还未明确股权众筹的法律地位,但其大众化的特征使其容易触碰非法吸收公众存款罪,集资诈骗罪以及擅自发行股票、公司、企业债券罪等罪名。互联网股权众筹平台对于促成筹资发起人与投资人之间的股权交易具有实质性的促进作用,组织了互联网股权众筹中的股权交易,提供了股权交易的场所和设施,[1]故对于平台而言,易涉嫌触碰擅自设立金融机构罪或者非法经营罪。就股权众筹的行为模式而言,其本身就是一种公开吸收资金的行为,与非法吸收公众存款罪存在形式上的吻合。股权众筹被定义为了非公开性的私募方式,但其大众化的特征叠加互联网海量受众的特征,使其能轻易突

---

〔1〕 参见孙本雄:《完善刑法制度助推互联网股权众筹发展》,载《检察日报》2018年8月20日,第03版。

破不得向不特定对象发行证券，投资人数不得超过 200 人的两条红线。众筹平台虽然采取了投资者注册以及“领投加跟投”的模式[1]，用以规范对象不特定以及人数的限定，但依然较易符合非法集资的公开性、社会性的标准。

（二）以股权众筹为名实施的集资行为非法性较为明显

股权众筹作为新型互联网融资方式，一些行为人将股权众筹作为融资的工具和平台，打着股权众筹的旗号实施了非法集资的行为，90 起案件中非法吸收公众存款罪占比 50% 就是一个明显的例证。如一起案件中，行为人沈某等人利用资产管理公司的名义推广股权众筹项目，该项目以某公司在股权交易中心上市为幌子，在未办理股权转让手续的情况下，以股权众筹的旗号吸引投资者加入并获得会员资格，以静态加动态的返利模式吸引参与者发展会员，并将会员按一定顺序组成层级，以发展人员数量作为计酬和返利依据。还有的行为人以“资产债权转让”“众筹管理项目”“私募基金份额认购”等投资产品，承诺给予高额回报，与不特定的社会公众签订相关投资协议，从而吸收公众投资。在上述案件中，没有真实的股权众筹项目，行为人只是利用股权众筹这一新兴模式来诈骗投资者投入钱款。

（三）股权众筹的技术特性增加了准确定性的难度

2016 年，中国证券业协会首批共吸纳了八家股权众筹平台成为会员，该协会的性质和法律地位是社会团体法人，是行业性的自律组织，协会下的股权众筹平台采取了如下的运行模式：项目经理对申请融资的项目进行商业判断，联系项目方获取主体信息、融资计划、财务数据、资质文件等，经过初步风险判断后，将拟上线的项目提交筹资委员会审核，审核通过后发布至平台，开放投资人预约功能；投资人预约投资金额并交纳保证金，等项目预约投资金额达到最低标准后，再缴

---

[1] 参见钟凯、郑泰安：《刑民交叉规范本质的立法论与解释论考察——以涉刑私募基金为考察对象》，载《社会科学研究》2020 年第 6 期，第 94 页。

纳全部投资款；全体投资人成立有限合伙企业，与融资方签署投资协议，完成融资企业增资的工商登记变更。在上述运行模式过程中，众筹平台在其中的角色定位，是否触碰擅自发行股票、债券等在司法实践中存有争议。

（四）刑民交叉案件处理规则争议较大

除了前述考察的 90 起股权众筹刑事案件以外，本书还收集了 22 起股权众筹民事纠纷案件，进行比较分析后可以看出，对于股权众筹是否涉及刑事犯罪，不同的司法裁判者有不同的观点。如一起民事案件中，融资方出具的融资计划书载明了项目在新三板挂牌、大股东承诺、资源优势、企业资质、核心团队等投资亮点，但平台既未要求融资方提交资源优势的依据，亦未要求披露财务状况或对财务情况进行调查，融资方在融资成功后不久即被法院列入失信人员名单，融资内容涉嫌虚假。民事判决虽然对上述事实予以了认定，但没有对融资方非法融资的行为是否涉嫌犯罪予以初步审查，也没有移交公安部门进行初查，而仅是从股权众筹平台的居间义务着手分析判断。

三、艺术品资产份额化交易刑事案件特征

笔者以“艺术品份额”“艺术品证券”“份额化交易”等为主题搜索中国知网，截至 2023 年 5 月 1 日，获得文章分别为 236 篇、87 篇和 155 篇，其中仅有一篇文章从刑民交叉的角度论述了艺术品资产份额化交易的性质与法律适用。艺术品资产份额化交易模式始于 2010 年，以金融创新产品的形象出现在公众视野，理论界对其未来的走势虽有金融创新与金融投机截然不同的观点，但鲜少从刑事角度触及。部分学者虽然看到了此种交易模式存在监管不足、暴涨暴跌、风险极大等特点，但亦有学者认为这属于金融衍生品发展过程中的正常现象。大多数学者均围绕艺术品资产份额化的行为模式、存在问题、民事风险等

展开研究，无人从刑事视角分析此种交易模式存在的法律风险。但在裁判文书网上，以上述关键词进行搜索，截至 2023 年 5 月 1 日，分别发现刑事裁判文书 33 份，民事裁判文书 70 份，且从 2016 年起此种交易模式就被纳入犯罪圈予以刑法规制，出现了集资诈骗罪、非法吸收公众存款罪、组织、领导传销活动罪等不同罪名的认定，[1] 上海首例艺术品资产份额化交易刑事案件更是以诈骗罪被提起公诉。理论界与实务界的一冷一热，折射出此种新型、复杂的交易模式在理论与实践上存在不同认识。本书逐一分析了 33 份刑事判决书、70 份民事判决书后，发现艺术品资产份额化交易刑事案件具有以下特点：

（一）主体鱼目混杂

从艺术品资产份额化交易的背景流变中可以看出，多地推出了此种新型交易模式并出现了“文化产权交易所”“文化艺术品交易所”等不同称谓。根据我国的规定，文化产权交易所（以下简称文交所）是指依法设立，集文化版权、物权、债权、股权等各类文化产权权益为交易对象的专业化、市场化平台。而文化艺术品交易所则主要从事文化艺术品交易服务、文化艺术品投融资服务，主要操作模式是将文化艺术品以期货方式在交易平台上进行交易。以天津文交所和天津文化艺术品交易所为例，有些文章将二者混为一谈，实际上两者主体不同。天津文交所是经天津市人民政府批准设立的综合性文化产权交易服务机构，由天津市委宣传部直接领导，以文化股权、债权、物权、版权等各类文化产权为交易对象的专业化服务平台；而天津文化艺术品交易所则是一家私企控股企业，经天津市人民政府批准于 2009 年 9 月 17 日注册成立，首次以份额化交易方式推出的白庚延的两幅作品《黄河咆啸图》和《燕塞秋图》即出自后者。因存在着巨大的金融风险，被国务院 2011 年出台的《关于清理整顿各类交易场所切实防范金融风险

---

〔1〕 参见王筱：《“纯资本运作”传销犯罪的刑法规制检视与调适》，载《福建警察学院学报》2021 年第 1 期，第 27—28 页。

的决定》紧急叫停。[1] 从上述规定可以看出，我国对份额化交易、集中竞价、持续交易等交易模式有严格限制，必须依法设立或经国务院、国务院金融管理部门或者省级人民政府批准，对交易的对象也要求不得超过 200 人，交易的时间间隔不得少于 5 个交易日，以此方式来控制风险。但该决定颁布以后，为应对禁止性规定，实践中出现为规避凡使用“交易所”字样需经国务院或国务院金融管理部门批准的规定，行为人以金融创新、金融改革的名义在香港等地设立交易平台，在自贸区设立代理公司，以自贸区负面清单对此没有禁止即可以开展艺术品资产份额化交易为由，意图规避我国对艺术品资产份额化交易的审批，以舶来品的面目出现在公众视野，进一步混淆了交易主体，使投资者难以辨别。

（二）涉案金额巨大

2016 年，湖南省有 2 起以组织、领导传销活动罪被提起公诉的艺术品资产份额化交易刑事案件，涉案金额达 3.36 亿余元。同年，江苏省有 1 起以非法吸收公众存款罪被提起公诉的案件，涉案金额为 960 余万元。2017 年至 2019 年，广东省佛山市有 9 起艺术品资产份额化交易刑事案件，其中 7 起实际系共同犯罪分案处理，起诉罪名均为非法吸收公众存款罪，涉案金额高达 2.9 亿余元。同年广西壮族自治区

[1] 该决定认为，证券和期货交易必须在经批准的特定交易场所，遵循严格的管理制度规范进行。一些交易场所未经批准违法开展证券期货交易活动，存在严重投机和价格操纵行为，蔓延下去极易引发系统性、区域性金融风险，甚至影响社会稳定。对经国务院或国务院金融管理部门批准设立从事金融产品交易的交易场所，由国务院金融管理部门负责日常监管，其他交易场所均由省级人民政府按照属地管理原则负责监管。除依法设立的证券交易所或国务院批准的从事金融产品交易的交易场所以外，任何交易场所均不得将任何权益拆分为均等份额公开发行，不得采取集中竞价、做市商等集中交易方式进行交易；不得将权益按照标准化交易单位持续挂牌交易，任何投资者买入后卖出或卖出后买入同一交易品种的时间间隔不得少于 5 个交易日；除法律、行政法规另有规定外，权益持有人累计不得超过 200 人。为规范交易场所名称，凡使用“交易所”字样的交易场所，除经国务院或国务院金融管理部门批准的外，必须报省级人民政府批准。

有 2 起以集资诈骗罪提起公诉的案件，涉案金额分别为 1.06 亿余元、1.4 亿余元；2019 年有 2 起以非法吸收公众存款罪被提起公诉的案件，也系共同犯罪分案处理，涉案金额为 9218 万余元。辽宁省、湖北省、福建省、四川省相关案件的案值有的也是高达亿元。上海市 2018 年至 2019 年有 8 起以诈骗罪和集资诈骗罪被提起公诉的案件，其中 6 起系共同犯罪分案处理，涉案金额达 229.68 亿余元。可以看出，艺术品资产份额化交易不但涉及我国多个省市，且涉案金额体量巨大，大多在亿元以上，上海更是高达百亿，给金融秩序带来巨大的风险。

（三）均系共同犯罪

33 起刑事案件虽然分布于东中西部，笔者在仔细研读判决书后发现不同地区的部分案件存在关联。如广东省的 9 起案件发行艺术品资产包的是香港万丰国际文化艺术品产权交易中心和广西会丰文化产业集团有限公司，而湖北省的 2 起案件发行艺术品资产包的也是上述公司。辽宁省的 1 起案件与香港万丰国际文化艺术品产权交易中心亦有关，另 1 起案件虽没有出现上述交易中心的名称，但出现了广西会丰文化产业集团有限公司。上海市、江苏省的 10 起案件虽与上述公司无关，但均在香港成立了形式意义上的产权交易中心，如上海市的案件在香港成立中国国际艺术品产权交易所，江苏省成立东方国际文化产业交易中心有限公司。能吸引众多投资者参与其中，除了案件手段新颖、隐蔽性较强以外，团队化运作、分工合作也是重要的因素，从份额化交易软件系统的开发、交易规则的制定、出入金的审核、资产包的评估、路演的宣传、对倒交易的实施等，各个环节均有具有一定计算机、金融、评估等专业背景的人员参与，涉亿资金体量背后有一个专业的团队线上线下的支撑，这也是艺术品资产份额化交易均系共同犯罪的主要原因。

（四）案件定性不同

33 起艺术品资产份额化交易刑事案件分别以非法吸收公众存款

罪，集资诈骗罪，诈骗罪，组织、领导传销活动罪四个罪名认定，其中21起被认定为非法吸收公众存款罪，占比高达63.6%，集资诈骗罪10件，占比30.3%，两者相加占比高达93.9%，可以看出司法裁判者倾向于认为此种新型交易模式为非法集资。虽然有2起案件被认定为组织、领导传销活动罪，但行为模式与其他案件相比并无实质不同，仅因行为人为吸引更多的投资者参与其中，在艺术品资产份额化销售过程中采取了层级化的盈利模式，对上一级发展下线的给予不同比例的奖励，由此出现了行为人手段复杂化却予以轻罪化处理的悖论。在非法集资的裁判理由上，司法裁判者均认为此类行为破坏了金融管理秩序，但大多数文书没有对辩方提出的民事纠纷、不具有非法占有主观目的的辩解等给出有针对性的回应，仅从非法集资的四要件上予以简单说明。

（五）刑民交叉明显

2016年，湖南省和江苏省分别出现艺术品资产份额化交易刑事案件，但没有引起理论界的重视，实务界对此类新型刑事案件亦没有展开深入的研究，仍然以传统思路、方法认定案件事实和证据并予以了判决。2016年至2019年，其他省市陆续出现相关刑事案件，在大多数被告人认罪认罚的情形下，法院均采纳了检察机关的意见，对行为模式、侵害法益、法律适用等均没有深入剖析。部分被告人虽提出了行为性质的辩解，认为其行为属民事法律调整范畴，不构成刑事犯罪，但均没有被法院采纳。尤其需要注意的是，70起艺术品资产份额化交易民事案件中，裁判者就该种交易模式属于合同纠纷还是金融衍生品观点不一，但仔细研判行为人的行为模式，无论是平台的搭建、交易总量和单价的确定、销售的模式等，与已进入刑事规制的33起案件相比并无实质区别，仅因投资者选择向法院起诉而非向公安机关报案，而予以了不同的法律规范调整。

四、代币发行融资（ICO）刑事案件特征

通过搜索裁判文书网，本书收集了代币发行融资刑事案件 48 起、民事案件 80 起，涉及我国 16 个省份，以湖南、四川等中西部地区居多。犯罪时间集中在 2015 年之后，与 ICO 融资模式从美国传入我国的时间契合。犯罪的团伙因素较为明显，涉案被告人在 10 人以上的有 7 起，占比达 14.6%；5 人以上的有 14 起，占比达 29.2%。涉案金额在亿元以上的有 7 起，占比达 14.6%。湖南 1 起虚拟货币传销案中，传销资金高达 19.9 亿余元。江苏 1 起案件行为人发行共享币（DGC 币），以会员形式发展层级 712 层，收取会费共计 12 亿余元，被告人个人实际违法所得 6000 余万元，形成了按照一定顺序组成层级、以发展人员数量作为返利依据的组织体系。

通过分析发现，代币发行融资刑事案件的主要特点如下：

（一）“区块链”“数字货币”成为融资的幌子

ICO 的基本流程主要是企业在早期营销阶段发布白皮书；在代币众筹阶段通过路演、促销广告、专家咨询等方式向潜在投资者推介 ICO 项目，投资者以投资数字货币方式获得代币，代币与数字货币的兑换比率由企业自行决定；在代币交易阶段，投资者可以在二级市场通过代币价格的上升获利，未来如果数字货币交易所提供了将代币换成法定货币或其他数字货币的机会，企业也可以通过上市交易来获利。对照上述 ICO 基本流程，本书收集的 48 起代币发行融资刑事案件中行为人的行为模式发生了异化，没有按照 ICO 的基本流程操作，交易模式明显不同，归纳起来主要有四种：一是会员模式，行为人通过发展会员的方式来推销代币，要求投资者先充值一定数额的人民币成为正式会员，再通过推荐会员发展下线成为代理人，根据发展下

线的人数获得相应的奖励回报。[1] 二是投资模式,即以金融理财的形式定期分成,通过代币的交易价格上升来获取利润。由于行为人自行搭建的交易平台内没有资本增值的渠道,随着内盘交易次数越来越多,资金缺口将越来越大,当泡沫积累到一定程度,内盘的缺口只能通过外盘的资金进入来消化,在没有外盘资金进入的情况下,交易平台将不可避免地导致崩盘。三是"挖矿"模式,即用户实名注册后免费获得矿机,免费使用一定期限后需要再买矿机继续"产币",即通过购买矿机来"挖矿"获利。而所谓的"挖矿"是行为人自己在开发的交易平台上设计的类似于游戏币的"代币",没有任何区块链技术支撑,与主流数字货币之间也不会产生交集。四是返利模式,即通过互联网加实体店的购物返利模式演变而来,行为人诱导用户用人民币兑换代币或者积分,在项目方自建商城上兑换实体产品,兑换完后用户可获得消费的一定比例,但每日提取和返还的数额非常有限,行为人的获利模式是不等消费代币或积分返还就关闭交易平台。

（二）发行代币与传销手段竞合导致行为认定的复杂化

笔者查阅了 48 起代币发行融资刑事案件,在发行的币种上五花八门,有"易物币""亚盾币""利姆币"等,行为人宣称上述即将推出的代币未来会与比特币接轨,将"区块链项目"作为幌子,没有一起案件行为人供述有前期代币开发的计划和投入。有的案件行为人自己搭建交易平台,模拟股票交易;有的自行设定虚拟货币与主流数字货币之间的兑换比例等。有些代币发行融资刑事案件犯罪手法设计得更为复杂,加入了会员层级,如在发展投资者上采取了独特的方式,将投资回报制度改为奖金制度,把会员分为六档,最少交纳 500 美元成为会员后就有静态收益和动态收益,静态收益又叫月红利,是投资额的 4.5% 至 6.5%;动态收益有拓展红利、业绩红利和管理津贴,按不同比

---

〔1〕 参见许炯:《虚拟币还是传销币》,载《知识经济(中国直销)》2018 年第 9 期,第109 页。

例以直接或间接发展会员的投资额计酬、返利。上述案件共同特点是均无实际交易,交易平台均系行为人自主研发并后台控制的闭环平台,具有较为明显的欺骗性。在一起帮助信息网络犯罪活动案中,行为人与某区块链公司约定,在自己研发的“新比特”交易平台上运行虚拟币 BHB,采用三层分红传销模式,并通过修改交易 K 线图虚拟交易数据,参与交易传销活动用户层级数为 18 层。因行为人实施的系提供互联网介入、网络存储等技术支持,司法裁判者从而认定其行为构成帮助信息网络犯罪活动罪,而没有从共犯的角度来予以考量。实质上代币发行融资刑事案件行为欺骗性较为明显,认定为组织、领导传销活动罪显然没有评价这一要素。

（三）裁判思路存在差异

随着区块链技术的发展、民间融资的增长,代币发行中纯资本运作的传销模式往往淆杂着多个罪名的构成要件,如何定性在司法实践中做法不一,对组织、领导传销活动罪,非法吸收公众存款罪或者集资诈骗罪等罪名如何界分存在分歧。48 起代币发行融资刑事案件被认定为组织、领导传销活动罪的有 21 起,占比达 43.8%;认定为非法吸收公众存款罪的有 10 起,占比 20.8%;认定为集资诈骗罪的有 8 起,占比 16.7%;认定为诈骗罪的有 6 起,占比 12.5%。此外,还有行为被认定为非法获取计算机信息系统数据罪,帮助信息网络犯罪活动罪,掩饰、隐瞒犯罪所得罪等。在上述罪名的认定中,虽然有近一半被认定为组织、领导传销活动罪,但行为模式与其他案件相比并无实质不同,仅因行为人为吸引更多投资人参与其中,在代币的销售过程中采取了层级化的盈利模式,对发展下线的给付静态奖励和动态奖励,由此出现了行为人手段复杂化却予以了轻刑化处理的悖论。从 48 起代币发行融资刑事案件中可以看出,实务中有些案件过度强调传销活动的外在犯罪样态,仅因行为人采取了传销手段推销代币就认定为组织、领导传销活动罪,对复杂的行为模式予以了简单化的处理。此外，对于代币发行融资活动所引发的借贷纠纷、委托合同纠纷，是属于平等民事主体之间的法律关系，还是因涉嫌非法融资而导致合同无效，进而移送公安机关并案处理，不同司法裁判者做法亦不一。湖北的一件借贷纠纷案中，判决认定网络虚拟货币不具有法偿性、强制性等货币属性，不能也不应作为货币在市场上流通，公民投资与交易虚拟货币不受法律保护，驳回了原告的诉请，但没有涉及是否违法犯罪的问题。江西的一件借贷纠纷案中，裁判者认为虚拟货币发行融资本质上是一种未经批准公开融资的行为，涉嫌非法发售代币票券、非法集资、金融诈骗、传销等违法犯罪活动，案件可能涉及违法犯罪，故驳回原告的起诉，但从裁判文书中看不出驳回之后是否移送，以及如何移送公安机关进行处理。湖北的一起借贷纠纷案中，虽然认定涉案比特币或杀戮币不能在市场上流通，存在缺乏国家监管和扰乱金融秩序的可能，对虚拟货币的交易和流通需要从国家层面进行监管以保障社会公共利益不受侵害，但依然支持了原告关于委托合同纠纷的诉请。广东的一起不当得利纠纷案中，裁判者对原告提出的被告涉嫌犯罪的诉请进行了释明，告知原告可以向相关行政职能部门主张权利，将移送公安机关的义务转移给了原告。江苏的一起买卖合同纠纷案中，认定原被告之间买卖虚拟货币的行为违反了法律、行政法规的强制性规定，系无效的民事行为，根据原《合同法》第 58 条(现《民法典》第 157 条)的规定，因该合同取得的财产应当予以返还，双方都有过错的，各自承担相应的责任。可以看出，在刑民交叉案件中，司法裁判者处理思路不尽相同。

第三节　互联网金融领域非法集资案件刑法规制困境

互联网领域中的非法集资与传统的线下非法集资有明显不同，它一方面打破了对犯罪活动有重要限制的空间、时间屏障，降低了犯罪门槛,另一方面互联网技术的便捷性和辐射性使非法集资的危害性呈几何倍递增,一旦案发后犯罪后果均十分严重,“上百万的可能受害者,信息快速散布而且匿名,行骗者只需盯着虚拟世界就能暴富,而无需再到这个虚拟世界之外探寻了”[1]。随着互联网技术的推陈出新,非法集资在行为模式上出现的异化也给刑法规制带来极大的挑战,使个案的特殊性与法律规定的普遍性之间的紧张关系愈加突显。

一、非法占有目的主观超过要素在司法裁判中无法彰显

非法占有目的是金融诈骗犯罪中主观要件的核心要素,对于认定行为人的行为是否构成犯罪,构成此罪还是彼罪具有重要意义。围绕着如何认定非法占有目的,最高人民法院、最高人民检察院出台了相关的司法解释。2001 年《全国法院审理金融犯罪案件工作座谈会纪要》(以下简称《座谈会纪要》)中指出,金融诈骗犯罪都是以非法占有为目的的犯罪;认定是否具有非法占有目的,应当坚持主客观相一致的原则,根据案件具体情况具体分析。[2]《2010 年非法集资司法解释》在《座谈会纪要》的基础上作了一些变动。2017 年最高人民检察院发布的《关于办理涉互联网金融犯罪案件有关问题座谈会纪要》在《2010 年非法集资司法解释》的基础上又进一步细化。[3] 对上述司法解释进行梳理可以看出如下特点:一是《2010 年非法集资司法解释》保留了《座谈会纪要》规定的肆意挥霍集资款,获取资金逃跑,将资金用于违法犯罪活动,抽逃、转移资金、隐匿财产逃避返还资金,隐

[1] [美]劳拉·昆兰蒂罗:《赛博犯罪——如何防范计算机罪犯》,王涌译,江西教育出版社 1999 年版,第 79 页。

[2] 座谈会根据司法实践,总结出非法占有目的的七种情形:(1)明知没有归还能力而大量骗取资金的;(2)非法获取资金后逃跑的;(3)肆意挥霍骗取资金的;(4)使用骗取的资金进行违法犯罪活动的;(5)抽逃、转移资金、隐藏财产的,以逃避返还资金的;(6)隐匿、销毁账目,或者搞假破产、假倒闭的,以逃避返还资金的;(7)其他非法占有资金、拒不返还的行为。

[3] 参见董文蕙:《P2P 模式下非法集资犯罪参与人与被害人之界分》,载《环球法律评论》2020 年第 1 期,第 58 页。

匿、销毁账目或者搞假破产、假倒闭逃避返还资金等情形,[1]通过行为人在集资之后资金的去向、用途或状况来推定其主观上非法占有的目的。没有保留《座谈会纪要》中明知没有归还能力而大量骗取资金而认定非法占有目的之情形,从而导致是否可以认定行为人主观上非法占有目的的分歧。笔者认为,《座谈会纪要》虽然系2001年印发,但其对司法实践的影响已较为深入,司法裁判者一直没有放弃通过纪要规定的各种情形认定非法占有目的的偏好,所以《2010年非法集资司法解释》即使没有将其完全纳入其中,实质上也没有影响非法占有目的各种情形在司法实践中的运用。二是在证明主观故意上,已不仅仅从行为人的行为来予以推定,更增加了行为人的任职情况、职业经历、专业背景、培训经历,此前任职单位或者其本人因从事同类行为受到处罚情况等证据,从外部条件来印证行为人主观上的明知。三是在行为方式上,并不仅仅围绕行为人对集资款的处分来认定其主观故意,提出新的认定思路和方法,如是否有故意规避法律、频繁更换宣传用语等逃避监管的行为,是否与投资人签订虚假亲友关系确认书,推介内容与宣传用语、实际经营状况是否一致,是否刻意向投资人夸大公司兑付能力,是否在培训课程中传授或接受规避法律的方法等。[2]四是在认定的具体方法上,在《座谈会纪要》《2010年非法集资司法解释》规定的资金去向、归还能力的基础上,更多的从集资事实本身来作分析,增加了融资项目的真实性,如资金使用成本过高,生产经营活动的盈利能力不具有支付全部本息的现实可能性,对资金使用的决策极度不负责任或肆意挥霍造成资金缺口较大,归还本息主要通过借新还

[1] 参见李兰英、陈传铿:《网络融资的民刑交叉困境与抉择——基于被害人利益保护的视角》,载《甘肃政法学院学报》2019年第1期,第5—6页。

[2] 参见陈鸷成:《立足金融本质妥善处理互联网金融犯罪案件》,载《检察日报》2017年11月29日,第03版。

旧来实现等各种情形。[1] 上述司法解释虽然有所不同,但对于非法占有目的的独立法律地位意见一致,均认为需要从各个途径、方法、环节来认定非法占有目的的存在。但上述规定在司法实践的具体运用过程中,产生了新的难题,因为证明非法占有目的存在的各种情形,也系行为人违法行为的具体表现形式,是司法裁判者认定行为人行为违法的主要事实依据,在此基础上再用于推定非法占有目的的主观要件,导致司法裁判者无法再寻觅出新的裁判理由,面临要么组织另一套说理、要么重复表述的两难境地,这也是裁判文书最终估堆说理的缘由所在。

二、非法性要素认定虚化成为裁判隐性惯例

非法性、公开性、利诱性、社会性是非法集资类案件的实质要素,其中非法性是罪与非罪的基本标准,也被司法实务者作为刑民界分的重要抓手,但由于其内涵的高度抽象性和模糊性,导致司法实践中成为普遍适用但实质上被虚置的要素。前述33起艺术品资产份额化交易刑事案件中,司法裁判者对于非法性要素通常予以概括论述,有的案件甚至不予回应,在非法性"法"的外延上,行为人究竟违反了什么法,从裁判文书中亦看不出明确、清晰的说理,有的则采用了"违反了有关规定"或者"未经批准"等含糊的表述。网络犯罪作为典型的法定犯,前置法是司法裁判者在进行刑事处罚前需要参考和适用的重要依据,《2010年非法集资司法解释》规定集资行为"违反国家金融管理法律规定"的系非法,该规定文义上采取绝对性立场,排除国家金融管理法律规定之外的部门规章。[2] 2019年最高人民法院、最高人民检察院、公安部颁布的《关于办理非法集资刑事案件若干问题的

---

〔1〕 参见肖扬宇:《P2P网络借贷平台犯罪的案例考察、行为分析与规范治理——以广东省近年来的法院判决为调查对象》,载《广州大学学报(社会科学版)》2018年第1期,第53页。

〔2〕 参见王新:《"非法性"是确定融资活动罪与非罪的界限》,载《检察日报》2019年4月2日,第03版。

意见》(以下简称《2019 年非法集资意见》)规定[1],认定非法集资应当以国家金融管理法律法规为依据,对于只作原则性规定的,可参考部门规章等予以认定,这个意见扩张了“非法性”中“法”的外延。但无论是金融法律法规还是部门规章,在裁判文书中均鲜见违法性判断的依据,司法裁判者往往通过笼统的表述将这一法定要素予以了虚置。在非法性的具体证明上,也往往根据行为人具有保本保息的承诺、向社会不特定对象公开宣传等公开性、利诱性、社会性三个要素行为来推定“非法性”要素的存在,导致“非法性”以形式上的认定替代了实质上的判断。

三、财产形式的流变对存款的概念边界产生冲击

为保护银行存款业务,国务院 1998 年颁布的《非法金融机构和非法金融业务活动取缔办法》(已失效)将“存款”的概念扩大到了“资金”,之后的专门性司法解释和司法实践对“存款”和“资金”二者之间已不做切割,故非法集资募集的“资金”和“存款”称谓不同已属同一概念。随着区块链技术的发展,融资的手段出现变化,ICO 募集的是以比特币为代表的加密数字货币,而这是不是可以成为非法集资的对象,理论与司法实践中均有不同的观点。第一种观点认为,比特币等数字货币凝聚了民众的实物投资与智慧,且能在二级市场与法定货币进行普遍交换,并被越来越多的商业机构认可从而成为支付工具,其已成为“货币替代品”,因此数字货币显然属于资金。[2] 第二种观点认为,《2010 年非法集资司法解释》将投资入股、委托理财等“资金”形式视为变相存款,已经对“存款”范围进行了扩张,而实践中也尚未出现将吸收法定货币以外财产的行为认定为集资的先例,因此将

---

〔1〕 参见冯姣:《非法集资案件中集资参与人的诉讼地位认定》,载《金融理论与实践》2018 年第 5 期,第 85 页。

〔2〕 参见邓建鹏:《ICO 非法集资问题的法学思考》,载《暨南学报(哲学社会科学版)》2018 年第 8 期,第 47—48 页。

“资金”的范围扩至数字货币不符合刑法的逻辑。[1] 从形式上看，比特币等数字货币不属于法定货币，[2] 也不是加密股权、债券、资产等，其法律性质在我国未得到法律上的确立，故其不属于我国非法集资司法解释规定的“资金”范畴，应当属于“其他财物”。[3] 第三种观点认为，货币的发行属于国家权力，承认数字货币的资金属性等于承认它的法定货币地位，2013 年中国人民银行、工业和信息化部、银监会、证监会、保监会联合发布的《关于防范比特币风险的通知》已经明确将其作为商品，故不宜将其定性为“资金”或者“存款”。上述第二种观点认为实践中尚未出现将吸收法定货币以外财产的行为认定为集资的先例，已与司法实践不相符。理论上的分歧思想传导至司法实践领域，在案件的审理中就出现了不同的判罚：一种判罚认为，比特币、以太币等数字货币具有财产属性，因为《民法典》第 127 条“法律对数据、网络虚拟财产的保护有规定的，依照其规定”，彰显了虚拟财产已经纳入我国民法调整和保护的范围。2017 年“七部委”公告仅否定了数字货币的法定货币属性，但没有否定私人间持有、流转数字货币的合法性，更未否定其财产属性，故认为数字货币可以作为非法集资的对象，被告人的行为构成集资诈骗罪或非法吸收公众存款罪。另一种判罚认为，数字货币作为特定的虚拟商品，与金钱财物等有形财产、电力燃气等无形财产存在明显差别，将其解释为刑法意义上的“公私财物”超出了司法解释的权限，比特币等数字货币是依据特定算法产生，实质上是动态的数据组合，其法律属性是计算机信息系统数据，不能成为非法集资的对象，故可以认定为非法获取计算机信息系

---

[1] 参见朱娴：《代币发行交易中的犯罪风险》，载《国家检察官学院学报》2018 年第 6 期，第 111—112 页。

[2] 参见柯达：《论区块链数字货币的非法集资刑法规制》，载《东北大学学报（社会科学版）》2020 年第 6 期，第 90—91 页。

[3] 参见陈志敏、姜立文：《ICO 被禁下的金融创新与监管的法律思考》，载《福建金融管理干部学院学报》2018 年第 3 期，第 50 页。

统数据罪。由于集资诈骗罪的最高刑为无期徒刑,非法获取计算机信息系统数据罪最高刑仅为七年,理论与实践中出现的不同观点显然导致量刑的明显不平衡。

四、集资参与人法律地位存在争议

借助互联网技术实施的集资犯罪与传统非法集资案件并无实质区别,但因技术的效应使资金规模、涉案人数、危害后果等远非传统非法集资案件可以相比。对其中集资参与人的法律地位,是认定为被害人加以刑法保护,还是和集资行为人视为对合型共同犯罪而一并予以刑事的否定评价,理论界和实务界均存在较大争议。其讨论的核心意义在于相关主体是否具有刑法保护的正当性依据,抑或对集资参与行为是否要作刑法上的否定评价,传导至司法实践领域就出现是否将其纳入被害人范畴享有实体和诉讼权利保障的争议。

对集资参与人的法律地位主要有否定论、共犯论、二分法论以及肯定论的观点。否定论认为集资参与人不同于一般刑事案件中的被害人,非法集资犯罪案件中的被害人具有积极参与的特性,其主观过错使其丧失了被害人地位。[1] 从被害人主观动机不纯和行为不当的视角审视,认为集资参与人在非法集资犯罪案件中也有过错,集资参与人的行为客观上也对金融管理秩序造成了损害,故不值得获取刑法的保护,传统观点将集资参与人认定为被害人并加以保护浪费了国家的司法资源。如有观点提出“存款人不是刑法所要保护的对象”“非法吸收公众存款罪侵害的客体是单一的,只有国家的金融监管秩序,不包括存款人的财产权,非法吸收公众存款罪要保护的法益不包

---

〔1〕 参见司伟攀:《非法集资犯罪若干问题研究》,载《法律适用》2017 年第 5 期,第 115 页。

括存款人的利益”“因此,非法吸收公众存款案件中的存款人不应具有法律意义上被害人的地位”。〔1〕 共犯论观点认为集资参与人的主观过错性和行为不法性不但应当受到行政法律的规制,也可以考虑刑法的否定评价,主要从对合犯和帮助犯的角度予以审视:从对合犯的角度而言,集资参与人基于追求高息这一目的而加功于集资行为人的行为,双方的关系类似于行贿人与受贿人,属于对合犯,但对合犯是否作为共同犯罪评价并处罚有观点分歧,有观点认为非法吸收公众存款案件中的存款行为属于单向构罪的对合犯,或者不纯正的必要共犯,就一般原则而言对合犯各自的行为方式不同,刑法如果只对其中一个行为作犯罪评价(违法发放贷款),对对向行为未作规定(获得违法发放的贷款),则说明对向行为在刑法上不具可罚性,不能作为犯罪认定,这是对“立法者意思”的尊重;〔2〕也有观点认为,从对合犯的角度来加以考察分析,抽取对合犯一方的行为,那么另一方的行为也就失去了实施基础,因此既然对一方已作犯罪认定,那么促成这种犯罪得以成立的他方行为却不以犯罪认定显然缺乏充足的理由。〔3〕 另一方面从帮助犯的角度而言,对集资参与人的共犯性质予以审查判定,认为集资参与人多数情况下对自身财产遭受的侵害具有可谴责性的过错,尤其是主动集资参与人,客观上充当了非法集资行为帮助犯的角色。〔4〕 二分法将集资参与人与被害人的关系问题置于非法吸收公众存款罪和集资诈骗罪中分别考察,认为在集资诈骗罪中不论集资参与人是主动还是被动参与诈骗,均应作被害人认定;非法吸收公众存款

---

〔1〕 参见张珩、杨福明:《非法吸收公众存款案中存款人不应作为被害人》,载《检察日报》2010 年 5 月 19 日,第 003 版。

〔2〕 参见孙国祥:《对合犯与共同犯罪的关系》,载《人民检察》2012 年第 15 期,第 9—10 页。

〔3〕 参见杨新培:《试论对合犯》,载《法律科学(西北政法学院学报)》1992 年第 1 期,第 49 页。

〔4〕 参见时方:《非法集资犯罪中的被害人认定——兼论刑法对金融投机者的保护界限》,载《政治与法律》2017 年第 11 期,第 49 页。

罪并不以保护投资人资金安全为立法目的,集资参与人即便遭受财产损失,也不是非法吸收公众存款罪的法益主体,因而集资参与人不是被害人。[1] 肯定论认为被害人的过错不足以使其丧失被害人地位,只是会影响对行为人的量刑。[2]

---

[1] 参见张珩、杨福明:《非法吸收公众存款案中存款人不应作为被害人》,载《检察日报》2010年5月19日,第003版。

[2] 参见徐彰:《刑民交叉视野下的民间借贷问题研究》,法律出版社2018年版,第152页—175页。

第四章　互联网金融非法集资刑法适用原则

为什么短短数年时间互联网金融戴着金融创新的“光环”走向网络借贷整个行业的崩坍，通过 P2P 平台的清零将这一融资模式从根本上予以禁止，是不是最好的选择，作为法律人关注这些金融问题，是因为互联网的发展对我们的审判理念、审判能力、审判方法等均带来了根本的冲击。传统审判思路让多数法律人只关注法律这一单一学科，没有意识到法律已走向金融、经济、互联网技术等交织而成的复杂学科，没有一个行业像互联网金融这样，对司法裁判者的能力提出如此大的挑战，它挑战我们是不是能发现案件所反映出来的深层次问题，挑战我们坐在审判席上是不是能和控辩双方展开专业对话，而这里的专业已不单纯的是法律专业，而是它背后紧附着的多学科知识；考验我们是不是能准确定性、准确量刑，走出司法裁判者面对新型互联网金融犯罪时的茫然，更甚者是对新型犯罪的无感，而以传统犯罪的简单化模式处理。真正有效解决司法实务的困境，需着眼于理论的成熟和对实践的务实指导，对在案件审理中遇到的新情况、新问题，已不能仅仅满足于个案的解决，而是要树立正确的价值取向以及多种利益交织中的价值选择。互联网金融作为新型商业模式，在法律适用过程中出现审查判断的困难实属必然，在感受法律精细化的缺乏、管制面缺位的掣肘时，回归法律精神的价值层面，处理好各方的利益平衡是本章研究的重点。德沃金曾言，疑难案件中，使用的不是作为规则发挥作用的标准,而是作为原则、政策和其他各种准则而发挥作用的标准。[1]

第一节　平衡绝对安全与相对安全的对立与冲突

互联网犯罪与传统犯罪最本质的区别是它遍布全网的节点,每个节点背后可能是一个自然人也可能是一个群体。网络借贷、股权众筹等融资模式诞生之初,小额、分散的特点原本是可以分担节点背后自然人或者群体的风险,减少投资者的损失,但实际上我们忽略了节点的密次分布对风险的传导效应,当一个或数个节点感受到风险时,通过互联网的传播效应会使风险的传染扩大并急剧蔓延。当节点与节点之间紧密连接,在互联网形成太多连接时会形成系统性风险,故互联网金融的安全是司法裁判者在审理非法集资案件时不得不考量的因素。一方面,不能忽略安全对社会稳定的影响,不能使作出的判决对社会形成负面导向;另一方面,也不能忽略互联网金融发展的内在要求,一味地打击形成对发展的掣肘。

一、互联网网状结构凸显了金融风险

2014 年,互联网金融的便捷性、开放性、普惠性、传播性以及创新性对传统金融带来巨大冲击,同时对金融安全、金融稳定也带来巨大挑战。2015 年,全国共有 2000 多家 P2P 网络借贷平台综合收益率达到了 17.96%,但由于诚信不足,跑路现象频发,“鑫丰易贷”“大大集团”“盛融在线”“三农资本”等都出现了跑路现象,“e 租宝”事件的爆发更是掀起了 P2P 跑路的高潮。互联网金融所带来的安全风险主要体现在以下几个方面:

---

〔1〕 参见[美]德沃金:《认真对待权利》,信春鹰、吴玉章译,中国大百科全书出版社 2002 年版,第 40 页。

第一,危及金融体系的稳定性。目前我国对互联网企业进入资本市场没有明确的入市标准,大量互联网企业介入带有金融属性的网络借贷积聚了行业风险,尤其是不具备完善公司治理结构、合规风控制度以及风控经验的非金融机构介入金融业务,极易促使互联网金融市场成为风险的高发地,给金融稳定带来隐患。具体而言,由于没有确定交易对象的虚拟的互联网金融交易逃脱传统金融流动性监管体系,不受时间和地域的限制,传统金融交易的金融风险扩大,且扩散的速度更快。[1] 由于网络借贷、股权众筹等新型融资模式一经问世就打着"互联网金融创新"的旗帜,鼓励创新、简政放权是互联网金融起步阶段的政策主基调,行政部门对其给予了一定的鼓励和"试错的空间",对互联网金融较传统金融而言更为严重的风险预估不足,且随着互联网技术的发展速度,导致互联网金融出现明显的多米诺骨牌效应,P2P 的爆雷潮就可见一斑。

第二,危及社会秩序的稳定性。由于金融业务的专业性、互联网的技术性,导致互联网金融比传统金融产品对投资者权益的侵害更为严重。[2] 互联网金融是普惠金融,无须具备金融专业知识投资者即可进入该领域,投资者缺乏充足的投资知识和风险防控能力,极易对自身的投资能力进行错误评估,再加网络借贷、股权众筹融资模式的特性,使涉及人数众多,"涉众型刑事案件"成为近年来刑事审判的新术语。

第三,危及货币政策的可控性。互联网代币发行的对象数字货币改变了人们持有货币的动机,引起货币需求结构的变化,使货币供应在一定程度上脱离中央银行的控制,从而削弱了中央银行对货币供应

---

[1] 参见王桂玲:《互联网金融安全规制研究》,载《辽宁公安司法管理干部学院学报》2014 年第 3 期,第 31 页。

[2] 参见林珍瑶:《互联网金融市场发展与安全规制研究》,载《金融经济》2014 年第 12 期,第 6 页。

的控制能力和控制程度。[1] 如果数字货币取代现实通货会导致中央银行的铸币税收减少，造成中央银行资产负债表的规模萎缩，影响中央银行控制准备金供给的能力，也可能导致传统货币供应量定义变化，货币流通速度也会产生结构性变化，从而影响货币政策的针对性、有效性。

上述风险的存在是随着信息技术、数据技术、人工智能等新技术的兴起与广泛传播所付出的必然代价，尤其是互联网领域下的金融创新改变了人们的生存方式，"人所发明创造的技术体系，技术化、理性化的社会组织，无所不在的信息网络空间等反转成为实体和主体"，控制了人们的全部社会生活。[2] 互联网让我们之前条块分析、高度组织化的社会结构裂解为碎片化的网状结构，形成了"去中心化""无中心化"现象，[3] 在这样的社会结构中，无序现象、不稳定事件增加，潜在和现实的巨大冲突能量被释放出来，行为间的灰色地带扩大，违法和犯罪界限模糊，但由于行政监管部门对此准备不足，刑法的最后手段性、社会底线性的特征被突显。

二、绝对安全与相对安全的理念衡平

"商事立法的基本价值目标是经济效率，它的重要性丝毫不亚于交易安全的价值目标。一个存在一定风险但是富有活力的经济社会，比起一个风险较小但是缺乏活力的经济社会来，更符合人类的福利需求。长期以来的经济发展经验已经证明，在自由宽松的制度环境下最有可能实现以较小的交易成本获取较大的财富增长。"[4] 对效益的价值目标追求限制了刑法介入的力度和维度，不能因对交易安全的

---

[1] 参见林珍瑶：《互联网金融市场发展与安全规制研究》，载《金融经济》2014 年第 12 期，第 6 页。

[2] 参见孙利天：《现代性的追求和内在超越》，载《中国社会科学》2016 年第 2 期，第 6 页。

[3] 参见张康之：《论社会的网络结构》，载《理论学刊》2008 年第 3 期，第 75—76 页。

[4] 王卫国：《金融欺诈对商事立法的挑战》，中国民主法制出版社 1992 年版，第 52 页。

过分保护而牺牲了效益。“在严格管制的环境下,尽管有可能减少不法行为的得逞率,但与此同时也减少了合法交易的成功率,并且增加了它们的成本。”“实践证明,高强度的管制,往往给金融欺诈造成新的机会,一个较为常见的情况就是钱权交易。另一个较为常见的情况是,过分僵硬的规定由于缺乏广泛的社会认同,往往导致普遍的违规行为和违法不究现象,从而给金融欺诈者以更大的可乘之机。”[1] P2P网络借贷为什么易形成系统性的风险,因为当一个行为在社会上普遍存在时,人们的违法意识就会逐渐弱化,法不责众的心理就会在社会上蔓延。

我国互联网金融案件司法实践中追求的价值目标主要有,维护金融司法公正,保护金融安全,促进金融创新与发展,保护投资者财产权利,维护市场和社会和谐稳定,为金融发展提供优质司法保障等,但有些目标的侵害是一种有形的物质损害,易为社会个体直接感知,而有些虽然对整个经济制度、经济秩序产生极为恶劣的影响,比如经济道德的堕落、诚实信用原则的破坏、经济活动的失信、安宁秩序的干扰等,但因其无形而易被社会所忽略。这些价值目标与追求,不是作为直接的裁判依据写入裁判理由,但对裁判结果发挥着看不见的作用。在互联网金融初始阶段,鼓励金融创新的价值融入了司法审判中;在政策转向进入严格监管阶段,对安全的追求则体现在了刑法规制的力度、广度与深度之上。纵观我国互联网金融的法律、法规,可以看出对这一新型金融模式我国立法指导思想有一个阶段性发展变化过程,在互联网金融起步阶段采取的是宽松政策,走的是先发展、再规范、后集中整治的道路,不但带来了社会资源的极大浪费,也造成了投资者财富的巨额损失,更是累积了巨大的金融风险。比如对互联网公司的准入没有设置任何门槛,放弃了在市场准入方面防范金融风险的第一道关口,尤其是网络借贷、股权众筹平台具有类似于交易所的功能,简单

[1] 王卫国:《金融欺诈对商事立法的挑战》,中国民主法制出版社 1992 年版,第 52 页。

地登记注册造成行业的乱象丛生。进入互联网整治阶段后，又将“安全第一”的理念异化为“安全唯一”，严厉的风险防范意识体现在了对安全的绝对追求上。“人类任何追逐机会的努力都意味着离开安全的现状，离开已经适应的安全天堂。”〔1〕“坚决守住系统性风险的底线”以及传统思维中“安全第一”的绝对安全理念严格贯彻落实到司法领域，就是P2P爆仓之后大量案件进入刑法规制的范围。互联网高速发展的当今社会，不可能存在绝对的安全，追求绝对安全只能损害其他价值目标，“如果社会的成员将安全追求放在高于其他一切目标的地位上，那么过一段时间之后他们一定会发现，这是用保守取代了尝试和演化。他们将失去对变革的敏感性和适应性，他们保卫未来自由的手段会遭到侵蚀。”〔2〕任何金融活动都有风险，都需要予以必要的防范，但防范也有一个必要的限度，因为防范风险本身具有一定的成本，有时成本可能大于风险本身所带来的损失。第五次全国金融工作会议“服务实体经济、防控金融风险、深化金融改革”即是对金融风险提出了辩证的指导思想，在服务实体经济与防范金融风险之间确立了“三位一体”的关系，体现了规范互联网金融的相对安全理念与立体防控风险模式。

安全价值不是唯一价值，金融创新与金融安全之间应有一个平衡点。绝对安全理念关注的是原生风险，而忽略了防范风险可能带来的次生风险，所以把握金融风险与金融创新之间辩证关系可以树立相对安全理念。相对安全不是将安全作为唯一价值目标，还有自由、平等、秩序、公正等，具体到互联网金融领域就是在效率、安全与公平这三种价值之间求得平衡。但囿于历史传统，我国自改革开放以来一直将防

〔1〕［美］弗雷德里克·芬斯顿、［美］史蒂芬·瓦格纳：《风险智能：企业如何在不确定环境中生存和壮大》，德勤中国企业风险管理服务部译，上海交通大学出版社2015年版，第1页。

〔2〕［德］柯武刚、［德］史漫飞：《制度经济学——社会秩序与公共政策》，韩朝华译，商务印书馆2000年版，第96—97页。

范金融风险、保障金融安全视为金融监管的价值理念选择,随着互联网金融的迅捷发展,金融监管体制追求金融安全价值的努力又经常被互联网金融改革创新的目标干扰,陷入“发展与规范孰先孰后”的迷思,日常监管行为变成了运动式执法,当一新型金融业态出现时对其寄予厚望并过于乐观,没有从制度层面进行研判和预防风险;但在市场陷入低迷时,不是通过一系列政策举措来刺激市场、提振信心,而是急于按下“暂停键”“急刹车”。绝对安全理念传导到司法实践层面,即是让刑法从最后一道关口前移,利用其制裁的力度、强度力图纠正市场的偏向,用刑事处罚来解决网络平台的爆雷,用重刑缓和爆雷后投资者财产遭受损失后的不满。司法裁判者用辩证的思路对待互联网金融风险,摒弃绝对安全的理念,在相对安全理念的指导下把握刑事规制的适时、适度地介入是当务之急。

第二节　坚持刑法规制的比例原则

如何实现绝对安全与相对安全的价值衡平,本书尝试引入比例原则,运用比例原则的适当性、必要性、狭义比例原则在利益之间进行合理取舍,在互联网金融创新与金融规制之间把握平衡,既不能在金融创新初始就介入刑法的调控手段,又不能继续金融创新发展之初的无序状态,在行政监管与刑法规制中寻找规范的有效衔接。

一、比例原则的起源、传播与扩张

比例原则(The Principle of Proportionality)源于1215年英国的《自由大宪章》中衡平性规定,即犯罪和处罚应具有衡平性,人民不得因轻罪而受到重罚。一般认为,现代意义上的比例原则来源于19世纪德国《警察法》,其被称为行政法乃至公法领域的“帝王原则”,已根植于普通法系的刑法中,然后影响到大陆法系的刑法。对比例的要求已经被运用在所有西方国家的刑法实务和理论中,美国《刑法典》就明确规定其主要目的之一就是保证犯罪人免受过度的、不合比例的和武断的刑罚。[1] 发展至今,根据学者的解读,现代意义上的比例原则主要有三方面的含义:一是适当性原则。行政机关采取的方法,应有助于目的之达成,亦即其选择的手段,必须是能够达成行政目的的手段,否则即为违法。二是必要性原则。行政机关有多种同样能达成目的之方法时,应选择对人民权益损害最小者。三是狭义比例原则。行政机关采取的行政手段造成的损害,不得与欲达成行政目的之利益显失均衡。换言之,行政机关选择的手段对于人民所要付出的代价与得到的公共利益价值要相当,不能为了得到小小的公益,使人民忍受很大的损失,而此种损失是不成比例的。[2]

比例原则自在德国发源以后,渐渐被其他国家所研究、借鉴或规定。在日本,比例原则已被法院用作审查裁量权行使是否存在逾越、滥用而构成违法问题时的实体性标准,行政机关所作消极规制国民权利、利益的行政活动,原则上均应受到比例原则的限制。[3] 在我国台湾地区,比例原则又称为禁止过度原则,其涉及行政程序、行政执行、行政处罚、行政法规的制定与解释等行政法领域的各个方面。在英国,传统审查行政行为的相关原则是不合理原则,只有在公共机关所得出的结论如此不合理,以致凡有理性的机关均不可能作出此决定时,即构成不理性时,法院才能进行干预。不理性原则更类似于一种最低限度的比例原则。美国没有与大陆法系同样清晰的比例原则,但也存在与之相似的司法理念,要求行政机关所作行政决定应考虑利益均衡,美国法院通过保障利益相关方对行政程序的参与,确保行政决定应考虑平衡各方的利益,这与比例原则要求行政行为应以损害人民

---

〔1〕 See Joshua Dressler, *Understanding Criminal Law*, Lexis Nexis, 2001, p. 55.

〔2〕 参见翁岳生编:《行政法》(上册),中国法制出版社 2009 年版,第 171—172 页。

〔3〕 参见[日]市桥克哉、榊原秀训、本多泷夫、平田和一:《日本现行行政法》,田林、钱蓓蓓、李龙贤译,法律出版社 2017 年版,第 43 页。

权益最小的方式作出是一致的。[1]

二、比例原则与网络融资的刑法规制

刑法与宪法、行政法同属公法，其对国家刑罚权和罪犯个人权利的平衡、规制与比例原则有相同之处。目前，对比例原则植入刑法理论的探讨日渐被重视并付诸实践，但在网络非法融资刑法规制中植入该理论尚研究不多。

（一）比例原则植入网络非法融资刑法规制的必要性

比例原则所体现的禁止过度、利益衡量等价值理念与刑法的基本原理具有共同之处：其一，刑法的目的与任务。现代刑法一般具有惩罚犯罪和保障人权双重功能，其本质在于国家对犯罪行使刑罚权的同时，需要保障罪犯的人权，禁止使用严酷、野蛮的刑罚手段。比例原则亦用于平衡国家权力与公民权利、公共利益与个人利益之间的关系，强调国家权力对个人权利最低限度的干预。其二，罪刑法定与罪刑相适应。罪刑法定原则要求法无明文规定不为罪，法无明文规定不处罚，要求国家依法行使刑罚权，不得放纵和恣意，与比例原则限制国家权力的要求一致。罪刑相适应原则要求刑罚的轻重，应当与犯罪分子所犯罪行和承担的刑事责任相适应，与比例原则均衡、禁止过度的内容一致。其三，刑事立法。现代刑法在制度规定方面已体现了关于比例原则的利益衡量方法，最为典型的莫过于正当防卫和紧急避险。刑法对正当防卫、紧急避险所侵害和保护的利益进行衡量，未超过必要限度的，不负刑事责任，超过的则承担防卫过当、避险过当的责任。[2] 由此以观，比例原则与刑法基本价值贴近、理念契合，其植入刑法理论对合理控制国家刑罚权、彰显刑法的理性与现代性具有一定价值。

---

〔1〕 参见王名扬：《美国行政法》，中国法制出版社 2005 年版，第 554—555 页。

〔2〕 参见于改之、吕小红：《比例原则的刑法适用及其展开》，载《现代法学》2018 年第 4 期，第 138—139 页。

(二)比例原则在网络非法融资司法应用的可行性

随着互联网金融的发展,我国社会经济形势不断发生变化,金融工具、金融模式不断翻新,在刑事司法领域出现了很多新情况、新问题,而刑法不仅有其固有的滞后性,而且还存在一些兜底性规定,有时可能会阻碍经济发展。对网络服务提供者既具有为他人实施犯罪提供便利,又有为融资方和借贷方提供借款便利双重行为性质,但意思联络存在形式上分离的,是否需要予以刑法规制以及如何规制是司法实践的难题。“加重网络服务提供者的法律责任确实是有效打击网络犯罪的重要手段之一,但是对网络服务提供者过分苛责,会严重阻碍网络服务技术创新和互联网产业迅速发展。”[1]犯罪上的促进性与技术上的中立性两者交融,对刑罚介入的范围、刑罚处罚的深度、刑罚打击的广度都提出了一个新的课题。网络融资既是一种新型互联网金融活动,又是带有技术含量的科技行为,在技术上属于针对不特定多数人的具有日常性、反复性的业务活动,但在法律上对他人实施犯罪活动起到帮助或者促进作用。基于司法成本的政策考虑,既要鼓励互联网行为的健康发展,解决中小企业融资难问题,避免因刑法的严厉适用出现削足适履的不良后果,又要在网络犯罪愈演愈烈、对我国金融带来系统性风险的背景下,在过高容忍与低容忍之间进行合理的选择,在刑事责任的追究上要有必要的限制,将比例原则运用于网络融资的审判活动,注意刑罚介入社会生活的尺度,合理考量、平衡不同的利益相关方,无疑具有现实意义。

三、网络非法融资比例原则的运用

我国金融业从计划经济转型至今,不断进行市场化改革,并随着互联网产业的发展衍生出互联网金融。互联网金融较传统金融具有

---

〔1〕 朱玲凤:《避风港原则在电子商务侵权商标权中适用的根据》,载张平、黄坤嘉主编:《网络法律评论》,北京大学出版社 2012 年版,第 92 页。

融资成本低、覆盖面广、市场导向明确等特征，更能准确满足不同层次的融资需求。同时互联网金融的发展离不开自由和创新，刑法的过度干预会压缩互联网金融的发展空间，扼杀其创新成果。传统的刑法规制手段受到了越来越多的批评和质疑，有观点即提出应当首先废除以保护银行垄断为目的的非法吸收公众存款罪。[1] 因此，刑法对互联网金融的规制可采用比例原则加以检讨，判断其干预是否过度。

（一）网络非法融资刑法规制的适当性原则

根据适当性原则的要求，刑法所实行的手段，必须是达成保护法益与建立并维系社会共同生活的和平与秩序的刑法目的之适当手段。刑事立法上动用刑法手段，必须权衡各种事实状况，慎重评估是否系达成刑法目的最妥当的方法或最适合的有效手段。适当性原则主要用于对互联网金融的刑事立法及司法方面进行目的性指引与检讨，是对目的正当性的检验，主要检查目的来源以及目的本身是否正当。

在刑事立法方面，当价值、理念和刑事解释之间需要进行选择判断的时候，司法裁判者只能服从于当时的刑事政策导向，服从于政治意志、主流价值、社会现实等综合作用下的合理内容，在适当性原则的指引下为控制、预防互联网金融风险提供全方位的应对策略，对刑法解释应对纷繁复杂的社会环境作出灵活且契合的调整。以 P2P 网络借贷为例，2016 年银监会等部门发布的《网络借贷信息中介办法》将从事 P2P 的网络平台定位为信息中介，2015 年中国人民银行等部门发布的《互联网金融指导意见》也规定，个体网络要坚持平台功能，为投资方和融资方提供信息交互、撮合、资信评估等中介服务。[2] 据此，P2P 为投资方和融资方提供中介服务，并应审核双方发布资信信息的准确性。实践中，有的犯罪分子在 P2P 平台发布虚假信息诱骗投

---

〔1〕 参见刘宪权：《廿载春秋——变革中的刑法理论与实践》，法律出版社 2017 年版，第 345—347 页。

〔2〕 参见东方金钰股份有限公司：《东方金钰股份有限公司公开发行 2017 年公司债券募集说明书摘要（面向合格投资者）》，载《上海证券报》2017 年 3 月 14 日，第 29 版。

资人资金,而P2P平台疏于监管,放任虚假信息在网络的传播,在这种情况下,P2P平台因与融资方不存在意思联络及共同诈骗的故意,故对其无法以集资诈骗等犯罪的共犯论处,但其为互联网金融犯罪提供了相当的便利,是造成金融犯罪大规模蔓延与扩散的重要诱因,具有处罚必要性。为此,《刑法修正案(九)》新增了为信息网络犯罪提供便利罪,明知他人利用信息网络实施犯罪,为其犯罪提供互联网接入、服务器托管、网络存储、通讯传输等技术支持,或者提供广告推广、支付结算等帮助,情节严重的,处三年以下有期徒刑或者拘役,并处或者单处罚金。[1] 网络犯罪的帮助犯是网络犯罪泛滥的主要原因之一,但又难以认定为网络犯罪的共犯,我国刑事立法存在一定的空白,故《刑法修正案(九)》将网络犯罪的帮助行为予以独立入罪,以切断网络犯罪的利益链条。以比例原则对为信息网络犯罪提供便利罪进行检讨,即可发现本项新增罪名着眼于网络犯罪之外,以较低的刑罚成本打击P2P平台的违规及犯罪帮助行为,借此切断网络犯罪的利益链条,防止网络非法集资等犯罪行为的扩散与蔓延,无疑符合适当性原则的要求,能够有效地实现保护广大投资者合法利益的刑罚目的。

在刑事司法方面,《网络借贷信息中介办法》第10条以负面清单形式列举了网络借贷平台不能从事的13项禁止行为,同时又规定网络平台违反监管规定的给予行政处罚,构成犯罪的追究刑事责任,这里需要研究的是网络平台是否违反任意一项禁令均可能构成犯罪。从规范目的看,刑法介入互联网金融领域旨在保障投资人的资金安全及社会整体的金融安全,根据适当性原则的要求,依据刑法定罪处罚应当符合保护金融安全的要求。据此,禁令中自融或变相自融、直接或间接接受归集资金、虚假片面宣传以误导出借人或借款人、向投资

---

[1] 参见沈运:《为上游电信网络诈骗团伙"吸粉"》,载《安徽法制报》2021年5月17日,第02版。

股票等高风险的融资提供服务等，或形成平台自有的资金池，或利用信息不对称误导投资方或融资方的判断，事实证明均可能严重危及资金安全，构成犯罪的应依法予以刑事处罚。而网络平台违规提供担保或场外宣传，虽然也违反禁令，但其并未提高资金安全风险，在入刑上应当非常慎重。[1] 需要注意的是，由于网络借贷一对多、多对多的交易模式，具有开放性与隐匿性并存的特征，在互联网空间中或各种网络平台上行为人之间进行的意思联络无论是在具体内容还是认识程度上都存在模糊性、不稳定性甚至差异性。[2] 随着越来越多的民间借贷向网络空间的整体转移，网络借贷领域出现深度的社会化，对被害人财产权利的侵犯、对金融秩序的破坏愈演愈烈，刑事司法调和法律规范与网络借贷之间的必要性凸显，但为避免司法适用的一味扩张，就需要对刑法规制的适当性进行审慎的考量。

（二）网络非法融资刑法规制的必要性原则

刑法作为对公民权利限制、剥夺程度最为严重的法律，其应作为其他法律均无法实现保障目的的最后手段，在民事、行政等非刑罚手段能够发挥大致相当的保护作用时，就尽量不应动用刑罚手段，这也是必要性原则的基本要求，即在有多种合目的手段进行规制时，应从中选择对公民个人法益侵害最小的方式。以网络平台违规提供担保为例，结合必要性原则继续作深入阐述。《网络借贷信息中介办法》第10条专门指出，网络借贷信息中介机构不得直接或变相向出借人提供担保或者承诺保本保息，而我国网络平台为拉拢客户，提供担保或承诺保本保息的情况较为常见，并大有“劣币驱逐良币”之势。但从定罪角度分析，网络平台提供担保乃是一种增值服务，其本质并非集资行为，不符合非法吸收公众存款罪的构成要件。同时，违规担保也因其

---

〔1〕参见邹玉祥：《非法吸收公众存款罪之行为类型研究——基于网贷背景下的教义学展开》，载《政治与法律》2018第6期，第59—60页。

〔2〕参见于志刚：《论共同犯罪的网络异化》，载《人民论坛》2010年第29期，第67页。

危害性与非法经营罪规定的前三项行为不具有相当性,未侵害国家特定的行业准入制度,不属于第四项规定的“其他严重扰乱市场秩序的非法经营行为”,亦不宜认定为非法经营罪。〔1〕 在不动用刑罚的前提下,能否运用行政或民事手段予以规制,就要在民事、行政和刑事手段之间进行比较研究,看民事、行政手段是否能发挥保护作用。在行政措施方面,《网络借贷信息中介办法》第40条已作出规定,网络借贷信息中介机构违反法律法规和网络借贷有关监管规定,有关法律法规有处罚规定的,依照其规定给予处罚;有关法律法规未作处罚规定的,工商登记注册地地方金融监管部门可以采取监管谈话、出具警示函、责令改正、通报批评、将其违法违规和不履行公开承诺等情况记入诚信档案并公布等监管措施,以及给予警告、人民币3万元以下罚款和依法可以采取的其他处罚措施。〔2〕 在民事措施方面,最高人民法院在2015年8月6日发布的《关于审理民间借贷案件适用法律若干问题的规定》第22条规定,网络贷款平台的提供者通过网页、广告或者其他媒介明示或者有其他证据证明其为借贷提供担保,出借人请求网络贷款平台的提供者承担担保责任的,人民法院应予支持。根据上述规定,行政法层面主要是由监管机构对不具有担保机构资质的网络贷款平台予以处罚,并监督改正;民法层面则承认其担保效力,不因违规而减轻其民事责任的承担。而网络贷款平台违规提供担保,一方面从行为后果看,其并未提高投资人的资金风险;另一方面从我国网络金融的发展实际看,广大中小投资者的判断能力、风险承受能力均不强,其更愿选择保本保息的网络借贷,这也为网络做贷款平台担保的滋生提供了现实土壤。因此,对于违规担保予以行政处罚与民事追偿,更有利于合规性监管、维护投资者的合法权益,足以周全保护法益,不必要

〔1〕 参见刘宪权:《廿载春秋——变革中的刑法理论与实践》,法律出版社2017年版,第363—365页。

〔2〕 参见周志华:《裸贷泛滥呼唤监管》,载《上海法治报》2017年2月6日,第B05版。

动用刑法手段，目的解释的适用上受到一定的限制，即考虑法益的侵害程度与刑罚的必要性。在有非刑罚手段可供选择的情况下，不轻言动用刑罚正是必要性原则的要求。但对于网络贷款平台完全放任网络借贷主体的异常交易行为、异常资金往来、信息不公开等，不认真审查和识别网络用户的违法行为，〔1〕或者违规提供担保与非法集资网络平台形成共犯合意，对金融秩序造成较大危害，民事和行政制裁手段明显打击力度不足，当法益难以周全保护时，刑法规制的必要性即显现出来。

（三）网络非法融资刑法规制的狭义比例原则

在犯罪行为模式中刑事司法解释的狭义比例原则考量上，“目的论解释的正当性并不是来自立法者的权威，也不是来自从法条文本中所推导出结论的正当性，而是从这些结果的有益性推出”〔2〕。我国金融行业基于金融风险考虑，对金融品种、金融交易方式的创新历来持审慎、严格态度，对于扰乱金融秩序、危害金融安全的行为予以重刑制裁，对民间融资行为入罪化较为宽泛。这种管控思路对抑制金融风险、防范金融危机具有较强的现实意义，但在互联网金融浪潮大发展下，严格管控无疑会抑制金融创新与活力，使市场参与方在逐利的过程中要么寻找规则的漏洞打“擦边球”，要么在灰色地带从事交易行为。因金融创新、金融改革衍生犯罪行为，这是制度设计者所不乐见，故在金融创新、金融改革与刑法制裁之间寻求恰当的分界点，是比例原则中狭义比例要求的应有之义。针对新型互联网融资模式究竟是金融创新还是金融改革衍生的犯罪，可以以刑事解释的结果为中心展开。立法者是以“影响分析”与“成本效益分析”两种类型作为寻找

〔1〕参见陆旭、宋佳宁：《网络服务提供者刑事责任的界域限定与政策转向》，载《海峡法学》2021 年第 1 期，第 109—110 页。

〔2〕［德］英格博格·普珀：《法学思维小学堂：法律人的 6 堂思维训练课》，蔡圣伟译，北京大学出版社 2011 年版，第 74 页。

结果的工具,[1]影响分析法可以考察对新型网络融资行为刑法规制产生的社会效果,而成本效益分析法可以考察对新型融资行为予以刑法规制的司法成本与收益之间的权衡,即打击此种行为付出的司法成本与保护的法益之间是否合乎比例,在当事人利益、制度利益、法治国利益之间进行纵向层次性比较,在财产利益、社会利益、国家利益之间进行横向层次性比较。此种比较始终是价值判断进程,不是为不同利益设定具体量化数据,而是一种使解释过程与法律结果之间更趋理性或者说合理的一种思考。

在刑事司法对法律适用扩张路径严格抑制或紧缩的选择考量上,根据狭义比例原则,刑罚的处罚手段以及限制、剥夺受刑人的自由或权利的程度,与欲实现的刑法目的之间,应形成相当的比例关系,不得过分。运用狭义比例原则对互联网金融领域进行刑法规制的方法主要有:其一,法益衡量。在刑事领域狭义比例原则注重法益衡量,即行为所侵害的法益应高于其所能够产生的收益,如此才有刑法介入的必要。传统刑法注重维护金融管理秩序,即金融市场应受国家管制不能恣意生长,而互联网金融行业则追求行业开放与自由竞争,在发展过程中犯罪边界模糊。P2P 行业除平台自融资金外,融资人亦可能借助平台非法吸收资金,从形式上看,融资人借助 P2P 网络平台融资,在一定条件下确有可能符合公开宣传、还本付息、向社会不特定对象吸收资金等非法吸收公众存款罪的构成要件。但 P2P 行业之所以得到发展,正是为突破金融管制的现状,为中小企业提供现实的融资渠道,既满足了不同层次的融资需求,也有效利用了社会闲散资金,是资本市场化的重要标志。在资本市场发展与金融管制两种法益之间进行衡量,不难得出需对前者予以优先保护的结论,因此刑法有必要作出适当让步。《网络借贷信息中介办法》第 17 条规定,同一自然人在同一网络借贷信息中介机构平台的借款余额上限不超过人民币 20 万

[1]　参见王祖书:《刑法目的论解释正当性之结果考量》,载《东方法学》2015 年第 6 期,第 67 页。

元;同一法人或其他组织在同一网络借贷信息中介机构平台的借款余额上限不超过人民币 100 万元;同一自然人在不同网络借贷信息中介机构平台借款总余额不超过人民币 100 万元;同一法人或其他组织在不同网络借贷信息中介机构平台借款总余额不超过人民币 500 万元。而最高人民法院《2010 年非法集资司法解释》第 3 条确立的非法吸收公众存款罪追诉标准个人非法吸收公众存款数额在 20 万元以上,或吸收对象 30 人以上,或给存款人造成损失 10 万元以上,单位非法吸收公众存款数额在 100 万元以上,或吸收对象 150 万元以上,造成损失 50 万元以上的,均可予以刑事追诉。对上述两项规定进行比较可以发现,《网络借贷信息中介办法》为 P2P 行为留有较刑法司法解释更大的空间,其规定符合法益衡量和狭义比例原则的要求。据此,融资人通过 P2P 网络平台融资,即使其行为客观上符合非法吸收公众存款罪的构成要件及司法解释确立的构罪标准,但只要不违反《网络借贷信息中介办法》的规定,就不得以非法吸收公众存款罪论处。其二,配刑适当。法定刑的强度应当与犯罪行为的严重性、报应的限度与责任的程度相适应,这也是狭义比例原则对刑罚发动的基本要求。近年来,我国不断取消包括非法集资等经济犯罪罪名的死刑,应当说是适当的。概因如以狭义比例原则加以审视,犯罪分子侵害经济秩序或财产权,却施以剥夺生命权之重刑,无疑有过度刑罚之嫌。当然,降低刑罚是否会影响打击犯罪,也是需要考量的因素。根据各国的立法经验,刑法应同时实行犯罪化,注重法益保护的早期化。[1] 我国近年来的刑法修正案亦是如此,逐步增加未遂犯、危险犯、预备罪的处罚规定,同时适用较低的法定刑,切断犯罪实害结果的形成,更有利于实现刑法目的。其三,罪刑均衡。互联网金融领域的非法集资行为往往呈现出集团作案、单位犯罪等特征,职责有分工,作用有主次。根据狭义

---

〔1〕 参见张明楷:《网络时代的刑法理念——以刑法的谦抑性为中心》,载《人民检察》2014 年第 9 期,第 9 页。

比例原则的要求，司法机关应根据不同犯罪分子职责、作用的不同，适用与其罪责相适应的刑罚。在一些 P2P 网络借贷案中，集团主犯一手把控平台、操控资金，具有非法占有的目的，应以集资诈骗罪论处；有的参与人员仅根据上级指示参与集资，正常领取薪酬，既不经手资金，又不清楚真实用途，可以考虑以非法吸收公众存款罪差别定罪，并根据层级不同分别作出不同处理。对层级较低、积极退出违法所得者，可考虑适用缓刑或不起诉。

第三节　利益衡量在刑法规制中的适用

比例原则是否可以完全取代法益保护原则即可以完成对犯罪化立法的评价，法益保护原则的内容是否完全被比例原则所统摄，法益保护原则如何在网络融资刑事案件中发挥作用，是本节研究的重点。

一、比例原则与法益保护

有学者认为，“法益”概念具有彻底的模糊性。比例原则在“目的——手段”关系上的“四阶审查”是较为全面的，它完全可以取代法益保护原则……比例原则不仅包括了法益侵害原则的全部内容，而且是直接源于宪法的原则，[1]它不需要借用任何刑法上的中介即可完成对犯罪化立法的评价。也有学者认为，对于立法批判功能而言，重要的不是法益这一外壳，而是法益之外的宪法内容，后者完全超越了法益保护原因的范围。在比例原则与法益保护原则的关系中，比例原则永远是上位原则，其完全可以直接作用于犯罪化立法而无需借助于

〔1〕参见张明楷：《论实质的法益概念——对法益概念的立法批判机能的肯定》，载《法学家》2021 年第 1 期，第 91—92 页。

部门法上的中介。[1]由于日本近些年来的刑事立法出现了法益概念的抽象化、处罚的早期化以及重罚化的现象，就有学者提出“有必要探求替代法益保护原则的刑事立法的指导原理。而且，该指导原理必须从宪法上有关限制基本权的原则中寻找”[2]，此种观点所提出的替代原则就是比例原则。

对互联网金融的刑事立法以及司法进行目的正当性的检验，检查目的来源以及目的本身是否正当，尤其是在对行政犯进行妥当性、必要性的审查时，如果不以法益保护为前提，比例原则的适用就难以确立犯罪的边界，在刑事司法裁判中解决互联网新型交易行为带来的疑难复杂案件、利益冲突案件等离不开法益的衡量，无论是构成要件符合性的判断，还是违法性或有责性的判断，法益衡量都有运用的空间。“因为基于比例原则的审查，都是在任意设定的立法趣旨的观点中进行的。在此，立法者要通过该规定追求什么目的，只不过是单纯的前提。”[3]而比例原则的三阶段审查并没有将目的作为单独阶段，而确立目的的正确性，法益衡量就具有独立存在的价值和空间。所以，“比例原则是以法益保护主义为前提而发挥机能的，而不是替代法益保护主义”[4]。如适当性原则要求刑罚与保护法益的目的之间有一个正当合理的联结关系，必要性原则所审查的依然是为了保护法益采取刑罚手段是否必要，狭义比例原则的审查则建立在广义的法益衡量的基础之上。[5]　在民间借贷向网络空间的不断转移，网络借贷领域出现深度的社会化的情境下，为避免刑事立法一味地扩张，需要以保护法

---

〔1〕参见冀洋:《法益保护原则:立法批判功能的证伪》,载《政治与法律》2019年第10期,第109、110、119、121页。

〔2〕[日]井田良:《最近の刑事立法をめぐる方法论的诸问题》,载《ジュリスト》第369吖(2008年),第63页。

〔3〕[德]阿敏·英格兰德:《法益论——能成为刑事政策中的批判基准吗?》,[日]大岛秀夫译,载《大东法学》2018年第1号,第267—268页。

〔4〕[日]松原芳博:《刑事违法性与法益论的现在》,载《法律时报》2016年第7号,第26页。

〔5〕参见张明楷:《法益保护与比例原则》,载《中国社会科学》2017年第7期,第96—97页。

益为前提，比例原则在贯彻法益保护程序性、方法性规则上划定犯罪的边界。

二、对金融管理秩序法益的现实考量

刑事审判某种程度上是社会经济生活的晴雨表，学者一直诟病的刑事制裁的早期化、重刑化等现象，是近些年来信息技术、数据技术、人工智能等新技术的兴起与广泛传播带来的社会形势急剧变化的投射。金融创新与金融犯罪的界限划分，行政违法与刑事犯罪的红线界定，刑法应当以什么样的姿态介入互联网金融领域，这些问题无论是理论界还是司法实务界都在寻找答案。笔者在法庭上曾听到一个被告人辩解："我确实向不特定对象吸收了资金，但吸收的资金主要用于企业生产经营活动，怎么就构成犯罪了呢？"非法吸收公众存款罪侵害的法益是金融管理秩序，行为人出于对自己违法行为的预期需要知晓对法益是否侵害，司法人员需要审查判断行为是否应予以刑法规制，都需要知晓那看不见摸不着的被破坏的抽象法益。在法益侵害的严重性上，"要考量此类行为在'量'上的要求，即陈兴良教授所称的'罪量'"〔1〕。诚然，立法上对于非法吸收公众存款罪抽象法益的判断，已经给了司法裁判人员一个罪量的标准，"数额 20 万元以上""对象 30 人以上"或者"直接经济损失 10 万元以上""其他严重后果"，"处三年以下有期徒刑或者拘役，并处或者单处二万元以上二十万元以下罚金"。法律的基础是事实，行为人吸收资金的事实是否可以被评价为刑事犯罪，司法裁判人员需要对其侵害的法益进行衡量，但通过上述数额、人员、经济损失的规定显然难以看出行为严重脱逸社会相当性，即难以看出对金融管理秩序的严重破坏。

在法益衡量上，有学者从法益性质的重大性、法益侵害程度的严

〔1〕　于改之：《刑民分界论》，中国人民公安大学出版社 2007 年版，第 231 页。

重性、法益侵害的急迫性与盖然性，以及目的的正当性、手段的相当性、行为样态的微异性等方面进行了回答。在法益性质的重大性上，认为“破坏重大法益以及对重大法益的破坏具有重大危险性的行为，均具有应刑罚性”〔1〕。以非法吸收公众存款罪为例，“由于非法或者变相吸收公众存款的行为人一般不具有银行那样的经济实力，缺乏完善的资金监督管理机制，其承担风险的能力很弱，根本无法保证存款人资金的安全和利益，因此，它不仅侵犯了国家的金融管理秩序，而且还会给广大储户和公众带来风险，造成财产损失，因此，法律规定对这种行为必须严厉打击”〔2〕。从立法本意来看，非法吸收公众存款罪侵犯的不仅是国家金融管理秩序这个国家法益，也对个人法益即广大储户和公众的资金安全带来风险，不可谓不是重大性的法益性质。但这个罪所侵犯的无论是国家法益还是个人法益都抽象到难以明确其具体内涵，“如果保护的对象抽象到无法让人把握的程度，则该对象不能被视为法益”〔3〕。在法益侵害的急迫性与盖然性上，认为“当法益侵害具有极大的盖然性时，违法性的程度也就达到了值得刑罚处罚的程度”〔4〕。但在 P2P 网络借贷案件中，屡屡出现投资者不是要求将被告人绳之以法，而是希望将其放归社会继续从事生产经营之“怪象”，网络借贷案件中对法益侵害造成的急迫性与盖然性显然没有凸显。

上述这些对法益衡量的理论观点放在刑事司法活动中，都无法承受“现实之痛”。法益在我国作为一个理论概念，法律中从未出现过只言片语的“法益”表述，立法上的变化与某种理论的确定显然不具有正相关，而往往是社会状况发生了深刻变化，需要立法上及时回应社会

〔1〕于改之：《刑民分界论》，中国人民公安大学出版社 2007 年版，第 228 页。

〔2〕李淳、王尚新主编：《中国刑法修订的背景与适用》，法律出版社 1998 年版，第 209 页。

〔3〕［德］克劳斯·罗克辛：《对批判立法之法益概念的检视》，陈璇译，载《法学评论》2015 年第 1 期，第 58 页。

〔4〕于改之：《刑民分界论》，中国人民公安大学出版社 2007 年版，第 232 页。

民意和政策诉求。那么司法上是否需要或者说司法裁判者是否在进行法益衡量呢？有学者认为："若保护的对象抽象得无法让人把握，则该对象也不能被看作是法益。例如，将无法还原为具体法益的社会秩序、工作秩序、社会心理秩序等作为保护法益，必然导致处罚范围的不确定。"〔1〕基于现实的困境，本书曾经也主张秩序法益的过度抽象是导致刑事司法无法把握的主要原因，但在寻求解决方案的道路上，发现是在研究的起点上出现了偏差。对于金融管理秩序法益的抽象性问题，既然法益概念本就已经精神化，又怎么能以具体化的标准去衡量和要求它呢？刑法理论不应当要求法益概念具有绝对的明确性，因为刑法必须保护某些"东西"，将刑法必须保护的这些"东西"归纳为任何一个概念时，这个概念都不可能是绝对明确的。另一方面，虽然法益概念缺乏绝对明确的界限，但是，"承认立法者享有一定的创造空间，这并无损于法益概念的价值"〔2〕。法益的抽象性并非随着互联网金融犯罪的发展而成为一个新的问题，在其他犯罪类型中也无可避免地带有一定程度评价上的抽象，但为什么会在互联网非法集资案件中成为一个突出问题？笔者认为，是因为社会经济形态的变化、互联网金融的发展，网络化的社会模式对金融刑事审判提出了新的挑战，我们跨过关键一步在罪与非罪上讨论法益的难以把握，实质上是新型交易行为在传统刑法评价框架内无法匹配而产生的不适，"欲以 19 世纪的刑法手段来制裁 21 世纪的犯罪，如果没有事先对后现代社会的重要基础加以改革，保护法益实际上的实现可能性看起来是不可能的"〔3〕。我们想具体把握金融管理秩序这一抽象法益，需要建立在对个人法益的理解与把握基础之上，个人法益认为国家、社会源于个

〔1〕［德］克劳斯·罗克辛：《对批判立法之法益概念的检视》，陈璇译，载《法学评论》2015 年第 1 期，第 58 页。

〔2〕同上注，第 59 页。

〔3〕［德］许迺曼：《从下层阶段刑法到上层阶级刑法在道德要求中一种具示范作用的转变》，载许玉秀等合著：《法治国刑事立法与司法——洪增福律师八十五寿辰祝贺论文集》，成阳印刷股份有限公司 1999 年版，第 30—32 页。

体，为了个体福祉而存在，所以一元论的代表如米歇尔·马克斯认为，任何超个人的所谓集体法益，本质上也就是个人法益。也有学者认为，在古典刑法中，法益在市民社会中创立，也以保护个人自由为己任；而现代刑法，除了保护个人法益，还需要体现刑法的秩序建构功能和安全塑造功能，并维护国民对该制度体系的依赖。于是，集体法益在现代刑法的发展中获得了独立于个人法益的地位。[1] 现实困境的产生是我们想在个案中触碰秩序法益的存在，想用个人法益的衡量方法去把握抽象的秩序法益，即将抽象的秩序法益还原为个人法益，但在互联网时代下，构建秩序、强化安全等集体法益的独立地位已现实存在，维护金融管理秩序最终目的是每个公民的利益，但很难说它具体侵犯了哪一个具体的个人利益，所以不能以法益的抽象性否定金融管理秩序法益的现实意义。

三、刑事司法中利益衡量的选择路径与方法

在打击互联网非法融资犯罪中，法益的抽象所导致的高度涵盖性及不确定性，是合法融资与非法集资界限模糊的主要原因。社会经济发展中如果不伴随任何法益的侵害，发展的脉搏只能处于停滞状态，但如果将所有法益受损或者看起来法益受损均纳入刑事处罚的视野，则金融创新便会受到抑制，所以法并不禁止一切侵害法益的行为，只是对超出一定限度的行为进行刑法上的规制。而对超出一定限度的评价，需要在法的安定性及预测可能性上对行为是否应受处罚作出判断。司法裁判者在事实认定、法律适用、刑罚裁量上不仅考量客观的、记述的要素，不可避免地还要对主观、规范要素进行评断，其中必然带有价值判断的色彩。在金融管理秩序法益的认定上，司法解释力图通过行为类型化的方式来替代对金融管理秩序法益受侵害的个

[1] 参见马春晓：《使用他人许可证经营烟草的法教义学分析——以集体法益的分析为进路》，载《政治与法律》2016年第9期，第62页。

案审查,但此种方式在互联网经济迅猛发展的情势下亦失去了适用的方向,司法解释所列举的非法集资行为模式在司法实践中已难觅踪影,对一些突破类型化规范的新型金融行为进行经验上的甄别与厘定已实属困难。面对经济生活对刑法规范的挑战,笔者认为,需要司法裁判者发挥解释的功能,在个案中衡量法益能否被抽象的立法规范所涵摄,比较该种新型金融行为对法益的侵害是否与司法解释所规定的各种情形具有同质性,有无保护的价值和必要,以使司法裁判者得出合法且合理的解释结论,体现刑法解释的实质正当性。如对艺术品资产份额化交易行为可以通过案件的基本案情和细节,将法律规范还原于案件事实中,检验具体适用过程中是否具有妥适性,是否存在内在冲突。有些行为人并非简单地公开发行证券衍生品,而是夹杂着诈骗的行为与手段,如艺术品资产包的内容与向社会公布的严重不符,与评估商勾结虚假评估,在投资者进入艺术品份额化交易之后自买自卖操控单价,涉案资金体量高达亿元甚至百亿等,这些行为在法律规范的还原过程中,可以显见对金融秩序、投资者财产权的严重破坏,对其予以刑法规制后与司法解释规定的类型化情形相比,不但具有同质性且严重程度有过之而无不及,对此类行为予以刑事处罚,司法裁判者心中不会产生冲突,也体现了法律规范在实践中运用的妥适性。

在前述基础上刑事司法裁判中再进行利益衡量,"利益衡量无法抽象实现,必须在个案中进行具体分析方能完成"〔1〕,"在进行构成要件符合性判断的时候,利益衡量不能只限于就冲突法益之抽象价值关系作比较,而须就具体状况并参酌涉及的构成要件作整体的衡量。"〔2〕法益作为法所保护的利益,存在外延上的局限性,法益衡量的意涵往往存在司法评价的不充分,不能为所有的违法阻却事由提供合

〔1〕 王敬波:《政府信息公开中的公共利益衡量》,载《中国社会科学》2014 年第 9 期,第 122 页。

〔2〕 高金桂:《利益衡量与刑法之犯罪判断》,元照出版有限公司 2003 年版,第 62 页。

法性依据,有些违法阻却事由所蕴含的抽象价值无法通过法益的形式表达出来。而在个案中进行利益的衡量,需要先厘清司法裁判人员在个案中的思考方法。概念法学的思考方法是形式三段论,即将法律规定作为大前提,具体事实作为小前提,“三段论的推理方法犹如自动售货机,从上面投入硬币,这就是事实;自动售货机的装置就是预先设置的法律规定;自动出来的商品犹如结论,且是唯一的、正确的结论”〔1〕。但上述这种思考方法在司法实践中通常存在于简单争议不大的案件,而这样的案件一般不需要进行复杂的利益衡量,只有事实、法律因素不确定时,才有利益衡量适用的空间,而这样的案件法官用的是倒置的三段论。在讨论疑难复杂案件时,笔者听到有的法官在表达自己的意见时会说“我感觉……”,起初以为是法官谦逊慎重地表态,后来发现是法官在庭审结束后对证据把握的基础上,根据既往的经验和直觉形成初步的结论,即先进行法益衡量后再寻找法律依据。虽然此种方法的问题是容易忽略隐性的利益,且受法官业务水平、职业道德、价值观的影响,会出现不同的推导结论,从而使刑事审判不光是实刑与缓刑,也包括了重罪与轻罪甚至罪与非罪出现巨大的空间,但笔者赞同苏力教授所言:“根据众多可能后果的权衡和预判来重新理解法律才是裁判的关键。”〔2〕故目前情境下,后果主义的裁判方式可以让裁判者在进行利益衡量时考虑诸多后果导向,既包括定罪也包括量刑的,避免出现形式上符合法律的规定,但法官内心深处认为罪责刑不相适应的结果,也是互联网非法融资刑事案件中进行法益衡量的一种路径和方法。

---

〔1〕 梁上上:《利益的层次结构与利益衡量的展开——兼评加藤一郎的利益衡量论》,载《法学研究》2002 年第 1 期,第 53—54 页。

〔2〕 苏力:《法律人思维?》,载《北大法律评论》2013 年第 2 期,第 468 页。

第五章　互联网金融非法集资刑法适用规则

传统金融犯罪中存在的刑法规制困境尚未寻觅到妥适的路径，随着互联网元素的加入，互联网金融领域下的非法集资又出现一些新的问题，新老问题的杂糅加剧了刑法规制的难度。以“互联网金融犯罪”“刑法规制”等为关键词搜索知网，可以发现学者提出的主要解决路径可分为内部和外部两个维度。从内部而言是对司法人员提出的期许，如科学遵守罪刑法定原则、提高司法能力水平、夯实司法执行力度、加强案例指导制度等；从外部而言有加强行政监管、完善前置法的规定、修改刑事立法、扩大司法解释等建议。针对学者提出的内部解决路径，有些司法裁判人员在互联网新型融资刑事案件中所写的审理报告，对行为模式的分析、定性的考虑、裁判的思路等论述得均十分详尽，司法能力水平远远超出向社会公众所展现的刑事裁判文书的水平，学者们所看到的千篇一律的裁判文书有些并不是司法能力真实水平使然，显然从内部着手解决问题并不是有效路径。针对外部解决路径而言，从 2014 年到 2021 年，在理论上对互联网金融犯罪如何进行刑法规制学者们各抒己见，但落实到司法实务中却效果有限。加强行政监管、完善前置法的规定、行刑有效衔接只能分流部分案件到民事领域，部分解决刑法介入较深的现实问题，但不能完全解决互联网金融复杂行为在刑法规制中的困境。目前情势下对新型互联网金融犯罪司法裁判者依然会在刑事裁判文书中以简单化、流程化的方式处理，是因为互联网技术的发展对司法裁判者提出的挑战不是简单的法律适用,而是如何面对传统金融犯罪与互联网金融犯罪新老问题叠加的复杂态势,如何应对互联网技术与法律融合下的案件审查判断,这些问题亦如当前涉网络犯罪案件刑法适用碎片化的司法情势一样,表现出散乱而复杂的特点。

第一节　刑法规制中构罪要素的改造

互联网金融领域下的新型非法集资行为按照传统的违法性、社会性、公开性、利诱性四要件在司法实务中难以有效展开,根据互联网非法融资的行为特性,有必要对传统的四要件进行改造,可以从金融准入秩序的违反、利诱性手段的实质理解、集资名义的弱化三个方面来加以考察。

一、金融准入秩序的违反

案例:被告单位钰诚公司成立于 2013 年 5 月,实际控制人为被告人丁某。2014 年 6 月,丁某收购金易融公司,对该公司的互联网平台进行升级改造后,更名后以“e 租宝”平台上线运营。2015 年 2 月,丁某收购英途财富公司,将该公司的芝麻金融平台上线运营。此后,丁某决定由其控制的钰诚融资租赁公司为两平台提供融资租赁债权及个人债权项目;金易融公司、安信惠鑫公司及下属数百家销售公司分别负责“e 租宝”平台的线上、线下运营;英途财富公司、英途世纪公司分别负责芝麻金融平台的线上、线下运营,另使用国通融资担保有限公司、增益(天津)商业保理有限公司等多家公司名义,在平台上宣传为投资提供担保、保理。在没有银行业金融机构资质的前提下,被告人丁某所在公司利用“e 租宝”平台、“芝麻金融”平台发布虚假的融资租赁债权项目及个人债权项目,包装成“e 租年享”“年安丰裕”等年化收益 9% 至

14.6%的理财产品进行销售,以承诺还本付息等为诱饵,通过电视台、网络、散发传单等途径向社会公开宣传,先后吸收115万余人资金共计762亿余元,其中重复投资金额为164亿余元。除部分集资款用于返还集资本息,以及支付员工工资、房租、广告宣传费用、收购线下销售公司和担保公司等运营成本外,其余大部分集资款在丁某的授意下肆意挥霍、随意赠予他人,以及用于走私等违法犯罪活动,造成集资款损失共计380亿余元。

本案在犯罪手法上采用的是A2P模式,它是P2P网络借贷模式的衍生发展。根据金融业内已形成的一致性意见,P2P网络借贷是指个体和个体之间通过互联网平台实现直接借贷的模式,其中的个体既包括企业也包括个人。而A2P模式是指将融资租赁项目与网络借贷结合,通过互联网金融平台把融资租赁业务中形成的债权转让给普通投资者,其商业本质与P2P是相同的,因为无论是通过平台直接实现借贷,还是通过受让债权实现借贷,都是通过平台最终形成融资方和投资方的借贷法律关系,因此,A2P模式属于广义的P2P模式范畴。

法院认为,网络借贷平台实际就是中介机构,我国相关行政法规对网络借贷平台的地位、作用有明确的要求。根据银监会等部委联合发布的《互联网金融指导意见》及《网络借贷信息中介办法》的规定,P2P网络借贷本身是合法的经营模式,网络借贷信息中介机构是提供借贷撮合服务的中介机构,网络平台不得利用平台为自身或具有关联关系的借款人融资、不得直接或间接接受或归集出借人的资金、不得向出借人提供担保或者承诺保本保息、不得将融资项目的期限进行拆分、不得在物理场所开展风险管理及监管规定明确的必要经营环节外的其他业务等。上述不可为行为可归纳为网络借贷平台禁止自融、禁止形成资金池、禁止提供增信服务、禁止期限错配、禁止线下推广,而“e租宝”平台运营中所实施的行为涵盖了全部上述不可为的行为,显然不是合法的网络借贷行为。

我国《商业银行法》第 11 条第 2 款规定，未经国务院银行业监督管理机构批准，任何单位和个人不得从事吸收公众存款等商业银行业务。笔者认为，未获得国家有关部门依法批准，却通过转让虚假债权、个人债权的名义在互联网平台以及线下大肆吸收公众资金，这种融资行为脱离了国家有关单位管控和法律规范的规制，增加了融资行为的风险性，直接违反了相关法律规定，因此具有形式违法性。

我国对金融业务均采取金融许可证制度，如果仅是营业执照上有金融信息服务的经营范围，不能认定取得了金融业务许可牌照，利用网络借贷的幌子从事非法吸收公众存款的行为缺乏合法依据。此外，根据《中华人民共和国证券法》（以下简称《证券法》）的相关规定，公开发行证券必须符合法律、行政法规规定的条件，并依法报经国务院证券监督管理部门或者国务院授权的部门注册，而在表现为证券性质的艺术品资产份额化交易、代币发行融资刑事案件中，行为人均未取得相关部门核准或者审批，司法实践中有些案件被告人更是打着“金融创新”的幌子在自贸区自行成立所谓的“艺术品产权交易所”，并认为艺术品资产份额化交易无须经过核准和审批。但进行分析后会发现，从工商部门批准的企业经营范围来看，涉案公司只能从事组织文化艺术品交流活动、企业文化交流、展览展示服务、文化艺术品咨询服务、文化艺术品展示、品牌营销策划、经济信息咨询、书画装裱、美术作品销售、著作权转让代理服务等，均不具有证券期货类的投资、咨询等经营资格。此外，为控制艺术品资产份额化交易的风险需成立特殊目的载体公司，并且与艺术品资产包的所有人或权利人实施有效分离，但现实中以互联网公司出现的特殊目的载体公司与艺术品资产包的所有人、权利人联系密切，对原始债权人面临的投资风险不管不顾，加剧了金融风险的产生。在代币发行融资中，有的行为人通过离岸社团中国互联网金融研究院获得一块“中国互联网金融研究院数字货币研究中心”的牌照，遂大肆宣传牌照由工信部颁布，为非法融资行为披上“合法”的外衣。故对于没有经过相关部门许可，没有取得金融牌照的公司、企业，发行具有证券性质的产品，在违法性的审查上可以将违反金融秩序作为标准之一。

二、利诱性手段的实质理解

案例：A投资基金管理有限公司（以下简称A公司）得知B公司因开发房地产项目有融资需求，遂与B公司签订财务顾问协议，双方约定由A公司募集设立投资基金，B公司向其支付融资额10%的中介费用，支付投资人投资额13%至16%的投资收益。财务顾问协议签署以后，由B公司作为普通合伙人新成立C有限合伙企业（以下简称C公司），B公司委托A公司作为C公司唯一的基金管理人，B公司将其名下的房产、股权、债权作为C公司的抵押担保，并以C公司的名义与银行签订托管协议。之后，A公司撰写《招募说明书》《投资指南》等宣传材料，销售人员根据宣传材料通过电话、网上宣传等方式联系投资人，与投资人签订《合伙协议》，约定投资人投资后即成为合伙企业的有限合伙人，在投资一年后可以获得投资额13%至16%不等的回报，并有到期溢价回购股权等风险控制措施予以保证。投资人交款后，A公司将募集到的资金汇入C公司，在募集期结束后统一转入B公司，由B公司返给A公司融资额10%的中介费。项目到期后，B公司将投资人本息转入C公司，由A公司给投资人派息。A公司以上述运作模式分别与B公司等十个项目方签订财务顾问协议，在每个项目中均单独成立若干有限合伙企业，共向1000余名投资人募集资金共计10亿余元。后项目方因经营不善导致资金链断裂而案发。经查，A公司未办理私募基金管理人登记及私募基金备案手续。

对于非法集资中利用利诱性手段吸收资金与合法投资中获取利益回报如何区分，司法实践中有不同意见。一种观点认为，非法集资中的承诺回报应限于行为人承诺“只要出资即可通过出资行为获得回报”,而不是指承诺出资人在出资后通过生产等行为可以获得报酬。给予投资人的利益回报是正常投资活动带给投资人的红利,并非来源于“拆东墙补西墙”式的返还,本案在《招募说明书》《合伙协议》中均载明回报为“预期年化收益率”,这并非定期利息,因此不具备利诱性的特征。

另一种观点认为,在正常投资活动中,投资人与集资人组成了一个共同的事业体,投资人不单要履行出资义务,更应关注事业运营的成功与否,具体到私募股权投资基金模式,则是关注所投资的企业股权能否增值,能否顺利撤出资本而获利。而在非法集资活动中,投资人在投入资金后无须具体参与集资人发起的项目,也不会去关心具体的运作模式,更不用担心所投资企业股权是否增值,因为集资人已经通过风险控制等手段向投资人承诺会按期支付收益或回报,或者在展示过往业绩的同时以明示或暗示的方式承诺会达到以前的业绩,这些手段已经使出资者确信,无论投资项目运营状况如何,其出资在将来一定会得到丰厚回报。本案集资人采用的溢价回购股权风险控制措施足以使投资人相信所有的风险已经排除,无论是否使用“预期年化收益率”的词语,其实际上已经变相成为吸收公众存款的行为。

笔者认为,以投资交易形式表现出来的向社会公众募集资金,对于被告人来说是否属于刑法意义上的“集资后用于生产经营活动与筹集资金明显不成比例,致使集资款不能返还”等非法集资行为,是否符合非法集资的“利诱性”特征是需要考量的一个重要因素。如艺术品资产份额化交易形式上表现为行为人设立艺术品交易平台、建立艺术品资产包、进行网上份额化交易,对外宣传系为了拓宽文化产业在资本市场的投资渠道,推动更多社会资金投入文化事业,但对行为进行实质分析后会发现,行为人是利用这一交易形式在资本市场吸收资金,并利用资金优势操控艺术品单价、交易量等,低买高卖赚取利润。如有的案件中被告人与投资者约定期满后归还投资者本息,以高额年利息为诱饵向不特定人吸收资金;有的案件中被告人宣称“投资艺术品产权必然增值”,“在协议期内承诺保底,投资者获得一定收益另加溢出部分的 30%”,有的案件中被告人承诺“保证投资者每月 2% 至 5% 的收益”(委托理财交易模式)。上述案件在事实的表述上各不相同,但均没有出现传统非法集资在利诱性上承诺还本付息的表现形式。在代币发行交易的非法集资认定上,亦是如此。司法实务中将上述案件均以非法集资类犯罪定罪处罚,虽与传统非法集资保本保息的常规认定标准不同,但因上述交易模式并不具有真正意义上生产经营活动的盈利能力,投资者本应期待的新的增值空间无法实现,无论是行为人还是投资者实质上均不关注交易本身的未来价值,本质上以投资交易形式表现出来的互联网非法融资是行为人操控下的击鼓传花式的资金游戏,故在利诱性上可以将传统的给付回报进行实质的解释,而并非仅仅以还本付息作为利诱性的构成要件表现形式。

三、集资名义的弱化

随着互联网的发展非法融资呈现出复杂多变的样态,行为人不会像传统模式那样以集资的名义募集资金,无论是网络借贷、股权众筹还是艺术品资产份额化交易、代币发行融资,行为人向社会公众募集资金时均不会以集资的名义,传统上以林地、矿业等实物进行集资的行为在互联网金融领域并不存在,这也是行为人辩称不构成非法集资类犯罪的主要理由。如进入刑事领域的代币发行表面上看行为人实施的设立数字货币交易平台、层级化管理、投资交易等行为,目的是利用区块链技术开发新的数字货币,但实质上是利用这一交易形式在资本市场吸收资金,并利用资金优势操控交易价格、交易量等,通过低买高卖赚取利润。有的艺术品资产份额化交易刑事案件在软件开发、资产包销售等主要行为模式上与其他地区相同,但犯罪手法设计得更为复杂,在发展投资者上采取了独特的方式,将投资回报制度改为奖金制度,把会员分为六档,最少交纳 500 美元成为会员后就有静态收益和动态收益,静态收益又叫月红利,是投资额的 4.5% 至 6.5%;动态收益有拓展红利、业绩红利和管理津贴，按不同比例以直接或间接发展会员的投资额计酬、返利。囿于传统非法集资认定的掣肘，司法裁判者以行为的表面形式以组织、领导传销活动罪进行定罪处罚。有的案件起诉认为平台公司只是收取推荐商发售资产包的上市费用和管理费，获取投资者到公司平台上开户交易金额的千分之三的交易手续费，而推荐商是通过和投资者做对手盘获利，并从平台公司取得返佣，没有明显的利诱行为，不符合非法集资的构成要件，但认为具有欺骗的手段故以诈骗罪起诉。

上述几起案件反映出共性的问题，即投资交易是不是具有非法集资的属性。理论上认为上述行为构成非法集资的主要障碍在于如何理解“集资”和“存款”的概念，有学者提出司法实践对上述概念作了扩大化的理解与适用。随着互联网技术的快速发展，立法先天的稳定性和滞后性使其不可能随着社会、经济的发展而不断变化，司法的解释功能应发挥其应有的功效。在投资交易型互联网非法集资的认定上，可以从艺术品资产份额化交易的不可持续性、交易品评估的虚假性、交易平台的操控性、高额回报的利诱性等多角度进行综合评判。从实质上来看，行为人通过发行资产份额、代币等吸收了大量资金，不可避免地形成了资金池；为吸引投资者购买份额作了各种虚假的承诺，从实质要件上其性质与传统非法集资相比并无明显区别，更因为互联网的特性而加大了社会危害性，故互联网金融领域下的非法集资可以从资金池的形成、行为的欺骗性、交易的不可持续性、交易平台的操控性、高额回报的利诱性等多角度进行综合而实质的判断。

第二节　完善非法占有目的的认定规则

在互联网金融领域非法集资案件审理中，非法占有目的的认定也是一个难题，本书从现实困境分析入手提出解决的思路和方法。

一、非法占有目的证明的现实困境

案例:2011 年 2 月,被告人周某注册成立中宝投资公司,担任法定代表人,公司上线运营“中宝投资”网络平台,借款人(发标人)在网络平台注册、缴纳会费后,可发布各种招标信息,吸引投资人投资。投资人在网络平台注册成为会员后可参与投标,通过银行汇款、支付宝、财付通等方式将投资款汇至周某公布在网站上的 8 个账户或第三方支付平台账户,借款人可直接从周某处取得所融资金。项目完成后,借款人返还资金,周某将收益给予投标人。运行前期,周某通过网络平台为 13 个借款人提供总金额约 170 万余元的融资服务,因部分借款人未能还清借款造成公司亏损,周某除用本人真实身份信息在公司网络平台注册 2 个会员外,自 2011 年 5 月至 2013 年 12 月陆续虚构 34 个借款人,并利用上述虚假身份自行发布大量虚假抵押标、宝石标等,以支付投资人约 20% 的年化收益率及额外奖励等为诱饵,向社会不特定公众募集资金。所募资金未进入公司账户,全部由周某个人掌控和支配。除部分用于归还投资人到期的本金及收益外,其余主要用于购买房产、高档车辆、首饰等。这些资产绝大部分登记在周某名下或供周某个人使用。2011 年 5 月至案发,周某通过“中宝投资”网络平台累计向全国 1586 名不特定对象非法集资共计 10.3 亿余元,除支付本金及收益回报 6.91 亿余元外,尚有 3.56 亿余元无法归还。案发后,公安机关从周某控制的银行账户内扣押现金 1.80 亿余元。

辩方提出,周某利用互联网从事 P2P 借贷融资,一直在偿还集资款,主观上不具有非法占有集资款的故意,故其行为不构成集资诈骗罪,应构成非法吸收公众存款罪。控方认为,P2P 网络借贷是指个人利用中介机构的网络平台,将自己的资金出借给资金短缺者的商业模式。根据银监会、工业和信息化部、公安部、国家互联网信息办公室制定的《网络借贷信息中介办法》等规定，P2P 作为新兴金融业态，必须明确其信息中介性质，平台本身不得提供担保，不得归集资金搞资金池，不得非法吸收公众资金，周某吸收资金建资金池不属于合法的 P2P 网络借贷。控方认为，非法吸收公众存款罪与集资诈骗罪的区别，关键在于行为人对吸收的资金是否具有非法占有的目的，利用网络平台发布虚假高利借款标募集资金，采取借新还旧的手段，短期内募集大量资金，不用于生产经营活动，或者用于生产经营活动与筹集资金规模明显不成比例，致使集资款不能返还的，是典型的利用网络中介平台实施集资诈骗行为。主观上周某本人认识到资金不足，少量投资赚取的收益不足以支付许诺的高额回报，对集资款具有非法占有的目的，故其行为构成集资诈骗罪。

上述案件控辩双方主要的分歧点在于行为人是否具有非法占有的目的，这也是互联网非法集资刑事案件审理中法庭上主要的争议焦点。我国刑法目前对非法占有目的的理解有"非法占有说""不法所有说""意图改变所有权说""非法获利说""非法所有说"等不同理论观点。"非法占有说"认为刑法上的占有概念与民法的占有概念基本是一致的，即对物的控制和管理，刑法上犯罪的实质是行为对法益的侵害，而不在于行为人获得了什么。〔1〕"不法所有说"认为以非法占有为目的是指以将公私财物非法转为自己或者第三者不法所有为目的。〔2〕"意图改变所有权说"认为对非法占有的理解不能仅限于将公私财产非法据为己有，也包括转归第三者非法占有，行为人非法取得财物是据为己有还是转归他人则在所不问。〔3〕"非法获利说"认为诈骗等非法取得他人财物的犯罪都属于图利性的犯罪，其主观要件不是

---

〔1〕 参见储槐植：《再说刑事一体化》，载《法学》2004 年第 3 期，第 79 页。

〔2〕 参见高铭暄主编：《新编中国刑法学》（下册），中国人民大学出版社 1998 年版，第 760 页。

〔3〕 参见何秉松主编：《刑法学教科书》，中国法制出版社 1995 年版，第 710 页。

以非法占有或不法所有为目的,而是以非法获利为目的。[1] “非法所有说”认为非法占有的真实含义是指民商法意义上的非法所有。[2] 在理论上对非法占有目的的含义、构造、体系位置、实现路径等尚未达成共识的情况下,司法实践为了解决这一证明难题采用从实务中总结经验列出具有非法占有目的的各种情形,将构成要素实体内涵转化为形式推定要素的程序性证明方法,以期从实践中走出一条解决之路,德国英格伯格·普珀教授将这一推定的方法称为归属的概念[3],并认为以推定方法取代实体内涵界定的后果,具有高度的不确定性、不可预测性与不一致性。[4] 从司法实践中非法集资案件暴露出来的各种问题,可以看出这一方法的现实困境主要表现在以下几个方面:

第一,主观故意独立地位不突出。以客观行为推定主观故意,较易陷入主观故意的独立地位被架空之情形。如集资诈骗案件中,虚构投资标的、伪造财务账册、对行政审批机构隐瞒相关事实、虚假宣传、借新还旧等本属于事实认定范畴,但同时也被作为非法占有目的的证据。在欺诈类犯罪中欺骗行为本身就是犯罪成立的构成要件,若再一次用于主观故意的推定内容,易在司法实践中形成只要有欺骗行为就可以推定非法占有目的的存在,非法占有目的规定流于形式。

第二,罪名区分与认定界限不清。除了集资诈骗罪,我国刑法还规定了三种不以非法占有为目的的非法集资行为,分别是欺诈发行股票罪、非法吸收公众存款罪和擅自发行股票、公司债券罪,它们与集资诈骗罪的区别关键就在于是否具有非法占有的目的。非法集资发生在瞬息万变的市场投融资领域之中,这类犯罪极易与正常的市场风险或者投资失误所导致的无法兑现给付承诺相混淆,司法实践中存在着仅以行为人事后无法归还集资款来认定犯罪成立的现象,现有的推定

---

〔1〕 参见张瑞幸主编:《经济犯罪新论》,陕西人民出版社 2003 年版,第 20 页。
〔2〕 参见王晨著:《诈骗犯罪研究》,人民法院出版社 2003 年版,第 20 页。
〔3〕 See Puppe, Kle ine Schule de s juristisc hen Denkens, 3. Aufl, 2014, S. 50 f.
〔4〕 See Puppe, in:Nomos Kommentar zum StGB, 4. Aufl, § 15, Rn. 54.

非法占有目的存在实际指向的均是犯罪故意的成立与否，强化了犯罪故意的判断，并不能在罪名认定上作出准确区分。如将集资款全部用于挥霍，案发后因惧怕法律制裁而全部归还，根据法律规定不构成集资诈骗罪；而行为人虽然归还了全部集资款，但因集资款用于违法犯罪活动而依然构成集资诈骗罪，造成主客观认定中的不一致，形成罪名认定上的困难，偏离了罪责刑相适应原则。

第三，事实经验难以证明和说理。司法解释规定的情形来自司法经验的提炼与总结，但其只是表现出了一种可能性而非必然性，有时难以推导出行为人主观上所具有的非法占有的目的，其推导出的结论有时不是唯一，如资金使用成本过高，生产经营活动的盈利能力不具有支付全部本息的现实可能性，这可以推导出行为人主观上放任的故意，也不能排除行为人经营方法不当或经营思路错误等。

二、非法占有目的主观超过要素之理论修正

非法集资类犯罪中刑法为什么要在直接故意的意志因素之外把非法占有的犯罪目的特别规定出来，司法裁判者对此应怎样将这个法律规范还原于案件事实中，是互联网非法集资认定中的另一个疑难复杂问题。有观点认为，目的犯中的行为人实施犯罪行为所直接产生的危害结果并不是犯罪行为人的最终追求，而是其直接故意中意志因素的内容，行为人所最终希望和追求的另有其目的或者结果。[1] 从非法集资犯罪中行为人行为直接产生的危害结果来看，集资诈骗的直接危害结果是金融管理秩序的破坏和被害人财产的损失，但该结果的发生并不是行为人集资诈骗的最终希望和追求，行为人实施集资诈骗的最终行为和目的是获取利益，但为达到获利的目的又不可避免地造成金融管理秩序的破坏和被害人财产的损失，换言之，金融管理秩序的破坏和被害人财产的损失，是行为人实现获利的必经过程。此种观点

---

〔1〕 参见彭辅顺：《法定犯罪目的的实质探究》，载《兰州学刊》2004 年第 2 期，第 150 页。

是将法定目的犯的目的分割成了深浅不一的两个层次:第一个层次是犯罪行为的直接目的,即行为人实施犯罪行为直接产生危害结果的希望,这也是犯罪的直接故意中的意志因素,属于浅层犯罪目的,我国有的学者称之为第一种意义的目的。[1] 第二个层次是犯罪行为的最终目的,即行为人实现犯罪行为所造成的直接危害结果以外的进一步希望达到的最终结果,这是超出直接故意意志因素的犯罪目的,属于深层犯罪目的,我国有的学者称之为第二种意义的目的,并且认为该种意义的目的是比前一种目的更为深远的心理态度,其内容也不一定是观念上的危害结果。[2] 笔者认为,理论可以百家争鸣,但理论的生命和价值最终需要在司法实践中生根开花,或者给予司法实践以指领,最终达到理论与实践的互相支持、互相促进,在笔者心目中是一种无缝对接的理想园。如果采纳上述双层次犯罪目的说,需要明确司法实践对非法占有目的这一法定犯罪目的的证明内容、证明范围等要素,但在事实层面,犯罪目的、故意、动机、意志甚至情感、情绪等心理因素系一个统一体,具有整体思维的表象,理论上可以根据犯罪论体系中的位置变迁进行不同的区分,但在实践中需要对这些以整体构造呈现的心理因素进行分门别类的证明,一定要具有可操作性的标准和方法,司法实践已经证明仅凭推定这一法律技术难以界限分明、精准地推定出第一层次、第二层次以及犯罪故意等因素内容,这也是实践中对行为人非法占有目的进行估堆推定甚至笼统认定的无奈之举。

非法集资犯罪的非法占有目的的理论阐释与司法实践存在脱节,司法实践围绕着非法占有目的所进行的举证、质证,与财产受到侵害的证明内容存在高度重合,非法占有目的在证明过程中不具有真正独立意义上的判断,司法实践的困境就根源于非法占有目的违法要素和责任要素的混沌,司法解释所强调的行为人的还款能力、还款意愿

---

〔1〕 参见张明楷:《刑法学》(上),法律出版社1997年版,第212—213页。
〔2〕 同上注。

等均在不法所有、不法获利中难以寻觅到妥当的位置。对于非法占有的目的的认定，司法实务中目前较多采取的是整体收支平衡原则，即比较行为人的行为前后被害人整体财产情况是否发生了恶化，有无遭受财产损失，再分析行为人主观上是否具有还款的意愿。表面上看还款意愿是主观化的要件，是行为人集资诈骗之外需要独立判断的犯罪构成条件，但非法占有目的的成立本身即以财产损失的成立为前提，那么还款意愿抑或还款能力的强调只是进一步强化了被害人所遭受的财产损失的认定，并不存在行为人犯罪行为之外可以与非法占有目的继续对应的行为，这也是在辩方频频提出“行为人没有资不抵债”“行为人借新还旧是为了创造经营条件”“集资款没有用于个人消费”“集资款用于生产经营活动和集资款没有明显不成比例”等抗辩意见之后，司法裁判者仍然认为行为人具有非法占有之主观目的，但在裁判理由中却没有翔实以及有力的回应，给人简单、直接甚至粗暴、难以展开说理和论证的原因所在。

长期以来，除我国学者坚信非法占有目的是完全的主观超过要素以外，我国刑事司法解释的相关规定亦认为非法占有目的系独立的主观要件。如 2018 年最高人民法院、最高人民检察院颁布的《关于修改〈关于办理妨害信用卡管理刑事案件具体应用法律若干问题的解释〉的决定》，为避免实务中虚置非法占有目的，将“经发卡银行两次催收后超过三个月仍不归还”的客观行为直接认定为“以非法占有为目的”，司法解释明确规定“以非法占有为目的”应当坚持综合判断原则，不得单纯依据持卡人未按规定还款的事实认定非法占有目的，强调和引导实务部门综合全案证据审慎认定“以非法占有为目的”的主观要件。[1] 从上述

---

〔1〕 为进一步强调非法占有目的独立法律地位，解释同时又规定了应当认定为“以非法占有为目的”的六种情形：明知没有还款能力而大量透支，无法归还的；肆意挥霍透支的资金，无法归还的；透支后逃匿、改变联系方式，逃避银行催收的；抽逃、转移资金，隐匿财产，逃避还款的；使用透支的资金进行违法犯罪活动的；其他非法占有资金，拒不归还的行为。

规定可以看出,司法解释规定的六种认定为“以非法占有为目的”的情形仍是以结果推导出主观,上述行为本身即为恶意透支的表现形式,并不存在恶意透支之外可以与非法占有目的继续对应的行为,司法解释实质上采取了罪状描述与主观故意认定重合的方法。将非法占有目的理解为直接故意目的,既回归了这一犯罪本身的实际内涵,也契合司法实践对这一主观目的认定的操作路径。实际上,无论是在互联网非法集资刑事案件还是其他传统集资诈骗案件中,司法裁判者并未将非法占有目的作为行为人主观目的的补充,没有作为主观超过要素予以考量,而是纳入犯罪构成的主观要件作为直接故意目的予以评判。如广西的一起艺术品资产份额化交易刑事案件中,被告人非法吸收公众存款 1.06 亿余元,返还投资者 0.91 亿余元,案发前 0.16 亿余元无法归还,占总额的 15.1%,未归还钱款主要用于购买平台软件、评估咨询、职工工资、管理费等,其中 226 万元用于投资,法院认定被告人向社会不特定对象吸收资金后主要用于返还前期客户投资款,极少部分用于正常投资经营,最终以集资诈骗罪定罪处罚。可以看出,上述行为要件既是被告人违法的事实要素,也是推定是否具有非法占有目的的依据,非法占有目的在认定上与直接故意的目的发生重合。行为人未经有关部门批准,虚构艺术品的种类,与评估鉴定人员勾连出具虚假评估,与最终非法占有目的之间存在着原因与结果的关系,对非法占有目的的实现无须再实行新的单独行为,事实上也没有集资诈骗案件中行为人除了实施通常的诈骗行为以外,再额外地有单独行为供司法裁判者评价。也有理论观点认为非法占有目的这一主观超过要素,不需要有与之对应的客观事实,但令人不解的是既然没有与之对应的客观事实,何来“超过”一说,又如何呈现、以何种方式呈现这一要素？即使是价值判断,司法裁判者也需要有判断的事实基础,否则其主观超过要素在犯罪构成中的地位也失去了意义。所以不将非法占有目的作为主观超过要素,不但可以舒缓司法实践中的证明困难,而且是裁判者走出司法困境的现实选择。

第三节　厘清刑民交叉案件的处理规则

一、理论与实践争议

案例:2018年,上海某资产管理有限公司实际控制人田某以高额利息为诱饵,向不特定社会公众非法募集资金共20亿余元,使用非法吸收的资金对外收购动迁房,因案发导致涉案房屋买卖合同无法继续履行,房屋出售方起诉至法院要求解除房屋买卖合同。对于刑事案件审理过程中,解除房屋买卖合同民事案件是否可以先行处理,现有不同观点。一种观点认为,涉案房屋系非法吸收公众存款案查封房屋,按照先刑后民的原则,法院不应立案受理也无权对涉案房屋进行实体处置。另一种观点认为,涉案房屋买卖纠纷并不涉及刑事案件,原告诉请解除房屋买卖合同并由被告承担违约责任具有事实和法律依据,民事上可以先行处理且不影响刑事案件的查处。

上述案件涉及两个问题:一是涉案房屋买卖是否涉及刑事案件?二是如果系刑民交叉案件是否要适用先刑后民的审理思路?刑民交叉案件又称刑民交织、刑民互涉案件,是指既涉及刑事法律关系,又涉及民事法律关系,且相互之间存在交叉、牵连、影响的案件。[1] 上述定义从两个层面对刑民交叉案件作了解释:一是具有两个法律关系,二是案件存在交叉或者牵连、影响,但定义的解释中用“交叉”解释“交叉”,且刑民交叉与“刑民交织”“刑民互涉”“交叉、牵连、影响”等概念意思等同,同义重复让人无法从解释中对刑民交叉有实质理解和把握。还有一种观点认为,刑民交叉案件是指刑事犯罪与民事不法存

---

〔1〕 参见何帆:《刑民交叉案件审理的基本思路》,中国法制出版社2007年版,第25—26页。

在竞合的案件。[1] 该解释依然让人难以准确理解与把握刑民交叉的概念。如果存在刑事犯罪与民事不法竞合关系,刑事责任的危害程度以及所侵害的法益显然超过民事不法所遭受的权利损失,用刑事手段予以调整是应有之义,为什么会存在先刑后民、刑民并存等理论与实践分歧值得思考。对于刑民交叉案件的类型,理论界现有三分法和两分法。三分法认为刑民交叉案件存在三种类型,分别是牵连型的刑民交叉案件、疑难型的刑民交叉案件、竞合型的刑民交叉案件。两分法认为刑民交叉案件存在两种类型:一种是因不同法律事实分别涉及刑事法律关系和民事法律关系,但法律事实之间具有一定的牵连关系而造成的刑民交叉案件;另一种是因同一法律事实同时涉及刑事法律关系和民事法律关系[2],从而构成刑民案件交叉。从上述刑民交叉案件的分类上可以看出,核心要义在"法律事实"上,要先厘清什么是同一法律事实。

司法实践中,同一法律事实存在刑民交叉这一命题存在逻辑上的悖论。1998 年,最高人民法院《关于在审理经济纠纷案件中涉及经济犯罪嫌疑若干问题的规定》第 10 条规定,人民法院在审理经济纠纷案件中,发现与本案有牵连,但与本案不是同一法律关系的经济犯罪嫌疑线索、材料,应将犯罪嫌疑线索、材料移送有关公安机关或检察机关查处,经济纠纷案件继续审理。第 2 条至第 4 条规定,在刑事追缴的基础上,如给被害人造成损失的则由单位承担赔偿责任,即在刑事追缴不能覆盖的范围下由民事诉讼予以调整。2005 年,公安部颁布的《公安机关办理经济犯罪案件的若干规定》第 12 条规定,需要立案侦查的案件与人民法院受理或作出生效判决、裁定的民事案件,属于同一法律事实,如符合下列之一的,公安机关应当立案侦查:人民法院决

---

〔1〕 参见陈兴良:《刑民交叉案件的刑法适用》,载《法律科学(西北政法大学学报)》2019 年第 2 期,第 161 页。

〔2〕 参见王智杰:《刑民交叉案件现实困境的突破——以先刑后民原则为视角》,载《中共郑州市委党校学报》2020 年第 4 期,第 39—40 页。

定将案件移送公安机关或者撤销该判决、裁定的；人民检察院依法通知公安机关立案的。2019 年，最高人民法院《全国法院民商事审判工作会议纪要》（以下简称《九民会议纪要》）采用了例举式来说明刑民之间的界分原则。在刑民交叉的处理上主要规定了五个方面的内容：一是主合同的债务人涉嫌刑事犯罪或者刑事裁判认定其构成犯罪，债权人请求担保人承担民事责任的；二是行为人以法人、非法人组织或者他人名义订立合同的行为涉嫌刑事犯罪或者刑事裁判认定其构成犯罪，合同相对人请求该法人、非法人组织或者他人承担民事责任的；三是法人或者非法人组织的法定代表人、负责人或者其他工作人员的职务行为涉嫌刑事犯罪或者刑事裁判认定其构成犯罪，受害人请求该法人或者法人组织承担民事责任的；四是侵权行为人涉嫌刑事犯罪或者刑事裁判认定其构成犯罪，被保险人、受益人或者其他赔偿权利人请求保险人支付保险金的；五是受害人请求涉嫌刑事犯罪的行为人之外的其他主体承担民事责任的。上述司法解释对刑民交叉案件的处理，均建立在非同一法律事实基础上，刑民交叉较多体现为牵连关系而非同一法律事实。如果属于同一法律事实，则由公安机关直接立案侦查，并不存在刑民交叉问题所产生的先刑后民、刑民并存等理论分歧。刑民交叉案件的实质不是基于同一法律关系的诉讼程序选择，而是牵连关系或者竞合关系的刑民顺序选择问题。

二、同一法律事实的判断

2019 年 7 月 3 日，最高人民法院审判委员会专职委员刘贵祥在第九次全国法院民商事审判工作会议上提出，对同一法律事实的认定应当满足是同一主体实施的行为，刑事案件的受害人是民事法律关系的相对人，民事案件争议的事实构成了刑事犯罪的要件事实。[1] 互联

---

〔1〕 参见熊进光：《互联网金融刑民交叉案件的法律规制》，载《厦门大学学报（哲学社会科学版）》2020 年第 4 期，第 125 页。

网下的非法融资因具有金融交易的复杂性,厘清争讼事实还是犯罪事实是区分刑民交叉案件的关键。法律事实是对客观存在的自然事实的判断,自然事实是民事、刑事两种法律事实的中介,因民事、刑事构成要素不同,分别从自然事实中撷取的要素也不尽相同,导致基于同一自然事实会形成不同的刑事法律事实和民事法律事实,这也是两种法律事实出现交叉或者牵连的原因所在,所以刑民交叉或者牵连是基于同一自然事实而发生。民事法律事实撷取自然事实的一些要素而形成,主要包括行为人的意思表示行为,合同法律事实须具备当事人双方的合意;引起民事法律关系发生变动的法律事实可能是一个,也可能是多个,一般没有明确的"量"的要求,只要出现违反当事人约定或相关法律规定的事实即可产生合同法上的责任。而刑事法律事实无须以其他法律事实的同时存在为辅助即可引起刑事法律关系的产生,一般情况下是违背对方意志的,不存在与侵害对象的"合意",犯罪构成事实无论其内部包含的要素有多么复杂,都应被评价为符合刑法分则规定的一个法律事实,且只有达到刑法规定的"量"的标准方能产生刑事责任。[1]

具体判断方法上,是以民事法律事实作为对照对象,与犯罪构成事实加以对照,通过要素重合部分的分布情况判断二者的关系是否属于同一法律事实。在互联网非法集资案件中,则是用民间借贷合同行为与所涉非法集资类罪名的犯罪构成事实进行对照,确定刑民法律事实之间的关系。如非法吸收公众存款的自然事实要素有"未经批准""借用合法经营的形式""不特定对象""向社会公开宣传"等,而民间借贷合同事实表现为合同双方当事人的"合意",双方意思表示一致时成立借贷关系。比较两者,借款人签订借款合同的民事行为即使满足了犯罪构成中的大多数,但在"向社会不特定对象"这个要素上肯定无

〔1〕 参见李全锁、杜博:《刑民交叉案件法律规制路径之反思与重构——以涉嫌刑事犯罪的民间借贷案件为例》,载《法律适用》2013年第7期,第99页。

法涵摄。在与集资诈骗罪比较上,民间借贷合同借款人在订立单个借贷合同时采取了隐瞒真相或虚构事实的方法,这种以欺诈手段订立的合同,合同中所体现的欺诈手段与集资诈骗罪的诈骗事实有相同之处,这也是司法实践中易混淆的地方。

案例:2015年起,李某成立跃动公司、鸣动投权投资基金管理(上海)有限公司(以下简称鸣动公司)及中兴利民投资基金管理(北京)有限公司(以下简称利民公司),对外销售私募基金。2017年至2018年间,原告严某陆续向鹰潭鸣动朝阳产业投资合伙企业转账500万元,约定鸣动公司、利民公司与严某成立合伙企业,严某认缴出资额300万元,从事健康养老产业投资,投资资金用于某寺庙的装修工程。合伙人委托鸣动公司为企业执行合伙事务的合伙人,委托利民公司协助执行。寺庙与鸣动公司签订认捐合作协议,约定鸣动公司出资装修寺庙“福位”[1]并享有所有权,寺庙得“福位”认捐所得款的30%,鸣动公司得70%。2019年,李某因涉嫌非法吸收公众存款罪被抓获,经查鸣动公司的实际控制人李某招聘业务团队,通过召开酒会、组织旅游、口口相传等形式公开宣传,以投资寺庙工程为名,承诺10%的年化收益,向不特定公众销售股权投资私募基金,向400余名投资者吸收资金2.78亿余元,其中“福位”兑付1.35亿余元。2020年,鸣动公司与严某签订《底层实物兑付协议》,约定鸣动公司将寺庙的188个“福位”折抵480万元用于偿还严某的款项。

对于上述案件,存在几个争议:

第一,本案所涉刑事和民事案件的事实是否属于同一法律事实?被告人李某以鸣动公司名义对外销售私募基金,已构成非法吸收公众存款罪,因李某利用鸣动公司销售私募基金已经被刑事处罚,本案所

---

〔1〕 福位是指生时用于祈福消灾,百年后安奉骨灰的地方。

涉事实与刑事案件所处理的事实是否属于“同一事实”,本案是否属于民事案件的审理范围？第二,《底层实物兑付协议》是否有效？刑事案件中认定,被告人李某的行为构成非法吸收公众存款罪,但并未否认刑事案件中双方签订的兑付协议的效力。民事案件审理中,对该协议效力如何存有两种观点:一种观点认为,转让寺庙“福位”违反法律法规的效力性强制性规定,应属无效;另一种观点认为,刑事案件中未否认兑付协议的效力,并将兑付金额计入李某的退赔金额,若本案直接认定该协议无效,则有与刑事案件处理结果相冲突之嫌。虽然国务院颁布的《宗教事务条例》规定,宗教团体的财产和收入应当用于与其宗旨相符的活动,不得用于分配,但是该规定是约束宗教团体及其相对方,本案兑付协议的双方均非宗教团体,其双方形成的协议不属于《宗教事务条例》调整范围。且从规定的具体内容可以看出,该条例属行政管理型规范,而非效力性规范,对行为后果亦未作规定,不是无效合同认定的基础性行政规范。

对于第一个争议焦点——不构成同一法律事实的观点认为,民事诉讼与刑事诉讼在制度功能、程序设置、证明标准、责任形式等方面存在显著差异。除法律和司法解释有特别规定外,当事人之间因不同事实分别涉及民商事纠纷和刑事犯罪的,民商事案件和刑事案件应当遵循分别受理、分别审理原则。所谓“不同事实”,既包括在不同主体之间分别发生的不同的法律事实,也包括同一当事人因分别涉及不同法律关系而发生的不同的法律事实。判断民商事案件与刑事案件处理的事实是否属于“同一事实”,可以从行为主体、要件事实、法律关系等角度加以分析。本案中,首先,原告诉讼主张的基础事实虽然与刑事案件中处理的被告人李某非法吸收公众存款的行为有牵连,但是原告在本案中请求承担民事责任的对象系鸣动公司和李某,与刑事案件的追诉对象李某并未完全重合。因涉案主体不同,本案审理的要件事实与刑事案件处理的要件事实并非同一事实。其次,李某在取保候审后,鸣动公司陆续与包括原告在内的多名投资人签订了《底层实物兑付协议》,将其在多家寺庙中的"福位"转让给投资人,以抵偿欠款。本案原告的请求权基础系《底层实物兑付协议》无法兑现的违约赔偿请求,与刑事案件中处理的李某非法吸收公众资金行为并非同一法律关系。最后,刑事案件中因李某与投资人签订了兑付协议,故对于已经签订兑付协议投资人的投资金额,未计入非法吸收公众存款的金额中,原告难以依据刑事判决书要求李某赔偿其损失。根据最高人民法院《关于在审理经济纠纷案件中涉及经济犯罪嫌疑若干问题的规定》第 10 条,民商事案件审理中发现与本案虽有牵连,但与本案并非同一法律关系的经济犯罪嫌疑线索、材料的,应将犯罪嫌疑线索、材料移送公安机关或者检察机关,同时民商事纠纷案件继续审理,故本案应属于民事审理的范围。

笔者认为,首先,从款项往来情况来看,刑事判决书所采纳的《鉴定意见书》查明了鸣动公司吸收资金的去向,其中鸣动公司民生银行账户显示李某账户转入 1400 余万元,转出 110 余万元,鸣动公司上海银行账户显示转出李某账户 2935 万余元,可以看出李某与鸣动公司账目互有往来。其次,从持股情况来看,鸣动公司二位股东分别与李某签订股权代持协议,鸣动公司的股权实际上为李某持有,在公安机关的询问过程中李某亦认可其系鸣动公司实际控制人。最后,从实施行为来看,针对鸣动公司对外与投资人签订私募基金合同的事实,刑事案件追究的是李某非法吸收公众存款的刑事责任,可以认定李某系利用鸣动公司名义对外签订合同,刑事案件审理过程中,兑付协议虽以鸣动公司签订,但协议所涉金额已经计入李某非法集资金额中,故私募基金协议与兑付协议的签订与李某有高度关联。综上,李某作为鸣动公司的实际控制人,对鸣动公司资金、股权、经营有高度控制权,利用鸣动公司销售私募基金,鸣动公司已不具有独立意思和独立财产,二者存在人格混同,民事案件与刑事案件系同一法律事实,不宜再另行启动民事案件进行审理。

对于第二个争议焦点,《底层实物兑付协议》的效力以及能否履行的问题。刑事案件中被告人李某的行为被认定为构成非法吸收公众存款罪,但未否定鸣动公司与众多投资人签订的兑付协议的效力,并将上述兑付协议所涉资金计入李某的已兑付金额中,并在刑事判决书中加以认定。一种观点认为,因民事诉讼与刑事诉讼在制度功能、程序设置、证明标准、责任形式等方面存在显著差异,刑事判决书认定的事实在民商事领域的法律效力应根据民商事法律规定进行认定。根据《民法典》第 153 条规定:“违反法律、行政法规的强制性规定的民事法律行为无效。但是,该强制性规定不导致该民事法律行为无效的除外。违背公序良俗的民事法律行为无效。”国务院 2017 年最新修订的《宗教事务条例》第 53 条规定:“任何组织或者个人捐资修建宗教活动场所,不享有该宗教活动场所的所有权、使用权,不得从该宗教活动场所获得经济收益。禁止投资、承包经营宗教活动场所或者大型露天宗教造像,禁止以宗教名义进行商业宣传。”第 54 条规定:“宗教活动场所用于宗教活动的房屋、构筑物及其附属的宗教教职人员生活用房不得转让、抵押或者作为实物投资。”但是该规定是约束宗教团体及其相对方,本案兑付协议的双方均非宗教团体,其双方形成的协议不属于《宗教事务条例》调整范围。且从规定的具体内容可以看出,该条例属行政管理型规范,而非效力性规范,对行为后果亦未作规定,不是无效合同认定的基础性行政规范。故认为兑付协议的签订是双方的真实意思表示,不存在违反法律、行政法规的强制性规定,亦无证据证明签订协议时存在欺诈、胁迫等可撤销事由,故该协议应为有效。

刑法属于当然的强制性、禁止性规范,立法并未将刑法排除在影响合同效力的法律规范之外。笔者认为,本案名为投资实为借贷,故刑事案件认定了被告人李某实施了非法吸收公众存款的行为。而网络借贷并非行为人单独实施的行为,借贷合同双方基于共同的意思表示,共同达成的民事法律行为是双向维度之法律行为,最大限度尊重合同双方的意思自治的前提是合同双方均在法律框架内签订,而非法吸收公众存款以及集资诈骗下的交易合同系被刑法禁止的伪装行为,是将真实的犯罪目的隐藏在合同的意思表示之下,当网络借贷行为已经构成犯罪时,其行为属性就不是民法上的民事行为,而是刑法上的犯罪行为。故本案中,借贷合同已属于刑法上行为人使用的手段或者工具,不宜将同一个行为分别判定为刑法上的犯罪行为和民法上的合法借贷关系,否则是对同一行为予以了相反的评价。

三、互联网非法融资刑民交叉案件的处理规则

案例:2016 年,上海某资产管理公司王某在未经国家金融部门批准的情况下,设立专门平台通过签订借款合同的方式向 5000 余人吸收资金共 18 亿余元,某融资租赁公司作为担保方。2018 年,被告人王某被法院以非法吸收公众存款罪判刑入狱。因法院在执行追缴中,王某无力履行,被害人以担保公司为被告向法院提起诉讼,要求融资租赁公司承担连带责任,偿还借款。

上述案件涉及刑民交叉案件中借贷合同、担保合同的效力问题,实践中存在两种分歧意见:第一种意见认为,网络借贷是非法吸收公众存款的主要行为,受到刑法强制性规范的否定性评价。网络借贷合同因违反了刑法的强制性规定故应认定为无效合同;因主合同无效,作为担保的从合同也无效。第二种意见认为,网络借贷合同虽然是非法吸收公众存款的一部分,受到刑法的否定性评价,但刑法的强制性规范并非针对网络借贷合同的效力,就网络借贷合同本身而言没有违反国家的强制性规定,故应认定为有效合同。

互联网非法集资行为通常以民间借贷的合法形式表现出来,行为涉嫌非法吸收公众存款罪时,对构成该犯罪行为的单个借款合同是否有效,理论界和实务界存在三种不同的观点:第一种观点是无效说,认为借款合同违反了行政法规中的强制性规定,并在整体上构成了违法犯罪行为,从形式要件上看虽然合法,但系以合法形式掩盖非法目

的，故合同是无效的。[1] 第二种观点是有效说，认为非法吸收公众存款是一个量变到质变的过程，犯罪行为是以借款人向数个不特定的人借款，与单个的民间借贷关系并不等价，犯罪行为与合同行为并不重合，民间借贷合同并不必然因损害国家和社会公共利益而导致合同无效；[2] 刘宪权教授认为，非法吸收公众存款罪惩罚的是“借贷的集合”，而非其中包含的单笔民间借贷，单笔借贷本质并未发生改变，对单个民间借贷行为进行考察，其完全具备有效合同的全部要件。如果未能认识到这点，便容易将刑法作任意扩大化的适用。[3] 第三种观点是区别对待说，认为应该根据当事人的主观状况、借款合同签订的时间区别对待合同的效力，如果出借人不知晓借款人在进行非法吸存行为的，应认定借款合同有效；反之，则倾向于认定合同无效。[4]

上述理论观点不涉及行为人具有诈骗情形，当诈骗类犯罪行为与合同交叉时，对于合同的效力理论界主要有三种观点。第一种观点认为诈骗罪成立，相关合同当然无效，因为刑事上构成诈骗罪，行为人的行为即构成损害国家利益的欺诈行为，且属于以合法形式掩盖非法目的，根据原《合同法》第 52 条（现《民法典》第 153 条）的规定，应认定合同无效。第二种观点认为诈骗罪成立，合同并不因一方当事人缔约时的诈骗行为构成犯罪而当然无效，而是属于可撤销合同。第三种观点认为，应区别情况认定合同的效力：一是以合同相对人或其工作人员是否参与犯罪为标准进行划分，合同相对人或其工作人员参与犯罪活动构成犯罪的，合同应认定无效；合同相对人或其工作人员没有参

[1] 参见胡东迁、陈士松：《非法集资案件中担保合同的效力及各方权益保护》，载《中国律师》2013 年第 9 期，第 61—62 页。

[2] 参见宋长兴、程晓嫚：《涉刑民间借贷纠纷案件相关合同效力问题探析》，http://www.jsfy.gov.cn/lyj/gdjc/ 2012/05/31145920549.html，访问日期：2020 年 6 月 17 日。

[3] 参见刘宪权、翟寅生：《刑民交叉案件中刑事案件对民事合同效力的影响研究——以非法集资案件中的合同效力为视角》，载《政治与法律》2013 年第 10 期，第 45 页。

[4] 参见崔永峰、李红：《非法吸收公众存款犯罪中民间借贷合同效力之认定》，载《中国检察官》2012 年第 2 期，第 54—55 页。

与犯罪活动的,合同不因行为人构成刑事犯罪而认定无效。二是以权利人是否先向公安机关报案为标准进行划分,权利人先行向公安机关报案,则认定相对人涉嫌诈骗罪,在刑事追赃不足以弥补损失后另行提起民事诉讼的,不能认定基于诈骗行为签订的合同有效;若权利人未报案而是直接提起民事诉讼,若其不行使撤销权,可认定基于诈骗行为而签订的合同有效。[1]

笔者认为,互联网技术的发展使传统的民间借贷突破了时空的限制,促进了资金的融通,但就本质而言仍是平等主体之间的借贷关系,对网络借贷涉及刑事犯罪的讨论依然离不开刑事和民事的相关法律法规。上述不同观点的产生源于对原《合同法》第 52 条(现《民法典》第 153 条)规定的理解,即合同本身有无违反法律、行政法规的强制性规定。1998 年,国务院颁布的《非法金融机构和非法金融业务活动取缔办法》(已失效)将非法吸收存款的行为表述为"未经中国人民银行批准,向社会不特定对象吸收资金,出具凭证,承诺在一定期限内还本付息的活动",根据上述规定,互联网非法借贷行为完全符合上述规定,但关于非法集资的行政法规是属于效力性强制规定还是管理性强制规定才是问题产生的深层次根源。有效说和区别对待说均认为违反效力性强制规定的应认为合同无效,而违反管理性强制规定的应根据具体情形决定合同的效力,故涉刑事犯罪的网络借贷其合同效力取决于非法集资犯罪的前置法的法律属性。强制性规定规范的是合同行为本身是否绝对地损害国家利益或者社会公共利益,则属于效力性强制规定,而如果规范的是市场准入资格而非某种类型的合同行为,或者规制的是某种合同的履行行为而非某类合同行为,则属于管

〔1〕 参见王小莉:《民刑并存情形下合同效力的认定———从两则仲裁案件说起》,载广州仲裁委员会主编《仲裁研究(26)》,法律出版社 2011 年版,第 11 页;参见叶名怡:《涉合同诈骗的民法规制》,载《中国法学》2012 年第 1 期,第 140—141 页;参见王林清、刘高:《民刑交叉中合同效力的认定及诉讼程序的构建———以最高人民法院相关司法解释为视角》,载《法学家》2015 年第 2 期,第 75—91 页。

理性强制规定。换言之,上述观点的核心要义是认为违反市场准入制度的犯罪行为是由缔约主体的一方单独实施,而非双方主体共同实施,刑法所评价的是一方当事人单独实施的非法集资行为,而民法评价的是双方当事人的合同行为,对一方的否定性评价不能扩展至网络借贷的双方主体。

上述观点值得商榷与研究。第一,网络借贷的责任聚合下的刑事犯罪,在整体与部分之间的关系上是不是存在单个合同的法律属性与整体行为的性质无关的问题,认为单个借贷合同因不具有对国家利益和社会公共利益的侵害故而有效的观点,实质上是割裂了整体与部分的关系,具有逻辑上的悖论。因为进入刑事规制视野的网络借贷初始通常并非基于合法的意志而进行的正常民间借贷,而是一开始就具有向不特定对象吸收公众存款的主观故意,换言之其犯罪故意并非在达到法定追诉标准而产生,而是累积到一定的程度才显现,不能因行为在行为违法性显现之前就认为其单个的合同不具有违法的性质。第二,网络借贷违反的不仅是市场准入制度,《商业银行法》第 11 条第 2 款规定“未经国务院银行业监督管理机构批准,任何单位和个人不得从事吸收公众存款等商业银行业务……”有效说和区别对待说认为上述法律意欲规范的是无存贷资质的行为人向不特定公众借贷的整体性行为,因涉及市场准入资格而系管理性强制规定,从而不一定必然导致合同无效的法律后果。经过研究可以看出,该法律表面上看规制的系市场准入资格,但从体系解释的角度而言,对行为的判断除了依据民事法律、行政法规,需将行为放在体系的框架内进行评判,此行为在一定程度上不仅违反了市场准入制度,在责任聚合下显然具有破坏金融秩序的法益侵害性,在刑法对整体行为作出否定性评价的前提下,依然认为单个行为因为量上的不足而否定其违法的属性,显然具有片面性。第三,刑法属于当然的强制性、禁止性规范。原《合同法》第 52 条(现《民法典》第 153 条)规定中的法律,根据全国人民代表大会常务委员会法制工作委员会编撰的法律释义,是指全国人大及其常委会颁布的法律,包括刑事法律或行政管理法律,行政法规是指国务院颁布的法规，显见立法并未将刑法排除在影响合同效力的法律规范之外。第四，网络借贷也并非行为人单独实施的非法经营行为。借贷合同双方基于共同的意思表示，共同达成的民事法律行为是双向维度之法律行为，将强制性规定区分为效力性强制规定和管理性强制规定就是为了最大限度尊重合同双方的意思自治，但前提是合同双方均在法律框架内签订，而非法吸收公众存款以及集资诈骗下的交易合同系被刑法禁止的伪装行为，是将真实的犯罪目的隐藏在合同的意思表示之下，当网络借贷行为已经构成犯罪时，其行为属性就不是民法上的民事行为，而是刑法上的犯罪行为，借贷合同已属于刑法上行为人使用的手段或者工具，将同一个行为分别判定为刑法上的犯罪行为和民法上的合法借贷关系，显然是对同一行为予以了相反的评价。第五，研究最高人民法院民事审判部门近年来持有效论观点的裁判要旨，可以发现其中蕴含着两重含义：一是从形式要件上进行评判，更多的是考虑涉案当事人的利益得失，若认定合同无效，债权人受到的损失无法弥补，同时民间借贷的担保人则因主合同无效导致从合同无效，担保人只要没有过错则不再承担任何责任；有过错的情形下，其承担民事责任的部分不超过债务人不能清偿部分的1/3，债权人原本正当的预期利息收入将减少，借款人则因自身的违法犯罪而规避了本应支付的利息，担保人则顺利免除担保责任，或只因过错而最多承担不能清偿部分的1/3。对此，从利益衡量来看，此种观点更多的考虑了债权人的利益，而忽略了担保人的权益。在行为人实施以非法吸收公众存款或非法占有为目的的犯罪时，为犯罪行为提供担保，其风险显然超出担保人的预期；若担保人事先知晓行为人的犯罪意图和犯罪行为，显然不会提供担保，如果依然提供担保则构成共犯。有效论赋予债权人撤销合同的权利，却没有考虑担保人的权益，显然观点的立论缺乏周密性。二是细究案情，采纳有效说的裁判其实并不属于同一法律事实同时构成犯罪的情形，对竞合型刑民交叉下合同效力之认定并不具有参考性。

第四节　发展被害人自我答责规则

在互联网的发展与投资者理财意识觉醒的共同作用下，互联网金融活动呈现出一派欣欣向荣的景象，但随着勃兴的金融创新也泛起了不少沉疴。借助互联网实施的非法吸收公众存款、集资诈骗犯罪因互联网的放大效应，其危害呈几何级膨胀，典型如 e 租宝案件等，不但带来了上文中详细阐述的几个理论上的争议，理论和司法实践中对被害人的法律地位亦存在不小的分歧。对于互联网非法集资案件中集资参与人的法律地位，有被害人、证人、共同犯罪参与人等不同意见，涉及非法集资款的追缴和发还等重要问题。有观点认为，行为人制造了一个不被允许的风险，并且这一风险在不法构成要件中实现，但当被害人对此已有一定认知并参与危险行为促成结果发生时，对于制造风险或是促进被害人实施风险行为的人，其罪责因被害人行为的介入而免除，这就是被害人自我答责规则的理论要义，可见它在非法集资中关乎刑法介入财产保护容忍度这一要点。

一、互联网集资参与人的法律地位

集资参与人系被害人还是证人、共犯的法律属性之争，立法上对此采取了模棱两可的态度。如《2010 年非法集资司法解释》使用“集资参与人”这一称谓，规避了集资参与人的被害人、证人、共犯的法律地位之争。传统观点认为集资参与人系被害人，因犯罪行为人的集资诈骗或者非法吸收公众存款行为而遭受财产损害，应当将追缴的钱款返还给集资参与人。司法观点中亦有意见认为集资参与人为被害人，如《刑事审判参考》第 56 号指导案例《高远非法吸收公众存款案——利用经济互助会非法集资的行为如何定性》，一、二审法院以集资诈骗罪判处高远死刑并报最高人民法院核准，最高人民法院经复核后于2000年3月8日改判高远犯非法吸收公众存款罪,同时判令高远非法吸收公众存款的犯罪所得予以追缴,返还给被害人。《刑事审判参考》第488号指导案例《惠庆祥等非法吸收公众存款案——如何认定非法变相吸收公众存款》,法院同样判决非法吸收公众存款犯罪的一切财物依法予以追缴并返还被害人。上述指导案例清晰、明确地表明了最高人民法院曾经认可集资参与人的被害人地位。但从各地法院的裁判文书来看,审理此类案件时对集资参与人的法律地位认定不一,用了“被害人”“投资者”“证人”“存款人”等各种不同的表述,可以看出司法裁判者对集资参与人的法律属性尚缺乏统一的认定。上述的分歧在于,部分集资参与人主观目的确有一定的非正当性,客观上其投入资金的行为对金融管理秩序也有一定的危害,表面上看否定集资参与人系被害人的观点有一定的道理。

笔者认为,集资参与人系被害人,对其法律地位可以从以下几个方面予以考量。

其一,集资参与人在主观上和客观上存在的可谴责性过错,难以全面否定其被害人地位。一方面,无论是现行的法律规定还是司法实践,对于案件中被害人的过错通常仅对侵害法益的犯罪行为人的量刑产生一定的影响,如交通肇事罪,根据2000年最高人民法院《关于审理交通肇事刑事案件具体应用法律若干问题的解释》第2条的规定,只有交通肇事行为人对事故负全部责任、主要责任或者同等责任的,行为人才有可能构成交通肇事罪。换言之,交通肇事犯罪案件中被害人负有次要责任即主观上和客观上存在一定的可谴责性过错情形下,不妨碍被害人地位的认定。在故意杀人和故意伤害案件中也存有类似情形,2010年,最高人民法院制定的《在审理故意杀人、伤害及黑社会性质组织犯罪案件中切实贯彻宽严相济刑事政策》中明确指出,对于被害人在起因上存在过错的……应依法从宽处罚。由此可以看出,即使被害人在案件中存有一定的过错,也不影响被害人的法律地位,仅对司法裁判者的最终量刑结果产生一定的影响。

其二,风险投机不能成为消融集资参与人刑法保护的理由。不可否认集资参与人是非法集资活动中重要的一个环节,同非法集资的发起人和实施人一起对集资活动的顺利开展起着特有的作用,兼具犯罪催化与损害承受的双重主体身份。尤其是在P2P等互联网金融犯罪中,有些集资参与人系出于对高额回报的贪婪而投机冒险,故有学者提出法律不应保护投机者。[1] 但对于涉及风险的投机行业欠缺刑法保护必要性的观点没有法律依据,刑法的规范指引中没有宣示“只要认识到交易涉及风险就要责任自负”这一要义,当集资参与人一旦认识到风险,刑法就对其提出消解风险的责任要求,显然提出了过高要求。且从互联网非法融资刑事案件来看,行为人非法集资的平均利率在10%左右,鲜少超过20%,集资参与人出于这样利率回报的期待不应受过重的谴责,尤其是在这个以快速传递信息和快速达成交易为目标的互联网领域,无论是从情境或自身经验来看,不管是否采取了达到规范上一般水平的自保措施,都不能以集资参与人出于逐利目的而拒绝提供刑法上的保护。

其三,对金融管理秩序法益的侵害不能必然得出集资参与人非被害人的结论。非法吸收公众存款罪法益保护内容为国家金融管理秩序,设立的初衷是为了国家金融安全与社会经济秩序的稳定,构成要件并不以被害人的财产损失为必要。但司法实践中大量非法吸收公众存款案件造成了集资参与人的财产损失,对此罪的设置也并不排斥保护集资参与人的财产权利这一附属法益,集资行为人虽然主观上并不对集资参与人的财产具有积极主动的追求,但显然对其行为可能造成无法归还集资参与人集资款存在预见性。当非法集资爆仓时,遭受财产损失的集资参与人显然成为受到侵害的主体。而集资诈骗犯罪是通过吸收公众存款方式实现占有他人财产的目的,侵犯的是金融管

[1] 参见高艳东:《诈骗罪与集资诈骗罪的规范超越:吴英案的罪与罚》,载《中外法学》2012年第2期,第430页。

理秩序和被害人财产权利复杂法益，它具备普通诈骗罪的基本特征，其被害人法律地位的评析无法脱离诈骗罪的认定思路，被害人是在集资人通过实施诈骗行为后陷入错误认识而交付资金，集资参与人的财产法益当然成为刑法保护的对象。

其四，视集资参与人为非法集资犯罪共犯的观点违背了罪刑法定原则。第一，将集资参与人和集资行为人类比为行贿人和受贿人，认为双方的行为属于对合犯类型的共同犯罪，并均应受刑罚处罚的观点违背罪刑法定原则。对行贿人和受贿人属于对合犯类型的共犯，法律均有规定，但立法上对集资参与人的行为并未作出独立的入罪规定。第二，将集资参与人视为集资行为人帮助犯的观点与司法实践相偏离。在集资诈骗案件中，集资参与人的财产遭受损失，如果否定集资参与人的被害人的法律地位并予以共犯的评价，则会推导出集资参与人帮助集资行为人诈骗自己财产的逻辑悖论。即便在非法吸收公众存款案件中，其客观行为与集资诈骗的高度相似性，区别仅在行为人的非法占有目的之上，在此情形下，以集资参与人受骗的明知或不明知来予以界分缺乏合理性。第三，对集资参与人的行为予以刑法评价与二次违法相悖。2015 年，最高人民法院《关于审理民间借贷案件适用法律若干问题的规定》第 26 条规定，借贷双方约定的利率未超过年利率 24%，出借人请求借款人按照约定的利率支付利息的，人民法院应予支持。第 31 条规定，没有约定利息但借款人自愿支付，或者超过约定的利率自愿支付利息或违约金，且没有损害国家、集体和第三人利益，借款人又以不当得利为由要求出借人返还的，人民法院不予支持，但借款人要求返还超过年利率 36% 部分的利息除外。集资参与人的行为在本质上属于民间借贷和金融投机，在民事法律保护未超过 24% 的年利率，且不反对未超过 36% 年利率的现实下，直接将集资参与人认定为非法集资犯罪的共犯跨越了民法的规制，也与国家政策允许甚至鼓励民间资金融通政策相违背。

其五，互联网融资模式使集资参与人易受合同和技术的控制。在网络贷款过程中,集资行为人本应通过互联网平台向出借人充分披露借款人及平台的相关信息,使出资人在对借款事项进行全面评估后作出是否出借的决定。但实践中网贷平台信息披露有限,通常不会对采用的标准作出明确说明,同时会利用专业的复杂性呈现给出借人晦涩难懂或者无力通篇阅卷的密集信息。有的借贷平台会利用技术优势实际控制出借人,如设置自动投标功能,允许出借人自定义金额、预投资项目周期、利率等投资模式,设置后无须在线、无须守候在电脑前即可自动投标。平台利用互联网技术阻隔出借人的决策与信息识别的关联,锁住了网贷平台回购的逾期债权的转让标的,以零逾期、零坏账的虚假稳健经营现象展示给投资者,吸引更多的人加入投资大军。此种情形下,不能否定集资参与人的被害属性。

二、被害人自我答责的司法适用

被害人承诺排除不法的观念自罗马法就得以形成,乌尔比安在《学说汇纂》第 47 卷指出,以被害人的意志发生的东西,不是不法的。也有著名的法律格言,对知情且意欲者不产生侵害。[1] 但目前为止,将被害人承诺作为违法阻却事由立法的只有韩国、意大利等少数国家,如韩国《刑法典》第 24 条规定,依照有处分权者的同意,损害其法益的行为,不予处罚。意大利《刑法典》第 50 条规定,侵害或危害权利之行为,经依法有权处分之人同意者,不罚。对于被害人自我答责在我国司法实践中的具体应用,主要阐述以下三个方面的观点:

第一,对集资参与人没有必要按主观认知予以类型化判定。互联网非法集资中集资行为人需要集资参与人的配合,犯罪构成要件才能实现,这被称为关系犯。而集资参与人一共有三种类型:一是集资参与人具有风险识别能力,其参与投资的行为并非陷入错误认识,而是在识破非法集资行为后的冒险投机,相信自己可以获得高额回报且在

---

〔1〕 参见张明楷:《刑法格言的展开》,法律出版社 2003 年版,第 243 页。

骗局败露之前全身而退。二是恶意投资者,从最初聚集在电商平台抢夺免费福利和优惠券,发展成有组织、有规模、有分工的职业化投机群体,紧盯网络贷款平台的注册返点、投资返点等促销活动,获取返现或返利后就会批量离开,他们是主动加入非法集资的特殊集资参与人,而且随着他们投入资金的短期注入和快速流出,加剧了平台的流动性风险。三是集资参与人对非法集资活动没有主观上的认知,欠缺风险识别能力,在信息不对称条件下系信息劣势方,无法准确识别风险并作出精准判断。对上述三种类型的集资参与人是否应予以分别适用被害人自我答责理论有不同观点。上述观点的分歧追根溯源,在于对三种类型集资参与人的被害人主体身份认定的不同上,对于前两种自陷风险的集资参与人,有观点认为不能予以刑法的保护。依据集资参与人的主观认知和自身情况决定是否适用被害人自我答责理论,不但没有法理的依据,在司法实践中也不具有现实意义。就非法吸收公众存款罪而言,立法上虽无非法占有目的的构罪要件,但集资行为人创设吸存资金的高风险行为在相当程度上存在欺诈因素,参与集资的投资者所处的境遇与集资诈骗罪并无不同,司法实践中进入刑事处罚视野的案件中,集资参与人几乎都在不同程度上遭受损失,仅因集资行为人的主观故意不同而予以了不同罪名认定。在此情形下,将集资参与人作为自陷风险的被害人不予返还集资款,显然不能说服大众。

第二,被害人自我答责影响罪量而非罪质。被害人自我答责在司法实践中并未规范化地构建,但近年越来越多的司法裁判者在刑事裁判文书中将集资参与人表述为投资者而非被害人,是该理论在司法实务中的隐性存在。在我国传统犯罪论体系下,从行为人角度出发的归责判断具有单向性,被害人对归责的影响较少论及,非法集资犯罪中被害人的行为是否可以影响对集资行为人的不法评价,从被害人自我答责的演变来看没有得到理论的充分支持,但其在司法实务中存在现实的土壤。被害人自我答责在司法实践中的运用不影响集资行为人的行为定性，亦不影响非法集资犯罪数额的认定，司法裁判者不将集资参与人表述为被害人，不是从根本上否定他们被害人主体身份，而是对集资参与人的行为不影响行为人罪质但影响罪量的一种表现形式，因为从实际的发赃来看，不但集资诈骗的被害人被纳入分配名单，非法吸收公众存款的集资参与人亦没有被排除在外。有观点认为，对于因为掌握了充分信息或具有专业知识背景而识破了骗局的集资参与人而言，其作为法益主体自主决定将自身法益置于一定风险情境以实现目的利益（超高额利益回报），尽管行为人的行为不能排除违法性，但集资参与人的参与行为是有意识的冒险决定，接近于有效的同意，能够降低不法的程度，进而产生减轻刑罚的效果，在集资参与人自陷风险、集资诈骗行为难以定性为集资诈骗罪（既遂）的情况下应作降格处理，该损失属于集资参与人可支配和可接受的局部资金风险，从群体视角来看，此笔集资款与其他非法吸收的公众存款一起产生叠变聚合作用从而增量的系统金融风险是集资行为人所无法控制和支配的，因此集资参与人受损的该笔集资款的性质不属于受害人所遭受的损失，但应计算为集资行为人非法吸收公众存款罪的犯罪数额之中。[1] 根据上述观点，要对被害人进行主观认知和知识背景的审查，从而分别计算非法集资的损失数额和吸存数额，此种观点因脱离了互联网金融的实质特征在司法实务中不具备操作的空间和可能性。互联网模式下的集资参与人呈现海量的特点，善林金融、联壁金融案件中的集资参与人分别是60余万、90余万，如此庞大的参与人侦查机关不要说逐个对集资参与人的主观认知、知识背景进行调查，即便是类型化的分类也难以做到，学者对理想的追求在实践的现实土壤中难以生根发芽，互联网对非法集资案件带来的新挑战、新变化在被害人的整体认定上就是其中一个体现。

---

〔1〕 参见董文蕙：《P2P模式下非法集资犯罪参与人与被害人之界分》，载《环球法律评论》2020年第1期，第68页。

第三,被害人自我答责对涉案赃款赃物处理产生影响。《2014 年非法集资若干意见》第 5 条规定:“向社会公众非法吸收的资金属于违法所得……集资参与人本金尚未归还的,所支付的回报可予折抵本金……查封、扣押、冻结的涉案财物,一般应在诉讼终结后,返还集资参与人。涉案财物不足全部返还的,按照集资参与人的集资比例返还。”同时,我国《刑法》第 64 条规定:“犯罪分子违法所得的一切财物,应当予以追缴或者责令退赔;对被害人的合法财产,应当及时返还;违禁品和供犯罪所用的本人财物,应当予以没收。没收的财物和罚金,一律上缴国库,不得挪用和自行处理。”根据法律规定,只有被害人的合法财产才应当追缴后及时返还被害人或者责令犯罪分子退赔。2021 年国务院颁布的《防范和处置非法集资条例》第 25 条规定,非法集资人、非法集资协助人应当向集资参与人清退集资资金;因参与非法集资受到的损失,由集资参与人自行承担。进入刑事处罚领域的非法集资案件,司法机关追缴的涉案财产往往难以充分赔偿集资参与人所遭受的损失,故财产的分配顺序显得尤为重要,集资参与人法律地位的认定影响了集资款的发放顺序。2014 年最高人民法院发布的《关于刑事裁判涉财产部分执行的若干规定》规定,被执行人在执行中同时承担刑事责任、民事责任,其财产不足以支付的,按照下列顺序执行:人身损害赔偿中的医疗费用;退赔被害人的损失;其他民事债务;罚金;没收财产。按照《防范和处置非法集资条例》规定的非法集资人、非法集资协助人应当向集资参与人清退集资资金,但损失由集资参与人自行承担的立法精神,显然立法机关虽将他们作为被害人对待,但却没有得到被害人应有的全额退赔的刑法保障,故在涉案财物的退赔顺序上是作为第三序位予以分配,既关照了集资参与人的被害特殊性,也彰显了刑法教育民众增强法律意识、买者自负、风险自担的引领功能。

第六章　互联网金融非法集资案件具体刑法适用

互联网金融领域中的非法集资行为基于其鲜明的互联网元素,公开性、社会性这两个特征在网络空间里已不具有独立评价的意义,但现实是司法裁判者依然遵循传统意义上“四个特征”简单对号入座的公式化、流程化裁判思路,不但难以揭示互联网非法融资的行为实质特征,囿于前置法抽象规定、秩序法益观占主导等原因,裁判理由难以展开说理而导致千篇一律。互联网非法融资案件刑法规制难度大,一如其他网络犯罪案件一样,除了宏观的理念,中观的裁判规则,微观上最大的困难在于我们忽略了传统犯罪向网络犯罪发展过程中,对互联网行为的具体认定存在认识上的偏差。传统的犯罪行为没有太多复杂、司法人员难以把握的技术成分,但互联网时代下技术与法律的融合,对犯罪行为已不单纯地运用法律知识就可以判定,对这些复杂行为如何认定缺少必要的研究,现有的研究往往跳过了这一环节,理论上没有看到在证据审查与罪名判定之中,事实认定这个环节少了对互联网情境下新型互联网行为模式的研究。缺少这一环节,司法人员只能简单地按照传统行为模式来应对新情况、新问题,所以本章主要针对互联网领域中非法集资的具体行为等进行研究。

第一节　界定互联网非法融资的特殊主体

一、金融资产交易所与交易中心主体之辨

金融资产交易所是地方人民政府批准设立的综合性金融资产交易服务平台，为各类机构和投资人提供金融资产转让、交易、信息撮合、投融资、信息咨询等服务，其本质是一种产权交易所，所交易的产品是金融资产或者从金融资产中演化而来的产品。而金融资产根据《企业会计准则》通常是指现金、银行存款、应收账款、应收票据、贷款、股权投资、债券投资等。2009 年 3 月，财政部针对金融类国有资产进入产权市场交易颁布了 54 号令，要求非上市金融企业国有产权的转让应当在依法设立的省级以上产权交易机构公开进行，不受地区、行业、出资或者隶属关系的限制。[1] 依据 54 号令，各金融资产交易所应运而生，但乱象频发导致市场风险急剧加大。金融资产交易所成立的前身是为了解决国内不良金融资产的处置，但后续的发展变为解决当地中小企业的融资难等更多的经济金融问题，由地方政府批准设立且主要由地方产权交易所发起设立，受地方金融办监管，受当地金融办出台的业务管理办法限制。为此，2011 年国务院开始清理整顿，先后出台了《国务院关于清理整顿各类交易场所切实防范金融风险的决定》《国务院办公厅关于清理整顿各类交易场所的实施意见》，成立联席会议对各类交易场所进行整治和验收，仅保留了北京等八家交易场所。但为丰富融资渠道，金融资产交易中心应运而生，互联网公司开始投资金融资产交易中心，利用互联网技术搭建金融资产交易平台。截至目前，全国共设立各类金融资产交易中心 32 家，经省级人民政府

---

〔1〕 参见马庆强：《我国金融资产交易所发展问题研究——基于北京、天津金融资产交易所的比较》，载《华北金融》2014 年第 3 期，第 42 页。

设立的有 11 家,经省级金融办批准的有 3 家,其余有的系市级政府批准成立,有的批准部门不详。

对金融资产交易所和金融资产交易中心的研究,是为了解决上述主体的合规性问题。对于不具有金融机构属性,但利用互联网技术搭建的交易平台从事金融资产交易的主体是否具有违法性,其从事金融资产交易的行为是否应纳入刑事规制的范围,是当前互联网金融案件审理中亟待解决的问题。从金融资产交易所到金融资产交易中心,名称的变化并没有改变内容的实质,不改变金融资产交易的本质,尤其是与互联网平台结合之后,就涉及了是否构成互联网金融犯罪的问题。金融资产交易中心目前的运行方式,主要是把理财产品变成"债券"流向资本投资市场,其以较少的资金参与其中,但吸收的资金体量较大,金融资产交易中心自身的资产和投资者投入资金存在的风险的不匹配,蕴含着较大的金融风险。国务院发布的《国务院办公厅关于清理和整顿各类交易场所的实施意见》以及证监会召开的清理整顿各类交易所部级联席会议,均提及"一些交易场所会员、代理商等机构涉嫌欺诈误导投资者以及一些金融资产交易场所将收益权等拆分转让变相突破 200 人界限,涉嫌非法公开发行等,"〔1〕可以看出金融资产交易所变成金融资产交易中心并没有改变其实质属性,最初诞生的目的是为持有各类金融资产的客户及有需求的客户创造互利融通,从这个意义上说只是资金通道,其依然只具有金融资产的中介功能而非交易功能,故对于向不特定对象吸收资金的行为,可以非法集资类犯罪或非法经营类犯罪予以刑法规制。

二、金融机构是否能成为非法融资特殊主体之思

非金融机构未经许可不得吸收资金,具有金融牌照的金融机构利用互联网平台吸收公众资金,是否可以成为非法融资的主体,是一个

〔1〕 李雪娇:《创新难! 金交所合规路漫漫》,载《经济》2018 年第 6 期,第 74 页。

值得研究的问题。我国关于非法集资的立法和司法精神体现出了对金融机构的保护,对金融机构的非法集资行为虽然有了相关规定,但司法实践中鲜有立案,这点可以从学者对金融犯罪的概念描述可见一斑。在金融犯罪的概念中,或者以金融领域为核心,或者以侵害金融单位为要点,鲜有见到对金融机构构成犯罪的研究和评析。而国外学者则认为金融机构可以构成金融犯罪的主体,如西原村夫教授认为,金融犯罪是指金融机关和金融机关工作人员围绕金融和资金筹措实施的犯罪。日本的金融机关主要是指银行、信托公司、信用金库等从事存款和融资业务的机关以及保险公司、农村信用社等从事存款业务的组织。〔1〕

在分析金融机构是否可以成为非法集资的主体之前,我们需要首先研究为什么金融机构是否构成金融犯罪无论是在立法、司法还是实践领域均没有引起足够的重视。金融交易是两个主体之间发生的行为,任何一方均有欺诈对方的可能,无论是客户欺诈金融机构,还是金融机构欺诈客户均存在成立的空间,但司法实务中却鲜见对金融机构追究非法集资的刑事责任的案件。理论上金融机构可以成为非法集资的主体,之所以尚未引起关注主要系观念上积习难返,以及我国金融领域的发展现状所致。在社会一般观念中,均认为金融机构是金融秩序的主要保障者,在维护金融秩序的稳定和发展上起着重要作用,金融机构不仅关乎其自身还直接影响金融的稳定,故对其有"分类管理、资质优良、关系清晰、权责明确、公开透明"的管理原则。对于承担着如此重要职责的金融主体,人们难以将其与违法犯罪相关联,感情上亦难以承受老百姓钱袋子的主要安放场所竟然存在着巨大的风险。

我国现阶段金融违法犯罪行为主要发生在客户诈骗金融机构的

---

〔1〕 参见[日]西原村夫:《日本刑事法的重要问题(第二卷)》,金光旭译,法律出版社2000年版,第88页。

情境中，立法者关注点也在于此，但随着金融市场的发展和金融机构竞争格局的形成，金融机构诈骗客户的情形将会越来越多，尤其是随着互联网技术的发展，越来越多有金融机构背景的公司进入互联网融资的行列，“被害性和违法性总是连在一起，换句话来，金融机构之所以被害，弱点就是金融机构自己实施或卷入了各种违法经营行为”[1]。从我国相关法律规定可以看出，对金融机构的违法犯罪是作出了相关规定，但明显虚置并未进入司法领域。如《商业银行法》第74条、第75条、第76条、第77条均是对金融机构犯罪所作出的规定，第74条规定对未经批准设立分支机构，未经批准分立、合并或者违反规定对变更事项不报批的，违反规定提高或者降低利率以及采用其他不正当手段，吸收存款、发放贷款的，出租、出借经营许可证的，未经批准买卖、代理买卖外汇的，未经批准买卖政府债券或者发行、买卖金融债券的，违反国家规定从事信托投资和证券经营业务、向非自用不动产投资或者向非银行金融机构和企业投资的，向关系人发放信用贷款或者发放担保贷款的条件优于其他贷款人同类贷款的条件的，构成犯罪的，可以追究刑事责任。[2] 第75条规定，对拒绝或者阻碍国务院银行业监督管理机构检查监督的，提供虚假的或者隐瞒重要事实的财务会计报告、报表和统计报表的，未遵守资本充足率、资产流动性比例、同一借款人贷款比例和国务院银行业监督管理机构有关资产负债比例管理的其他规定的，构成犯罪可以追究刑事责任。第76条规定，对未经批准输结汇、售汇的，未经批准在银行间债券市场发行、买卖金融债券或者到境外借款的，违反规定同业拆借的，构成犯罪的，依法追究刑事。[3] 金融机构利用互联网平台吸收公众资金，亦存在非法集资的风险，如通过互联网平台超出金融许可的范围吸收存款、发

[1] 白建军：《金融犯罪研究》，法律出版社2000年版，第98页。

[2] 参见毛宇舟：《资行违规揽储“吃罚单”：韩亚中国被罚款90万元》，载《证券日报》2016年7月5日，第B2版。

[3] 参见《中华人民共和国商业银行法》，载《金融会计》2004年第2期，第57—62页。

放贷款的，或者违反规定提高或者降低利率，或者超出规定的融资数额和融资时间进行融资的，或者给互联网平台出租、出借经营许可证的，可以非法吸收公众存款罪或者非法经营罪等予以刑法规制。提供虚假财务会计报告、报表，以明显收益不能覆盖成本的方式等明显带有欺诈性质的行为吸收公众资金的，可以集资诈骗罪等犯罪追究刑事责任。

三、小额贷款公司是否能成为非法融资特殊主体之争

2013 年，我国部分地方金融办批复同意金融资产交易所可以作为小贷公司再融资的平台，有融资平台需求的小贷公司可以交易所名义通过私募债券、资产证券化等方式再融资，小额贷款公司通过互联网平台募集资金是否属于非法融资的主体，司法实践中有不同意见。

一种意见认为，小额贷款公司属于其他金融机构，可以通过互联网平台募集资金。《银行业监督管理法》第 2 条第 3 款规定，对在中华人民共和国境内设立的金融资产管理公司、信托投资公司、财务公司、金融租赁公司以及经国务院银行业监督管理机构批准设立的其他金融机构的监督管理，适用对银行业金融机构监督管理的规定，[1]非银行金融机构的设立可以由银监会批准。小额贷款公司经银行业监督管理机关授权的省级政府部门批准设立，可以认定小额贷款公司系经银行业监督管理机关授权的省级政府部门批准设立的其他金融机构。中国人民银行制定的《金融机构编码规范》中规定，每个编码对象获得一个唯一代码，以适应金融机构信息系统建设和数据交换的需求；《中国人民银行关于 2010 年中资金融机构金融统计制度有关事项的通知》规定，“境内其他金融机构：除上述机构之外的其他金融机构。包括小额贷款公司等金融机构”，明确认定小额贷款公司为金融机构，并

---

〔1〕 参见《识别高息“陷阱” 向非法集资说“不”》，载《天津日报》2017 年 1 月 12 日，第 17 版。

要求小额贷款公司适用金融机构的金融统计制度。小额贷款公司取得了中国人民银行授予的金融机构编码,属于其他金融机构,依法可以从事吸收存款等金融业务,故通过互联网平台募集资金属于其金融业务范围。

另一种意见认为,小额贷款公司通过互联网平台募集资金的行为涉嫌非法集资,笔者赞同此种意见。小额贷款公司虽有金融机构编码,但未取得金融许可证,与金融机构不完全相同,它只是在工商部门登记的以营利为目的的企业法人。司法实践中,虽然越来越多的刑事案件将小额贷款公司视作其他金融机构,但更多的考量是为了解决其作为骗取贷款罪等被害人的资格问题,是为了对小额贷款公司在骗取贷款案件中所遭受的损失进行保护。且根据《中国银行业监督管理委员会、中国人民银行关于小额贷款公司试点的指导意见》第 1 条第 1 款的规定:“小额贷款公司是由自然人、企业法人与其他社会组织投资设立,不吸收公众存款,经营小额贷款业务的有限责任公司或股份有限公司。”故小额贷款公司虽然具有金融机构代码,但作为创新金融的试点,发放贷款是小额贷款公司的主营业务,甚至是小额贷款公司的唯一经营业务,与银行等金融机构相比,从事的是部分金融业务,不能吸收公众存款。

第二节　辨识互联网新型非法集资的行为

一、股权众筹行为的刑法属性

(一)实践争议

案例:2015 年底,被告人窦某、祝某(另案处理)、刘某及赵某等人一同到安徽某科技股份公司学习该公司运营模式。后经商议,上述被告人决定开设公司并套用安徽某科技股份公司的模式吸收资金。2016 年 2 月 4 日,祝某及被告人窦某、刘某等人在上海注册成立上海钱道科技股份有限公司(以下简称上海钱道公司),被告人窦某任该公司法定代表人,公司设立后无任何经营活动。2016 年 3 月,祝某、赵某等人又在淮安注册成立江苏钱道科技股份有限公司(以下简称江苏钱道公司),赵某任公司法定代表人,被告人窦某任公司董事长全面负责公司运营,被告人刘某负责公司财务工作,祝某负责公司市场运营,被告人喻某任公司讲师及讲师部负责人。

公司成立后,被告人窦某、刘某及祝某等人夸大宣传,称江苏钱道公司系上海钱道公司以江苏淮安为全国运营中心投资创建的一家以物联网+股权+众筹+金融+产品为主导,集设计、研发、生产、销售为一体的高新企业,参与淮安鸿玛生物科技有限公司产品生产研发,在云南等地有茶场等,通过微信、QQ、众筹等平台,集中授课等途径向社会不特定公众进行公开宣传,以发展加盟商、代理商投资入股的方式,承诺货币、实物、积分等高额投资回报为诱饵共同进行非法集资,所得集资款实际未用于生产经营活动,主要用于投资返还及支付高额推荐发展会员提成及奖励等。期间,公司法定代表人赵某因发现公司运营模式难以支撑返还会员高额返利而退出公司经营,法定代表人变更为祝某。被告人喻某在明知钱道公司经营模式难以运营且公司存在虚假宣传的情况下,仍在钱道公司内以讲师的身份为会员积极宣讲公司经营模式,帮助钱道公司吸收会员投资。被告人徐某受聘作为公司市场部部长、讲师,积极宣传钱道公司的经营模式及盈利模式,帮助吸收会员投资。经审计,被告人窦某、刘某、祝某、喻某等人以钱道公司的名义共向 723 名集资参与人非法集资共计 1514 万余元,其中已返还集资款人民币 651 万余元,尚有 703 名集资参与人本金 937 万余元未能返还。

对于被告人窦某等人的行为定性,存在两种不同意见。一种意见认为,构成集资诈骗罪。窦某等人以非法占有募集对象的集资款为目的,使用微信、QQ、众筹等平台联系投资人进行非法集资,使用了诈骗方法，具有非法占有之目的，违反有关金融法律、法规的规定，符合集资诈骗罪的构成要件。另一种意见认为，构成非法吸收公众存款罪。窦某等人在公司未办理私募基金管理人登记及私募基金备案手续的情况下参与股权私募，使用微信、QQ、众筹平台等公开联系投资人，不符合国家金融管理法律法规的要求，严重扰乱金融秩序。虽然本案行为人在对社会公众宣传过程中有夸大宣传现象，但夸大宣传目的是更多地吸收公众投资，而非掩盖非法占有目的；吸收的集资款项也是按照向公众宣传的公司经营模式向集资参与人返还及支付发展会员的提成及奖励；至本案案发，各被告人均无卷款潜逃等行为，故应认定为非法吸收公众存款罪。

（二）私下发行与公开发行的标准

私募股权投资基金，是指企业非公开发行和交易股权的投资基金，具有募集方式非公开、募集对象特定化、投资对象是未上市公司的股权等特征。区分私募股权是合法私募还是非法集资，首要的环节在于判断私募行为是否构成非法吸收公众存款。我国尚未出台专门的私募投资基金法，但是2014年8月中国证监会出台的《私募投资基金监督管理暂行办法》（以下简称《私募暂行办法》），对于私募股权投资基金的规范运作具有重要的指引意义。第14条规定："私募基金管理人、私募基金销售机构不得向合格投资者之外的单位和个人募集资金，不得通过报刊、电台、电视、互联网等公众传播媒体或者讲座、报告会、分析会以及布告、传单、手机短信、微信、博客和电子邮件等方式，向不特定对象宣传推介。"一般认为，采用电话陌拜、街头拉客、网上宣传等方式，则超出了私募"非公开"的范围，涉嫌非法吸收公众存款犯罪。

关于"私下发行"与"公开发行"的标准，我国现有的金融法律法规没有明确规定。在美国，一系列判例以及证券交易委员会的解释逐渐明确了区分"公开发行"与"私下发行"的标准——"既存的实质性联系”。“既存的实质性联系”标准有两重含义：第一，发行人或其代理人与受要约人之间的联系必须是“既存的”；第二，发行人或其代理人与受要约人之间的联系必须是“实质性”的。合法的私募发行，必须同时符合“既存的实质性联系”标准两个方面的要求：一方面，如果受要约人是从一般大众中随机选择的，即使受要约人数量很少，也构成一般性劝诱。另一方面，即使劝诱对象全部为具有自我保护能力的获许投资者，如发行人或其代理人与受要约人之间没有这种既存的实质性联系，也违反了美国注册会计师协会《职业行为守则》（Q 条之规定）。[1]

（三）集资对象是否为特定的合格投资者

集资对象是特定的合格投资者，还是不特定多数人，是区分私募与公募的又一显著特征，具体包含两个层面的内容：第一，集资对象是特定还是不特定，这一问题往往与集资方式是不公开还是公开紧密相连；第二，集资对象是否为合格投资者。首先，合法的私募必须限制特定的人数，向不特定的多数人募集资金在本质上属于吸收公众存款的行为。我国《私募暂行办法》第 11 条规定，私募基金应当向合格投资者募集，单只私募基金的投资者人数累计不得超过《证券投资基金法》《公司法》《合伙企业法》等法律规定的特定数量。具体而言，《证券投资基金法》规定合格投资者累计不得超过 200 人，《公司法》也规定非上市股份有限公司股东人数不得超过 200 人，《合伙企业法》则规定，有限合伙企业合伙人不得超过 50 人。那么，在有限合伙制私募中，因有限合伙企业合伙人不得超过 50 人，除去至少 1 名普通合伙人，作为有限合伙人的投资人最多不能超过 49 人，如果超过这一人数的，则应当考虑是否属于非法吸收公众存款。其次，合法私募必须要求投资者为特定对象（合格投资者）。《私募暂行办法》第 12 条第 1 款规定，私募基金的合格投资者是指具备相应风险识别能力和风险承担

〔1〕 参见李赛敏：《论对私募基金的法律规制》，载《法律科学（西北政法学院学报）》2008 年第 5 期，第 104—105 页。

能力,投资于单只私募基金的金额不低于100万元且符合下列相关标准的单位和个人:一是净资产不低于1000万元的单位;二是金融资产不低于300万元或者最近三年个人年均收入不低于50万元的个人。

以有限合伙制私募为名义的非法集资,常常通过汇集多数投资者的资金直接或者间接投资于基金,对此应当进行“穿透式”审查。如果有限合伙制私募基金管理人对投资人不进行或怠于进行资质调查,或者默示、明示投资能力不足的投资者借助“代持股”的方式参与投资,或者投资人投资于单只私募基金的金额低于100万元,则要考虑有可能符合社会性要件,进而构成非法吸收公众存款罪。

《私募暂行办法》第7条规定,各类私募基金管理人应当根据基金业协会的规定,向基金业协会申请登记,报送相关基本信息。第8条规定,各类私募基金募集完毕,私募基金管理人应当根据基金业协会的规定,办理基金备案手续,报送相关基本信息。是否已向基金业协会登记备案,是区分合法私募行为与非法集资的重要标准,但这一标准并不是决定性的。因为《私募暂行办法》第9条又明确规定,基金业协会为私募基金管理人和私募基金办理登记备案不构成对私募基金管理人投资能力、持续合规情况的认可;不作为对基金财产安全的保证。也就是说,已登记备案的,不一定都合法,但是没有登记备案的则可能会涉嫌非法集资。该案中,A公司未办理私募基金管理人登记及私募基金备案,显然不属于合规的私募。

(四)股权众筹与债权众筹

股权众筹的本质是以股权回报的方式筹集资金,但从我国股权众筹的运行模式来看,形式上投资人与融资方签订合伙协议、成立合伙企业,实质上股权众筹因融资主体多为小微企业,具有高度的风险性,投资者对于风险与收益的判断一般来源于股权众筹平台的介绍与披露;在领投加跟投模式下,领投人自身的专业经验与经济实力,亦为普通投资者选择投资的参考因素。[1] 故表面上看双方签订的是合伙协议,但投资人并不实际参与企业经营管理,所得到的利益也并非从项目中获得,而是由融资方核算并给付,不符合投资的法律特征,是一种网络借贷关系。

股权众筹作为互联网金融新生事物,进入刑事司法领域的并不多,但带有债权众筹性质的刑事案件在刑事司法实践中并不罕见,且多数以非法吸收公众存款罪或集资诈骗罪定罪处罚,司法实践中的此种做法显然认为债权不等于债券,故没有认定为擅自发行股票、公司、企业债券罪。根据《证券法》第 9 条第 1 款的规定:"公开发行证券,必须符合法律、行政法规规定的条件,并依法报经国务院证券监督管理机构或者国务院授权的部门注册。未经依法注册,任何单位和个人不得公开发行证券,证券发行注册制的具体范围、实施步骤,由国务院规定。"债券作为法定的证券种类,其发行条件、程序等均由《证券法》明确予以规定的,债券只是符合《证券法》规定的公司债权中的一个类型,在公司、企业债权中还存有其他的普通债权,并不能纳入公司债券的范畴。所以,债权转让不能等同于债券发行或者转让。同理股份也不等同于股票,将股份转让认定为发行股票(证券)也存在法律上的障碍。无论是根据《证券法》还是《公司法》的规定,股票都是由股份公司根据法定的条件、程序等发行的,但是在股份公司之外还存在有限责任公司,有限责任公司并不能发行股票,只能依法进行股权转让。在股权众筹的实践中,发起人或者募资人所设立的公司、企业有些达不到股份公司的成立条件,其对外转让的公司股份既无股票之名也无股票之实,甚至部分股权众筹是以合伙企业的名义,对外转让的是合伙人持有的合伙企业的份额,故将股权众筹认定为涉嫌擅自发行股票、公司、企业债券罪因为犯罪对象的法定要件有所欠缺而存在障碍。

---

〔1〕 参见刘茵、唐大利:《股权众筹平台的义务及违约赔偿范围的认定》,载《人民法院报》2019 年 6 月 6 日,第 07 版。

(五)股权众筹与非法集资

有观点认为“股权众筹的本质是以股权回报的形式筹集资金,这在形式上确实类似于公开发行证券”“我们完全有理由认为股权众筹的灰色地带依然存在,即在现行法律框架下,股权众筹行为仍然有可能触碰擅自发行股票罪等犯罪的高压线。”[1]对上述观点,立法和司法实践中均不乏支持者。第一,在行政法规、部门规章等制定过程中,股权众筹被视同与证券发行相类似的行为,并被纳入监管部门的监管范围。中国证券业协会关于《私募股权众筹融资管理办法(试行)(征求意见稿)》对股权众筹融资的非公开发行性质作了说明,指出现行《证券法》明确规定公开发行证券必须依法报经国务院证券监督管理部门或者国务院授权的部门核准,未经核准,任何单位与个人不得公开发行证券。通常情况下,选择股权众筹进行融资的中小微企业或发起人不符合现行公开发行核准的条件,因此在现行法律法规框架下,股权众筹融资只能采取非公开发行。[2] 在立法部门看来,股权众筹与证券发行行为具有同质性。第二,在实践领域,也是将股权众筹等同于证券发行,并由证监相关部门进行监管。如被称为中国股权众筹第一例的“美微传媒股权众筹案”,即被证监部门出面叫停。2012年10月5日,淘宝出现一家名为“美微会员卡在线直营店”的店铺,店主朱江是美微传媒的创始人,原来在多家互联网公司任高管,消费者可通过淘宝购买相应金额会员卡,除了享有“订阅电子杂志”的权益,还可以拥有美微传媒的原始股份。次年2月5日,该淘宝店铺被淘宝官方关闭,淘宝官方的解释是淘宝平台不准许公开募股。证监会约谈店主朱江,最后宣布该融资行为不合规,在要求朱江退还部分款项的同时,提出了不再如此操作、保护好现有股东的权益、定期汇报经

---

〔1〕 刘宪权:《互联网金融股权众筹行为刑法规制论》,载《法商研究》2015年第6期,第62页。

〔2〕 参见中国证券业协会:中国证券业协会《关于就〈私募股权众筹融资管理办法(试行)(征求意见稿)〉公开征求意见的通知》,https://www.sac.net.cn/tzgg/201412/t20141218_113326.html,访问日期:2020年10月12日。

营状况的三点要求。美微传媒最终向所有购买凭证的投资者全额退款。[1]

上述案例虽然最终没有进入刑事处罚的范畴,但行为人的行为是否涉嫌擅自发行股票、公司、企业债券罪引起了争议,但是并不代表该行为不存在被纳入刑法规制的风险,与现行刑事司法实践中将债权众筹较多地被纳入非法吸收公众存款罪一样,股权众筹的模式也存在被纳入非法吸收公众存款罪予以规制的风险。第一,股权众筹的自身特性决定了其募集资金对象的广泛性,如果将众筹的对象局限于向特定的投资人宣传并众筹资金,这将失去股权众筹和互联网金融的初衷和本意。第二,股权众筹在资金募集和资金使用上必然会存在时间差,无论募集的资金是由发起人管理还是由第三方银行等托管,都不可避免地会导致资金池的出现。第三,投资人参与股权众筹的终极目的就是获得回报,无论募资人是否宣称还本付息,必然宣称给予回报。根据非法吸收公众存款罪的司法解释的规定,只要是承诺给予回报即符合了该罪的利诱性特征,无须承诺给予固定的回报或者还本付息,这种回报可以是固定的回报,也可以是不确定的回报,投资人无论最终获取了固定的还本付息,还是实际上未获取回报甚至于投资本金有所亏损,都不影响非法吸收公众存款罪的认定。如果股权众筹是在未经批准的情形下,向不特定的投资人宣传给予回报并募集资金,则涉嫌构成非法吸收公众存款罪。

二、艺术品资产份额化交易行为的刑法属性

(一)艺术品资产份额化交易的母体——资产证券化

艺术品资产份额化交易的标准化合约、集中竞价、对倒交易、份额

---

〔1〕参见总裁网:《国内股权众筹案例:凭证式众筹—美微创投》,http://wisdom.ichinaceo.com/news_detail-id45204.html,访问日期:2020年10月11日。

化等要素叠加,使其是否具有了证券衍生品的属性,是刑法评价之前需要厘清的问题。2011 年出台的《国务院关于清理整顿各类交易场所切实防范金融风险的决定》认为,证券和期货交易具有特殊的金融属性和风险属性,直接关系到经济金融安全和社会稳定,必须在经批准的特定交易场所,遵循严格的管理制度规范进行。2019 年修订的《证券法》第 2 条规定,在中华人民共和国境内,股票、公司债券存托凭证和国务院依法认定的其他证券的发行和交易,适用本法;资产支持证券、资产管理产品发行、交易的管理办法,由国务院依照本法的原则规定。可以看出,现行法律认可以证券衍生品的方式对证券品种进行创新,但并未在《证券法》中予以明确规定,而是把这种创新的权力交由国务院通过行政立法的方式加以规定。而对于艺术品资产份额化交易是否系证券衍生品进行评析之前,又得先评析此种交易模式是否系将资产以证券化的方式来获取未来利益,即是否属于艺术品资产证券化。资产证券化(Asset Backed Securitization)自 1970 年在美国产生以来,对其内涵国内外学者有不同的观点。国外学者 Shenker 和 Colletta 认为,资产证券化是指出售由独立的创收财产或一组财产代表由其担保的权益或信用证书,此类交易的结构旨在减少或重新分配拥有或借出这些基本资产的风险,并确保这些风险财产更加以市场为导向。国内学者则从资产证券化的本质特征进行界定,认为资产证券化是指发起人将出售一套缺乏流动性但可以在未来产生可预见的稳定现金流量的资产给特殊目的公司,通过结构安排,分离和重组资产以及增强资产信用的利益和风险转化为资产产生的现金流担保的自由交易证券,销售给金融市场上的投资者。[1] 它的具体流程是先由原始债权人或发起人基于金融市场环境以及自身融资需求,选定基础资产建立专用载体,以避免和隔离风险,并将用于证券化的资产委托给

---

〔1〕 参见杨旭:《浅析我国资产证券化特殊目的载体法律问题》,载《金融经济》2019 年第 10 期,第 84 页。

特殊目的的承运人，将其用作独立保荐人，以达到将原始债权人与资产风险分开的目的。而特殊目的载体指资产证券化中专门创设的，用于购买、持有、管理资产、发行证券，并对资产产生的现金流进行投资利用的载体，是证券化中最具特色的创新，可以采用公司、合伙和信托等形式。

对于艺术品资产是不是可以证券化，理论界存有很大的争议。有观点认为，艺术品资产份额化只是类证券化的交易行为，而非严格意义上的资产证券化。[1] 传统意义上的资产证券化均是由可以产生未来现金流量的资产组成，而且是可以准确估价并考量的，但就艺术品而言虽然可以预期其未来增长收益，但能增长多少、在多久时间能实现预期增长均具有不确定性，甚至其本身价值几何也存有诸多争议，故艺术品不存在证券化的现实土壤。司法实践中，对艺术品资产份额化交易的法律属性提出三种观点：第一种观点认为，艺术品资产份额化交易的标的即艺术品“股票”不属于《证券法》规定的股票或者债券，其实质上系买卖合同而非证券纠纷。第二种观点认为，此种交易模式其标的为份额化的艺术品，投资人买入或者卖出，但是交易对象并不明确，不具备常规的买卖合同的特征，故可笼统地认定为合同纠纷。第三种观点认为，该种交易模式虽然不是《证券法》上规定的股票或者债券，但在交易的规则里明显带有证券的公开化、标准化、份额化的特征，故应属于金融衍生品种交易纠纷。

笔者认为，通过对艺术品资产份额化交易具体运行模式的分析，可以看出它实质上具有证券衍生品的属性。第一，它将缺乏流动性但具有可预期未来收益的艺术品通过组合包装，使艺术品资产的投资风险与收益元素重组分离，通过运营平台份额化发行并销售给投资

---

〔1〕 参见中央文化企业国有资产监督管理领导小组办公室：《艺术品份额化交易为何被叫停——以天津文交所艺术品份额化交易存在问题为例》，http://jkw. mof. gov. cn/lilun-yanjiu/201907/t20190715_3300006. html，访问日期：2021 年 3 月 3 日。

者,交易表现出很明显的标准化拆分、公开发行、连续交易等证券化特征,涉及的资金体量、出金入金的频繁、价格的暴涨暴跌等因素更是彰显了它的金融属性和风险属性。第二,从交易目的来看,艺术品缺乏流动性,但未来可产生可预期的利润空间,推荐商作为基础资产的原始债权人或发起人基于市场环境或者自身融资需求,选定艺术品打包成资产包即进行结构安排,再选定某一互联网公司作为特殊目的载体,将艺术品资产包委托给特殊目的载体,以达到将原始债权与风险隔离的目的。而投资者投资购买艺术品的份额,亦不是出于对艺术品本身的投资而是对未来可能产生的结果进行交易。第三,从获利方式来看,交易平台允许投资者放大交易,带有高杠杆性,由于艺术品并未真实交易,故投资者所获取的凭证本身并没有价值,获利空间主要来源于一、二级市场的频繁交易。就发行条件而言,虽然境外证券市场大多由证券监督管理机构规定,或者由交易所规定报证券监督管理机构审批,但不能由此推导出这就是证券衍生品种审核的一般规律,不能以证券衍生品种推出的时间快慢来否定我国由法律、行政法规规定发行条件的合理性。第四,从风险来看,目前涉案交易所交易资金体量均十分巨大,暴涨暴跌的情形更是彰显这种交易模式的风险,关乎金融安全和社会稳定,应当经国家有关机关批准经营,并像证券交易所一样在特定的场所和依据特定的规范进行。

(二)艺术品资产份额化交易的刑法属性

我国对金融业务均采取金融许可证制度,根据《证券法》的相关规定,公开发行证券必须符合法律、行政法规规定的条件,并依法报经国务院证券监督管理部门或者国务院授权的部门注册。证券衍生品具有证券的基本属性,涉及金融安全与稳定,亦要经过许可才能发行和销售。从司法实践来看,艺术品资产份额化交易涉案公司无一家经过相关部门核准或者审批,均未取得金融许可证,有些被告人更是打着“金融创新”的幌子在自贸区自行成立所谓的“艺术品产权交易所”,认为艺术品资产份额化交易无须经过核准和审批。从工商部门批准的企业经营范围来看,涉案公司只能从事组织文化艺术品交流活动、企业文化交流、展览展示服务、文化艺术品咨询服务、文化艺术品展示、品牌营销策划、经济信息咨询、书画装裱、美术作品销售、著作权转让代理服务等,均不具有证券期货类的投资、咨询等经营资格。此外,为控制艺术品资产份额化交易的风险需成立特殊目的载体公司,并且与艺术品资产包的所有人或权利人实施有效分离,但实践中以互联网公司出现的特殊目的载体公司与艺术品资产包的所有人、权利人联系密切,对原始债权人面临的投资风险不管不顾,加剧了金融风险的产生。

进入刑事领域的艺术品资产份额化交易具有融资属性,表面上看行为人实施的设立艺术品交易平台、艺术品资产包、网上份额化交易等行为,目的是拓宽文化产业在资本市场的投资渠道,推动更多社会资金投入文化事业,但实质上是利用这一交易形式在资本市场吸收资金,并利用资金优势操控艺术品单价、交易量等低买高卖赚取利润。艺术品资产份额化交易是不是具有非法集资的属性,投资者买入艺术品资产份额后卖出,对于被告人来说是否属于刑法意义上的“集资后用于生产经营活动与筹集资金明显不成比例,致使集资款不能返还”等非法集资行为,其主要障碍在于“集资”和“存款”两个概念的理解与把握上,不仅是艺术品资产份额化交易案件,其他涉互联网非法集资,如 P2P 案件,也有学者提出行为人的行为不符合“集资”和“存款”的表现样征,司法实践对非法集资作了扩大化的理解与适用。

三、代币发行融资(ICO)行为的刑法属性

(一)实践争议

案例:某宝公司于 2014 年 6 月注册成立,在日常业务中主要经营“人强币”,号称该币系从国外比特币发展而来的数字货币,用于

企业集团内部结算、会员之间记账的方式。公司实际负责人张某等人对外宣称“人强币等同于人民币价格”，可在网络上流通，每天按万分之三增值。但实际上该币并不流通，无法进行交易。从2015年3月初以来，张某所在的某宝公司在没有任何金融手续的情况下，每天组织“人强币”的宣传演讲，向社会各界人士出售“人强币”股权，并以打造“人强币”网络平台为由，向投资人发起“债权众筹”吸纳资金。发展及获利模式是以拉人头的形式，交纳1个比特币即可成为股东，横排可直推10人，纵排分19个层级，奖金比例43%。同时该公司还以投资金额1个比特币为底线，上不封顶，活期理财日利息0.03%，定期理财按月返息，投资额越高、时间越长返息越多，发展拉来的投资款越多，得到的提成越多等方式吸收资金。据统计，“人强币”项目投资入股参与股东400余人，吸收400多个比特币；参与理财人数300余人，吸收300多个比特币。

对于本案的定性存在两种不同的观点：一种观点认为，无论是数字货币还是它的发行融资方式ICO，抑或其技术基础区块链，本质上都属于互联网技术运用所带来的高科技产物。它们在金融领域的应用，亦契合了当下国家鼓励互联网金融发展的趋势，为社会生活和经济发展带来了诸多积极的影响，对传统金融领域和金融业态提出了颠覆性挑战，可以打破长期以来的金融垄断，故对于金融创新产品不应轻易成为刑事司法规制的对象。根据相关行政法规规定，以比特币为代表的数字货币不具有货币的属性，只是一种虚拟商品，基于此，发行代币并交易不过是一种关于虚拟商品的民事交易行为，应归属于合同法中的买卖合同关系，不涉及融资或集资，更不是非法集资。另一种观点认为，对于以金融创新为名，以非法营利为目的，隐瞒金融风险、逃避国家金融部门监管的金融活动，应依法追究相关人员的法律责任。代币融资筹集的资金虽然是数字货币，但其本质上仍是筹集了可兑换为法定货币的资金，因此将代币融资定性为非法集资的行为，符合违法性、公开性、利诱性、社会性的构罪要件。

（二）代币发行融资所筹“资金”的货币属性

对代币发行融资行为的性质进行界定之前，需要对其所筹集的主流数字货币的属性予以明确，以比特币为代表的数字货币既然冠名“货币”，在功能属性上是不是当然地属于货币，对此问题学界和社会各界自数字货币诞生起就存在着巨大的分歧。2015 年美国商品期货交易委员会首次将比特币定性为“商品”，[1]2020 年美国联邦法院将比特币定性为“货币”，这种转变反映了数字货币的商品与信用的争议，而这恰恰又映射了传统货币的本质在理论界存在的激烈争议。第一种观点也是当代经济学的主流观点认为，货币起源于物与物的交换，这种观点催生了货币商品论。第二种观点认为，货币起源于政府的权威，依托于政府信用发挥作用，这种观点被叫作货币债权论。中国人民银行货币政策司、美国普林斯顿大学客座教授孙国峰论述了货币创造的历史形成，提出传统理论以物易物发展出货币的假设并不符合事实，货币的本质不是从商品中分离出来、固定地充当一般等价物的特殊商品，而是用于记录、转移、结清债务的一般性债务凭证，[2]所以货币商品论更多的是一种理论上的逻辑推理。第三种观点认为，货币商品论和货币债权论是货币本质的一体两面，将货币视作债权，强调了货币在实际应用中的关系属性，刻画的是货币价值转化的经济过程；而货币商品论体现的是货币的价值衡量的功能。[3] 上述的三种观点实质上是在货币的价值标尺特性和社会关系特性之间产生的争议，第三种观点更是将两种特性整合在了一起，赋予了货币综合的特

[1] 参见 Pete Rizzo：《美国商品期货交易委员会将比特币和数字货币定义为商品》，https://www.bitcoin86.com/news/8331.html，访问日期：2015 年 9 月 18 日。

[2] 参见孙国峰：《货币创造的逻辑形成和历史演进——对传统货币理论的批判》，载《经济研究》2019 年第 4 期，第 189—190 页。

[3] 参见王陈慧子、杨东：《从比特币定性看数字货币的价值维度》，载《学习与探索》2021 年第 6 期，第 51—59 页。

性。以比特币为代表的数字货币在实际运行中,不属于中央银行管理范围,无法借出部分准备金,无法创造信用;去中心化的特征使其亦没有特定的管理主体,上述两点排斥其依托政府信用发挥作用的债权特征。但比特币在不同用户之间可以自由流通,可以通过物权原始取得根据中的劳动生产“挖矿”来获得,也可以通过买卖、赠与等继受取得,相较于货币五大职能即价值尺度、流通手段、贮藏手段、支付手段和世界货币而言,比特币完全具备了货币的功能,所以比特币作为互联网科技发展的产物,虽然无法创造信用和依托政府信用发挥作用,但从实质而言具备了现行货币的一般功能属性。

数字货币作发行融资的对象虽然具有货币的属性,但是否属于非法集资的“资金”或者“存款”范畴是进一步需要研究的问题。笔者认为,从形式上看以比特币为代表的数字货币与法定货币不同,没有经过中国人民银行统一发行,在法律上也没有确认其货币的属性和地位,认定其属于法律意义上的货币无法可依。但不能回避的是,我们的法律在社会、经济生活领域里所存在的滞后性,尤其是互联网时代的区块链经济,其发展的迅猛程度和效力已远远超出立法的步伐,依循旧有思维已很难应对现代经济社会的快速发展。2013 年,中国人民银行等五部委发布的《关于防范比特币风险的通知》中明确了比特币的性质,认为比特币是一种特定的虚拟商品,不能且不应作为货币在市场上流通使用,否定其货币的属性;但 2017 年发布的《防范代币融资公告》又明确指出,代币发行融资本质上是一种未经批准非法公开融资的行为,涉嫌非法发售代币票券、非法发行证券以及非法集资、金融诈骗、传销等违法犯罪活动。可以看出,虽然 2013 年的通知否定了比特币的资金属性,但 2017 年又从实质角度将代币作为融资的对象,间接承认了代币的资金属性。另从司法实务的角度来看,虽然有刑事判决不但否定代币的货币属性,更否定其财产属性,将其直接认定为计算机信息数据,认为代币不能成为财产犯罪的对象,但在判决中又认定了代币的销赃价格,赋予了其财产的属性,存在着逻辑上的悖论,可以反映出司法裁判者一方面不认同代币的财产属性,另一方面在案件的审理过程中又无法回避代币所呈现的财产价值。

(三)代币发行融资的证券衍生品属性

早期互联网融资以P2P网络借贷和股权众筹为代表,与之相比代币发行融资模式存在以下几点不同:一是发行的对象不同,代币发行融资的对象是基于区块链技术提供的数字货币,给投资者购买初创公司开发的产品或服务的权利,P2P网络借贷吸收的是主流货币,股权众筹发行的是类权益工具。二是投资者的特征不同,股权众筹的投资者主要是天使投资人,而代币发行融资和P2P网络借贷针对的是拥有不同目的的公共投资者。三是交易的主要特征不同,股权众筹需要制定商业计划书,且必须向投资者披露重要信息,但代币发行融资仅以白皮书的方式自愿披露,初创企业只需承担较低的费用,就可以在不稀释创始人控制权的基础上筹集到相当的资金量,具有更大的信息不对称性;P2P网络借贷和股权众筹有融资的上限,而代币发行融资没有。四是发行成功的标准不同,对于代币发行融资而言,学界对发行成功的标准有不同意见,有的学者认为应以募集资金的规模来界定,[1]有的学者认为应当以代币能否成功上市及代币的交易能力[2]、上市首日回报率、上市总收入以及上市时间来衡量。[3]

融资方式的不同,带来对于代币发行融资是否具有证券衍生品的属性亦存在不同观点。一种观点认为,代币的发行意味着投资者对未

[1] See S. T. Howell, M. Niessner, D. Yermack, Initial Coin Offerings: Financing Growth with Cryptocurrency Token Sales, *The Review of Financial Studies*, 2019(9): pp. 3925—3974.

[2] See R. Amsden, D. Schweizer, Are Blockchain Crowdsales the New "Gold Rush"? Success Determinants of Initial Coin Offerings, available at https://ssrn.com/abstract=3163849, last access: Apr. 16, 2018; T. Davydiuk, D. Gupta, S. Rosen, Decrypting Signals in Initial Coin Offerings: Evidence of Rational Token Retention, available at https://ssrn.com/abstract=3286835, last access: Feb. 23, 2020.

[3] See Paul P. Momtaz, Initial Coin Offerings, Asymmetric Information, and Loyal CEOs, *Small Business Economics*, 2020(3): pp. 1-23.

来享有发行人提供的产品和服务,故代币发行融资属于合同法或消费者保护法的约束。另一种观点认为,代币发行融资是发行人给予投资者分享企业未来收益的承诺,属于公开发行证券,应当遵守证券法的相关规定。2020 年 3 月,美国纽约南区联邦法院就 SEC 诉 Telegram 案作出裁决,基于经济现实原则(economic reality)[1]审视了案件所涉争议焦点,法官判定 Telegram 发行的数字货币 Grams 满足豪威测试(Howey Test)[2]下的所有要件,属于投资合同,而投资合同又属于证券的一种,从而认定数字货币 Grams 的投资人是证券法下的证券"承销商",Telegram 在没有豁免的情况下出售非主权数字货币融资的行为属于未经注册的证券发行。用豪威测试标准,在代币的发行中符合向共同的创新或风险事业支付对价的两个条件,是否存在依靠他人努力、是否存在投资获利期待,是判断代币发行融资是否属于证券发行的关键要素。是否依靠他人努力,判断的核心是投资者对利润产生的控制力和参与度,如果投资者有权控制利润产生的活动,则不属于依靠他人的努力,无须证券法的保护。对照豪威测试,代币发行融资过程中投资者参与程度较低,对代币的发行无权控制;投资者的获利主要依靠发行人的专业知识和努力,故在这一要素上它符合投资合同的构成。是否存在获利期待,代币因可以在二级市场上发行从而具有了投资价值,吸引没有使用意图而具有投资意图的人购买,投资者的意图就不再是消费而是投资获利期待,所以代币发行融资又符合了这一要素。综合评价来看,代币发行融资系投资合同的一种,其发行符合证券发行的判定标准。

---

〔1〕 经济现实原则是在 1975 年美国 Forman 案中确立的,即在研究"证券"一词的意思和范围时,重实质轻形式,当前被法院用于确定数字货币的发行是否属于证券发行。在适用经济现实原则的过程中,法官需考虑与数字货币发行相关的多种因素,如发行人运行项目的能力、对工作人员的管控能力,以及发行人和购币者的责任和义务。

〔2〕 豪威测试是美国证券法上判断"投资合同"的权威标准,包括四个要件:金钱投入,投资于共同的事业,获利目的,利润依靠他人努力。

(四)代币发行融资的刑法评价

理论上,大多数学者将代币发行融资定义为介于传统风险投资和众筹之间的融资行为,而我国监管层将其定性为非法公开融资行为。[1] 有学者从代币发行融资的项目分类角度,根据后续投资者与项目主体的合同约定,将项目划分为回报型与权利赋予型,认为回报型代币发行融资实质是对商品或者服务的预购,受《合同法》《消费者权益保护法》《产品质量法》等法律的约束;权利赋予型代币发行融资则分别带有资产证券化、证券投资类、股权性融资等法律属性。[2] 但从裁判文书网上找到的代币发行融资刑事和民事案件来看,并没有一件真正意义上的依托区块链技术发行的代币,行为人将区块链、数字货币作为融资的幌子。区块链的实质含义是去中心化,通过算法和数据结构来达成机器共识,不用通过第三方就可以点对点进行交易,代币发行融资的诞生是建立在区块链基础上对现有技术提出更有效率的改良方案上,以期能研发出类似于比特币的数字货币。而代币发行融资刑事案件中,涉案代币主要由某个企业或机构发行,有的表面上有开源代码,但实质上系完全抄袭他人,没有使用开源代码来搭建程序、研发代币,程序里的所谓代币与Q币无异;有的干脆没有开源代码,仅将代币作为融资的手段,公司自建平台进行交易,交易的核心是充值购买产品,并不涉及项目的运作机制,且为了吸引投资者投入资金,行为人会在初始阶段自买自卖提升价格,扩大宣传,如在网站醒目位置标注"轻松月入百万""只要投资,买房买车不再是梦"等明显与事实不符的带有鼓动性、诱惑性的标语,针对人们的投机心理、暴富心理进行宣传,故无论是回报型还是权利赋予型代币发行,其非法融资的属性较为明显。

---

〔1〕 参见李爱君:《互联网金融的法治路径》,载《法学杂志》2016年第2期,第49—54页。

〔2〕 参见张超:《首次代币发行法律本质的类型化研究》,载《福建金融》2018年第8期,第62—68页。

四、证券型通证融资行为的刑法属性

(一)证券型通证融资法律性质分析

作为一个还没有被社会广泛熟悉和接受的概念,要分析其法律属性必须先清楚其本质属性。Token 虽然是建立在实物资产基础上的数字加密资产,但不是简单的数字化资产,也不完全是实物资产的映射,它不是所有权,而是收益权、使用权或者共有产权等。它关注的是未来的收益而不是现状,将未来的能力、服务和收益等打包,会有预期的变动和市场的波动进而会有增量价值。所以 Token 本质上是类证券数字资产,可以结构化、增信、隔离、锁定等。它的生态体系几乎可以与银行、保险、基金、证券、期货等金融体系直接对应,如果围绕收益就会有类证券业务,这就是证券型 Token 的本质。

现行对证券型数字资产最具解释力的文件当属 DAO(Decentralized Autonomous Organization)的调查报告和《数字资产投资合同分析框架》。2017 年,美国 SEC 发布 The DAO 的调查报告,在豪威测试的分析框架下将 DAO Token 认定为证券。[1] 豪威测试是 1946 年在美国发生的一个标志性案件里设立的标准,它规定若一个销售行为符合投资到一个共同的企业、完全依赖于第三方的努力并预期据此产生利润的话,就可被视为证券发行行为。在金钱的投资上,金钱的认定范围并不局限于现金,用数字货币投资也可以构成投资合同。在对利润的合理预期上,希望从投资的项目中盈利,符合投资合同的构成要素。此外,利润来自他人的努力也符合投资合同的构成要素。

加入了区块链的产业具有公平和普惠的性质,企业不管大小,将产业的权益或者收益共识货币化后,再小的企业也可以通过货币化直接融资或者进行流通、交易、交换。证券型通证是系将股票、债券或者

[1] See SEC, Report of Investigation Pursuant to Section21 (a) of the Securities Exchange Act of 1934,The DAO, Re-lease No.81207/July 25, 2017.

房地产等资产的所有权进行数字化和碎片化,通过技术创新看似实现了“虚拟”资产的金融资产化,仔细分析其运行模式会发现,证券型通证带有金融资产的属性。优质企业的股票和优质地段的房地产,通过资产证券化的途径,通过基金和房地产投资信托等载体,已经有成熟的市场,为什么还要再发展出技术的复杂性,使之碎片化、通证化呢?研究其运行模式后发现,如此做法不仅可以带来边缘的效益,如跨境流动性,更为重要的是理论上所有资产都可以通过货币化的方式吸收海量资金,区块链技术的加入使吸收资金的对象将没有国边境的限制,范围更加广泛。但如果市场进一步往“证券通证化”(Securities Tokenization)的方向发展,可能会带来较大的系统性风险。比如利用证券通证化把原有高杠杆、高风险的产品与金融衍生工具挂钩,错综复杂的结构性金融产品进行碎片化,以便提高交易量和增加交易频率,对于实体经济并无多大的新贡献,反而会放大潜在金融危机的散播性和蔓延性。所以新加坡交易所强调上市公司发行通证必须报备新加坡交易所,即便通证不在场内交易,仍需提供相关法务和审计部门意见。[1]

监管机构认为ICO是无价值支撑和监管制约的资金融通会带来极大的金融风险,STO将资产与区块链、虚拟货币结合后,看似多了资产的支持,可以避免ICO的价值虚化,但基于区块链技术的STO融资模式与ICO融资模式相比并未从实质上改变证券发行的本质,在有可能带来的金融风险上并未限缩,如不监管反而有取代ICO加剧风险的趋势。通过豪威测试可以看出,从数字货币化走向资产数字化的Token并未改变其证券的实质内涵,我国注重维护市场秩序和保护投资者资金安全的监管不会因监管对象的数字化而对其发行证券的行为豁免,相反注重实质判断的非法集资认定标准较易将其纳入犯罪圈予

〔1〕 参见李国权、白士泮、闫黎:《证券通证化和通证证券化》,载《中国金融》2019年02期,第95页。

以打击。所以是技术创新还是非法集资，均须遵循我国对证券发行的相关规定。

（二）证券型通证融资的刑法评价

将证券型Token的融资模式与艺术品资产份额化融资模式进行比较后发现，二者具有共通处。将具有可预期未来收益的资产，通过组合包装、投资风险与收益元素重组分离后，通过运营平台份额化发行、销售给投资者，交易表现出很明显的标准化拆分、公开发行、连续交易等证券化特征，具有相当程度的金融属性和风险属性，关乎金融安全和社会稳定，应当经国家有关机关批准经营，[1]并像证券交易所一样在特定的场所和依据特定的规范进行。与传统的融资方式相比，STO的融资模式具有门槛无限制、受众面广、融资速度快、监管限制少等特点，更为重要的是区块链系统中的数字货币可以快速进入、转移与退出，使交易流程异常便利。证券立法的目的在于切实保障广大投资者的资金安全与收益，STO融资者可以利用区块链技术轻易规避证券法的相关规定。

STO融资模式合法与非法的界限，关键在实物资产的评估、上链是否经过准许、融资规模的大小等方面。ICO的价格几乎体现为投资价值，本身并无资产做支持，无法实现社会经济的风险交易与资源配置。为了规避证券法律监管，STO不明确承诺投资收益率甚至完全忽略项目的盈利能力，其价值出现虚化。ICO向STO转变，是为了表明金融创新回到符合金融发展的理性道路上，但其证券化的本质使监管的介入成为保证其合法性的关键要素。

STO的融资模式使其理论上可以实现跨国界、跨资本市场的自由流动，我国业已存在STO交易，监管部门屡屡发布风险提示以及国内

---

[1] 参见郭宁华：《网络艺术品份额化交易纠纷的案由定性与责任承担》，载《人民法院报》2016年11月10日，第07版。

仍活跃着经营数字货币交易业务的平台即是明证。[1] 有观点认为,数字货币的财产属性得到承认,但其他规范性文件没有对后续出现的数字货币根据其实质定义为证券,故数字货币的融资、交易行为不能进入《证券法》规制框架之中。[2] 在上文中已经论述了我国非法集资的形式认定标准是违法性、社会性、公开性、利诱性四个要件,实质判断标准是社会危险性。就 STO 融资而言,在投资要件上,要求投资人通过购买 STO 项目发行虚拟代币的方式向 STO 项目的资金池投资,项目的重点在于汇集资金和分享收益,即发行人将筹集到的资金用于推进和维持 STO 项目,购买后的重点在于投资人在投资的项目中得到了投资收益,可以轻易满足非法集资的四个构成要件,本质上仍然属于未经批准的非法公开融资的行为,可能涉及非法吸收公众存款等犯罪。

第三节　厘清互联网非法集资行为的定罪逻辑

一、资产证券化非法集资行为的构罪思路

随着互联网非法集资模式的不断升级、异化与嬗变,实务界对于新类型非法融资模式刑法规制的罪名有非法吸收公众存款罪,集资诈骗罪,擅自发行股票、公司、企业债券罪以及非法经营罪的定性分歧,而定性分歧意见的背后是如何认定非法证券活动和集资行为。

立法上,对于非法证券活动的认定,2008 年由最高人民法院、最高人民检察院、公安部、证监会颁布的《关于整治非法证券活动有关问题

[1] 参见李冰:《火币回应支付宝、微信下架要求:用户间转账为点对点个人行为》,载《证券日报》2019 年 1 月 29 日,第 B1 版。

[2] 参见张超:《证券型通证发行的法律性质与监管范式转变——以美国数字资产投资合同分析框架为视角》,载《财经法学》2020 年第 1 期,第 96—97 页。

的通知》第1条将非法证券活动定义为典型的涉众型的违法犯罪活动，即在社会性、公开性上与非法集资类犯罪相同。第2条对非法证券行为的定性作了规定，未经依法核准，擅自发行证券，涉嫌犯罪的，以擅自发行股票、公司、企业债券罪追究刑事责任，未经依法核准，以发行证券为幌子，实施非法证券活动，涉嫌犯罪的，以非法吸收公众存款罪、集资诈骗罪等罪名追究刑事责任，任何单位或个人经营证券业务，必须经证监会批准，涉嫌犯罪的，以非法经营罪追究刑事责任。上述规定，将发行证券或变相发行证券的行为分别以擅自发行股票、公司、企业债券罪，非法吸收公众存款罪，集资诈骗罪以及非法经营罪等来予以刑事规制。从目前收集到的刑事裁判文书来看，非法证券活动以非法集资类犯罪定性居多，擅自发行股票、公司、企业债券罪以及非法经营罪较少。究其原因，首先，规定本身存在悖论，发行证券的行为本身属于向社会公众募集资金的一种方式，而非法向社会公众募集资金亦属于非法集资的范畴，将非法集资既以擅自发行股票、公司、企业债券罪，又以非法集资类犯罪打击，是将一种行为予以了不同处理，造成定性适用上的混乱。其次，擅自发行股票、债券罪的核心指向是信息披露和欺诈防范等证券法核心问题，而利用证券进行非法集资的犯罪，发行证券本身是非法集资行为的手段变化，并不涉及信息披露等核心问题，《关于整治非法证券活动有关问题的通知》没有将后者与擅自发行股票、公司、企业债券罪区分开来。最后，该通知没有将非法经营与非法集资类犯罪区分开来。2015年7月，中国人民银行等十部门颁布的《互联网金融指导意见》规定，“任何组织和个人开设网站从事互联网金融业务的，除应按规定履行相关金融监管程序外，还应依法向电信主管部门履行网站备案手续，否则不得开展互联网金融业务”，“各金融监管部门要积极支持金融机构开展互联网金融业务。按照法律法规规定，对符合条件的互联网企业开展相关金融业务实施高效管理。”可见，按照《互联网金融指导意见》的精神，从事互联网金融业务须按照法定程序向金融监管部门申请行政许可，并由金融监管部门进行日常金融监管,非法证券活动未取得金融许可就开展互联网金融业务活动,违反金融准入规则,又可能构成非法经营罪。

理论上,对非法证券活动的认定有三种观点。第一种观点认为,"P2P网贷平台所推行的资产证券化与传统利用证券进行非法集资的行为不同,公众投资者购买股票债券,依据的不是对集资人的了解,而是基于对P2P网贷平台提供投资信息的信任。而P2P网贷平台在资产证券化过程中,往往进行债权重组、期限错配,甚至刻意隐瞒部分信息,扭曲了集资信息的公布与传递,这种情形正是《证券法》以及擅自发行证券罪所要重点规制和打击的范畴,"[1]"平台对债权打包转让的过程,涉及资产切割,组合拆分,期限、流动性和资金错配,涉嫌建立'资金池',出售'理财产品',已经违背了P2P网络借贷的互联网中介服务性质和'金融脱媒'的本质,实为资产证券化的过程,如果份额超过200份就触犯了证券法规定,涉嫌非法发行证券,"[2]故应当以擅自发行股票、公司、企业债券罪定罪处罚。第二种观点认为,《刑法》第225条规定,违反国家规定,未经国家有关主管部门批准非法经营证券业务,扰乱市场秩序,情节严重的,以非法经营罪定罪处罚。根据上述规定,构成非法经营罪的前提是违反国家规定,而根据《证券法》第2条第1款的规定"在中华人民共和国境内,股票、公司债券、存托凭证和国务院依法认定的其他证券的发行和交易,适用本法;本法未规定的,适用《公司法》和其他法律、行政法规的规定",而"收益权份额"不属于我国《证券法》规定的证券,不能认定资产证券化行为属于擅自发行证券业务。第三种观点认为,此种异化的融资模式符合公开性、社会性、利诱性以及非法性的要件,从而可以构成非法吸收公众

---

[1] 林越坚、李俊:《P2P网贷平台犯罪及司法治理研究》,载《河北法学》2016年第10期,第196页。

[2] 张影:《P2P网贷债权转让模式的法律风险与防范》,载《哈尔滨商业大学学报(社会科学版)》2015年第2期,第125页。

存款罪。[1] 上述三个观点研究的核心要义在于资产证券化行为是否属于发行证券，第一种观点评价了行为的证券属性，但没有评价向社会公众非法募集资金中所存在的虚假标的、资金池等要件。第二种观点显然是对变形的金融不法行为从表面形式上与刑法条文所列举的典型犯罪构成要件进行比较，在表现形式与特定构成要件存在差异时，就简单地以找不到完全符合的法律准则予以否定。且在前置法的考察上，非法吸收公众存款罪的前置法规表述为"国家金融管理法规"，集资诈骗罪为"有关金融法律、法规的规定"，非法经营罪是经营行为的"国家规定"，三个罪名的前置法规定显然存在交叉、重叠，且在司法实践中非法性要素虚置的现实情境下，以前置法的违法性作为上述几个罪名的区分标准显然不够清晰。第三种观点认为异化的资产证券化不属于发行证券行为，不能构成擅自发行股票、公司、企业债券罪，但却以更重的非法吸收公众存款罪予以了认定，并简单地从社会性、公开性、利诱性、非法性四个要件入手"对号入座"，分析理由缺乏说服力。

笔者始终赞同坚持刑法实质解释论，"对构成要件的解释应当以法条的保护法益为指导，不能停留在法条的字面含义上；对刑法的解释不能只单纯强调限制处罚范围，而应当强调处罚范围的合理性、妥当性；在遵循罪刑法定原则的前提下，可以作出扩大解释，以实现处罚的妥当性"[2]。商务部、中国人民银行、证监会 2013 年公布的《商品现货市场交易特别规定(试行)》第 10 条第 1 款规定："市场经营者不得开展法律法规以及《国务院关于清理整顿各类交易场所切实防范金融风险的决定》禁止的交易活动，不得以集中交易方式进行标准化合约交易。"无论是 P2P 的债权转让模式，还是艺术品资产份额化交易、

[1] 参见国家检察官学院课题组、国家检察官学院刑事检察教研部：《P2P 网络借贷平台异化的刑事规制》，载《国家检察官学院学报》2018 年第 1 期，第 85—88 页。

[2] 张明楷：《实质解释论的再提倡》，载《中国法学》2010 年第 4 期，第 49 页。

代币发行融资，均将权益拆分为均等份额公开向不特定对象发行，平台不设投资人资质门槛，没有对单个投资人、单个投资项目投资金额作上限规定，也未将投资人限定在特定范围内，或者对投资人承担投资风险总量进行控制，明显符合向社会公众募集资金的要件。从运行模式来看，投资人的钱款进入行为人控制的账户，在资产份额化交易过程中会形成资金沉淀，不可避免会形成资金池。将权益按照标准化交易单位挂牌，投资者买入后卖出或卖出后买入时间间隔少于五个交易日，以集中竞价、做市商等交易方式进行交易。综上所述，上述行为明显属于非法发行证券行为。但为什么不以擅自发行股票、公司、企业债券罪或非法经营罪定罪处罚，关键点在于行为人违法的故意和手段的欺诈性上。擅自发行股票、公司、企业债券罪或者非法经营罪中，行为人通常具有发行股票、债券用于生产经营的目的，投资者期待的是股票、债券未来的增值空间，标的物不存在欺诈性，而非法集资类犯罪中发行股票、债券只是幌子，所谓股票、债券背后并不具有真正意义上的生产经营活动的盈利能力和模式，无论是行为人还是投资者均不关注股票、债券本身的未来价值，行为人的主观故意系通过向社会公众募集资金来达到吸收公众存款并非法获利的目的，集资诈骗罪更是具有标的物虚假、发行手段欺诈等构罪要件，实际上是行为人操控下的一场击鼓传花式的资金游戏。表面上看，行为人实施的是发行证券行为，但其复杂交易结构及基础法律关系并未脱离非法集资现有的框架。从收集的资产证券化刑事案件来看，均存在资产的虚假性，有的案件中资产只是一个幌子，有的案件中行为人对外宣称的资产与实际情况明显不同，存在标的物的种类、份额等方面的虚假。在交易过程中，行为人对外宣称的“只要出资即可通过出资行为获得回报”“股票只涨不跌”等虚假宣传，并非基于正常交易的投资回报承诺，而是明显带有利诱性；行为人通过对倒交易、拉高股票单价，具有欺诈性。而擅自发行股票、公司、企业债券罪和非法经营罪只是从表面上评价了资产证券化非法融资中非法发行证券这一单一行为，无法对行为人非法占有的目的进行完整评价，亦无法反映出资金池形成后纯资本运作对金融秩序的破坏和投资人财产利益的损害。

二、资产证券化交易行为与传销行为竞合的构罪思路

组织、领导传销活动罪是以推销商品、提供服务等经营活动为名，要求参加者以缴纳费用或者购买商品、服务等方式获得加入资格，并按照一定顺序组成层级，直接或者间接以发展人员的数量作为计酬或者返利依据，引诱、胁迫参加者继续发展他人参加，骗取财物，扰乱经济社会秩序的活动。"两高一部"2013 年颁布的《最高人民法院、最高人民检察院、公安部关于办理组织领导传销活动刑事案件适用法律若干问题的意见》第 6 条第 1 款规定："以非法占有为目的，组织、领导传销活动，同时构成组织、领导传销活动罪和集资诈骗罪的，依照处罚较重的规定定罪处罚。"根据上述规定，艺术品资产份额化交易、代币发行交易过程中，行为人以非法占有为目的，以传销模式销售份额的，行为同时构成组织、领导传销活动罪和非法吸收公众存款罪，或者集资诈骗罪，择一重罪处罚。但随着互联网技术的发展，行为人已经不像传统传销一样仅将商品和服务作为幌子，通过单纯发展的下线数量作为计酬或返利的依据，而是将资产交易过程中夹杂着传销行为，行为手段已经越来越趋同于复杂的金融犯罪，导致此罪与彼罪的认定分歧更加明显。有观点认为，定性的分歧来源于对客观事实的判断本身嵌入了裁判者的主观因素，司法工作人员往往根据自身的认知来对案件的具体事实进行筛选。从将资产证券化交易行为定性为组织、领导传销活动罪的裁判文书可以看出，裁判者主要基于以下三个方面的考虑：一是基于案件的证据情况所作出的选择。在案件的侦查方向上，由于资产证券化发行融资属于新型犯罪，其区块链背景、金融属性、犯罪手法等方面对侦查人员而言系全新的内容，在侦查初始难以把握它们的概念内涵、外延，故只能从显性的犯罪形态入手确定侦查方向、固定证据等。如一起行为人发行"开元券"的刑事

案件中,行为人在互联网平台设立拆分盘,通过线上虚拟“开元券”价格的涨幅,以“开元券”拆分倍增盈利来引诱投资人投资购买“开元券”,吸收资金共计 10 亿余元,但卷宗材料里“开元券”的运作模式、基本原理等只在几个证人证言里涉及,侦查机关收集的证据重点在行为人层级的设定、人员的发展、收益的设置等要素上,行为人非法占有的主观故意、诈骗的行为模式、资金的融资性等均无涉及。可以看出,组织、领导传销活动罪的定性不是司法裁判者基于主观因素的自我选择,更多时候是基于证据情况难以从非法集资类犯罪入手评判,只能采纳有利于被告人原则从轻处罚。二是基于非法占有目的证明的困难而作出的选择。传销活动呈金字塔型,处于金字塔顶端的参与者主观上对传销活动的运作模式、资金汇集方向等有明确的认知,而中下级参与者通过发展更多下线来提高层级和返利比例,[1]对传销特征有清楚的认识,对集资诱骗特征是否明知需要确凿的证据予以支撑。在资金支配上需要审查行为人是否能掌控、支配资金,以所有者的身份使用、挥霍资金以维持传销组织正常运转,或者将资金用于支付高回报、高收益等,对于资金来源于新参与传销者缴纳的“入门费”,以及拆东墙补西墙的偿付方式不能持久维系具有主观上的认识。[2] 从具体案件来看,在证明组织、领导传销上证据确凿、充分,但在证明行为人发行代币有主观上非法占有的故意,客观上实施了金融犯罪的行为,无疑对司法人员在法律和相关金融学科的知识融会贯通上更具有挑战性,基于证明的方法、证明的标准、证明的程度难以把握,只能退而求其次。三是基于诈骗手段的表现形式存在交叠而作出的选择。传销犯罪本身也具有欺骗性,骗取财物也是传销活动的基本特征或者构成要件,组织者、领导者要通过虚假夸大宣传手段骗取参加者加入组织,从而通过传销该种非法组织形式来获取利益,这造成了集资诈

---

〔1〕 参见肖恩:《参与传销何种情形构成集资诈骗罪》,载《检察日报》2017 年 9 月 17 日,第 03 版。
〔2〕 同上注。

骗罪与组织、领导传销活动罪的交叠,从而导致定性的异同。虽然两个罪都具有欺骗的表现形式,但欺骗手段有本质的区别,组织、领导传销活动罪的本质要点在于传销,传销是其行为的主要模式,是通过传销这种方式非法获利。对于传销活动的组织、领导者而言,传销组织的规模、持续时长是盈利的保障,组织、领导者为维持传销组织的运转和发展,会将所得的款项主要用于维持传销组织的运作,有些案件中为了传销会采取欺骗的手段,但欺骗手段仍不改传销的本质特征,即欺骗的行为没有达到刑法上需要单独评价的程度。而集资诈骗罪中的“骗”则在于提供的项目或者商品的虚假性上,行为人运用多层次传销的模式,以招募会员、吸收资金,并要求参加人不断介绍他人加入而取得佣金、奖金或其他经济利益,并且行为人仅单纯吸收资金或者告知参与者投资项目,〔1〕实际上并未有真实的商品或服务。在资产证券化发行融资案件中,行为人建立传销组织只是手段行为,其目的在于通过名义上的代币发行,汇集资金从中获利,行为初期为吸引更多的投资者,会以层级方式发展会员、按人头返利等,但表面上看系传销组织的维系和运转,实际在于通过传销组织发行和销售代币,其行为更大的危害性对于汇聚巨额资金形成资金池,投资者为投资获利而参与其中,风险极大,故应以危害性更大的非法集资类犯罪定罪处罚,更能罚当其罪。

第四节　不同参与主体的刑法评价

一、对特殊目的载体公司的刑法规制

艺术品资产份额化交易主要是在互联网交易平台上运行,特殊目的载体会在成立公司后自行或委托他人开发艺术品产权交易系统,之

〔1〕　参见冯果:《金融法的“三足定理”及中国金融法制的变革》,载《法学》2011 年第 9 期,第 93—94 页。

后找到推荐商并审核其资质后签订合作协议,约定推荐商开发市场并根据交易金额获取返佣。特殊目的载体公司对资产包以及评估公司的资质、评估师的职称等审核后与推荐商、艺术品持有人签订三方协议并在平台发布资产包的销售信息,推荐商发展的投资人在交易平台上下载电脑客户端软件或手机端软件,经推荐商审核后可注册成为客户,通过软件在平台上进行交易。在此过程中特殊目的载体公司在几个环节呈现违法的行为性质:第一,在公司设立环节未经审批。艺术品资产份额化交易需要国务院、国务院金融管理部门或者省级人民政府的审批,为规避审批手续,从各地判处的相关案件来看,行为人往往成立所谓的香港文化艺术品产权交易中心,认为香港对此无须审批,然后在国内注册一家公司做香港空壳公司的国内代理。第二,行为违法。行为人打着金融创新、金融改革的旗号自行或委托他人开发研制艺术品份额化交易软件,在互联网平台上运行。我国从 2017 年 2 月起明确规定,交易软件的开发也需要金融办、文化厅的批文。授意或帮助推荐商联系指定的估价鉴定人员,对估价鉴定人员提供的鉴定报告没有任何审核,直接作为平台资产包的底价在平台上发售。给推荐商一至二个免佣金账户,由推荐商在免佣金账户内与投资者进行对倒交易。第三,风险较大。由于将艺术品只是作为一个投机的工具,艺术品资产份额化交易过程中载体公司没有像金融机构那样设置保证金来保证兑付,交易平台的资金不但没有银行等第三方支付机构有效监管,而且交易平台设立者可以随意支配资金,艺术品资产份额化交易投资者如果要退市兑现,无论是互联网载体公司还是推荐商都无法兑付。具体定性上,司法实践中出现集资诈骗罪,诈骗罪,非法吸收公众存款罪,组织、领导传销活动罪等不同的罪名。有观点提出对没有获得批准成立的文化艺术品交易所或交易中心,或者制造虚假的政府性批准经营的许可文件的,可以参照《刑法》第 174 条规定,未经国家有关主管部门批准,擅自设立商业银行、证券交易所、期货交易所、证券公司、期货经纪公司、保险公司或者其他金融机构的,以擅自设立金融机构罪论处。当具有诈骗的故意和行为时，就不宜认定为非法吸收公众存款罪和擅自设立金融机构罪，组织、领导传销活动罪等，尤其是组织、领导传销活动罪仅仅因为在发展会员的过程中按照一定顺序组成层级，或者直接、间接以发展人员的数量作为计酬或者返利的依据，就据此认定该罪名显然不妥。此种情形下，层级的设立只是手段行为，目的还是通过销售艺术品未来的增值空间，或以此为幌子吸收或者诈骗公众资金，将手段行为替代目的行为没有体现完整评价的原则。集资诈骗罪与诈骗罪之间的选择上，诈骗罪通常针对的是特定对象，而通过互联网形式采取诈骗手段骗取他人钱款，其骗取对象显然是不特定的，仅因艺术品资产份额化交易犯罪行为没有非法集资通常的还本付息的表现形式，或者并非将以集资为名吸收公众存款，就退而求其次将其认定为诈骗罪显然不妥。新的历史条件下的互联网非法集资行为已与传统线下的集资行为明显不同，在犯罪故意和表现形式上，集聚资金进行高额交易，许以虚假利润诈骗投资者进场，从实质要件上与传统非法集资并无实质区别，更因为互联网的特性而使社会危害性剧增。

二、对推荐商等艺术品权利人或持有人的刑法规制

推荐商在艺术品资产份额化交易中的主要作用是接受特殊目的载体公司的委托，选取艺术品组合成资产包，委托估价鉴定部门进行评估，为防止盘面大涨或大跌，按照市值的百分比提供护盘资金和保证金进入免佣金账户。推荐商原本应是与投资者做对手盘交易，但为塑造市场活跃的假象吸引投资者跟风买进，有的推荐商会利用免佣金账户自买自卖，使原本不具备流通性的艺术品具有了融资功能，解决资产包上市后没有成交量的问题。护盘资金和保证金是为了保证投资者的资金安全，但由于推荐商和特殊目的载体公司之间的勾连，在实际交易过程中变成了推荐商与投资者做对手的交易资金。通过自买自卖，以及利用资金优势控制盘面，推荐商对价格的涨跌起到完全

控盘的作用,涨时抛出获利,低时买进,伺机推高价格,使艺术品份额化的交易属性丧失,完全是行为人自导自演的一场资金游戏;再进一步与鉴定人员勾连,出具虚假鉴定报告欺骗投资者,使诈骗的故意和行为更为显现。对上述行为是否可以按照《刑法》第 225 条规定,未经国家有关主管部门批准非法经营证券、期货、保险业务的,或者非法从事资金支付结算业务的,以非法经营罪定罪处罚;或者按照《刑法》第 182 条规定,单独或者合谋,集中资金优势、持股或者持仓优势或者利用信息优势或者连续买卖,操纵证券、期货交易价格或者证券、期货交易量的;在自己实际控制的账户之间进行证券交易,或者以自己为交易对象,自买自卖期货合约,影响证券、期货交易价格或者证券、期货交易量的,以操纵证券、期货市场罪定罪处罚,上述罪名与金融诈骗犯罪的主要区别在于非法占有的目的以及诈骗的行为和故意,如果推荐商与特殊目的载体公司、鉴定估价单位相互串通,将低价的艺术品以明显不符合市场评估的价格进行估价鉴定,以及上述利用免佣金账户自买自卖、利用资金优势控盘操作价格,则显然不能以非法经营罪或者操纵证券、期货市场罪定罪处罚,而应以集资诈骗罪等予以刑事规制。

三、对艺术品鉴定人员的刑法规制

艺术作品的鉴定真伪和价格认定是一个非常复杂的环节,也是艺术品交易最重要的一个环节,如果艺术品的鉴定出现重大误差,会对中小投资者的投资信心产生极大的影响,也会带来对投资交易公平性的质疑。为豁免自己,艺术品鉴定人员往往会用“鉴定结果只代表本人个人学术观点,本人对鉴定结果不负任何法律责任”来规避风险和责任。在欧美国家,艺术品估价建立在一些专业数据库之上,如 askART、Artprice、LiveAucioneers 等,这些平台致力于以收集艺术品交易记录、整理分类等,形成庞大且细致的数据库,其中拍卖数据是艺术品估价的重要基准。此外,包括瑞士联合银行集团、德意志银行、巴黎银行等世界上历史最悠久和投资业务最大的金融机构都设有相关独立部门提供艺术品鉴定估价,除银行机构以外,艺术品拍卖公司也是艺术品市场的重要组成部分,在专业鉴定、估价和流通上具有自身的优势。中国艺术品的评估没有形成这样的数据库,拍卖行业发展也尚不完善,拍卖成交价格缺乏公允性。在此情况下,不同估价鉴定结论之间的差异,究竟是出于鉴定人员的主观判断还是鉴定人员故意出具虚假鉴定结论,也是该类案件办理中的又一疑难复杂问题。法庭上鉴定人员往往以此为由提出抗辩,认为艺术品无价,估价结论不同是不同鉴定人员基于不同专业判断所作出,不能因此认为系虚假鉴定。对艺术品鉴定人员不同的鉴定结论,究竟是出现合理的鉴定误差还是故意出具虚假鉴定,其中的界限应当从主客观两个方面来评判。对于主观上出于真实的艺术品鉴定意思,客观上由于专业素养导致鉴定出现严重误差的,不能以诈骗定性。对于艺术品鉴定人员与推荐商勾结,就鉴定费分成达成共识,主观上以营利为目的,客观上对艺术品的鉴定出现明显偏差的鉴定人员应认定为具有诈骗的故意和行为。艺术品本身具有未来增值空间难以预测等特殊性,估价鉴定作为主观判断的一种方式,鉴定人基于不同的专业立场确实容易出现不同的鉴定结论,对此要有一个客观和公正的评价,但行为人认为艺术品无价故而无论作出怎样的鉴定结论都不是诈骗的理由显然不能成立。艺术品无价但也有价,否则就不会有估价鉴定这一环节。从案件本身来看,追究刑事责任的鉴定人员是因为存在明显的诈骗行为:第一,在鉴定的对象上,鉴定的艺术品本身应具有一定的市场价值以及未来的增值空间,而涉案的艺术品资产包中有鉴定人员自己作的画,而鉴定人员并非艺术从业人员,与推荐商勾结将自己的作品放进资产包中并进行评估,显然有悖艺术品估价鉴定的基本原则;第二,在鉴定的方法上,准确的估价鉴定除了依赖专业人员的专业素养,还应当对鉴定物品进行认真地审查,而涉案的鉴定人员只是走马观花式地查看需要鉴定的物品,有的甚至直接在鉴定结论上签名、盖章;第三,鉴定人员在鉴定的过程中，应当秉持公正、客观的立场，不得受鉴定委托人的不当干扰，而涉案的鉴定人员有的接受委托人的吃请，有的按照委托人的授意按委托人的意愿填写艺术品的价格。上述几个方面均充分证明，涉案鉴定人员并非进行正常的艺术品估价而是与委托人一起实施诈骗行为。在罪名的具体认定上，有诈骗类犯罪的共犯、出具证明文件重大失实罪以及故意提供虚假证明文件罪等不同意见。行为性质决定了罪名的认定，作为评估公司的鉴定人员，未认真审查甚至未见过鉴定对象实物、未采取科学的鉴定方法、未比对评估报告内评估对象的数量，而直接以鉴定师的身份在相关评估报告上予以签字确认，可推定其对于评估报告内容不实具有主观明知，其行为构成故意提供虚假证明文件罪，而非出具证明文件重大失实罪。如果明知特殊目的载体公司、推荐商有非法吸收公众存款、集资诈骗、诈骗或者非法经营的故意和行为，仍提供帮助出具虚假的鉴定报告，则构成上述行为人的共犯。

结　语

互联网金融的便捷性、开放性、普惠性、传播性以及创新性对传统金融带来巨大冲击,同时对金融安全、金融稳定也带来巨大挑战。金融活动充满了复杂性,违法与犯罪的界限不总是那么泾渭分明。随着互联网金融的快速发展以及作为法规制对象的复杂性、流动性的急速增加,当初立法时未曾出现,也未曾想到的问题接踵而至。运用互联网手段的网络融资行为,如何在互联网金融的创新功能与互联网金融的合理管控之间把握平衡,既不能在金融创新初始就介入刑法的调控手段,亦不能继续金融创新发展之初的无监管状态,刑事规制必要、合法地介入是当下无论在理论还是实践上均需研究的课题。在行政处罚与刑事处罚边界模糊、非法性要素虚化成为司法隐性惯例、高度抽象的秩序法益难以证明的情势下,发挥司法裁判者的解释功能,通过法益衡量寻找法律规范还原案件事实的妥适性不失为解决之道。

互联网祛魅的色彩和表相使网络融资不但理论上意见纷呈,诸多疑难复杂问题也在此汇聚,更表现在在技术的迅猛发展下思潮不断涌动、流变。在非法占有目的的研究上,笔者自己就有一个发展变化过程。在笔者参与《最高人民法院、最高人民检察院关于修改〈关于办理妨害信用卡管理刑事案件具体应用法律若干问题的解释〉的决定》起草调研过程中,曾提出不能将非法占有的目的虚置,而是要作为一个独立的要件予以评判。制定过程中对于如何证明非法占有目的的存在,用什么情形来推定,起草组反复推敲后规定了六种情形。由于恶意透支型信用卡诈骗罪的定罪量刑标准大幅度上调,解释颁布后信用卡诈骗案件大幅度下降,笔者也没有再仔细揣摩这一规定的实践价值。当P2P案件大量进入刑事领域后,行为人是否具有非法占有目的成了法庭上控辩双方争论的焦点;行为模式相同却因司法裁判者对非法占有目的的存在不同理解,而分别以集资诈骗罪或者非法吸收公众存款罪处罚,在互联网非法集资刑事案件中如何证明非法占有目的的存在始终是一个难题。裁判文书中也鲜见司法裁判者就非法占有目的展开详细阐述,对于违法性的评判理由抽象而模糊,相同行为模式不同定性该如何纠偏,P2P一经爆仓就易被纳入刑事处罚的视野,民事、行政领域里的法律共同体或者行政监管部门是否还可以有所作为,刑法介入互联网非法集资的深度、广度、力度该如何把握等问题,更值得深入探讨。一篇文章难以解决众多问题,但法律本就是一门复杂学科,有争鸣才有思想,有思想才有火花,有火花才有希望。

笔者在跨部门、跨领域交流中,更是深感互联网金融的有序运行需要依靠整个法律共同体的协同运作,民事、行政调整要挺在刑法之前构筑抵御屏障,而不是让刑法走在急前锋的行列。尤其在互联网的背景下,立法滞后、实践先行,面对经济活动的日新月异,立法无法及时跟上是不得不面对的现实。目前乃至今后相当长一段时间内,互联网金融领域的新型犯罪将是中国刑事司法审判无法回避的问题。在P2P平台清零的背后不是网络借贷的销声匿迹,“助贷”类这一新型网络借贷的产生想必已超出监管部门当初的设想。作为P2P网络借贷专项整治后网贷平台的主要转型方向,“助贷”机构也已经由纯粹的信息中介演变出不同的形态模式,有提供担保的支持型“助贷”,提供部分资金、与银行金融机构共同提供借款的资金支持型“助贷”,“助贷”业务增信方式多样,以小额普惠金融贷款业务为主,以小微企业、个人等金融消费者为主要客户群体,融资款主要用于小微企业经营或个人消费。虽然涉案金额普遍不高,90%以上低于20万元,但融资成本高于24%,“助贷”机构通常会与金融机构签署“抽屉协议”,即由银行将相关贷前审查、贷中监督、争议解决等核心内容“打包”给“助贷”机构,“助贷”机构则默契地在贷款逾期时回购或受让债权予以兜底。作为资金提供方的银行因可以先行从“助贷”机构处获得清偿,故易放松对借款人资质和贷款风险的审查。一旦提供增信或兜底的“助贷”机构出现资金断裂,难以代偿或受让债权,则可能将风险向银行等资金提供方传导,引发系统性风险。此类行为目前被纳入民事法律调整范围,但一旦形成规模,是否具有刑事法律风险因本书篇幅所限,只能留待日后关注并研究。不可否认的是,互联网非法集资行为模式会日趋复杂,理顺行政不法与金融犯罪的界限,从理念、规制、法律适用上从容应对,仍然是一个亟待解决的大课题。如果有更多司法人员关注并对此类问题有所觉察,用审慎、理性以及全面的视角来面对疑难复杂问题,而不是简单、机械地套用四个构成要件“包治百病”,走出怠于找法、惯性“遗忘”说理义务的裁判习惯,相信不管互联网非法集资的行为无论如何变迁,理论与实务界均会寻找到妥适之路。

附录：相关法律规范和规范性文件

最高人民法院关于审理非法集资刑事案件具体应用法律若干问题的解释

（法释〔2010〕18号，自2011年1月4日起施行）

为依法惩治非法吸收公众存款、集资诈骗等非法集资犯罪活动，根据刑法有关规定，现就审理此类刑事案件具体应用法律的若干问题解释如下：

第一条 违反国家金融管理法律规定，向社会公众（包括单位和个人）吸收资金的行为，同时具备下列四个条件的，除刑法另有规定的以外，应当认定为刑法第一百七十六条规定的“非法吸收公众存款或者变相吸收公众存款”：

（一）未经有关部门依法批准或者借用合法经营的形式吸收资金；

（二）通过媒体、推介会、传单、手机短信等途径向社会公开宣传；

（三）承诺在一定期限内以货币、实物、股权等方式还本付息或者给付回报；

（四）向社会公众即社会不特定对象吸收资金。

未向社会公开宣传，在亲友或者单位内部针对特定对象吸收资金的，不属于非法吸收或者变相吸收公众存款。

第二条 实施下列行为之一，符合本解释第一条第一款规定的条件的，应当依照刑法第一百七十六条的规定，以非法吸收公众存款罪定罪处罚：

（一）不具有房产销售的真实内容或者不以房产销售为主要目的，以返本销售、售后包租、约定回购、销售房产份额等方式非法吸收资金的；

（二）以转让林权并代为管护等方式非法吸收资金的；

（三）以代种植（养殖）、租种植（养殖）、联合种植（养殖）等方式非法吸收资金的；

（四）不具有销售商品、提供服务的真实内容或者不以销售商品、提供服务为主要目的，以商品回购、寄存代售等方式非法吸收资金的；

（五）不具有发行股票、债券的真实内容，以虚假转让股权、发售虚构债券等方式非法吸收资金的；

（六）不具有募集基金的真实内容，以假借境外基金、发售虚构基金等方式非法吸收资金的；

（七）不具有销售保险的真实内容，以假冒保险公司、伪造保险单据等方式非法吸收资金的；

（八）以投资入股的方式非法吸收资金的；

（九）以委托理财的方式非法吸收资金的；

（十）利用民间“会”、“社”等组织非法吸收资金的；

（十一）其他非法吸收资金的行为。

第三条　非法吸收或者变相吸收公众存款，具有下列情形之一的，应当依法追究刑事责任：

（一）个人非法吸收或者变相吸收公众存款，数额在 20 万元以上的，单位非法吸收或者变相吸收公众存款，数额在 100 万元以上的；

（二）个人非法吸收或者变相吸收公众存款对象 30 人以上的，单位非法吸收或者变相吸收公众存款对象 150 人以上的；

（三）个人非法吸收或者变相吸收公众存款，给存款人造成直接经济损失数额在 10 万元以上的，单位非法吸收或者变相吸收公众存款，给存款人造成直接经济损失数额在 50 万元以上的；

（四）造成恶劣社会影响或者其他严重后果的。

具有下列情形之一的，属于刑法第一百七十六条规定的“数额巨大或者有其他严重情节”：

（一）个人非法吸收或者变相吸收公众存款，数额在 100 万元以上的，单位非法吸收或者变相吸收公众存款，数额在 500 万元以上的；

（二）个人非法吸收或者变相吸收公众存款对象 100 人以上的，单位非法吸收或者变相吸收公众存款对象 500 人以上的；

（三）个人非法吸收或者变相吸收公众存款，给存款人造成直接经济损失数额在 50 万元以上的，单位非法吸收或者变相吸收公众存款，给存款人造成直接经济损失数额在 250 万元以上的；

(四)造成特别恶劣社会影响或者其他特别严重后果的。

非法吸收或者变相吸收公众存款的数额,以行为人所吸收的资金全额计算。案发前后已归还的数额,可以作为量刑情节酌情考虑。

非法吸收或者变相吸收公众存款,主要用于正常的生产经营活动,能够及时清退所吸收资金,可以免予刑事处罚;情节显著轻微的,不作为犯罪处理。

第四条 以非法占有为目的,使用诈骗方法实施本解释第二条规定所列行为的,应当依照刑法第一百九十二条的规定,以集资诈骗罪定罪处罚。

使用诈骗方法非法集资,具有下列情形之一的,可以认定为"以非法占有为目的":

(一)集资后不用于生产经营活动或者用于生产经营活动与筹集资金规模明显不成比例,致使集资款不能返还的;

(二)肆意挥霍集资款,致使集资款不能返还的;

(三)携带集资款逃匿的;

(四)将集资款用于违法犯罪活动的;

(五)抽逃、转移资金、隐匿财产,逃避返还资金的;

(六)隐匿、销毁账目,或者搞假破产、假倒闭,逃避返还资金的;

(七)拒不交代资金去向,逃避返还资金的;

(八)其他可以认定非法占有目的的情形。

集资诈骗罪中的非法占有目的,应当区分情形进行具体认定。行为人部分非法集资行为具有非法占有目的的,对该部分非法集资行为所涉集资款以集资诈骗罪定罪处罚;非法集资共同犯罪中部分行为人具有非法占有目的,其他行为人没有非法占有集资款的共同故意和行为的,对具有非法占有目的的行为人以集资诈骗罪定罪处罚。

第五条 个人进行集资诈骗,数额在10万元以上的,应当认定为"数额较大";数额在30万元以上的,应当认定为"数额巨大";数额在100万元以上的,应当认定为"数额特别巨大"。

单位进行集资诈骗,数额在50万元以上的,应当认定为"数额较大";数额在150万元以上的,应当认定为"数额巨大";数额在500万元以上的,应当认定为"数额特别巨大"。

集资诈骗的数额以行为人实际骗取的数额计算,案发前已归还的数额应予扣除。行为人为实施集资诈骗活动而支付的广告费、中介费、手续费、回扣,或者用于行贿、赠与等费用,不予扣除。行为人为实施集资诈骗活动而支付的利息,除本金未归还可予折抵本金以外,应当计入诈骗数额。

第六条 未经国家有关主管部门批准,向社会不特定对象发行、以转让股权等方式变相发行股票或者公司、企业债券,或者向特定对象发行、变相发行股票或者公司、企业债券累计超过200人的,应当认定为刑法第一百七十九条规定的“擅自发行股票、公司、企业债券”。构成犯罪的,以擅自发行股票、公司、企业债券罪定罪处罚。

第七条 违反国家规定,未经依法核准擅自发行基金份额募集基金,情节严重的,依照刑法第二百二十五条的规定,以非法经营罪定罪处罚。

第八条 广告经营者、广告发布者违反国家规定,利用广告为非法集资活动相关的商品或者服务作虚假宣传,具有下列情形之一的,依照刑法第二百二十二条的规定,以虚假广告罪定罪处罚:

(一)违法所得数额在10万元以上的;

(二)造成严重危害后果或者恶劣社会影响的;

(三)二年内利用广告作虚假宣传,受过行政处罚二次以上的;

(四)其他情节严重的情形。

明知他人从事欺诈发行股票、债券,非法吸收公众存款,擅自发行股票、债券,集资诈骗或者组织、领导传销活动等集资犯罪活动,为其提供广告等宣传的,以相关犯罪的共犯论处。

第九条 此前发布的司法解释与本解释不一致的,以本解释为准。

最高人民法院、最高人民检察院、公安部关于办理非法集资刑事案件适用法律若干问题的意见

(公通字〔2014〕16号,自2014年3月25日施行)

各省、自治区、直辖市高级人民法院,人民检察院,公安厅、局,解放军军事法院、军事检察院,新疆维吾尔自治区高级人民法院生产建设兵团分院,新疆生产建设兵团人民检察院、公安局:

为解决近年来公安机关、人民检察院、人民法院在办理非法集资刑事案件

中遇到的问题,依法惩治非法吸收公众存款、集资诈骗等犯罪,根据刑法、刑事诉讼法的规定,结合司法实践,现就办理非法集资刑事案件适用法律问题提出以下意见:

一、关于行政认定的问题

行政部门对于非法集资的性质认定,不是非法集资刑事案件进入刑事诉讼程序的必经程序。行政部门未对非法集资作出性质认定的,不影响非法集资刑事案件的侦查、起诉和审判。

公安机关、人民检察院、人民法院应当依法认定案件事实的性质,对于案情复杂、性质认定疑难的案件,可参考有关部门的认定意见,根据案件事实和法律规定作出性质认定。

二、关于"向社会公开宣传"的认定问题

《最高人民法院关于审理非法集资刑事案件具体应用法律若干问题的解释》第一条第一款第二项中的"向社会公开宣传",包括以各种途径向社会公众传播吸收资金的信息,以及明知吸收资金的信息向社会公众扩散而予以放任等情形。

三、关于"社会公众"的认定问题

下列情形不属于《最高人民法院关于审理非法集资刑事案件具体应用法律若干问题的解释》第一条第二款规定的"针对特定对象吸收资金"的行为,应当认定为向社会公众吸收资金:

(一)在向亲友或者单位内部人员吸收资金的过程中,明知亲友或者单位内部人员向不特定对象吸收资金而予以放任的;

(二)以吸收资金为目的,将社会人员吸收为单位内部人员,并向其吸收资金的。

四、关于共同犯罪的处理问题

为他人向社会公众非法吸收资金提供帮助,从中收取代理费、好处费、返点费、佣金、提成等费用,构成非法集资共同犯罪的,应当依法追究刑事责任。

能够及时退缴上述费用的，可依法从轻处罚；其中情节轻微的，可以免除处罚；情节显著轻微、危害不大的，不作为犯罪处理。

五、关于涉案财物的追缴和处置问题

向社会公众非法吸收的资金属于违法所得。以吸收的资金向集资参与人支付的利息、分红等回报，以及向帮助吸收资金人员支付的代理费、好处费、返点费、佣金、提成等费用，应当依法追缴。集资参与人本金尚未归还的，所支付的回报可予折抵本金。

将非法吸收的资金及其转换财物用于清偿债务或者转让给他人，有下列情形之一的，应当依法追缴：

（一）他人明知是上述资金及财物而收取的；

（二）他人无偿取得上述资金及财物的；

（三）他人以明显低于市场的价格取得上述资金及财物的；

（四）他人取得上述资金及财物系源于非法债务或者违法犯罪活动的；

（五）其他依法应当追缴的情形。

查封、扣押、冻结的易贬值及保管、养护成本较高的涉案财物，可以在诉讼终结前依照有关规定变卖、拍卖。所得价款由查封、扣押、冻结机关予以保管，待诉讼终结后一并处置。

查封、扣押、冻结的涉案财物，一般应在诉讼终结后，返还集资参与人。涉案财物不足全部返还的，按照集资参与人的集资额比例返还。

六、关于证据的收集问题

办理非法集资刑事案件中，确因客观条件的限制无法逐一收集集资参与人的言词证据的，可结合已收集的集资参与人的言词证据和依法收集并查证属实的书面合同、银行账户交易记录、会计凭证及会计账簿、资金收付凭证、审计报告、互联网电子数据等证据，综合认定非法集资对象人数和吸收资金数额等犯罪事实。

七、关于涉及民事案件的处理问题

对于公安机关、人民检察院、人民法院正在侦查、起诉、审理的非法集资刑事案件，有关单位或者个人就同一事实向人民法院提起民事诉讼或者申请执行涉案财物的,人民法院应当不予受理,并将有关材料移送公安机关或者检察机关。

人民法院在审理民事案件或者执行过程中,发现有非法集资犯罪嫌疑的,应当裁定驳回起诉或者中止执行,并及时将有关材料移送公安机关或者检察机关。

公安机关、人民检察院、人民法院在侦查、起诉、审理非法集资刑事案件中,发现与人民法院正在审理的民事案件属同一事实,或者被申请执行的财物属于涉案财物的,应当及时通报相关人民法院。人民法院经审查认为确属涉嫌犯罪的,依照前款规定处理。

八、关于跨区域案件的处理问题

跨区域非法集资刑事案件,在查清犯罪事实的基础上,可以由不同地区的公安机关、人民检察院、人民法院分别处理。

对于分别处理的跨区域非法集资刑事案件,应当按照统一制定的方案处置涉案财物。

国家机关工作人员违反规定处置涉案财物,构成渎职等犯罪的,应当依法追究刑事责任。

最高人民法院
最高人民检察院
公安部
2014 年 3 月 25 日

最高人民检察院关于办理涉互联网金融犯罪案件有关问题座谈会纪要

(高检诉〔2017〕14 号,自 2017 年 6 月 2 日起施行)

互联网金融是金融与互联网相互融合形成的新型金融业务模式。发展互联网金融,对加快实施创新驱动发展战略、推进供给侧结构性改革、促进经济转型升级具有积极作用。但是,在互联网金融快速发展过程中,部分机构、业态偏离了正确方向,有些甚至打着“金融创新”的幌子进行非法集资、金融诈骗等违法犯罪活动,严重扰乱了金融管理秩序,侵害了人民群众合法权益。2016 年 4 月,国务院部署开展了互联网金融风险专项整治工作,集中整治违法违规行为,防范和化解互联网金融风险。各级检察机关积极参与专项整治工作,依法办理进入检察环节的涉互联网金融犯罪案件。针对办案中遇到的新情况、新问题,高检院公诉厅先后在昆明、上海、福州召开座谈会,对办理涉互联网金融犯罪案件中遇到的有关行为性质、法律适用、证据审查、追诉范围等问题进行了深入研究。纪要如下:

一、办理涉互联网金融犯罪案件的基本要求

促进和保障互联网金融规范健康发展,是检察机关服务经济社会发展的重要内容。各地检察机关公诉部门应当充分认识防范和化解互联网金融风险的重要性、紧迫性和复杂性,立足检察职能,积极参与互联网金融风险专项整治工作,有效预防、依法惩治涉互联网金融犯罪,切实维护人民群众合法权益,维护国家金融安全。

1　准确认识互联网金融的本质。互联网金融的本质仍然是金融,其潜在的风险与传统金融没有区别,甚至还可能因互联网的作用而被放大。要依据现有的金融管理法律规定,依法准确判断各类金融活动、金融业态的法律性质,准确界定金融创新和金融违法犯罪的界限。在办理涉互联网金融犯罪案件时,判断是否符合“违反国家规定”“未经有关国家主管部门批准”等要件时,应当以现行刑事法律和金融管理法律法规为依据。对各种类型互联网金融活动,要深入剖析行为实质并据此判断其性质,从而准确区分罪与非罪、此罪与彼罪、罪轻与罪重、打击与保护的界限,不能机械地被所谓“互联网金融创新”表象所迷惑。

2　妥善把握刑事追诉的范围和边界。涉互联网金融犯罪案件涉案人员众多,要按照区别对待的原则分类处理,综合运用刑事追诉和非刑事手段处置和化解风险,打击少数、教育挽救大多数。要坚持主客观相统一的原则,根据犯罪嫌疑人在犯罪活动中的地位作用、涉案数额、危害结果、主观过错等主客观情节,综合判断责任轻重及刑事追诉的必要性,做到罪责适应、罚当其罪。对犯罪情节严重、主观恶性大、在犯罪中起主要作用的人员,特别是核心管理

层人员和骨干人员,依法从严打击;对犯罪情节相对较轻、主观恶性较小、在犯罪中起次要作用的人员依法从宽处理。

3 注重案件统筹协调推进。涉互联网金融犯罪跨区域特征明显,各地检察机关公诉部门要按照"统一办案协调、统一案件指挥、统一资产处置、分别侦查诉讼、分别落实维稳"(下称"三统两分")的要求分别处理好辖区内案件,加强横向、纵向联系,在上级检察机关特别是省级检察院的指导下统一协调推进办案工作,确保辖区内案件处理结果相对平衡统一。跨区县案件由地市级检察院统筹协调,跨地市案件由省级检察院统一协调,跨省案件由高检院公诉厅统一协调。各级检察机关公诉部门要加强与公安机关、地方金融办等相关单位以及检察机关内部侦监、控申等部门的联系,建立健全案件信息通报机制,及时掌握重大案件的立案、侦查、批捕、信访等情况,适时开展提前介入侦查等工作,并及时上报上级检察院。省级检察院公诉部门要发挥工作主动性,主动掌握社会影响大的案件情况,研究制定工作方案,统筹协调解决办案中遇到的问题,重大、疑难、复杂问题要及时向高检院报告。

4 坚持司法办案"三个效果"有机统一。涉互联网金融犯罪影响广泛,社会各界特别是投资人群体十分关注案件处理。各级检察机关公诉部门要从有利于全案依法妥善处置的角度出发,切实做好提前介入侦查引导取证、审查起诉、出庭公诉等各个阶段的工作,依法妥善处理重大敏感问题,不能机械司法、就案办案。同时,要把办案工作与保障投资人合法权益紧密结合起来,同步做好释法说理、风险防控、追赃挽损、维护稳定等工作,努力实现司法办案的法律效果、社会效果、政治效果有机统一。

二、准确界定涉互联网金融行为法律性质

5 互联网金融涉及P2P网络借贷、股权众筹、第三方支付、互联网保险以及通过互联网开展资产管理及跨界从事金融业务等多个金融领域,行为方式多样,所涉法律关系复杂。违法犯罪行为隐蔽性、迷惑性强,波及面广,社会影响大,要根据犯罪行为的实质特征和社会危害,准确界定行为的法律性质和刑法适用的罪名。

(一)非法吸收公众存款行为的认定

6 涉互联网金融活动在未经有关部门依法批准的情形下,公开宣传并向不特定公众吸收资金,承诺在一定期限内还本付息的,应当依法追究刑事责

任。其中,应重点审查互联网金融活动相关主体是否存在归集资金、沉淀资金,致使投资人资金存在被挪用、侵占等重大风险等情形。

7　互联网金融的本质是金融,判断其是否属于"未经有关部门依法批准",即行为是否具有非法性的主要法律依据是《商业银行法》、《非法金融机构和非法金融业务活动取缔办法》(国务院令第 247 号)等现行有效的金融管理法律规定。

8　对以下网络借贷领域的非法吸收公众资金的行为,应当以非法吸收公众存款罪分别追究相关行为主体的刑事责任:

(1)中介机构以提供信息中介服务为名,实际从事直接或间接归集资金、甚至自融或变相自融等行为,应当依法追究中介机构的刑事责任。特别要注意识别变相自融行为,如中介机构通过拆分融资项目期限、实行债权转让等方式为自己吸收资金的,应当认定为非法吸收公众存款。

(2)中介机构与借款人存在以下情形之一的,应当依法追究刑事责任:①中介机构与借款人合谋或者明知借款人存在违规情形,仍为其非法吸收公众存款提供服务的;中介机构与借款人合谋,采取向出借人提供信用担保、通过电子渠道以外的物理场所开展借贷业务等违规方式向社会公众吸收资金的;②双方合谋通过拆分融资项目期限、实行债权转让等方式为借款人吸收资金的。在对中介机构、借款人进行追诉时,应根据各自在非法集资中的地位、作用确定其刑事责任。中介机构虽然没有直接吸收资金,但是通过大肆组织借款人开展非法集资并从中收取费用数额巨大、情节严重的,可以认定为主犯。

(3)借款人故意隐瞒事实,违反规定,以自己名义或借用他人名义利用多个网络借贷平台发布借款信息,借款总额超过规定的最高限额,或将吸收资金用于明确禁止的投资股票、场外配资、期货合约等高风险行业,造成重大损失和社会影响的,应当依法追究借款人的刑事责任。对于借款人将借款主要用于正常的生产经营活动,能够及时清退所吸收资金,不作为犯罪处理。

9　在非法吸收公众存款罪中,原则上认定主观故意并不要求以明知法律的禁止性规定为要件。特别是具备一定涉金融活动相关从业经历、专业背景或在犯罪活动中担任一定管理职务的犯罪嫌疑人,应当知晓相关金融法律管理规定,如果有证据证明其实际从事的行为应当批准而未经批准,行为在客观上具有非法性,原则上就可以认定其具有非法吸收公众存款的主观故意。在证明犯罪嫌疑人的主观故意时,可以收集运用犯罪嫌疑人的任职情况、职业经历、专业背景、培训经历、此前任职单位或者其本人因从事同类行为受到处罚情况等证据,证明犯罪嫌疑人提出的"不知道相关行为被法律所禁止,故不具有非法吸收公众存款的主观故意"等辩解不能成立。除此之外,还可以收集运用以下证据进一步印证犯罪嫌疑人知道或应当知道其所从事行为具有非法性,比如犯罪嫌疑人故意规避法律以逃避监管的相关证据:自己或要求下属与投资人签订虚假的亲友关系确认书,频繁更换宣传用语逃避监管,实际推介内容与宣传用语、实际经营状况不一致,刻意向投资人夸大公司兑付能力,在培训课程中传授或接受规避法律的方法,等等。

10 对于无相关职业经历、专业背景,且从业时间短暂,在单位犯罪中层级较低,纯属执行单位领导指令的犯罪嫌疑人提出辩解的,如确实无其他证据证明其具有主观故意的,可以不作为犯罪处理。另外,实践中还存在犯罪嫌疑人提出因信赖行政主管部门出具的相关意见而陷入错误认识的辩解。如果上述辩解确有证据证明,不应作为犯罪处理,但应当对行政主管部门出具的相关意见及其出具过程进行查证,如存在以下情形之一,仍应认定犯罪嫌疑人具有非法吸收公众存款的主观故意:

(1)行政主管部门出具意见所涉及的行为与犯罪嫌疑人实际从事的行为不一致的;

(2)行政主管部门出具的意见未对是否存在非法吸收公众存款问题进行合法性审查,仅对其他合法性问题进行审查的;

(3)犯罪嫌疑人在行政主管部门出具意见时故意隐瞒事实、弄虚作假的;

(4)犯罪嫌疑人与出具意见的行政主管部门的工作人员存在利益输送行为的;

(5)犯罪嫌疑人存在其他影响和干扰行政主管部门出具意见公正性的情形的。

对于犯罪嫌疑人提出因信赖专家学者、律师等专业人士、主流新闻媒体宣传或有关行政主管部门工作人员的个人意见而陷入错误认识的辩解,不能作为犯罪嫌疑人判断自身行为合法性的根据和排除主观故意的理由。

11　负责或从事吸收资金行为的犯罪嫌疑人非法吸收公众存款金额，根据其实际参与吸收的全部金额认定。但以下金额不应计入该犯罪嫌疑人的吸收金额：

（1）犯罪嫌疑人自身及其近亲属所投资的资金金额；

（2）记录在犯罪嫌疑人名下，但其未实际参与吸收且未从中收取任何形式好处的资金。

吸收金额经过司法会计鉴定的，可以将前述不计入部分直接扣除。但是，前述两项所涉金额仍应计入相对应的上一级负责人及所在单位的吸收金额。

12　投资人在每期投资结束后，利用投资账户中的资金（包括每期投资结束后归还的本金、利息）进行反复投资的金额应当累计计算，但对反复投资的数额应当作出说明。对负责或从事行政管理、财务会计、技术服务等辅助工作的犯罪嫌疑人，应当按照其参与的犯罪事实，结合其在犯罪中的地位和作用，依法确定刑事责任范围。

13　确定犯罪嫌疑人的吸收金额时，应当重点审查、运用以下证据：（1）涉案主体自身的服务器或第三方服务器上存储的交易记录等电子数据；（2）会计账簿和会计凭证；（3）银行账户交易记录、POS 机支付记录；（4）资金收付凭证、书面合同等书证。仅凭投资人报案数据不能认定吸收金额。

（二）集资诈骗行为的认定

14　以非法占有为目的，使用诈骗方法非法集资，是集资诈骗罪的本质特征。是否具有非法占有目的，是区分非法吸收公众存款罪和集资诈骗罪的关键要件，对此要重点围绕融资项目真实性、资金去向、归还能力等事实进行综合判断。犯罪嫌疑人存在以下情形之一的，原则上可以认定具有非法占有目的：

（1）大部分资金未用于生产经营活动，或名义上投入生产经营但又通过各种方式抽逃转移资金的；

（2）资金使用成本过高，生产经营活动的盈利能力不具有支付全部本息的现实可能性的；

（3）对资金使用的决策极度不负责任或肆意挥霍造成资金缺口较大的；

（4）归还本息主要通过借新还旧来实现的；

（5）其他依照有关司法解释可以认定为非法占有目的的情形。

15 对于共同犯罪或单位犯罪案件中,不同层级的犯罪嫌疑人之间存在犯罪目的发生转化或者犯罪目的明显不同的,应当根据犯罪嫌疑人的犯罪目的分别认定。

(1)注意区分犯罪目的发生转变的时间节点。犯罪嫌疑人在初始阶段仅具有非法吸收公众存款的故意,不具有非法占有目的,但在发生经营失败、资金链断裂等问题后,明知没有归还能力仍然继续吸收公众存款的,这一时间节点之后的行为应当认定为集资诈骗罪,此前的行为应当认定为非法吸收公众存款罪。

(2)注意区分犯罪嫌疑人的犯罪目的的差异。在共同犯罪或单位犯罪中,犯罪嫌疑人由于层级、职责分工、获取收益方式、对全部犯罪事实的知情程度等不同,其犯罪目的也存在不同。在非法集资犯罪中,有的犯罪嫌疑人具有非法占有的目的,有的则不具有非法占有目的,对此,应当分别认定为集资诈骗罪和非法吸收公众存款罪。

16 证明主观上是否具有非法占有目的,可以重点收集、运用以下客观证据:

(1)与实施集资诈骗整体行为模式相关的证据:投资合同、宣传资料、培训内容等;

(2)与资金使用相关的证据:资金往来记录、会计账簿和会计凭证、资金使用成本(包括利息和佣金等)、资金决策使用过程、资金主要用途、财产转移情况等;

(3)与归还能力相关的证据:吸收资金所投资项目内容、投资实际经营情况、盈利能力、归还本息资金的主要来源、负债情况、是否存在虚构业绩等虚假宣传行为等;

(4)其他涉及欺诈等方面的证据:虚构融资项目进行宣传、隐瞒资金实际用途、隐匿销毁账簿;等等。司法会计鉴定机构对相关数据进行鉴定时,办案部门可以根据查证犯罪事实的需要提出重点鉴定的项目,保证司法会计鉴定意见与待证的构成要件事实之间的关联性。

17 集资诈骗的数额,应当以犯罪嫌疑人实际骗取的金额计算。犯罪嫌疑人为吸收公众资金制造还本付息的假象,在诈骗的同时对部分投资人还本付息的,集资诈骗的金额以案发时实际未兑付的金额计算。案发后,犯罪嫌疑人主动退还集资款项的,不能从集资诈骗的金额中扣除,但可以作为量刑情节考虑。

（三）非法经营资金支付结算行为的认定

18　支付结算业务（也称支付业务）是商业银行或者支付机构在收付款人之间提供的货币资金转移服务。非银行机构从事支付结算业务，应当经中国人民银行批准取得《支付业务许可证》，成为支付机构。未取得支付业务许可从事该业务的行为，违反《非法金融机构和非法金融业务活动取缔办法》第四条第一款第（三）、（四）项的规定，破坏了支付结算业务许可制度，危害支付市场秩序和安全，情节严重的，适用刑法第二百二十五条第（三）项，以非法经营罪追究刑事责任。具体情形：

（1）未取得支付业务许可经营基于客户支付账户的网络支付业务。无证网络支付机构为客户非法开立支付账户，客户先把资金支付到该支付账户，再由无证机构根据订单信息从支付账户平台将资金结算到收款人银行账户。

（2）未取得支付业务许可经营多用途预付卡业务。无证发卡机构非法发行可跨地区、跨行业、跨法人使用的多用途预付卡，聚集大量的预付卡销售资金，并根据客户订单信息向商户划转结算资金。

19　在具体办案时，要深入剖析相关行为是否具备资金支付结算的实质特征，准确区分支付工具的正常商业流转与提供支付结算服务、区分单用途预付卡与多用途预付卡业务，充分考虑具体行为与“地下钱庄”等同类犯罪在社会危害方面的相当性以及刑事处罚的必要性，严格把握入罪和出罪标准。

三、依法认定单位犯罪及其责任人员

20　涉互联网金融犯罪案件多以单位形式组织实施，所涉单位数量众多、层级复杂，其中还包括大量分支机构和关联单位，集团化特征明显。有的涉互联网金融犯罪案件中分支机构遍布全国，既有具备法人资格的，又有不具备法人资格的；既有受总公司直接领导的，又有受总公司的下属单位领导的。公安机关在立案时做法不一，有的对单位立案，有的不对单位立案，有的被立案的单位不具有独立法人资格，有的仅对最上层的单位立案而不对分支机构立案。对此，检察机关公诉部门在审查起诉时，应当从能够全面揭示犯罪行为基本特征、全面覆盖犯罪活动、准确界定区分各层级人员的地位作用、有利于有力指控犯罪、有利于追缴违法所得等方面依法具体把握，确定是否以单位犯罪追究。

21 涉互联网金融犯罪所涉罪名中,刑法规定应当追究单位刑事责任的,对同时具备以下情形且具有独立法人资格的单位,可以以单位犯罪追究:

(1)犯罪活动经单位决策实施;

(2)单位的员工主要按照单位的决策实施具体犯罪活动;

(3)违法所得归单位所有,经单位决策使用,收益亦归单位所有。但是,单位设立后专门从事违法犯罪活动的,应当以自然人犯罪追究刑事责任。

22 对参与涉互联网金融犯罪,但不具有独立法人资格的分支机构,是否追究其刑事责任,可以区分两种情形处理:

(1)全部或部分违法所得归分支机构所有并支配,分支机构作为单位犯罪主体追究刑事责任;

(2)违法所得完全归分支机构上级单位所有并支配的,不能对分支机构作为单位犯罪主体追究刑事责任,而是应当对分支机构的上级单位(符合单位犯罪主体资格)追究刑事责任。

23 分支机构认定为单位犯罪主体的,该分支机构相关涉案人员应当作为该分支机构的"直接负责的主管人员"或者"其他直接责任人员"追究刑事责任。仅将分支机构的上级单位认定为单位犯罪主体的,该分支机构相关涉案人员可以作为该上级单位的"其他直接责任人员"追究刑事责任。

24 对符合追诉条件的分支机构(包括具有独立法人资格的和不具有独立法人资格)及其所属单位,公安机关均没有作为犯罪嫌疑单位移送审查起诉,仅将其所属单位的上级单位作为犯罪嫌疑单位移送审查起诉的,对相关分支机构涉案人员可以区分以下情形处理:

(1)有证据证明被立案的上级单位(比如总公司)在业务、财务、人事等方面对下属单位及其分支机构进行实际控制,下属单位及其分支机构涉案人员可以作为被移送审查起诉的上级单位的"其他直接责任人员"追究刑事责任。在证明实际控制关系时,应当收集、运用公司决策、管理、考核等相关文件,OA系统等电子数据,资金往来记录等证据。对不同地区同一单位的分支机构涉案人员起诉时,证明实际控制关系的证据体系、证明标准应基本一致。

(2)据现有证据无法证明被立案的上级单位与下属单位及其分支机构之间存在实际控制关系的,对符合单位犯罪构成要件的下属单位或分支机构应当补充起诉,下属单位及其分支机构已不具备补充起诉条件的,可以将下属单位及其分支机构的涉案犯罪嫌疑人直接起诉。

四、综合运用定罪量刑情节

25　在办理跨区域涉互联网金融犯罪案件时,在追诉标准、追诉范围以及量刑建议等方面应当注意统一平衡。对于同一单位在多个地区分别设立分支机构的,在同一省(自治区、直辖市)范围内应当保持基本一致。分支机构所涉犯罪嫌疑人与上级单位主要犯罪嫌疑人之间应当保持适度平衡,防止出现责任轻重“倒挂”的现象。

26　单位犯罪中,直接负责的主管人员和其他直接责任人员在涉互联网金融犯罪案件中的地位、作用存在明显差别的,可以区分主犯和从犯。对起组织领导作用的总公司的直接负责的主管人员和发挥主要作用的其他直接责任人员,可以认定为全案的主犯,其他人员可以认定为从犯。

27　最大限度减少投资人的实际损失是办理涉互联网金融犯罪案件特别是非法集资案件的重要工作。在决定是否起诉、提出量刑建议时,要重视对是否具有认罪认罚、主动退赃退赔等情节的考察。分支机构涉案人员积极配合调查、主动退还违法所得、真诚认罪悔罪的,应当依法提出从轻、减轻处罚的量刑建议。其中,对情节轻微、可以免予刑事处罚的,或者情节显著轻微、危害不大、不认为是犯罪的,应当依法作出不起诉决定。对被不起诉人需要给予行政处罚或者没收违法所得的,应当向行政主管部门提出检察意见。

五、证据的收集、审查与运用

28　涉互联网金融犯罪案件证据种类复杂、数量庞大、且分散于各地,收集、审查、运用证据的难度大。各地检察机关公诉部门要紧紧围绕证据的真实性、合法性、关联性,引导公安机关依法全面收集固定证据,加强证据的审查、运用,确保案件事实经得起法律的检验。

29　对于重大、疑难、复杂涉互联网金融犯罪案件,检察机关公诉部门要依法提前介入侦查,围绕指控犯罪的需要积极引导公安机关全面收集固定证据,必要时与公安机关共同会商,提出完善侦查思路、侦查提纲的意见建议。加强对侦查取证合法性的监督,对应当依法排除的非法证据坚决予以排除,对应当补正或作出合理解释的及时提出意见。

30　电子数据在涉互联网金融犯罪案件的证据体系中地位重要,对于指控证实相关犯罪事实具有重要作用。随着互联网技术的不断发展,电子数据的形式、载体出现了许多新的变化,对电子数据的勘验、提取、审查等提出了更高要求,处理不当会对电子数据的真实性、合法性造成不可逆转的损害。检察机关公诉部门要严格执行《最高人民法院、最高人民检察院、公安部关于办理刑事案件收集提取和审查判断电子数据问题的若干规定》(法发〔2016〕22号),加强对电子数据收集、提取程序和技术标准的审查,确保电子数据的真实性、合法性。对云存储电子数据等新类型电子数据进行提取、审查时,要高度重视程序合法性、数据完整性等问题,必要时主动征求相关领域专家意见,在提取前会同公安机关、云存储服务提供商制定科学合法的提取方案,确保万无一失。

31 落实"三统两分"要求,健全证据交换共享机制,协调推进跨区域案件办理。对涉及主案犯罪嫌疑人的证据,一般由主案侦办地办案机构负责收集,其他地区提供协助。其他地区办案机构需要主案侦办地提供证据材料的,应当向主案侦办地办案机构提出证据需求,由主案侦办地办案机构收集并依法移送。无法移送证据原件的,应当在移送复制件的同时,按照相关规定作出说明。各地检察机关公诉部门之间要加强协作,加强与公安机关的协调,督促本地公安机关与其他地区公安机关做好证据交换共享相关工作。案件进入审查起诉阶段后,检察机关公诉部门可以根据案件需要,直接向其他地区检察机关调取证据,其他地区检察机关公诉部门应积极协助。此外,各地检察机关在办理案件过程中发现对其他地区案件办理有重要作用的证据,应当及时采取措施并通知相应检察机关,做好依法移送工作。

六、投资人合法权益的保护

32 涉互联网金融犯罪案件投资人诉求复杂多样,矛盾化解和维护稳定工作任务艰巨繁重,各地检察机关公诉部门在办案过程中要坚持刑事追诉和权益保护并重,根据《刑事诉讼法》等相关法律规定,依法保证互联网金融活动中投资人的合法权益,坚持把追赃挽损等工作贯穿到侦查、起诉、审判各个环节,配合公安、法院等部门最大限度减少投资人的实际损失,加强与本院控申部门、公安机关的联系沟通,及时掌握涉案动态信息,认真开展办案风险评估预警工作,周密制定处置预案,并落实责任到位,避免因部门之间衔接不畅、处置不当造成工作被动。发现重大风险隐患的,及时向有关部门通报情况,必要时逐级上报高检院。

随着互联网金融的发展,涉互联网金融犯罪中的新情况、新问题还将不断出现,各地检察机关公诉部门要按照会议纪要的精神,结合各地办案实际,依法办理涉互联网金融犯罪案件;在办好案件的同时,要不断总结办案经验,加强对重大疑难复杂案件的研究,努力提高办理涉互联网金融犯罪案件的能力和水平,为促进互联网金融规范发展、保障经济社会大局稳定作出积极贡献。在办案过程中遇到疑难问题的,要及时层报高检院公诉厅。

最高人民法院、最高人民检察院、公安部
关于办理非法集资刑事案件若干问题的意见

(高检会〔2019〕2 号,自 2019 年 1 月 30 日起施行)

为依法惩治非法吸收公众存款、集资诈骗等非法集资犯罪活动,维护国家金融管理秩序,保护公民、法人和其他组织合法权益,根据刑法、刑事诉讼法等法律规定,结合司法实践,现就办理非法吸收公众存款、集资诈骗等非法集资刑事案件有关问题提出以下意见:

一、关于非法集资的“非法性”认定依据问题

人民法院、人民检察院、公安机关认定非法集资的“非法性”,应当以国家金融管理法律法规作为依据。对于国家金融管理法律法规仅作原则性规定的,可以根据法律规定的精神并参考中国人民银行、中国银行保险监督管理委员会、中国证券监督管理委员会等行政主管部门依照国家金融管理法律法规制定的部门规章或者国家有关金融管理的规定、办法、实施细则等规范性文件的规定予以认定。

二、关于单位犯罪的认定问题

单位实施非法集资犯罪活动,全部或者大部分违法所得归单位所有的,应当认定为单位犯罪。

个人为进行非法集资犯罪活动而设立的单位实施犯罪的,或者单位设立后,以实施非法集资犯罪活动为主要活动的,不以单位犯罪论处,对单位中组

织、策划、实施非法集资犯罪活动的人员应当以自然人犯罪依法追究刑事责任。

判断单位是否以实施非法集资犯罪活动为主要活动,应当根据单位实施非法集资的次数、频度、持续时间、资金规模、资金流向、投入人力物力情况、单位进行正当经营的状况以及犯罪活动的影响、后果等因素综合考虑认定。

三、关于涉案下属单位的处理问题

办理非法集资刑事案件中,人民法院、人民检察院、公安机关应当全面查清涉案单位,包括上级单位(总公司、母公司)和下属单位(分公司、子公司)的主体资格、层级、关系、地位、作用、资金流向等,区分情况依法作出处理。

上级单位已被认定为单位犯罪,下属单位实施非法集资犯罪活动,且全部或者大部分违法所得归下属单位所有的,对该下属单位也应当认定为单位犯罪。上级单位和下属单位构成共同犯罪的,应当根据犯罪单位的地位、作用,确定犯罪单位的刑事责任。

上级单位已被认定为单位犯罪,下属单位实施非法集资犯罪活动,但全部或者大部分违法所得归上级单位所有的,对下属单位不单独认定为单位犯罪。下属单位中涉嫌犯罪的人员,可以作为上级单位的其他直接责任人员依法追究刑事责任。

上级单位未被认定为单位犯罪,下属单位被认定为单位犯罪的,对上级单位中组织、策划、实施非法集资犯罪的人员,一般可以与下属单位按照自然人与单位共同犯罪处理。

上级单位与下属单位均未被认定为单位犯罪的,一般以上级单位与下属单位中承担组织、领导、管理、协调职责的主管人员和发挥主要作用的人员作为主犯,以其他积极参加非法集资犯罪的人员作为从犯,按照自然人共同犯罪处理。

四、关于主观故意的认定问题

认定犯罪嫌疑人、被告人是否具有非法吸收公众存款的犯罪故意,应当依据犯罪嫌疑人、被告人的任职情况、职业经历、专业背景、培训经历、本人因同类行为受到行政处罚或者刑事追究情况以及吸收资金方式、宣传推广、合同资料、业务流程等证据,结合其供述,进行综合分析判断。

犯罪嫌疑人、被告人使用诈骗方法非法集资，符合《最高人民法院关于审理非法集资刑事案件具体应用法律若干问题的解释》第四条规定的，可以认定为集资诈骗罪中"以非法占有为目的"。

办案机关在办理非法集资刑事案件中，应当根据案件具体情况注意收集运用涉及犯罪嫌疑人、被告人的以下证据：是否使用虚假身份信息对外开展业务；是否虚假订立合同、协议；是否虚假宣传，明显超出经营范围或者夸大经营、投资、服务项目及盈利能力；是否吸收资金后隐匿、销毁合同、协议、账目；是否传授或者接受规避法律、逃避监管的方法，等等。

五、关于犯罪数额的认定问题

非法吸收或者变相吸收公众存款构成犯罪，具有下列情形之一的，向亲友或者单位内部人员吸收的资金应当与向不特定对象吸收的资金一并计入犯罪数额：

（一）在向亲友或者单位内部人员吸收资金的过程中，明知亲友或者单位内部人员向不特定对象吸收资金而予以放任的；

（二）以吸收资金为目的，将社会人员吸收为单位内部人员，并向其吸收资金的；

（三）向社会公开宣传，同时向不特定对象、亲友或者单位内部人员吸收资金的。

非法吸收或者变相吸收公众存款的数额，以行为人所吸收的资金全额计算。集资参与人收回本金或者获得回报后又重复投资的数额不予扣除，但可以作为量刑情节酌情考虑。

六、关于宽严相济刑事政策把握问题

办理非法集资刑事案件，应当贯彻宽严相济刑事政策，依法合理把握追究刑事责任的范围，综合运用刑事手段和行政手段处置和化解风险，做到惩处少数、教育挽救大多数。要根据行为人的客观行为、主观恶性、犯罪情节及其地位、作用、层级、职务等情况，综合判断行为人的责任轻重和刑事追究的必要性，按照区别对待原则分类处理涉案人员，做到罚当其罪、罪责刑相适应。

重点惩处非法集资犯罪活动的组织者、领导者和管理人员，包括单位犯罪中的上级单位（总公司、母公司）的核心层、管理层和骨干人员，下属单位（分公司、子公司)的管理层和骨干人员,以及其他发挥主要作用的人员。

对于涉案人员积极配合调查、主动退赃退赔、真诚认罪悔罪的,可以依法从轻处罚;其中情节轻微的,可以免除处罚;情节显著轻微、危害不大的,不作为犯罪处理。

七、关于管辖问题

跨区域非法集资刑事案件按照《国务院关于进一步做好防范和处置非法集资工作的意见》(国发〔2015〕59号)确定的工作原则办理。如果合并侦查、诉讼更为适宜的,可以合并办理。

办理跨区域非法集资刑事案件,如果多个公安机关都有权立案侦查的,一般由主要犯罪地公安机关作为案件主办地,对主要犯罪嫌疑人立案侦查和移送审查起诉;由其他犯罪地公安机关作为案件分办地根据案件具体情况,对本地区犯罪嫌疑人立案侦查和移送审查起诉。

管辖不明或者有争议的,按照有利于查清犯罪事实、有利于诉讼的原则,由其共同的上级公安机关协调确定或者指定有关公安机关作为案件主办地立案侦查。需要提请批准逮捕、移送审查起诉、提起公诉的,由分别立案侦查的公安机关所在地的人民检察院、人民法院受理。

对于重大、疑难、复杂的跨区域非法集资刑事案件,公安机关应当在协调确定或者指定案件主办地立案侦查的同时,通报同级人民检察院、人民法院。人民检察院、人民法院参照前款规定,确定主要犯罪地作为案件主办地,其他犯罪地作为案件分办地,由所在地的人民检察院、人民法院负责起诉、审判。

本条规定的"主要犯罪地",包括非法集资活动的主要组织、策划、实施地,集资行为人的注册地、主要营业地、主要办事机构所在地,集资参与人的主要所在地等。

八、关于办案工作机制问题

案件主办地和其他涉案地办案机关应当密切沟通协调,协同推进侦查、起诉、审判、资产处置工作,配合有关部门最大限度追赃挽损。

案件主办地办案机关应当统一负责主要犯罪嫌疑人、被告人涉嫌非法集资全部犯罪事实的立案侦查、起诉、审判,防止遗漏犯罪事实;并应就全案处理政策、追诉主要犯罪嫌疑人、被告人的证据要求及诉讼时限、追赃挽损、资产处置等工作要求,向其他涉案地办案机关进行通报。其他涉案地办案机关应当对本地区犯罪嫌疑人、被告人涉嫌非法集资的犯罪事实及时立案侦查、起诉、审判,积极协助主办地处置涉案资产。

案件主办地和其他涉案地办案机关应当建立和完善证据交换共享机制。对涉及主要犯罪嫌疑人、被告人的证据,一般由案件主办地办案机关负责收集,其他涉案地提供协助。案件主办地办案机关应当及时通报接收涉及主要犯罪嫌疑人、被告人的证据材料的程序及要求。其他涉案地办案机关需要案件主办地提供证据材料的,应当向案件主办地办案机关提出证据需求,由案件主办地收集并依法移送。无法移送证据原件的,应当在移送复制件的同时,按照相关规定作出说明。

九、关于涉案财物追缴处置问题

办理跨区域非法集资刑事案件,案件主办地办案机关应当及时归集涉案财物,为统一资产处置做好基础性工作。其他涉案地办案机关应当及时查明涉案财物,明确其来源、去向、用途、流转情况,依法办理查封、扣押、冻结手续,并制作详细清单,对扣押款项应当设立明细账,在扣押后立即存入办案机关唯一合规账户,并将有关情况提供案件主办地办案机关。

人民法院、人民检察院、公安机关应当严格依照刑事诉讼法和相关司法解释的规定,依法移送、审查、处理查封、扣押、冻结的涉案财物。对审判时尚未追缴到案或者尚未足额退赔的违法所得,人民法院应当判决继续追缴或者责令退赔,并由人民法院负责执行,处置非法集资职能部门、人民检察院、公安机关等应当予以配合。

人民法院对涉案财物依法作出判决后,有关地方和部门应当在处置非法集资职能部门统筹协调下,切实履行协作义务,综合运用多种手段,做好涉案财物清运、财产变现、资金归集、资金清退等工作,确保最大限度减少实际损失。

根据有关规定,查封、扣押、冻结的涉案财物,一般应在诉讼终结后返还集资参与人。涉案财物不足全部返还的,按照集资参与人的集资额比例返还。退赔集资参与人的损失一般优先于其他民事债务以及罚金、没收财产的执行。

十、关于集资参与人权利保障问题

集资参与人,是指向非法集资活动投入资金的单位和个人,为非法集资活动提供帮助并获取经济利益的单位和个人除外。

人民法院、人民检察院、公安机关应当通过及时公布案件进展、涉案资产处置情况等方式,依法保障集资参与人的合法权利。集资参与人可以推选代表人向人民法院提出相关意见和建议;推选不出代表人的,人民法院可以指定代表人。人民法院可以视案件情况决定集资参与人代表人参加或者旁听庭审,对集资参与人提起附带民事诉讼等请求不予受理。

十一、关于行政执法与刑事司法衔接问题

处置非法集资职能部门或者有关行政主管部门,在调查非法集资行为或者行政执法过程中,认为案情重大、疑难、复杂的,可以商请公安机关就追诉标准、证据固定等问题提出咨询或者参考意见;发现非法集资行为涉嫌犯罪的,应当按照《行政执法机关移送涉嫌犯罪案件的规定》等规定,履行相关手续,在规定的期限内将案件移送公安机关。

人民法院、人民检察院、公安机关在办理非法集资刑事案件过程中,可商请处置非法集资职能部门或者有关行政主管部门指派专业人员配合开展工作,协助查阅、复制有关专业资料,就案件涉及的专业问题出具认定意见。涉及需要行政处理的事项,应当及时移交处置非法集资职能部门或者有关行政主管部门依法处理。

十二、关于国家工作人员相关法律责任问题

国家工作人员具有下列行为之一,构成犯罪的,应当依法追究刑事责任:

(一)明知单位和个人所申请机构或者业务涉嫌非法集资,仍为其办理行政许可或者注册手续的;

(二)明知所主管、监管的单位有涉嫌非法集资行为,未依法及时处理或者移送处置非法集资职能部门的;

(三)查处非法集资过程中滥用职权、玩忽职守、徇私舞弊的;

(四)徇私舞弊不向司法机关移交非法集资刑事案件的;

(五)其他通过职务行为或者利用职务影响,支持、帮助、纵容非法集资的。

最高人民法院关于审理非法集资刑事案件具体应用法律若干问题的解释

（法释〔2022〕5号，修正后自2022年3月1日起施行）

为依法惩治非法吸收公众存款、集资诈骗等非法集资犯罪活动，根据《中华人民共和国刑法》的规定，现就审理此类刑事案件具体应用法律的若干问题解释如下：

第一条　违反国家金融管理法律规定，向社会公众（包括单位和个人）吸收资金的行为，同时具备下列四个条件的，除刑法另有规定的以外，应当认定为刑法第一百七十六条规定的"非法吸收公众存款或者变相吸收公众存款"：

（一）未经有关部门依法许可或者借用合法经营的形式吸收资金；

（二）通过网络、媒体、推介会、传单、手机信息等途径向社会公开宣传；

（三）承诺在一定期限内以货币、实物、股权等方式还本付息或者给付回报；

（四）向社会公众即社会不特定对象吸收资金。

未向社会公开宣传，在亲友或者单位内部针对特定对象吸收资金的，不属于非法吸收或者变相吸收公众存款。

第二条　实施下列行为之一，符合本解释第一条第一款规定的条件的，应当依照刑法第一百七十六条的规定，以非法吸收公众存款罪定罪处罚：

（一）不具有房产销售的真实内容或者不以房产销售为主要目的，以返本销售、售后包租、约定回购、销售房产份额等方式非法吸收资金的；

（二）以转让林权并代为管护等方式非法吸收资金的；

（三）以代种植（养殖）、租种植（养殖）、联合种植（养殖）等方式非法吸收资金的；

（四）不具有销售商品、提供服务的真实内容或者不以销售商品、提供服务为主要目的，以商品回购、寄存代售等方式非法吸收资金的；

（五）不具有发行股票、债券的真实内容，以虚假转让股权、发售虚构债券等方式非法吸收资金的；

（六）不具有募集基金的真实内容，以假借境外基金、发售虚构基金等方

式非法吸收资金的;

(七)不具有销售保险的真实内容,以假冒保险公司、伪造保险单据等方式非法吸收资金的;

(八)以网络借贷、投资入股、虚拟币交易等方式非法吸收资金的;

(九)以委托理财、融资租赁等方式非法吸收资金的;

(十)以提供"养老服务"、投资"养老项目"、销售"老年产品"等方式非法吸收资金的;

(十一)利用民间"会""社"等组织非法吸收资金的;

(十二)其他非法吸收资金的行为。

第三条 非法吸收或者变相吸收公众存款,具有下列情形之一的,应当依法追究刑事责任:

(一)非法吸收或者变相吸收公众存款数额在100万元以上的;

(二)非法吸收或者变相吸收公众存款对象150人以上的;

(三)非法吸收或者变相吸收公众存款,给存款人造成直接经济损失数额在50万元以上的。

非法吸收或者变相吸收公众存款数额在50万元以上或者给存款人造成直接经济损失数额在25万元以上,同时具有下列情节之一的,应当依法追究刑事责任:

(一)曾因非法集资受过刑事追究的;

(二)二年内曾因非法集资受过行政处罚的;

(三)造成恶劣社会影响或者其他严重后果的。

第四条 非法吸收或者变相吸收公众存款,具有下列情形之一的,应当认定为刑法第一百七十六条规定的"数额巨大或者有其他严重情节":

(一)非法吸收或者变相吸收公众存款数额在500万元以上的;

(二)非法吸收或者变相吸收公众存款对象500人以上的;

(三)非法吸收或者变相吸收公众存款,给存款人造成直接经济损失数额在250万元以上的。

非法吸收或者变相吸收公众存款数额在250万元以上或者给存款人造成直接经济损失数额在150万元以上,同时具有本解释第三条第二款第三项情节的,应当认定为"其他严重情节"。

第五条 非法吸收或者变相吸收公众存款,具有下列情形之一的,应当认定为刑法第一百七十六条规定的“数额特别巨大或者有其他特别严重情节”：

（一）非法吸收或者变相吸收公众存款数额在5000万元以上的；

（二）非法吸收或者变相吸收公众存款对象5000人以上的；

（三）非法吸收或者变相吸收公众存款，给存款人造成直接经济损失数额在2500万元以上的。

非法吸收或者变相吸收公众存款数额在2500万元以上或者给存款人造成直接经济损失数额在1500万元以上，同时具有本解释第三条第二款第三项情节的，应当认定为“其他特别严重情节”。

第六条　非法吸收或者变相吸收公众存款的数额，以行为人所吸收的资金全额计算。在提起公诉前积极退赃退赔，减少损害结果发生的，可以从轻或者减轻处罚；在提起公诉后退赃退赔的，可以作为量刑情节酌情考虑。

非法吸收或者变相吸收公众存款，主要用于正常的生产经营活动，能够在提起公诉前清退所吸收资金，可以免予刑事处罚；情节显著轻微危害不大的，不作为犯罪处理。

对依法不需要追究刑事责任或者免予刑事处罚的，应当依法将案件移送有关行政机关。

第七条　以非法占有为目的，使用诈骗方法实施本解释第二条规定所列行为的，应当依照刑法第一百九十二条的规定，以集资诈骗罪定罪处罚。

使用诈骗方法非法集资，具有下列情形之一的，可以认定为“以非法占有为目的”：

（一）集资后不用于生产经营活动或者用于生产经营活动与筹集资金规模明显不成比例，致使集资款不能返还的；

（二）肆意挥霍集资款，致使集资款不能返还的；

（三）携带集资款逃匿的；

（四）将集资款用于违法犯罪活动的；

（五）抽逃、转移资金、隐匿财产，逃避返还资金的；

（六）隐匿、销毁账目，或者搞假破产、假倒闭，逃避返还资金的；

（七）拒不交代资金去向，逃避返还资金的；

（八）其他可以认定非法占有目的的情形。

集资诈骗罪中的非法占有目的，应当区分情形进行具体认定。行为人部分非法集资行为具有非法占有目的的，对该部分非法集资行为所涉集资款以集资诈骗罪定罪处罚;非法集资共同犯罪中部分行为人具有非法占有目的,其他行为人没有非法占有集资款的共同故意和行为的,对具有非法占有目的的行为人以集资诈骗罪定罪处罚。

第八条　集资诈骗数额在10万元以上的,应当认定为"数额较大";数额在100万元以上的,应当认定为"数额巨大"。

集资诈骗数额在50万元以上,同时具有本解释第三条第二款第三项情节的,应当认定为刑法第一百九十二条规定的"其他严重情节"。

集资诈骗的数额以行为人实际骗取的数额计算,在案发前已归还的数额应予扣除。行为人为实施集资诈骗活动而支付的广告费、中介费、手续费、回扣,或者用于行贿、赠与等费用,不予扣除。行为人为实施集资诈骗活动而支付的利息,除本金未归还可予折抵本金以外,应当计入诈骗数额。

第九条　犯非法吸收公众存款罪,判处三年以下有期徒刑或者拘役,并处或者单处罚金的,处五万元以上一百万元以下罚金;判处三年以上十年以下有期徒刑的,并处十万元以上五百万元以下罚金;判处十年以上有期徒刑的,并处五十万元以上罚金。

犯集资诈骗罪,判处三年以上七年以下有期徒刑的,并处十万元以上五百万元以下罚金;判处七年以上有期徒刑或者无期徒刑的,并处五十万元以上罚金或者没收财产。

第十条　未经国家有关主管部门批准,向社会不特定对象发行、以转让股权等方式变相发行股票或者公司、企业债券,或者向特定对象发行、变相发行股票或者公司、企业债券累计超过200人的,应当认定为刑法第一百七十九条规定的"擅自发行股票或者公司、企业债券"。构成犯罪的,以擅自发行股票、公司、企业债券罪定罪处罚。

第十一条　违反国家规定,未经依法核准擅自发行基金份额募集基金,情节严重的,依照刑法第二百二十五条的规定,以非法经营罪定罪处罚。

第十二条　广告经营者、广告发布者违反国家规定,利用广告为非法集资活动相关的商品或者服务作虚假宣传,具有下列情形之一的,依照刑法第二百二十二条的规定,以虚假广告罪定罪处罚:

(一)违法所得数额在10万元以上的;

(二)造成严重危害后果或者恶劣社会影响的;

(三)二年内利用广告作虚假宣传,受过行政处罚二次以上的;

(四)其他情节严重的情形。

明知他人从事欺诈发行证券,非法吸收公众存款,擅自发行股票、公司、企业债券,集资诈骗或者组织、领导传销活动等集资犯罪活动,为其提供广告等宣传的,以相关犯罪的共犯论处。

第十三条 通过传销手段向社会公众非法吸收资金,构成非法吸收公众存款罪或者集资诈骗罪,同时又构成组织、领导传销活动罪的,依照处罚较重的规定定罪处罚。

第十四条 单位实施非法吸收公众存款、集资诈骗犯罪的,依照本解释规定的相应自然人犯罪的定罪量刑标准,对单位判处罚金,并对其直接负责的主管人员和其他直接责任人员定罪处罚。

第十五条 此前发布的司法解释与本解释不一致的,以本解释为准。

最高人民法院关于
审理民间借贷案件适用法律若干问题的规定

(法释〔2015〕18号,自2015年9月1日起施行)

为正确审理民间借贷纠纷案件,根据《中华人民共和国民法通则》《中华人民共和国物权法》《中华人民共和国担保法》《中华人民共和国合同法》《中华人民共和国民事诉讼法》《中华人民共和国刑事诉讼法》等相关法律之规定,结合审判实践,制定本规定。

第一条 本规定所称的民间借贷,是指自然人、法人、其他组织之间及其相互之间进行资金融通的行为。

经金融监管部门批准设立的从事贷款业务的金融机构及其分支机构,因发放贷款等相关金融业务引发的纠纷,不适用本规定。

第二条 出借人向人民法院起诉时,应当提供借据、收据、欠条等债权凭证以及其他能够证明借贷法律关系存在的证据。

当事人持有的借据、收据、欠条等债权凭证没有载明债权人,持有债权凭证的当事人提起民间借贷诉讼的,人民法院应予受理。被告对原告的债权人资格提出有事实依据的抗辩,人民法院经审理认为原告不具有债权人资格的,裁定驳回起诉。

第三条 借贷双方就合同履行地未约定或者约定不明确,事后未达成补充协议,按照合同有关条款或者交易习惯仍不能确定的,以接受货币一方所在地为合同履行地。

第四条 保证人为借款人提供连带责任保证,出借人仅起诉借款人的,人民法院可以不追加保证人为共同被告;出借人仅起诉保证人的,人民法院可以追加借款人为共同被告。

保证人为借款人提供一般保证,出借人仅起诉保证人的,人民法院应当追加借款人为共同被告;出借人仅起诉借款人的,人民法院可以不追加保证人为共同被告。

第五条 人民法院立案后,发现民间借贷行为本身涉嫌非法集资犯罪的,应当裁定驳回起诉,并将涉嫌非法集资犯罪的线索、材料移送公安或者检察机关。

公安或者检察机关不予立案,或者立案侦查后撤销案件,或者检察机关作出不起诉决定,或者经人民法院生效判决认定不构成非法集资犯罪,当事人又以同一事实向人民法院提起诉讼的,人民法院应予受理。

第六条 人民法院立案后,发现与民间借贷纠纷案件虽有关联但不是同一事实的涉嫌非法集资等犯罪的线索、材料的,人民法院应当继续审理民间借贷纠纷案件,并将涉嫌非法集资等犯罪的线索、材料移送公安或者检察机关。

第七条 民间借贷的基本案件事实必须以刑事案件审理结果为依据,而该刑事案件尚未审结的,人民法院应当裁定中止诉讼。

第八条 借款人涉嫌犯罪或者生效判决认定其有罪,出借人起诉请求担保人承担民事责任的,人民法院应予受理。

第九条 具有下列情形之一,可以视为具备合同法第二百一十条关于自然人之间借款合同的生效要件:

(一)以现金支付的,自借款人收到借款时;

(二)以银行转账、网上电子汇款或者通过网络贷款平台等形式支付的,自资金到达借款人账户时;

(三)以票据交付的,自借款人依法取得票据权利时;

(四)出借人将特定资金账户支配权授权给借款人的,自借款人取得对该账户实际支配权时;

(五)出借人以与借款人约定的其他方式提供借款并实际履行完成时。

第十条　除自然人之间的借款合同外,当事人主张民间借贷合同自合同成立时生效的,人民法院应予支持,但当事人另有约定或者法律、行政法规另有规定的除外。

第十一条　法人之间、其他组织之间以及它们相互之间为生产、经营需要订立的民间借贷合同,除存在合同法第五十二条、本规定第十四条规定的情形外,当事人主张民间借贷合同有效的,人民法院应予支持。

第十二条　法人或者其他组织在本单位内部通过借款形式向职工筹集资金,用于本单位生产、经营,且不存在合同法第五十二条、本规定第十四条规定的情形,当事人主张民间借贷合同有效的,人民法院应予支持。

第十三条　借款人或者出借人的借贷行为涉嫌犯罪,或者已经生效的判决认定构成犯罪,当事人提起民事诉讼的,民间借贷合同并不当然无效。人民法院应当根据合同法第五十二条、本规定第十四条之规定,认定民间借贷合同的效力。

担保人以借款人或者出借人的借贷行为涉嫌犯罪或者已经生效的判决认定构成犯罪为由,主张不承担民事责任的,人民法院应当依据民间借贷合同与担保合同的效力、当事人的过错程度,依法确定担保人的民事责任。

第十四条　具有下列情形之一,人民法院应当认定民间借贷合同无效:

(一)套取金融机构信贷资金又高利转贷给借款人,且借款人事先知道或者应当知道的;

(二)以向其他企业借贷或者向本单位职工集资取得的资金又转贷给借款人牟利,且借款人事先知道或者应当知道的;

(三)出借人事先知道或者应当知道借款人借款用于违法犯罪活动仍然提供借款的;

(四)违背社会公序良俗的;

(五)其他违反法律、行政法规效力性强制性规定的。

第十五条　原告以借据、收据、欠条等债权凭证为依据提起民间借贷诉讼,被告依据基础法律关系提出抗辩或者反诉,并提供证据证明债权纠纷非民间借贷行为引起的,人民法院应当依据查明的案件事实,按照基础法律关系审理。

当事人通过调解、和解或者清算达成的债权债务协议,不适用前款规定。

第十六条　原告仅依据借据、收据、欠条等债权凭证提起民间借贷诉讼,被告抗辩已经偿还借款,被告应当对其主张提供证据证明。被告提供相应证据证明其主张后,原告仍应就借贷关系的成立承担举证证明责任。

被告抗辩借贷行为尚未实际发生并能作出合理说明,人民法院应当结合借贷金额、款项交付、当事人的经济能力、当地或者当事人之间的交易方式、交易习惯、当事人财产变动情况以及证人证言等事实和因素,综合判断查证借贷事实是否发生。

第十七条　原告仅依据金融机构的转账凭证提起民间借贷诉讼,被告抗辩转账系偿还双方之前借款或其他债务,被告应当对其主张提供证据证明。被告提供相应证据证明其主张后,原告仍应就借贷关系的成立承担举证证明责任。

第十八条　根据《关于适用〈中华人民共和国民事诉讼法〉的解释》第一百七十四条第二款之规定,负有举证证明责任的原告无正当理由拒不到庭,经审查现有证据无法确认借贷行为、借贷金额、支付方式等案件主要事实,人民法院对其主张的事实不予认定。

第十九条　人民法院审理民间借贷纠纷案件时发现有下列情形,应当严格审查借贷发生的原因、时间、地点、款项来源、交付方式、款项流向以及借贷双方的关系、经济状况等事实,综合判断是否属于虚假民事诉讼:

(一)出借人明显不具备出借能力;

(二)出借人起诉所依据的事实和理由明显不符合常理;

(三)出借人不能提交债权凭证或者提交的债权凭证存在伪造的可能;

(四)当事人双方在一定期间内多次参加民间借贷诉讼;

(五)当事人一方或者双方无正当理由拒不到庭参加诉讼,委托代理人对借贷事实陈述不清或者陈述前后矛盾;

(六)当事人双方对借贷事实的发生没有任何争议或者诉辩明显不符合常理;

(七)借款人的配偶或合伙人、案外人的其他债权人提出有事实依据的异议;

(八)当事人在其他纠纷中存在低价转让财产的情形;

(九)当事人不正当放弃权利;

(十)其他可能存在虚假民间借贷诉讼的情形。

第二十条　经查明属于虚假民间借贷诉讼,原告申请撤诉的,人民法院不予准许,并应当根据民事诉讼法第一百一十二条之规定,判决驳回其请求。

诉讼参与人或者其他人恶意制造、参与虚假诉讼,人民法院应当依照民事诉讼法第一百一十一条、第一百一十二条和第一百一十三条之规定,依法予以罚款、拘留;构成犯罪的,应当移送有管辖权的司法机关追究刑事责任。

单位恶意制造、参与虚假诉讼的,人民法院应当对该单位进行罚款,并可以对其主要负责人或者直接责任人员予以罚款、拘留;构成犯罪的,应当移送有管辖权的司法机关追究刑事责任。

第二十一条　他人在借据、收据、欠条等债权凭证或者借款合同上签字或者盖章,但未表明其保证人身份或者承担保证责任,或者通过其他事实不能推定其为保证人,出借人请求其承担保证责任的,人民法院不予支持。

第二十二条　借贷双方通过网络贷款平台形成借贷关系,网络贷款平台的提供者仅提供媒介服务,当事人请求其承担担保责任的,人民法院不予支持。

网络贷款平台的提供者通过网页、广告或者其他媒介明示或者有其他证据证明其为借贷提供担保,出借人请求网络贷款平台的提供者承担担保责任的,人民法院应予支持。

第二十三条　企业法定代表人或负责人以企业名义与出借人签订民间借贷合同,出借人、企业或者其股东能够证明所借款项用于企业法定代表人或负责人个人使用,出借人请求将企业法定代表人或负责人列为共同被告或者第三人的,人民法院应予准许。

企业法定代表人或负责人以个人名义与出借人签订民间借贷合同,所借款项用于企业生产经营,出借人请求企业与个人共同承担责任的,人民法院应予支持。

第二十四条　当事人以签订买卖合同作为民间借贷合同的担保,借款到期后借款人不能还款,出借人请求履行买卖合同的,人民法院应当按照民间借贷法律关系审理,并向当事人释明变更诉讼请求。当事人拒绝变更的,人民法院裁定驳回起诉。

按照民间借贷法律关系审理作出的判决生效后,借款人不履行生效判决确定的金钱债务,出借人可以申请拍卖买卖合同标的物,以偿还债务。就拍卖所得的价款与应偿还借款本息之间的差额,借款人或者出借人有权主张返还或补偿。

第二十五条　借贷双方没有约定利息,出借人主张支付借期内利息的,人民法院不予支持。

自然人之间借贷对利息约定不明,出借人主张支付利息的,人民法院不予支持。除自然人之间借贷的外,借贷双方对借贷利息约定不明,出借人主张利息的,人民法院应当结合民间借贷合同的内容,并根据当地或者当事人的交易方式、交易习惯、市场利率等因素确定利息

第二十六条　借贷双方约定的利率未超过年利率24%,出借人请求借款人按照约定的利率支付利息的,人民法院应予支持。

借贷双方约定的利率超过年利率36%,超过部分的利息约定无效。借款人请求出借人返还已支付的超过年利率36%部分的利息的,人民法院应予支持。

第二十七条　借据、收据、欠条等债权凭证载明的借款金额,一般认定为本金。预先在本金中扣除利息的,人民法院应当将实际出借的金额认定为本金。

第二十八条　借贷双方对前期借款本息结算后将利息计入后期借款本金并重新出具债权凭证,如果前期利率没有超过年利率24%,重新出具的债权凭证载明的金额可认定为后期借款本金;超过部分的利息不能计入后期借款本金。约定的利率超过年利率24%,当事人主张超过部分的利息不能计入后期借款本金的,人民法院应予支持。

按前款计算,借款人在借款期间届满后应当支付的本息之和,不能超过最初借款本金与以最初借款本金为基数,以年利率24%计算的整个借款期间的利息之和。出借人请求借款人支付超过部分的,人民法院不予支持。

第二十九条　借贷双方对逾期利率有约定的,从其约定,但以不超过年利率24%为限。

未约定逾期利率或者约定不明的,人民法院可以区分不同情况处理:

(一)既未约定借期内的利率,也未约定逾期利率,出借人主张借款人自逾期还款之日起按照年利率6%支付资金占用期间利息的,人民法院应予支持;

(二)约定了借期内的利率但未约定逾期利率,出借人主张借款人自逾期还款之日起按照借期内的利率支付资金占用期间利息的,人民法院应予支持。

第三十条　出借人与借款人既约定了逾期利率,又约定了违约金或者其他费用,出借人可以选择主张逾期利息、违约金或者其他费用,也可以一并主张,但总计超过年利率24%的部分,人民法院不予支持。

第三十一条　没有约定利息但借款人自愿支付,或者超过约定的利率自愿支付利息或违约金,且没有损害国家、集体和第三人利益,借款人又以不当得利为由要求出借人返还的,人民法院不予支持,但借款人要求返还超过年利率36%部分的利息除外。

第三十二条　借款人可以提前偿还借款,但当事人另有约定的除外。

借款人提前偿还借款并主张按照实际借款期间计算利息的,人民法院应予支持。

第三十三条　本规定公布施行后,最高人民法院于1991年8月13日发布的《关于人民法院审理借贷案件的若干意见》同时废止;最高人民法院以前发布的司法解释与本规定不一致的,不再适用。

最高人民法院关于审理民间借贷案件适用法律若干问题的规定

(法释〔2020〕17号,修正后自2021年1月1日起施行)

为正确审理民间借贷纠纷案件,根据《中华人民共和国民法典》《中华人民共和国民事诉讼法》《中华人民共和国刑事诉讼法》等相关法律之规定,结合审判实践,制定本规定。

第一条　本规定所称的民间借贷,是指自然人、法人和非法人组织之间进行资金融通的行为。

经金融监管部门批准设立的从事贷款业务的金融机构及其分支机构,因发放贷款等相关金融业务引发的纠纷,不适用本规定。

第二条　出借人向人民法院提起民间借贷诉讼时,应当提供借据、收据、欠条等债权凭证以及其他能够证明借贷法律关系存在的证据。

当事人持有的借据、收据、欠条等债权凭证没有载明债权人,持有债权凭证的当事人提起民间借贷诉讼的,人民法院应予受理。被告对原告的债权人资格提出有事实依据的抗辩,人民法院经审查认为原告不具有债权人资格的,裁定驳回起诉。

第三条　借贷双方就合同履行地未约定或者约定不明确,事后未达成补充协议,按照合同相关条款或者交易习惯仍不能确定的,以接受货币一方所在地为合同履行地。

第四条　保证人为借款人提供连带责任保证,出借人仅起诉借款人的,人民法院可以不追加保证人为共同被告;出借人仅起诉保证人的,人民法院可以追加借款人为共同被告。

保证人为借款人提供一般保证,出借人仅起诉保证人的,人民法院应当追加借款人为共同被告;出借人仅起诉借款人的,人民法院可以不追加保证人为共同被告。

第五条　人民法院立案后,发现民间借贷行为本身涉嫌非法集资等犯罪的,应当裁定驳回起诉,并将涉嫌非法集资等犯罪的线索、材料移送公安或者检察机关。

公安或者检察机关不予立案,或者立案侦查后撤销案件,或者检察机关作出不起诉决定,或者经人民法院生效判决认定不构成非法集资等犯罪,当事人又以同一事实向人民法院提起诉讼的,人民法院应予受理。

第六条　人民法院立案后,发现与民间借贷纠纷案件虽有关联但不是同一事实的涉嫌非法集资等犯罪的线索、材料的,人民法院应当继续审理民间借贷纠纷案件,并将涉嫌非法集资等犯罪的线索、材料移送公安或者检察机关。

第七条　民间借贷纠纷的基本案件事实必须以刑事案件的审理结果为依据,而该刑事案件尚未审结的,人民法院应当裁定中止诉讼。

第八条　借款人涉嫌犯罪或者生效判决认定其有罪,出借人起诉请求担保人承担民事责任的,人民法院应予受理。

第九条　自然人之间的借款合同具有下列情形之一的,可以视为合同成立:

(一)以现金支付的,自借款人收到借款时;

(二)以银行转账、网上电子汇款等形式支付的,自资金到达借款人账户时;

(三)以票据交付的,自借款人依法取得票据权利时;

(四)出借人将特定资金账户支配权授权给借款人的,自借款人取得对该账户实际支配权时；

（五）出借人以与借款人约定的其他方式提供借款并实际履行完成时。

第十条　法人之间、非法人组织之间以及它们相互之间为生产、经营需要订立的民间借贷合同，除存在民法典第一百四十六条、第一百五十三条、第一百五十四条以及本规定第十三条规定的情形外，当事人主张民间借贷合同有效的，人民法院应予支持。

第十一条　法人或者非法人组织在本单位内部通过借款形式向职工筹集资金，用于本单位生产、经营，且不存在民法典第一百四十四条、第一百四十六条、第一百五十三条、第一百五十四条以及本规定第十三条规定的情形，当事人主张民间借贷合同有效的，人民法院应予支持。

第十二条　借款人或者出借人的借贷行为涉嫌犯罪，或者已经生效的裁判认定构成犯罪，当事人提起民事诉讼的，民间借贷合同并不当然无效。人民法院应当依据民法典第一百四十四条、第一百四十六条、第一百五十三条、第一百五十四条以及本规定第十三条之规定，认定民间借贷合同的效力。

担保人以借款人或者出借人的借贷行为涉嫌犯罪或者已经生效的裁判认定构成犯罪为由，主张不承担民事责任的，人民法院应当依据民间借贷合同与担保合同的效力、当事人的过错程度，依法确定担保人的民事责任。

第十三条　具有下列情形之一的，人民法院应当认定民间借贷合同无效：

（一）套取金融机构贷款转贷的；

（二）以向其他营利法人借贷、向本单位职工集资，或者以向公众非法吸收存款等方式取得的资金转贷的；

（三）未依法取得放贷资格的出借人，以营利为目的向社会不特定对象提供借款的；

（四）出借人事先知道或者应当知道借款人借款用于违法犯罪活动仍然提供借款的；

（五）违反法律、行政法规强制性规定的；

（六）违背公序良俗的。

第十四条　原告以借据、收据、欠条等债权凭证为依据提起民间借贷诉讼，被告依据基础法律关系提出抗辩或者反诉，并提供证据证明债权纠纷非民间借贷行为引起的，人民法院应当依据查明的案件事实，按照基础法律关系审理。

当事人通过调解、和解或者清算达成的债权债务协议,不适用前款规定。

第十五条 原告仅依据借据、收据、欠条等债权凭证提起民间借贷诉讼,被告抗辩已经偿还借款的,被告应当对其主张提供证据证明。被告提供相应证据证明其主张后,原告仍应就借贷关系的存续承担举证责任。

被告抗辩借贷行为尚未实际发生并能作出合理说明的,人民法院应当结合借贷金额、款项交付、当事人的经济能力、当地或者当事人之间的交易方式、交易习惯、当事人财产变动情况以及证人证言等事实和因素,综合判断查证借贷事实是否发生。

第十六条 原告仅依据金融机构的转账凭证提起民间借贷诉讼,被告抗辩转账系偿还双方之前借款或者其他债务的,被告应当对其主张提供证据证明。被告提供相应证据证明其主张后,原告仍应就借贷关系的成立承担举证责任。

第十七条 依据《最高人民法院关于适用〈中华人民共和国民事诉讼法〉的解释》第一百七十四条第二款之规定,负有举证责任的原告无正当理由拒不到庭,经审查现有证据无法确认借贷行为、借贷金额、支付方式等案件主要事实的,人民法院对原告主张的事实不予认定。

第十八条 人民法院审理民间借贷纠纷案件时发现有下列情形之一的,应当严格审查借贷发生的原因、时间、地点、款项来源、交付方式、款项流向以及借贷双方的关系、经济状况等事实,综合判断是否属于虚假民事诉讼:

(一)出借人明显不具备出借能力;

(二)出借人起诉所依据的事实和理由明显不符合常理;

(三)出借人不能提交债权凭证或者提交的债权凭证存在伪造的可能;

(四)当事人双方在一定期限内多次参加民间借贷诉讼;

(五)当事人无正当理由拒不到庭参加诉讼,委托代理人对借贷事实陈述不清或者陈述前后矛盾;

(六)当事人双方对借贷事实的发生没有任何争议或者诉辩明显不符合常理;

(七)借款人的配偶或者合伙人、案外人的其他债权人提出有事实依据的异议;

(八)当事人在其他纠纷中存在低价转让财产的情形;

(九)当事人不正当放弃权利;

（十）其他可能存在虚假民间借贷诉讼的情形。

第十九条　经查明属于虚假民间借贷诉讼，原告申请撤诉的，人民法院不予准许，并应当依据民事诉讼法第一百一十二条之规定，判决驳回其请求。

诉讼参与人或者其他人恶意制造、参与虚假诉讼，人民法院应当依据民事诉讼法第一百一十一条、第一百一十二条和第一百一十三条之规定，依法予以罚款、拘留；构成犯罪的，应当移送有管辖权的司法机关追究刑事责任。

单位恶意制造、参与虚假诉讼的，人民法院应当对该单位进行罚款，并可以对其主要负责人或者直接责任人员予以罚款、拘留；构成犯罪的，应当移送有管辖权的司法机关追究刑事责任。

第二十条　他人在借据、收据、欠条等债权凭证或者借款合同上签名或者盖章，但是未表明其保证人身份或者承担保证责任，或者通过其他事实不能推定其为保证人，出借人请求其承担保证责任的，人民法院不予支持。

第二十一条　借贷双方通过网络贷款平台形成借贷关系，网络贷款平台的提供者仅提供媒介服务，当事人请求其承担担保责任的，人民法院不予支持。

网络贷款平台的提供者通过网页、广告或者其他媒介明示或者有其他证据证明其为借贷提供担保，出借人请求网络贷款平台的提供者承担担保责任的，人民法院应予支持。

第二十二条　法人的法定代表人或者非法人组织的负责人以单位名义与出借人签订民间借贷合同，有证据证明所借款项系法定代表人或者负责人个人使用，出借人请求将法定代表人或者负责人列为共同被告或者第三人的，人民法院应予准许。

法人的法定代表人或者非法人组织的负责人以个人名义与出借人订立民间借贷合同，所借款项用于单位生产经营，出借人请求单位与个人共同承担责任的，人民法院应予支持。

第二十三条　当事人以订立买卖合同作为民间借贷合同的担保，借款到期后借款人不能还款，出借人请求履行买卖合同的，人民法院应当按照民间借贷法律关系审理。当事人根据法庭审理情况变更诉讼请求的，人民法院应当准许。

按照民间借贷法律关系审理作出的判决生效后，借款人不履行生效判决确定的金钱债务，出借人可以申请拍卖买卖合同标的物，以偿还债务。就拍卖所得的价款与应偿还借款本息之间的差额,借款人或者出借人有权主张返还或者补偿。

第二十四条　借贷双方没有约定利息,出借人主张支付利息的,人民法院不予支持。

自然人之间借贷对利息约定不明,出借人主张支付利息的,人民法院不予支持。除自然人之间借贷的外,借贷双方对借贷利息约定不明,出借人主张利息的,人民法院应当结合民间借贷合同的内容,并根据当地或者当事人的交易方式、交易习惯、市场报价利率等因素确定利息。

第二十五条　出借人请求借款人按照合同约定利率支付利息的,人民法院应予支持,但是双方约定的利率超过合同成立时一年期贷款市场报价利率四倍的除外。

前款所称"一年期贷款市场报价利率",是指中国人民银行授权全国银行间同业拆借中心自 2019 年 8 月 20 日起每月发布的一年期贷款市场报价利率。

第二十六条　借据、收据、欠条等债权凭证载明的借款金额,一般认定为本金。预先在本金中扣除利息的,人民法院应当将实际出借的金额认定为本金。

第二十七条　借贷双方对前期借款本息结算后将利息计入后期借款本金并重新出具债权凭证,如果前期利率没有超过合同成立时一年期贷款市场报价利率四倍,重新出具的债权凭证载明的金额可认定为后期借款本金。超过部分的利息,不应认定为后期借款本金。

按前款计算,借款人在借款期间届满后应当支付的本息之和,超过以最初借款本金与以最初借款本金为基数、以合同成立时一年期贷款市场报价利率四倍计算的整个借款期间的利息之和的,人民法院不予支持。

第二十八条　借贷双方对逾期利率有约定的,从其约定,但是以不超过合同成立时一年期贷款市场报价利率四倍为限。

未约定逾期利率或者约定不明的,人民法院可以区分不同情况处理:

(一)既未约定借期内利率,也未约定逾期利率,出借人主张借款人自逾期还款之日起参照当时一年期贷款市场报价利率标准计算的利息承担逾期还款违约责任的,人民法院应予支持;

(二)约定了借期内利率但是未约定逾期利率,出借人主张借款人自逾期还款之日起按照借期内利率支付资金占用期间利息的,人民法院应予支持。

第二十九条 出借人与借款人既约定了逾期利率,又约定了违约金或者其他费用,出借人可以选择主张逾期利息、违约金或者其他费用,也可以一并主张,但是总计超过合同成立时一年期贷款市场报价利率四倍的部分,人民法院不予支持。

第三十条 借款人可以提前偿还借款,但是当事人另有约定的除外。

借款人提前偿还借款并主张按照实际借款期限计算利息的,人民法院应予支持。

第三十一条 本规定施行后,人民法院新受理的一审民间借贷纠纷案件,适用本规定。

2020年8月20日之后新受理的一审民间借贷案件,借贷合同成立于2020年8月20日之前,当事人请求适用当时的司法解释计算自合同成立到2020年8月19日的利息部分的,人民法院应予支持;对于自2020年8月20日到借款返还之日的利息部分,适用起诉时本规定的利率保护标准计算。

本规定施行后,最高人民法院以前作出的相关司法解释与本规定不一致的,以本规定为准。

防范和处置非法集资条例

(国务院令第737号,自2021年5月1日起施行)

第一章 总 则

第一条 为了防范和处置非法集资,保护社会公众合法权益,防范化解金融风险,维护经济秩序和社会稳定,制定本条例。

第二条 本条例所称非法集资,是指未经国务院金融管理部门依法许可或者违反国家金融管理规定,以许诺还本付息或者给予其他投资回报等方式,向不特定对象吸收资金的行为。

非法集资的防范以及行政机关对非法集资的处置,适用本条例。法律、行政法规对非法从事银行、证券、保险、外汇等金融业务活动另有规定的,适用其规定。

本条例所称国务院金融管理部门,是指中国人民银行、国务院金融监督管理机构和国务院外汇管理部门。

第三条　本条例所称非法集资人,是指发起、主导或者组织实施非法集资的单位和个人;所称非法集资协助人,是指明知是非法集资而为其提供帮助并获取经济利益的单位和个人。

第四条　国家禁止任何形式的非法集资,对非法集资坚持防范为主、打早打小、综合治理、稳妥处置的原则。

第五条　省、自治区、直辖市人民政府对本行政区域内防范和处置非法集资工作负总责,地方各级人民政府应当建立健全政府统一领导的防范和处置非法集资工作机制。县级以上地方人民政府应当明确防范和处置非法集资工作机制的牵头部门(以下简称处置非法集资牵头部门),有关部门以及国务院金融管理部门分支机构、派出机构等单位参加工作机制;乡镇人民政府应当明确牵头负责防范和处置非法集资工作的人员。上级地方人民政府应当督促、指导下级地方人民政府做好本行政区域防范和处置非法集资工作。

行业主管部门、监管部门应当按照职责分工,负责本行业、领域非法集资的防范和配合处置工作。

第六条　国务院建立处置非法集资部际联席会议(以下简称联席会议)制度。联席会议由国务院银行保险监督管理机构牵头,有关部门参加,负责督促、指导有关部门和地方开展防范和处置非法集资工作,协调解决防范和处置非法集资工作中的重大问题。

第七条　各级人民政府应当合理保障防范和处置非法集资工作相关经费,并列入本级预算。

第二章　防　范

第八条　地方各级人民政府应当建立非法集资监测预警机制,纳入社会治安综合治理体系,发挥网格化管理和基层群众自治组织的作用,运用大数据等现代信息技术手段,加强对非法集资的监测预警。

行业主管部门、监管部门应当强化日常监督管理,负责本行业、领域非法集资的风险排查和监测预警。

联席会议应当建立健全全国非法集资监测预警体系,推动建设国家监测预警平台，促进地方、部门信息共享，加强非法集资风险研判，及时预警提示。

第九条　市场监督管理部门应当加强企业、个体工商户名称和经营范围等商事登记管理。除法律、行政法规和国家另有规定外，企业、个体工商户名称和经营范围中不得包含“金融”、“交易所”、“交易中心”、“理财”、“财富管理”、“股权众筹”等字样或者内容。

县级以上地方人民政府处置非法集资牵头部门、市场监督管理部门等有关部门应当建立会商机制，发现企业、个体工商户名称或者经营范围中包含前款规定以外的其他与集资有关的字样或者内容的，及时予以重点关注。

第十条　处置非法集资牵头部门会同互联网信息内容管理部门、电信主管部门加强对涉嫌非法集资的互联网信息和网站、移动应用程序等互联网应用的监测。经处置非法集资牵头部门组织认定为用于非法集资的，互联网信息内容管理部门、电信主管部门应当及时依法作出处理。

互联网信息服务提供者应当加强对用户发布信息的管理，不得制作、复制、发布、传播涉嫌非法集资的信息。发现涉嫌非法集资的信息，应当保存有关记录，并向处置非法集资牵头部门报告。

第十一条　除国家另有规定外，任何单位和个人不得发布包含集资内容的广告或者以其他方式向社会公众进行集资宣传。

市场监督管理部门会同处置非法集资牵头部门加强对涉嫌非法集资广告的监测。经处置非法集资牵头部门组织认定为非法集资的，市场监督管理部门应当及时依法查处相关非法集资广告。

广告经营者、广告发布者应当依照法律、行政法规查验相关证明文件，核对广告内容。对没有相关证明文件且包含集资内容的广告，广告经营者不得提供设计、制作、代理服务，广告发布者不得发布。

第十二条　处置非法集资牵头部门与所在地国务院金融管理部门分支机构、派出机构应当建立非法集资可疑资金监测机制。国务院金融管理部门及其分支机构、派出机构应当按照职责分工督促、指导金融机构、非银行支付机构加强对资金异常流动情况及其他涉嫌非法集资可疑资金的监测工作。

第十三条　金融机构、非银行支付机构应当履行下列防范非法集资的义务：

(一)建立健全内部管理制度,禁止分支机构和员工参与非法集资,防止他人利用其经营场所、销售渠道从事非法集资;

(二)加强对社会公众防范非法集资的宣传教育,在经营场所醒目位置设置警示标识;

(三)依法严格执行大额交易和可疑交易报告制度,对涉嫌非法集资资金异常流动的相关账户进行分析识别,并将有关情况及时报告所在地国务院金融管理部门分支机构、派出机构和处置非法集资牵头部门。

第十四条 行业协会、商会应当加强行业自律管理、自我约束,督促、引导成员积极防范非法集资,不组织、不协助、不参与非法集资。

第十五条 联席会议应当建立中央和地方上下联动的防范非法集资宣传教育工作机制,推动全国范围内防范非法集资宣传教育工作。

地方各级人民政府应当开展常态化的防范非法集资宣传教育工作,充分运用各类媒介或者载体,以法律政策解读、典型案例剖析、投资风险教育等方式,向社会公众宣传非法集资的违法性、危害性及其表现形式等,增强社会公众对非法集资的防范意识和识别能力。

行业主管部门、监管部门以及行业协会、商会应当根据本行业、领域非法集资风险特点,有针对性地开展防范非法集资宣传教育活动。

新闻媒体应当开展防范非法集资公益宣传,并依法对非法集资进行舆论监督。

第十六条 对涉嫌非法集资行为,任何单位和个人有权向处置非法集资牵头部门或者其他有关部门举报。

国家鼓励对涉嫌非法集资行为进行举报。处置非法集资牵头部门以及其他有关部门应当公开举报电话和邮箱等举报方式、在政府网站设置举报专栏,接受举报,及时依法处理,并为举报人保密。

第十七条 居民委员会、村民委员会发现所在区域有涉嫌非法集资行为的,应当向当地人民政府、处置非法集资牵头部门或者其他有关部门报告。

第十八条 处置非法集资牵头部门和行业主管部门、监管部门发现本行政区域或者本行业、领域可能存在非法集资风险的,有权对相关单位和个人进行警示约谈,责令整改。

第三章 处 置

第十九条 对本行政区域内的下列行为,涉嫌非法集资的,处置非法集资牵头部门应当及时组织有关行业主管部门、监管部门以及国务院金融管理部门分支机构、派出机构进行调查认定：

（一）设立互联网企业、投资及投资咨询类企业、各类交易场所或者平台、农民专业合作社、资金互助组织以及其他组织吸收资金；

（二）以发行或者转让股权、债权，募集基金，销售保险产品，或者以从事各类资产管理、虚拟货币、融资租赁业务等名义吸收资金；

（三）在销售商品、提供服务、投资项目等商业活动中，以承诺给付货币、股权、实物等回报的形式吸收资金；

（四）违反法律、行政法规或者国家有关规定，通过大众传播媒介、即时通信工具或者其他方式公开传播吸收资金信息；

（五）其他涉嫌非法集资的行为。

第二十条　对跨行政区域的涉嫌非法集资行为，非法集资人为单位的，由其登记地处置非法集资牵头部门组织调查认定；非法集资人为个人的，由其住所地或者经常居住地处置非法集资牵头部门组织调查认定。非法集资行为发生地、集资资产所在地以及集资参与人所在地处置非法集资牵头部门应当配合调查认定工作。

处置非法集资牵头部门对组织调查认定职责存在争议的，由其共同的上级处置非法集资牵头部门确定；对跨省、自治区、直辖市组织调查认定职责存在争议的，由联席会议确定。

第二十一条　处置非法集资牵头部门组织调查涉嫌非法集资行为，可以采取下列措施：

（一）进入涉嫌非法集资的场所进行调查取证；

（二）询问与被调查事件有关的单位和个人，要求其对有关事项作出说明；

（三）查阅、复制与被调查事件有关的文件、资料、电子数据等，对可能被转移、隐匿或者毁损的文件、资料、电子设备等予以封存；

（四）经处置非法集资牵头部门主要负责人批准，依法查询涉嫌非法集资的有关账户。

调查人员不得少于 2 人，并应当出示执法证件。

与被调查事件有关的单位和个人应当配合调查，不得拒绝、阻碍。

第二十二条　处置非法集资牵头部门对涉嫌非法集资行为组织调查，有权要求暂停集资行为,通知市场监督管理部门或者其他有关部门暂停为涉嫌非法集资的有关单位办理设立、变更或者注销登记。

第二十三条 经调查认定属于非法集资的,处置非法集资牵头部门应当责令非法集资人、非法集资协助人立即停止有关非法活动;发现涉嫌犯罪的,应当按照规定及时将案件移送公安机关,并配合做好相关工作。

行政机关对非法集资行为的调查认定,不是依法追究刑事责任的必经程序。

第二十四条 根据处置非法集资的需要,处置非法集资牵头部门可以采取下列措施:

(一)查封有关经营场所,查封、扣押有关资产;

(二)责令非法集资人、非法集资协助人追回、变价出售有关资产用于清退集资资金;

(三)经设区的市级以上地方人民政府处置非法集资牵头部门决定,按照规定通知出入境边防检查机关,限制非法集资的个人或者非法集资单位的控股股东、实际控制人、董事、监事、高级管理人员以及其他直接责任人员出境。

采取前款第一项、第二项规定的措施,应当经处置非法集资牵头部门主要负责人批准。

第二十五条 非法集资人、非法集资协助人应当向集资参与人清退集资资金。清退过程应当接受处置非法集资牵头部门监督。

任何单位和个人不得从非法集资中获取经济利益。

因参与非法集资受到的损失,由集资参与人自行承担。

第二十六条 清退集资资金来源包括:

(一)非法集资资金余额;

(二)非法集资资金的收益或者转换的其他资产及其收益;

(三)非法集资人及其股东、实际控制人、董事、监事、高级管理人员和其他相关人员从非法集资中获得的经济利益;

(四)非法集资人隐匿、转移的非法集资资金或者相关资产;

(五)在非法集资中获得的广告费、代言费、代理费、好处费、返点费、佣金、提成等经济利益;

(六)可以作为清退集资资金的其他资产。

第二十七条 为非法集资设立的企业、个体工商户和农民专业合作社,由市场监督管理部门吊销营业执照。为非法集资设立的网站、开发的移动应用程序等互联网应用,由电信主管部门依法予以关闭。

第二十八条　国务院金融管理部门及其分支机构、派出机构,地方人民政府有关部门以及其他有关单位和个人,对处置非法集资工作应当给予支持、配合。

任何单位和个人不得阻挠、妨碍处置非法集资工作。

第二十九条　处置非法集资过程中,有关地方人民政府应当采取有效措施维护社会稳定。

第四章　法律责任

第三十条　对非法集资人,由处置非法集资牵头部门处集资金额20%以上1倍以下的罚款。非法集资人为单位的,还可以根据情节轻重责令停产停业,由有关机关依法吊销许可证、营业执照或者登记证书;对其法定代表人或者主要负责人、直接负责的主管人员和其他直接责任人员给予警告,处50万元以上500万元以下的罚款。构成犯罪的,依法追究刑事责任。

第三十一条　对非法集资协助人,由处置非法集资牵头部门给予警告,处违法所得1倍以上3倍以下的罚款;构成犯罪的,依法追究刑事责任。

第三十二条　非法集资人、非法集资协助人不能同时履行所承担的清退集资资金和缴纳罚款义务时,先清退集资资金。

第三十三条　对依照本条例受到行政处罚的非法集资人、非法集资协助人,由有关部门建立信用记录,按照规定将其信用记录纳入全国信用信息共享平台。

第三十四条　互联网信息服务提供者未履行对涉嫌非法集资信息的防范和处置义务的,由有关主管部门责令改正,给予警告,没收违法所得;拒不改正或者情节严重的,处10万元以上50万元以下的罚款,并可以根据情节轻重责令暂停相关业务、停业整顿、关闭网站、吊销相关业务许可证或者吊销营业执照,对直接负责的主管人员和其他直接责任人员处1万元以上10万元以下的罚款。

广告经营者、广告发布者未按照规定查验相关证明文件、核对广告内容的,由市场监督管理部门责令改正,并依照《中华人民共和国广告法》的规定予以处罚。

第三十五条 金融机构、非银行支付机构未履行防范非法集资义务的,由国务院金融管理部门或者其分支机构、派出机构按照职责分工责令改正,给予警告,没收违法所得;造成严重后果的,处 100 万元以上 500 万元以下的罚款,对直接负责的主管人员和其他直接责任人员给予警告,处 10 万元以上 50 万元以下的罚款。

第三十六条 与被调查事件有关的单位和个人不配合调查,拒绝提供相关文件、资料、电子数据等或者提供虚假文件、资料、电子数据等的,由处置非法集资牵头部门责令改正,给予警告,处 5 万元以上 50 万元以下的罚款。

阻碍调查人员依法执行职务,构成违反治安管理行为的,由公安机关依法给予治安管理处罚;构成犯罪的,依法追究刑事责任。

第三十七条 国家机关工作人员有下列行为之一的,依法给予处分:

(一)明知所主管、监管的单位有涉嫌非法集资行为,未依法及时处理;

(二)未按照规定及时履行对非法集资的防范职责,或者不配合非法集资处置,造成严重后果;

(三)在防范和处置非法集资过程中滥用职权、玩忽职守、徇私舞弊;

(四)通过职务行为或者利用职务影响,支持、包庇、纵容非法集资。

前款规定的行为构成犯罪的,依法追究刑事责任。

第五章 附 则

第三十八条 各省、自治区、直辖市可以根据本条例制定防范和处置非法集资工作实施细则。

第三十九条 未经依法许可或者违反国家金融管理规定,擅自从事发放贷款、支付结算、票据贴现等金融业务活动的,由国务院金融管理部门或者地方金融管理部门按照监督管理职责分工进行处置。

法律、行政法规对其他非法金融业务活动的防范和处置没有明确规定的,参照本条例的有关规定执行。其他非法金融业务活动的具体类型由国务院金融管理部门确定。

第四十条 本条例自 2021 年 5 月 1 日起施行。1998 年 7 月 13 日国务院发布的《非法金融机构和非法金融业务活动取缔办法》同时废止。

国务院办公厅关于严厉打击非法发行股票和非法经营证券业务有关问题的通知

（国办发〔2006〕99号，自2006年12月12日起施行）

各省、自治区、直辖市人民政府，国务院各部委、各直属机构：

近年来，非法发行股票和非法经营证券业务（以下简称非法证券活动）在我国部分地区时有发生，个别地区甚至出现蔓延势头，严重危害社会稳定和金融安全。为贯彻落实公司法和证券法有关规定，维护证券市场正常秩序和广大投资者的合法权益，经国务院同意，现就严厉打击非法证券活动有关问题通知如下：

一、提高认识，统一思想，坚决遏制非法证券活动蔓延势头

非法证券活动具有手段隐蔽、欺骗性强、蔓延速度快、易反复等特点，涉及人数众多，投资者多为退休人员、下岗职工等困难群众，容易引发群体事件。当前，非法证券活动的主要形式为：一是编造公司即将在境内外上市或股票发行获得政府部门批准等虚假信息，诱骗社会公众购买所谓“原始股”；二是非法中介机构以“投资咨询机构”、“产权经纪公司”、“外国资本公司或投资公司驻华代表处”的名义，未经法定机关批准，向社会公众非法买卖或代理买卖未上市公司股票；三是不法分子以证券投资为名，以高额回报为诱饵，诈骗群众钱财。

地方各级人民政府、国务院有关部门要进一步统一思想，高度重视，充分认识非法证券活动的危害性，增强政治责任感。要完善打击非法证券活动的政策法规和联合执法机制，查处一批大案要案，依法追究有关人员的责任，建立健全防范和打击非法证券活动的长效机制，从根本上遏制非法证券活动蔓延势头。

二、明确分工，加强配合，形成打击非法证券活动的执法合力

为加强组织领导，由证监会牵头，公安部、工商总局、银监会并邀请高法院、高检院等有关单位参加，成立打击非法证券活动协调小组，负责打击非法

证券活动的组织协调、政策解释、性质认定等工作。协调小组办公室设在证监会。证监会要组织专门机构和得力人员,明确职责,加强沟通,与相关部门和省级人民政府建立反应灵敏、配合密切、应对有力的工作机制。

非法证券活动查处和善后处理工作按属地原则由各省、自治区、直辖市及计划单列市人民政府负责。非法证券活动经证监会及其派出机构认定后,省级人民政府要负责做好本地区案件查处和处置善后工作。涉及多个省(区、市)的,由公司注册地的省级人民政府牵头负责,相关省(区、市)要予以积极支持配合。发现涉嫌犯罪的,应及时移送公安机关立案查处,并依法追究刑事责任。未构成犯罪的,由证券监管部门、工商行政管理部门根据各自职责依法作出行政处罚。

地方各级人民政府要高度重视,统筹安排,周密部署,建立起群众举报、媒体监督、日常监管和及时查处相结合的非法证券活动防范和预警机制,制订风险处置预案。对近年来案件多发的地区,有关地方人民政府要迅速开展查处、取缔工作,果断处置,集中查处一批典型案件并公开报道,震慑犯罪分子,教育人民群众,维护社会稳定。

三、明确政策界限，依法进行监管

(一)严禁擅自公开发行股票。向不特定对象发行股票或向特定对象发行股票后股东累计超过 200 人的,为公开发行,应依法报经证监会核准。未经核准擅自发行的,属于非法发行股票。

(二)严禁变相公开发行股票。向特定对象发行股票后股东累计不超过 200 人的,为非公开发行。非公开发行股票及其股权转让,不得采用广告、公告、广播、电话、传真、信函、推介会、说明会、网络、短信、公开劝诱等公开方式或变相公开方式向社会公众发行。严禁任何公司股东自行或委托他人以公开方式向社会公众转让股票。向特定对象转让股票,未依法报经证监会核准的,转让后,公司股东累计不得超过 200 人。

(三)严禁非法经营证券业务。股票承销、经纪(代理买卖)、证券投资咨询等证券业务由证监会依法批准设立的证券机构经营,未经证监会批准,其他任何机构和个人不得经营证券业务。

违反上述三项规定的,应坚决予以取缔,并依法追究法律责任。

证监会要根据公司法和证券法有关规定,尽快研究制订有关公开发行股票但不在证券交易所上市的股份有限公司(以下简称非上市公众公司)管理规定,明确非上市公众公司设立和发行的条件、发行审核程序、登记托管及转让规则等,将非上市公众公司监管纳入法制轨道。

四、加强舆论引导和对投资者教育

证监会、公安部等有关部门要指导地方各级人民政府,广泛利用报纸、电视、广播、互联网等传媒手段,多方位、多角度地宣传非法证券活动的表现形式、特点、典型案例及其严重危害,提高广大投资者对非法证券活动的风险意识和辨别能力,预防非法证券活动的发生,防患于未然。

国务院办公厅

二〇〇六年十二月十二日

国务院办公厅关于依法惩处非法集资有关问题的通知

(国办发明电〔2007〕34 号,自 2007 年 7 月 25 日施行)

各省、自治区、直辖市人民政府,国务院各部委、各直属机构:

近年来,非法集资在我国许多地区重新抬头,并向多领域和职业化发展。2006 年,全国公安机关立案侦查的非法集资案件 1999 起,涉案总价值 296 亿元。2007 年 1 至 3 月,仅非法吸收公众存款、集资诈骗两类案件就立案 342 起,涉案总价值 59.8 亿元,分别较去年(2006 年)同期上升 101.2% 和 482.3%。若不采取切实有效措施予以治理整顿,势必造成更大的社会危害。为了维护正常的经济社会秩序,保护人民群众的合法权益,促进国民经济又好又快发展,经国务院同意,现就依法惩处非法集资有关问题通知如下:

一、充分认识非法集资的社会危害性,坚决遏制非法集资案件高发势头

非法集资涉及面广,危害极大。一是扰乱了社会主义市场经济秩序。非法集资活动以高回报为诱饵,以骗取资金为目的,破坏了金融秩序,影响金融

市场的健康发展。二是严重损害群众利益,影响社会稳定。非法集资有很强的欺骗性,容易蔓延,犯罪分子骗取群众资金后,往往大肆挥霍或迅速转移、隐匿,使受害者(多数是下岗工人、离退休人员)损失惨重,极易引发群体事件,甚至危害社会稳定。三是损害了政府的声誉和形象。非法集资活动往往以"响应国家林业政策"、"支持生态环境保护"等为名,行违法犯罪之实,既影响了国家政策的贯彻执行,又严重损害了政府的声誉和形象。

为切实做好依法惩处非法集资工作,国务院批准建立了由银监会牵头的"处置非法集资部际联席会议"(以下简称"联席会议")制度。地方各级人民政府、有关部门务必统一思想,提高认识,共同做好工作。要把思想和行动统一到国务院的部署和要求上来,统一到维护国家经济安全、社会稳定与构建和谐社会的大局上来,充分认识非法集资的危害性,加强组织领导,周密部署,果断处置,有效遏制非法集资案件高发势头。

二、当前非法集资的主要形式和特征

非法集资情况复杂,表现形式多样。有的打着"支持地方经济发展"、"倡导绿色、健康消费"等旗号,有的引用产权式返租、电子商务、电子黄金、投资基金等新概念,手段隐蔽,欺骗性很强。从目前案发情况看,非法集资大致可划分为债权、股权、商品营销、生产经营等四大类。2006 年,以生产经营合作为名的非法集资涉案价值占全部非法集资案件涉案价值的 60% 以上,需要引起高度关注。

非法集资的主要特征:一是未经有关监管部门依法批准,违规向社会(尤其是向不特定对象)筹集资金。如未经批准吸收社会资金;未经批准公开、非公开发行股票、债券等。二是承诺在一定期限内给予出资人货币、实物、股权等形式的投资回报。有的犯罪分子以提供种苗等形式吸收资金,承诺以收购或包销产品等方式支付回报;有的则以商品销售的方式吸收资金,以承诺返租、回购、转让等方式给予回报。三是以合法形式掩盖非法集资目的。为掩饰其非法目的,犯罪分子往往与受害者签订合同,伪装成正常的生产经营活动,最大限度地实现其骗取资金的最终目的。

三、地方人民政府要切实担负起依法惩处非法集资的责任,确保社会稳定

省级人民政府要把依法惩处非法集资列入重要工作议程,加快建立健全

本地区依法惩处非法集资的工作机制和工作制度,做好相关工作。一是加强监测预警。要对本地区的非法集资问题保持高度警惕,进行全程监测,主动排查风险,做到早发现,早预警,防患于未然。二是及时调查取证。发现问题后,要组织当地银监、公安、工商等部门提前介入,开展调查取证工作。对社会影响大、性质恶劣的非法集资案件,要采取适当预防措施,控制涉案人员和资产,保护证据,防止事态扩大和失控。同时,要制定风险处置预案,防止引发群体性事件。三是果断处置。对于事实清楚且可以定性的非法集资,要果断采取措施,依法妥善处置;难以定性的,要及时上报“联席会议”组织认定。涉及多个地区的,有关省级人民政府之间要加强沟通协调,共同做好相关工作。省级人民政府要及时总结经验,依据国家法律法规,参照各行业主管、监管部门的政策规定,制定本地区相关规章,为依法惩处非法集资工作提供法制保障。

四、有关部门要加强协调，认真做好依法惩处非法集资工作

依法惩处非法集资工作政策性强,情况复杂,有关方面要加强协调,齐抓共管。有关部门要逐步建立健全反应灵敏、配合密切、应对有力的工作机制,增强工作的针对性和有效性。行业主管、监管部门要将防控本行业非法集资作为监督管理的重要内容,指定专门机构和人员负责,建立日常信息沟通渠道和工作协调机制,认真做好非法集资情况的监测预警工作。一旦发现非法集资苗头,应及时商省级人民政府依法妥善处置,并通报“联席会议”。要抓紧制定和完善本行业防范、监控和处置非法集资的规章及行业标准。“联席会议”要加大工作力度,对近年来非法集资案件进行深入分析,集中力量查处典型案件,严惩首恶,教育协从,维护人民群众的权益。银监会作为“联席会议”的牵头部门,要主动与有关部门和地方人民政府加强沟通,切实做好组织协调工作。

要坚持预防为主的方针,加大工作力度,加强宣传教育,改善金融服务,逐步构建疏堵并举、防治结合的综合治理长效机制。对于近年来非法集资案件多发的行业,要主动开展风险排查,防止风险进一步积聚。有关行业主管、监管部门要尽快公布举报电话、信箱和电子邮箱,通过有奖举报等方式鼓励公众参与,在门户网站上开辟专门的投资者教育园地,探索建立风险提示和预警的长效机制。要加强对广告的监督管理,依法落实广告审查制度,加强监督检查,对检查发现、群众举报、媒体披露的线索要及时调查核实,对发布非法集资

广告的当事人和有关责任人要严肃查处。

五、加强舆论引导和法制宣传，提高公众对非法集资的识别能力

银监会要牵头制订宣传教育规划,充分利用报刊、电视、广播、互联网等传媒手段,宣传依法惩处非法集资的法律法规,通报非法集资的新形式和新特点,提示风险,提高社会公众的风险意识和识别能力,引导其远离非法集资。要加大对典型案件的公开报道力度,以专栏文章、专题节目等方式揭露犯罪分子的惯用伎俩,震慑犯罪分子,形成对非法集资的强大舆论攻势。要在广大农村、城市街道、社区、车站等公共场所设置宣传栏,张贴宣传画,扩大覆盖面,强化宣传效果。要按照国务院的统一部署,组织协调相关部门开展宣传教育活动,正确引导社会舆论。地方人民政府要进一步根据本地区的特点,加强舆论引导和法制宣传。

国务院办公厅

二〇〇七年七月二十五日

国务院关于进一步做好防范和处置非法集资工作的意见

(国发〔2015〕59号,自2015年10月19日起施行)

各省、自治区、直辖市人民政府,国务院各部委、各直属机构:

近年来,在处置非法集资部际联席会议(以下简称部际联席会议)成员单位和地方人民政府的共同努力下,防范和处置非法集资工作取得积极进展。但是,当前非法集资形势严峻,案件高发频发,涉案领域增多,作案方式花样翻新,部分地区案件集中暴露,并有扩散蔓延趋势。按照党中央、国务院决策部署,为有效遏制非法集资高发蔓延势头,加大防范和处置工作力度,切实保护人民群众合法权益,防范系统性区域性金融风险,现提出以下意见:

一、充分认识当前形势下做好防范和处置非法集资工作的重要性和紧迫性

长期以来,我国经济社会保持较快发展,资金需求旺盛,融资难、融资贵问题比较突出,民间投资渠道狭窄的现实困难和非法集资高额回报的巨大诱惑交织共存。当前,经济下行压力较大,企业生产经营困难增多,各类不规范民间融资介入较深的行业领域风险集中暴露,非法集资问题日益凸显。一些案件由于参与群众多、财产损失大,频繁引发群体性事件,甚至导致极端过激事件发生,影响社会稳定。

防范和处置非法集资是一项长期、复杂、艰巨的系统性工程。各地区、各有关部门要高度重视,从保持经济平稳发展和维护社会和谐稳定的大局出发,加大防范和处置力度,建立和完善长效机制,坚决守住不发生系统性区域性金融风险底线。

二、总体要求

(一)指导思想。深入贯彻党的十八大和十八届三中、四中全会精神,认真落实党中央、国务院决策部署,主动适应经济发展新常态,坚持系统治理、依法治理、综合治理、源头治理,进一步健全责任明确、上下联动、齐抓共管、配合有力的工作格局,加大防范预警、案件处置、宣传教育等工作力度,开正门、堵邪路,逐步建立防打结合、打早打小、综合施策、标本兼治的综合治理长效机制。

(二)基本原则。

一是防打结合,打早打小。既要解决好浮出水面的问题,讲求策略方法,依法、有序、稳妥处置风险;更要做好防范预警,尽可能使非法集资不发生、少发生,一旦发生要打早打小,在苗头时期、涉众范围较小时解决问题。

二是突出重点,依法打击。抓住非法集资重点领域、重点区域、重大案件,依法持续严厉打击,最大限度追赃挽损,强化跨区域、跨部门协作配合,防范好处置风险的风险,有效维护社会稳定。

三是疏堵结合,标本兼治。进一步深化金融改革,大力发展普惠金融,提升金融服务水平。完善民间融资制度,合理引导和规范民间金融发展。

四是齐抓共管,形成合力。地方各级人民政府牵头,统筹指挥;中央层面,部际联席会议顶层推动、协调督导,各部门协同配合,加强监督管理。强化

宣传教育,积极引导和发动广大群众参与到防范和处置非法集资工作中来。

(三)主要目标。非法集资高发势头得到遏制,存量风险及时化解,增量风险逐步减少,大案要案依法、稳妥处置。非法集资监测到位、预警及时、防范得力,一旦发现苗头要及早引导、规范、处置。政策法规进一步完善,处置非法集资工作纳入法治化轨道。广大人民群众相关法律意识和风险意识显著提高,买者自负、风险自担的意识氛围逐步形成。金融服务水平进一步提高,投融资体系进一步完善,非法集资生存土壤逐步消除。

三、落实责任,强化机制

(四)省级人民政府是防范和处置非法集资的第一责任人。省级人民政府对本行政区域防范和处置非法集资工作负总责,要切实担负起第一责任人的责任。地方各级人民政府要有效落实属地管理职责,充分发挥资源统筹调动、靠近基层一线优势,做好本行政区域内风险排查、监测预警、案件查处、善后处置、宣传教育和维护稳定等工作,确保本行政区域防范和处置非法集资工作组织到位、体系完善、机制健全、保障有力。建立目标责任制,将防范和处置非法集资工作纳入领导班子和领导干部综合考核评价内容,明确责任,表彰奖励先进,对工作失职、渎职行为严肃追究责任。进一步规范约束地方各级领导干部参与民间经济金融活动。

(五)落实部门监督管理职责。各行业主管、监管部门要将防控本行业领域非法集资作为履行监督管理职责的重要内容,加强日常监管。按照监管与市场准入、行业管理挂钩原则,确保所有行业领域非法集资监管防范不留真空。对需要经过市场准入许可的行业领域,由准入监管部门负责本行业领域非法集资的防范、监测和预警工作;对无需市场准入许可,但有明确主管部门指导、规范和促进的行业领域,由主管部门牵头负责本行业领域非法集资的防范、监测和预警工作;对没有明确主管、监管部门的行业领域,由地方各级人民政府组织协调相关部门,充分利用现有市场监管手段,强化综合监管,防范非法集资风险。

(六)完善组织协调机制。进一步完善中央和地方防范和处置非法集资工作机制。中央层面,充分发挥部际联席会议作用,银监会作为牵头单位要进一步强化部门联动,加强顶层推动,加大督促指导力度,增强工作合力。地方各级人民政府要建立健全防范和处置非法集资工作领导小组工作机制,由政府分管领导担任组长,明确专门机构和专职人员,落实职责分工,优化工作程序,强化制度约束,提升工作质效。

四、以防为主，及时化解

(七)全面加强监测预警。各地区要建立立体化、社会化、信息化的监测预警体系,充分发挥网格化管理和基层群众自治的经验和优势,群防群治,贴近一线开展预警防范工作。创新工作方法,充分利用互联网、大数据等技术手段加强对非法集资的监测预警。部际联席会议要积极整合各地区、各有关部门信息资源,推动实现工商市场主体公示信息、人民银行征信信息、公安打击违法犯罪信息、法院立案判决执行信息等相关信息的依法互通共享,进一步发挥好全国统一的信用信息共享交换平台作用,加强风险研判,及时预警提示。

(八)强化事中事后监管。行业主管、监管部门要加强对所主管、监管机构和业务的风险排查和行政执法,做到早发现、早预防、早处置。对一般工商企业,各地区要综合运用信用分类监管、定向抽查检查、信息公示、风险警示约谈、市场准入限制等手段,加强市场监督管理,加强部门间信息共享和对失信主体的联合惩戒,探索建立多部门联动综合执法机制,提升执法效果。对非法集资主体(包括法人、实际控制人、代理人、中间人等)建立经营异常名录和信用记录,并纳入全国统一的信用信息共享交换平台。充分发挥行业协会作用,加强行业自律管理,促进市场主体自我约束、诚信经营。

(九)发挥金融机构监测防控作用。加强金融机构内部管理,确保分支机构和员工不参与非法集资。加强金融机构对社会公众的宣传教育,在营业场所醒目位置张贴警示标识。金融机构在严格执行大额可疑资金报告制度基础上,对各类账户交易中具有分散转入集中转出、定期批量小额转出等特征的涉嫌非法集资资金异动进行分析识别,并将有关情况及时提供给地方各级防范和处置非法集资工作领导小组办公室。人民银行、银监会、证监会、保监会、外汇局要指导和督促金融机构做好对涉嫌非法集资可疑资金的监测工作,建立问责制度。

(十)发动群众防范预警。充分调动广大群众积极性,探索建立群众自动自发、广泛参与的防范预警机制。加快建立非法集资举报奖励制度,强化正面激励,加大奖励力度,鼓励广大群众积极参与,并做好保密、人身安全保护等工作。部际联席会议研究制订举报奖励办法,地方各级人民政府组织实施。

五、依法打击，稳妥处置

(十一)防控重点领域、重点区域风险。各地区、各有关部门要坚决依法惩处非法集资违法犯罪活动,密切关注投资理财、非融资性担保、P2P 网络借贷等新的高发重点领域,以及投资公司、农民专业合作社、民办教育机构、养老机构等新的风险点,加强风险监控。案件高发地区要把防范和处置非法集资工作放在突出重要位置,遏制案件高发态势,消化存量风险,最大限度追赃挽损,维护金融和社会秩序稳定。公安机关要积极统筹调配力量,抓住重点环节,会同有关部门综合采取措施,及时发现并快速、全面、深入侦办案件,提高打击效能。有关部门要全力配合,依法开展涉案资产查封、资金账户查询和冻结等必要的协助工作。

(十二)依法妥善处置跨省案件。坚持统一指挥协调、统一办案要求、统一资产处置、分别侦查诉讼、分别落实维稳的工作原则。牵头省份要积极主动落实牵头责任,依法合规、公平公正地制定统一处置方案,加强与其他涉案地区的沟通协调,定期通报工作进展情况。协办省份要大力支持配合,切实履行协作义务。强化全局观念,加强系统内的指挥、指导和监督,完善内部制约激励机制,切实推动、保障依法办案,防止遗漏犯罪事实;加强沟通、协商及跨区域、跨部门协作,共同解决办案难题,提高案件查处效率。

(十三)坚持分类施策,维护社会稳定。综合运用经济、行政、法律等措施,讲究执法策略、方式、尺度和时机,依法合理制定涉案资产的处置政策和方案,分类处置非法集资问题,防止矛盾激化,努力实现执法效果与经济效果、社会效果相统一。落实维稳属地责任,畅通群众诉求反映渠道,及时回应群众诉求,积极导入法治轨道,严格依法处置案件,切实有效维护社会稳定。

六、广泛宣传，加强教育

(十四)建立上下联动的宣传教育工作机制。建立部际联席会议统一规划,宣传主管部门协调推动,行业主管、监管部门指导落实,相关部门积极参与,各省(区、市)全面落实,中央和地方上下联动的宣传教育工作机制。

(十五)加大顶层引领和推动力度。中央层面要加强顶层设计,制定防范和处置非法集资宣传总体规划,推动全国范围内宣传教育工作。部际联席会议要组织协调中央媒体大力开展宣传教育,加强舆论引导。行业主管、监管部门要根据行业领域风险特点,制定防范和处置非法集资法律政策宣传方案,有针对性地开展本行业领域宣传教育活动。

（十六）深入推进地方强化宣传教育工作。地方各级人民政府要建立健全常态化的宣传教育工作机制，贴近基层、贴近群众、贴近生活，推动防范和处置非法集资宣传教育活动进机关、进工厂、进学校、进家庭、进社区、进村屯，实现宣传教育广覆盖，引导广大群众对非法集资不参与、能识别、敢揭发。充分运用电视、广播、报刊、网络、电信、公共交通设施等各类媒介或载体，以法律政策解读、典型案件剖析、投资风险教育等方式，提高宣传教育的广泛性、针对性、有效性。加强广告监测和检查，强化媒体自律责任，封堵涉嫌非法集资的资讯信息，净化社会舆论环境。

七、完善法规，健全制度

（十七）进一步健全完善处置非法集资相关法律法规。梳理非法集资有关法律规定适用中存在的问题，对罪名适用、量刑标准、刑民交叉、涉案财物处置等问题进行重点研究，推动制定和完善相关法律法规及司法解释。建立健全非法集资刑事诉讼涉案财物保管移送、审前返还、先行处置、违法所得追缴、执行等制度程序。修订《非法金融机构和非法金融业务活动取缔办法》，研究地方各级人民政府与司法机关在案件查处和善后处置阶段的职责划分，完善非法集资案件处置依据。

（十八）加快民间融资和金融新业态法规制度建设。尽快出台非存款类放贷组织条例，规范民间融资市场主体，拓宽合法融资渠道。尽快出台 P2P 网络借贷、股权众筹融资等监管规则，促进互联网金融规范发展。深入研究规范投资理财、非融资性担保等民间投融资中介机构的政策措施，及时出台与商事制度改革相配套的有关政策。

（十九）完善工作制度和程序。建立健全跨区域案件执法争议处理机制，完善不同区域间跨执法部门、司法部门查处工作的衔接配合程序。建立健全防范和处置非法集资信息共享、风险排查、事件处置、协调办案、责任追究、激励约束等制度，修订完善处置非法集资工作操作流程。探索在防范和处置有关环节引进法律、审计、评估等中介服务。

八、深化改革，疏堵并举

（二十）加大金融服务实体经济力度。进一步落实国务院决策部署，研究制定新举措，不断提升金融服务实体经济的质量和水平。不断完善金融市场体系,推动健全多层次资本市场体系,鼓励、规范和引导民间资本进入金融服务领域,大力发展普惠金融,增加对中小微企业有效资金供给,加大对经济社会发展薄弱环节的支持力度。

(二十一)规范民间投融资发展。鼓励和引导民间投融资健康发展,大幅放宽民间投资市场准入,拓宽民间投融资渠道。完善民间借贷日常信息监测机制,引导民间借贷利率合理化。推进完善社会信用体系,逐步建立完善全国统一、公开、透明的信用信息共享交换平台,营造诚实守信的金融生态环境。

九、夯实基础，强化保障

(二十二)加强基础支持工作。在当前非法集资高发多发形势下,要进一步做好防范和处置非法集资的人员、经费等保障工作。各级人民政府要合理保障防范和处置非法集资工作相关经费,并纳入同级政府预算。

各地区、各有关部门要认真落实本意见提出的各项任务,结合本地区、本部门实际,研究制定具体工作方案,采取切实有力措施。部际联席会议要督促检查本意见落实情况,重大情况及时向国务院报告。

国务院

2015 年 10 月 19 日

私募投资基金监督管理暂行办法

(中国证券监督管理委员会令第 105 号,自 2014 年 8 月 21 日起施行)

第一章　总　则

第一条　为了规范私募投资基金活动,保护投资者及相关当事人的合法权益,促进私募投资基金行业健康发展,根据《证券投资基金法》《国务院关于进一步促进资本市场健康发展的若干意见》,制定本办法。

第二条　本办法所称私募投资基金(以下简称私募基金),是指在中华人民共和国境内,以非公开方式向投资者募集资金设立的投资基金。

私募基金财产的投资包括买卖股票、股权、债券、期货、期权、基金份额及投资合同约定的其他投资标的。

非公开募集资金,以进行投资活动为目的设立的公司或者合伙企业,资产由基金管理人或者普通合伙人管理的,其登记备案、资金募集和投资运作适用本办法。

证券公司、基金管理公司、期货公司及其子公司从事私募基金业务适用本办法,其他法律法规和中国证券监督管理委员会(以下简称中国证监会)有关规定对上述机构从事私募基金业务另有规定的,适用其规定。

第三条　从事私募基金业务,应当遵循自愿、公平、诚实信用原则,维护投资者合法权益,不得损害国家利益和社会公共利益。

第四条　私募基金管理人和从事私募基金托管业务的机构(以下简称私募基金托管人)管理、运用私募基金财产,从事私募基金销售业务的机构(以下简称私募基金销售机构)及其他私募服务机构从事私募基金服务活动,应当恪尽职守,履行诚实信用、谨慎勤勉的义务。

私募基金从业人员应当遵守法律、行政法规,恪守职业道德和行为规范。

第五条　中国证监会及其派出机构依照《证券投资基金法》、本办法和中国证监会的其他有关规定,对私募基金业务活动实施监督管理。

设立私募基金管理机构和发行私募基金不设行政审批,允许各类发行主体在依法合规的基础上,向累计不超过法律规定数量的投资者发行私募基金。建立健全私募基金发行监管制度,切实强化事中事后监管,依法严厉打击以私募基金为名的各类非法集资活动。

建立促进经营机构规范开展私募基金业务的风险控制和自律管理制度,以及各类私募基金的统一监测系统。

第六条　中国证券投资基金业协会(以下简称基金业协会)依照《证券投资基金法》、本办法、中国证监会其他有关规定和基金业协会自律规则,对私募基金业开展行业自律,协调行业关系,提供行业服务,促进行业发展。

第二章　登记备案

第七条　各类私募基金管理人应当根据基金业协会的规定,向基金业协会申请登记,报送以下基本信息:

(一)工商登记和营业执照正副本复印件;

(二)公司章程或者合伙协议;

(三)主要股东或者合伙人名单;

(四)高级管理人员的基本信息;

(五)基金业协会规定的其他信息。

基金业协会应当在私募基金管理人登记材料齐备后的20个工作日内,通过网站公告私募基金管理人名单及其基本情况的方式,为私募基金管理人办结登记手续。

第八条 各类私募基金募集完毕,私募基金管理人应当根据基金业协会的规定,办理基金备案手续,报送以下基本信息:

(一)主要投资方向及根据主要投资方向注明的基金类别;

(二)基金合同、公司章程或者合伙协议。资金募集过程中向投资者提供基金招募说明书的,应当报送基金招募说明书。以公司、合伙等企业形式设立的私募基金,还应当报送工商登记和营业执照正副本复印件;

(三)采取委托管理方式的,应当报送委托管理协议。委托托管机构托管基金财产的,还应当报送托管协议;

(四)基金业协会规定的其他信息。

基金业协会应当在私募基金备案材料齐备后的20个工作日内,通过网站公告私募基金名单及其基本情况的方式,为私募基金办结备案手续。

第九条 基金业协会为私募基金管理人和私募基金办理登记备案不构成对私募基金管理人投资能力、持续合规情况的认可;不作为对基金财产安全的保证。

第十条 私募基金管理人依法解散、被依法撤销、或者被依法宣告破产的,其法定代表人或者普通合伙人应当在20个工作日内向基金业协会报告,基金业协会应当及时注销基金管理人登记并通过网站公告。

第三章 合格投资者

第十一条 私募基金应当向合格投资者募集,单只私募基金的投资者人数累计不得超过《证券投资基金法》、《公司法》、《合伙企业法》等法律规定的特定数量。

投资者转让基金份额的,受让人应当为合格投资者且基金份额受让后投资者人数应当符合前款规定。

第十二条　私募基金的合格投资者是指具备相应风险识别能力和风险承担能力，投资于单只私募基金的金额不低于 100 万元且符合下列相关标准的单位和个人：

（一）净资产不低于 1000 万元的单位；

（二）金融资产不低于 300 万元或者最近三年个人年均收入不低于 50 万元的个人。

前款所称金融资产包括银行存款、股票、债券、基金份额、资产管理计划、银行理财产品、信托计划、保险产品、期货权益等。

第十三条　下列投资者视为合格投资者：

（一）社会保障基金、企业年金等养老基金，慈善基金等社会公益基金；

（二）依法设立并在基金业协会备案的投资计划；

（三）投资于所管理私募基金的私募基金管理人及其从业人员；

（四）中国证监会规定的其他投资者。

以合伙企业、契约等非法人形式，通过汇集多数投资者的资金直接或者间接投资于私募基金的，私募基金管理人或者私募基金销售机构应当穿透核查最终投资者是否为合格投资者，并合并计算投资者人数。但是，符合本条第（一）、（二）、（四）项规定的投资者投资私募基金的，不再穿透核查最终投资者是否为合格投资者和合并计算投资者人数。

第四章　资金募集

第十四条　私募基金管理人、私募基金销售机构不得向合格投资者之外的单位和个人募集资金，不得通过报刊、电台、电视、互联网等公众传播媒体或者讲座、报告会、分析会和布告、传单、手机短信、微信、博客和电子邮件等方式，向不特定对象宣传推介。

第十五条　私募基金管理人、私募基金销售机构不得向投资者承诺投资本金不受损失或者承诺最低收益。

第十六条　私募基金管理人自行销售私募基金的，应当采取问卷调查等方式，对投资者的风险识别能力和风险承担能力进行评估，由投资者书面承诺符合合格投资者条件；应当制作风险揭示书，由投资者签字确认。

私募基金管理人委托销售机构销售私募基金的，私募基金销售机构应当采取前款规定的评估、确认等措施。

投资者风险识别能力和承担能力问卷及风险揭示书的内容与格式指引,由基金业协会按照不同类别私募基金的特点制定。

第十七条 私募基金管理人自行销售或者委托销售机构销售私募基金,应当自行或者委托第三方机构对私募基金进行风险评级,向风险识别能力和风险承担能力相匹配的投资者推介私募基金。

第十八条 投资者应当如实填写风险识别能力和承担能力问卷,如实承诺资产或者收入情况,并对其真实性、准确性和完整性负责。填写虚假信息或者提供虚假承诺文件的,应当承担相应责任。

第十九条 投资者应当确保投资资金来源合法,不得非法汇集他人资金投资私募基金。

第五章 投资运作

第二十条 募集私募证券基金,应当制定并签订基金合同、公司章程或者合伙协议(以下统称基金合同)。基金合同应当符合《证券投资基金法》第九十三条、第九十四条规定。

募集其他种类私募基金,基金合同应当参照《证券投资基金法》第九十三条、第九十四条规定,明确约定各方当事人的权利、义务和相关事宜。

第二十一条 除基金合同另有约定外,私募基金应当由基金托管人托管。

基金合同约定私募基金不进行托管的,应当在基金合同中明确保障私募基金财产安全的制度措施和纠纷解决机制。

第二十二条 同一私募基金管理人管理不同类别私募基金的,应当坚持专业化管理原则;管理可能导致利益输送或者利益冲突的不同私募基金的,应当建立防范利益输送和利益冲突的机制。

第二十三条 私募基金管理人、私募基金托管人、私募基金销售机构及其他私募服务机构及其从业人员从事私募基金业务,不得有以下行为:

(一)将其固有财产或者他人财产混同于基金财产从事投资活动;

(二)不公平地对待其管理的不同基金财产;

(三)利用基金财产或者职务之便,为本人或者投资者以外的人牟取利益,进行利益输送;

(四)侵占、挪用基金财产;

(五)泄露因职务便利获取的未公开信息,利用该信息从事或者明示、暗示他人从事相关的交易活动；

（六）从事损害基金财产和投资者利益的投资活动；

（七）玩忽职守，不按照规定履行职责；

（八）从事内幕交易、操纵交易价格及其他不正当交易活动；

（九）法律、行政法规和中国证监会规定禁止的其他行为。

第二十四条　私募基金管理人、私募基金托管人应当按照合同约定，如实向投资者披露基金投资、资产负债、投资收益分配、基金承担的费用和业绩报酬、可能存在的利益冲突情况以及可能影响投资者合法权益的其他重大信息，不得隐瞒或者提供虚假信息。信息披露规则由基金业协会另行制定。

第二十五条　私募基金管理人应当根据基金业协会的规定，及时填报并定期更新管理人及其从业人员的有关信息、所管理私募基金的投资运作情况和杠杆运用情况，保证所填报内容真实、准确、完整。发生重大事项的，应当在10个工作日内向基金业协会报告。

私募基金管理人应当于每个会计年度结束后的4个月内，向基金业协会报送经会计师事务所审计的年度财务报告和所管理私募基金年度投资运作基本情况。

第二十六条　私募基金管理人、私募基金托管人及私募基金销售机构应当妥善保存私募基金投资决策、交易和投资者适当性管理等方面的记录及其他相关资料，保存期限自基金清算终止之日起不得少于10年。

第六章　行业自律

第二十七条　基金业协会应当建立私募基金管理人登记、私募基金备案管理信息系统。

基金业协会应当对私募基金管理人和私募基金信息严格保密。除法律法规另有规定外，不得对外披露。

第二十八条　基金业协会应当建立与中国证监会及其派出机构和其他相关机构的信息共享机制，定期汇总分析私募基金情况，及时提供私募基金相关信息。

第二十九条　基金业协会应当制定和实施私募基金行业自律规则，监督、检查会员及其从业人员的执业行为。

会员及其从业人员违反法律、行政法规、本办法规定和基金业协会自律规则的,基金业协会可以视情节轻重,采取自律管理措施,并通过网站公开相关违法违规信息。会员及其从业人员涉嫌违法违规的,基金业协会应当及时报告中国证监会。

第三十条　基金业协会应当建立投诉处理机制,受理投资者投诉,进行纠纷调解。

第七章　监督管理

第三十一条　中国证监会及其派出机构依法对私募基金管理人、私募基金托管人、私募基金销售机构及其他私募服务机构开展私募基金业务情况进行统计监测和检查,依照《证券投资基金法》第一百一十四条规定采取有关措施。

第三十二条　中国证监会将私募基金管理人、私募基金托管人、私募基金销售机构及其他私募服务机构及其从业人员诚信信息记入证券期货市场诚信档案数据库;根据私募基金管理人的信用状况,实施差异化监管。

第三十三条　私募基金管理人、私募基金托管人、私募基金销售机构及其他私募服务机构及其从业人员违反法律、行政法规及本办法规定,中国证监会及其派出机构可以对其采取责令改正、监管谈话、出具警示函、公开谴责等行政监管措施。

第八章　关于创业投资基金的特别规定

第三十四条　本办法所称创业投资基金,是指主要投资于未上市创业企业普通股或者依法可转换为普通股的优先股、可转换债券等权益的股权投资基金。

第三十五条　鼓励和引导创业投资基金投资创业早期的小微企业。

享受国家财政税收扶持政策的创业投资基金,其投资范围应当符合国家相关规定。

第三十六条　基金业协会在基金管理人登记、基金备案、投资情况报告要求和会员管理等环节,对创业投资基金采取区别于其他私募基金的差异化行业自律,并提供差异化会员服务。

第三十七条　中国证监会及其派出机构对创业投资基金在投资方向检查等环节,采取区别于其他私募基金的差异化监督管理;在账户开立、发行交易和投资退出等方面，为创业投资基金提供便利服务。

第九章　法律责任

第三十八条　私募基金管理人、私募基金托管人、私募基金销售机构及其他私募服务机构及其从业人员违反本办法第七条、第八条、第十一条、第十四条至第十七条、第二十四条至第二十六条规定的，以及有本办法第二十三条第一项至第七项和第九项所列行为之一的，责令改正，给予警告并处三万元以下罚款；对直接负责的主管人员和其他直接责任人员，给予警告并处三万元以下罚款；有本办法第二十三条第八项行为的，按照《证券法》和《期货交易管理条例》的有关规定处罚；构成犯罪的，依法移交司法机关追究刑事责任。

第三十九条　私募基金管理人、私募基金托管人、私募基金销售机构及其他私募服务机构及其从业人员违反法律法规和本办法规定，情节严重的，中国证监会可以依法对有关责任人员采取市场禁入措施。

第四十条　私募证券基金管理人及其从业人员违反《证券投资基金法》有关规定的，按照《证券投资基金法》有关规定处罚。

第十章　附　则

第四十一条　本办法自公布之日起施行。

中国人民银行、工业和信息化部、公安部、财政部、工商总局、法制办、银监会、证监会、保监会、国家互联网信息办公室关于促进互联网金融健康发展的指导意见

（银发〔2015〕221号，自2015年7月14日起施行）

近年来，互联网技术、信息通信技术不断取得突破，推动互联网与金融快速融合，促进了金融创新，提高了金融资源配置效率，但也存在一些问题和风险隐患。为全面贯彻落实党的十八大和十八届二中、三中、四中全会精神，按

照党中央、国务院决策部署,遵循“鼓励创新、防范风险、趋利避害、健康发展”的总体要求,从金融业健康发展全局出发,进一步推进金融改革创新和对外开放,促进互联网金融健康发展,经党中央、国务院同意,现提出以下意见。

一、鼓励创新，支持互联网金融稳步发展

互联网金融是传统金融机构与互联网企业(以下统称从业机构)利用互联网技术和信息通信技术实现资金融通、支付、投资和信息中介服务的新型金融业务模式。互联网与金融深度融合是大势所趋,将对金融产品、业务、组织和服务等方面产生更加深刻的影响。互联网金融对促进小微企业发展和扩大就业发挥了现有金融机构难以替代的积极作用,为大众创业、万众创新打开了大门。促进互联网金融健康发展,有利于提升金融服务质量和效率,深化金融改革,促进金融创新发展,扩大金融业对内对外开放,构建多层次金融体系。作为新生事物,互联网金融既需要市场驱动,鼓励创新,也需要政策助力,促进发展。

(一)积极鼓励互联网金融平台、产品和服务创新,激发市场活力。鼓励银行、证券、保险、基金、信托和消费金融等金融机构依托互联网技术,实现传统金融业务与服务转型升级,积极开发基于互联网技术的新产品和新服务。支持有条件的金融机构建设创新型互联网平台开展网络银行、网络证券、网络保险、网络基金销售和网络消费金融等业务。支持互联网企业依法合规设立互联网支付机构、网络借贷平台、股权众筹融资平台、网络金融产品销售平台,建立服务实体经济的多层次金融服务体系,更好地满足中小微企业和个人投融资需求,进一步拓展普惠金融的广度和深度。鼓励电子商务企业在符合金融法律法规规定的条件下自建和完善线上金融服务体系,有效拓展电商供应链业务。鼓励从业机构积极开展产品、服务、技术和管理创新,提升从业机构核心竞争力。

(二)鼓励从业机构相互合作,实现优势互补。支持各类金融机构与互联网企业开展合作,建立良好的互联网金融生态环境和产业链。鼓励银行业金融机构开展业务创新,为第三方支付机构和网络贷款平台等提供资金存管、支付清算等配套服务。支持小微金融服务机构与互联网企业开展业务合作,实现商业模式创新。支持证券、基金、信托、消费金融、期货机构与互联网企业开展合作,拓宽金融产品销售渠道,创新财富管理模式。鼓励保险公司与互联网

企业合作,提升互联网金融企业风险抵御能力。

(三)拓宽从业机构融资渠道,改善融资环境。支持社会资本发起设立互联网金融产业投资基金,推动从业机构与创业投资机构、产业投资基金深度合作。鼓励符合条件的优质从业机构在主板、创业板等境内资本市场上市融资。鼓励银行业金融机构按照支持小微企业发展的各项金融政策,对处于初创期的从业机构予以支持。针对互联网企业特点,创新金融产品和服务。

(四)坚持简政放权,提供优质服务。各金融监管部门要积极支持金融机构开展互联网金融业务。按照法律法规规定,对符合条件的互联网企业开展相关金融业务实施高效管理。工商行政管理部门要支持互联网企业依法办理工商注册登记。电信主管部门、国家互联网信息管理部门要积极支持互联网金融业务,电信主管部门对互联网金融业务涉及的电信业务进行监管,国家互联网信息管理部门负责对金融信息服务、互联网信息内容等业务进行监管。积极开展互联网金融领域立法研究,适时出台相关管理规章,营造有利于互联网金融发展的良好制度环境。加大对从业机构专利、商标等知识产权的保护力度。鼓励省级人民政府加大对互联网金融的政策支持。支持设立专业化互联网金融研究机构,鼓励建设互联网金融信息交流平台,积极开展互联网金融研究。

(五)落实和完善有关财税政策。按照税收公平原则,对于业务规模较小、处于初创期的从业机构,符合我国现行对中小企业特别是小微企业税收政策条件的,可按规定享受税收优惠政策。结合金融业营业税改征增值税改革,统筹完善互联网金融税收政策。落实从业机构新技术、新产品研发费用税前加计扣除政策。

(六)推动信用基础设施建设,培育互联网金融配套服务体系。支持大数据存储、网络与信息安全维护等技术领域基础设施建设。鼓励从业机构依法建立信用信息共享平台。推动符合条件的相关从业机构接入金融信用信息基础数据库。允许有条件的从业机构依法申请征信业务许可。支持具备资质的信用中介组织开展互联网企业信用评级,增强市场信息透明度。鼓励会计、审计、法律、咨询等中介服务机构为互联网企业提供相关专业服务。

二、分类指导,明确互联网金融监管责任

互联网金融本质仍属于金融,没有改变金融风险隐蔽性、传染性、广泛性和突发性的特点。加强互联网金融监管,是促进互联网金融健康发展的内在

要求。同时,互联网金融是新生事物和新兴业态,要制定适度宽松的监管政策,为互联网金融创新留有余地和空间。通过鼓励创新和加强监管相互支撑,促进互联网金融健康发展,更好地服务实体经济。互联网金融监管应遵循“依法监管、适度监管、分类监管、协同监管、创新监管”的原则,科学合理界定各业态的业务边界及准入条件,落实监管责任,明确风险底线,保护合法经营,坚决打击违法和违规行为。

(七)互联网支付。互联网支付是指通过计算机、手机等设备,依托互联网发起支付指令、转移货币资金的服务。互联网支付应始终坚持服务电子商务发展和为社会提供小额、快捷、便民小微支付服务的宗旨。银行业金融机构和第三方支付机构从事互联网支付,应遵守现行法律法规和监管规定。第三方支付机构与其他机构开展合作的,应清晰界定各方的权利义务关系,建立有效的风险隔离机制和客户权益保障机制。要向客户充分披露服务信息,清晰地提示业务风险,不得夸大支付服务中介的性质和职能。互联网支付业务由人民银行负责监管。

(八)网络借贷。网络借贷包括个体网络借贷(即P2P网络借贷)和网络小额贷款。个体网络借贷是指个体和个体之间通过互联网平台实现的直接借贷。在个体网络借贷平台上发生的直接借贷行为属于民间借贷范畴,受合同法、民法通则等法律法规以及最高人民法院相关司法解释规范。个体网络借贷要坚持平台功能,为投资方和融资方提供信息交互、撮合、资信评估等中介服务。个体网络借贷机构要明确信息中介性质,主要为借贷双方的直接借贷提供信息服务,不得提供增信服务,不得非法集资。网络小额贷款是指互联网企业通过其控制的小额贷款公司,利用互联网向客户提供的小额贷款。网络小额贷款应遵守现有小额贷款公司监管规定,发挥网络贷款优势,努力降低客户融资成本。网络借贷业务由银监会负责监管。

(九)股权众筹融资。股权众筹融资主要是指通过互联网形式进行公开小额股权融资的活动。股权众筹融资必须通过股权众筹融资中介机构平台(互联网网站或其他类似的电子媒介)进行。股权众筹融资中介机构可以在符合法律法规规定前提下,对业务模式进行创新探索,发挥股权众筹融资作为多层次资本市场有机组成部分的作用,更好服务创新创业企业。股权众筹融资方应为小微企业,应通过股权众筹融资中介机构向投资人如实披露企业的商业模式、经营管理、财务、资金使用等关键信息,不得误导或欺诈投资者。投资者应当充分了解股权众筹融资活动风险,具备相应风险承受能力,进行小额投资。股权众筹融资业务由证监会负责监管。

(十)互联网基金销售。基金销售机构与其他机构通过互联网合作销售基金等理财产品的,要切实履行风险披露义务,不得通过违规承诺收益方式吸引客户;基金管理人应当采取有效措施防范资产配置中的期限错配和流动性风险;基金销售机构及其合作机构通过其他活动为投资人提供收益的,应当对收益构成、先决条件、适用情形等进行全面、真实、准确表述和列示,不得与基金产品收益混同。第三方支付机构在开展基金互联网销售支付服务过程中,应当遵守人民银行、证监会关于客户备付金及基金销售结算资金的相关监管要求。第三方支付机构的客户备付金只能用于办理客户委托的支付业务,不得用于垫付基金和其他理财产品的资金赎回。互联网基金销售业务由证监会负责监管。

(十一)互联网保险。保险公司开展互联网保险业务,应遵循安全性、保密性和稳定性原则,加强风险管理,完善内控系统,确保交易安全、信息安全和资金安全。专业互联网保险公司应当坚持服务互联网经济活动的基本定位,提供有针对性的保险服务。保险公司应建立对所属电子商务公司等非保险类子公司的管理制度,建立必要的防火墙。保险公司通过互联网销售保险产品,不得进行不实陈述、片面或夸大宣传过往业绩、违规承诺收益或者承担损失等误导性描述。互联网保险业务由保监会负责监管。

(十二)互联网信托和互联网消费金融。信托公司、消费金融公司通过互联网开展业务的,要严格遵循监管规定,加强风险管理,确保交易合法合规,并保守客户信息。信托公司通过互联网进行产品销售及开展其他信托业务的,要遵守合格投资者等监管规定,审慎甄别客户身份和评估客户风险承受能力,不能将产品销售给与风险承受能力不相匹配的客户。信托公司与消费金融公司要制定完善产品文件签署制度,保证交易过程合法合规,安全规范。互联网信托业务、互联网消费金融业务由银监会负责监管。

三、健全制度，规范互联网金融市场秩序

发展互联网金融要以市场为导向,遵循服务实体经济、服从宏观调控和维护金融稳定的总体目标,切实保障消费者合法权益,维护公平竞争的市场秩序。要细化管理制度,为互联网金融健康发展营造良好环境。

(十三)互联网行业管理。任何组织和个人开设网站从事互联网金融业务的,除应按规定履行相关金融监管程序外,还应依法向电信主管部门履行网站备案手续,否则不得开展互联网金融业务。工业和信息化部负责对互联网金融业务涉及的电信业务进行监管,国家互联网信息办公室负责对金融信息服务、互联网信息内容等业务进行监管,两部门按职责制定相关监管细则。

(十四)客户资金第三方存管制度。除另有规定外,从业机构应当选择符合条件的银行业金融机构作为资金存管机构,对客户资金进行管理和监督,实现客户资金与从业机构自身资金分账管理。客户资金存管账户应接受独立审计并向客户公开审计结果。人民银行会同金融监管部门按照职责分工实施监管,并制定相关监管细则。

(十五)信息披露、风险提示和合格投资者制度。从业机构应当对客户进行充分的信息披露,及时向投资者公布其经营活动和财务状况的相关信息,以便投资者充分了解从业机构运作状况,促使从业机构稳健经营和控制风险。从业机构应当向各参与方详细说明交易模式、参与方的权利和义务,并进行充分的风险提示。要研究建立互联网金融的合格投资者制度,提升投资者保护水平。有关部门按照职责分工负责监管。

(十六)消费者权益保护。研究制定互联网金融消费者教育规划,及时发布维权提示。加强互联网金融产品合同内容、免责条款规定等与消费者利益相关的信息披露工作,依法监督处理经营者利用合同格式条款侵害消费者合法权益的违法、违规行为。构建在线争议解决、现场接待受理、监管部门受理投诉、第三方调解以及仲裁、诉讼等多元化纠纷解决机制。细化完善互联网金融个人信息保护的原则、标准和操作流程。严禁网络销售金融产品过程中的不实宣传、强制捆绑销售。人民银行、银监会、证监会、保监会会同有关行政执法部门,根据职责分工依法开展互联网金融领域消费者和投资者权益保护工作。

(十七)网络与信息安全。从业机构应当切实提升技术安全水平,妥善保管客户资料和交易信息,不得非法买卖、泄露客户个人信息。人民银行、银监会、证监会、保监会、工业和信息化部、公安部、国家互联网信息办公室分别负责对相关从业机构的网络与信息安全保障进行监管,并制定相关监管细则和技术安全标准。

(十八)反洗钱和防范金融犯罪。从业机构应当采取有效措施识别客户身份,主动监测并报告可疑交易,妥善保存客户资料和交易记录。从业机构有义务按照有关规定,建立健全有关协助查询、冻结的规章制度,协助公安机关和司法机关依法、及时查询、冻结涉案财产，配合公安机关和司法机关做好取证和执行工作。坚决打击涉及非法集资等互联网金融犯罪，防范金融风险，维护金融秩序。金融机构在和互联网企业开展合作、代理时应根据有关法律和规定签订包括反洗钱和防范金融犯罪要求的合作、代理协议，并确保不因合作、代理关系而降低反洗钱和金融犯罪执行标准。人民银行牵头负责对从业机构履行反洗钱义务进行监管，并制定相关监管细则。打击互联网金融犯罪工作由公安部牵头负责。

（十九）加强互联网金融行业自律。充分发挥行业自律机制在规范从业机构市场行为和保护行业合法权益等方面的积极作用。人民银行会同有关部门，组建中国互联网金融协会。协会要按业务类型，制订经营管理规则和行业标准，推动机构之间的业务交流和信息共享。协会要明确自律惩戒机制，提高行业规则和标准的约束力。强化守法、诚信、自律意识，树立从业机构服务经济社会发展的正面形象，营造诚信规范发展的良好氛围。

（二十）监管协调与数据统计监测。各监管部门要相互协作、形成合力，充分发挥金融监管协调部际联席会议制度的作用。人民银行、银监会、证监会、保监会应当密切关注互联网金融业务发展及相关风险，对监管政策进行跟踪评估，适时提出调整建议，不断总结监管经验。财政部负责互联网金融从业机构财务监管政策。人民银行会同有关部门，负责建立和完善互联网金融数据统计监测体系，相关部门按照监管职责分工负责相关互联网金融数据统计和监测工作，并实现统计数据和信息共享。

网络借贷信息中介机构业务活动管理暂行办法

（中国银行监督管理委员会、中华人民共和国工业和信息化部、中华人民共和国公安部、国家互联网信息办公室令 2016 年第 1 号，自 2016 年 8 月 17 日起施行）

第一章　总　则

第一条　为规范网络借贷信息中介机构业务活动，保护出借人、借款人、网络借贷信息中介机构及相关当事人合法权益，促进网络借贷行业健康发展,更好满足中小微企业和个人投融资需求,根据《关于促进互联网金融健康发展的指导意见》提出的总体要求和监管原则,依据《中华人民共和国民法通则》、《中华人民共和国公司法》、《中华人民共和国合同法》等法律法规,制定本办法。

第二条 在中国境内从事网络借贷信息中介业务活动,适用本办法,法律法规另有规定的除外。

本办法所称网络借贷是指个体和个体之间通过互联网平台实现的直接借贷。个体包含自然人、法人及其他组织。网络借贷信息中介机构是指依法设立,专门从事网络借贷信息中介业务活动的金融信息中介公司。该类机构以互联网为主要渠道,为借款人与出借人(即贷款人)实现直接借贷提供信息搜集、信息公布、资信评估、信息交互、借贷撮合等服务。

本办法所称地方金融监管部门是指各省级人民政府承担地方金融监管职责的部门。

第三条 网络借贷信息中介机构按照依法、诚信、自愿、公平的原则为借款人和出借人提供信息服务,维护出借人与借款人合法权益,不得提供增信服务,不得直接或间接归集资金,不得非法集资,不得损害国家利益和社会公共利益。

借款人与出借人遵循借贷自愿、诚实守信、责任自负、风险自担的原则承担借贷风险。网络借贷信息中介机构承担客观、真实、全面、及时进行信息披露的责任,不承担借贷违约风险。

第四条 按照《关于促进互联网金融健康发展的指导意见》中"鼓励创新、防范风险、趋利避害、健康发展"的总体要求和"依法监管、适度监管、分类监管、协同监管、创新监管"的监管原则,落实各方管理责任。国务院银行业监督管理机构及其派出机构负责制定网络借贷信息中介机构业务活动监督管理制度,并实施行为监管。各省级人民政府负责本辖区网络借贷信息中介机构的机构监管。工业和信息化部负责对网络借贷信息中介机构业务活动涉及的电信业务进行监管。公安部牵头负责对网络借贷信息中介机构的互联网服务进行安全监管,依法查处违反网络安全监管的违法违规活动,打击网络借贷涉及的金融犯罪及相关犯罪。国家互联网信息办公室负责对金融信息服务、互联网信息内容等业务进行监管。

第二章　备案管理

第五条　拟开展网络借贷信息中介服务的网络借贷信息中介机构及其分支机构，应当在领取营业执照后，于10个工作日以内携带有关材料向工商登记注册地地方金融监管部门备案登记。

地方金融监管部门负责为网络借贷信息中介机构办理备案登记。地方金融监管部门应当在网络借贷信息中介机构提交的备案登记材料齐备时予以受理，并在各省(区、市)规定的时限内完成备案登记手续。备案登记不构成对网络借贷信息中介机构经营能力、合规程度、资信状况的认可和评价。

地方金融监管部门有权根据本办法和相关监管规则对备案登记后的网络借贷信息中介机构进行评估分类，并及时将备案登记信息及分类结果在官方网站上公示。

网络借贷信息中介机构完成地方金融监管部门备案登记后，应当按照通信主管部门的相关规定申请相应的电信业务经营许可；未按规定申请电信业务经营许可的，不得开展网络借贷信息中介业务。

网络借贷信息中介机构备案登记、评估分类等具体细则另行制定。

第六条　开展网络借贷信息中介业务的机构，应当在经营范围中实质明确网络借贷信息中介，法律、行政法规另有规定的除外。

第七条　网络借贷信息中介机构备案登记事项发生变更的，应当在5个工作日以内向工商登记注册地地方金融监管部门报告并进行备案信息变更。

第八条　经备案的网络借贷信息中介机构拟终止网络借贷信息中介服务的，应当在终止业务前提前至少10个工作日，书面告知工商登记注册地地方金融监管部门，并办理备案注销。

经备案登记的网络借贷信息中介机构依法解散或者依法宣告破产的，除依法进行清算外，由工商登记注册地地方金融监管部门注销其备案。

第三章　业务规则与风险管理

第九条　网络借贷信息中介机构应当履行下列义务：

(一)依据法律法规及合同约定为出借人与借款人提供直接借贷信息的采集整理、甄别筛选、网上发布，以及资信评估、借贷撮合、融资咨询、在线争议解决等相关服务；

(二)对出借人与借款人的资格条件、信息的真实性、融资项目的真实性、合法性进行必要审核;

(三)采取措施防范欺诈行为,发现欺诈行为或其他损害出借人利益的情形,及时公告并终止相关网络借贷活动;

(四)持续开展网络借贷知识普及和风险教育活动,加强信息披露工作,引导出借人以小额分散的方式参与网络借贷,确保出借人充分知悉借贷风险;

(五)按照法律法规和网络借贷有关监管规定要求报送相关信息,其中网络借贷有关债权债务信息要及时向有关数据统计部门报送并登记;

(六)妥善保管出借人与借款人的资料和交易信息,不得删除、篡改,不得非法买卖、泄露出借人与借款人的基本信息和交易信息;

(七)依法履行客户身份识别、可疑交易报告、客户身份资料和交易记录保存等反洗钱和反恐怖融资义务;

(八)配合相关部门做好防范查处金融违法犯罪相关工作;

(九)按照相关要求做好互联网信息内容管理、网络与信息安全相关工作;

(十)国务院银行业监督管理机构、工商登记注册地省级人民政府规定的其他义务。

第十条 网络借贷信息中介机构不得从事或者接受委托从事下列活动:

(一)为自身或变相为自身融资;

(二)直接或间接接受、归集出借人的资金;

(三)直接或变相向出借人提供担保或者承诺保本保息;

(四)自行或委托、授权第三方在互联网、固定电话、移动电话等电子渠道以外的物理场所进行宣传或推介融资项目;

(五)发放贷款,但法律法规另有规定的除外;

(六)将融资项目的期限进行拆分;

(七)自行发售理财等金融产品募集资金,代销银行理财、券商资管、基金、保险或信托产品等金融产品;

(八)开展类资产证券化业务或实现以打包资产、证券化资产、信托资产、基金份额等形式的债权转让行为;

(九)除法律法规和网络借贷有关监管规定允许外,与其他机构投资、代理销售、经纪等业务进行任何形式的混合、捆绑、代理；

（十）虚构、夸大融资项目的真实性、收益前景，隐瞒融资项目的瑕疵及风险，以歧义性语言或其他欺骗性手段等进行虚假片面宣传或促销等，捏造、散布虚假信息或不完整信息损害他人商业信誉，误导出借人或借款人；

（十一）向借款用途为投资股票、场外配资、期货合约、结构化产品及其他衍生品等高风险的融资提供信息中介服务；

（十二）从事股权众筹等业务；

（十三）法律法规、网络借贷有关监管规定禁止的其他活动。

第十一条　参与网络借贷的出借人与借款人应当为网络借贷信息中介机构核实的实名注册用户。

第十二条　借款人应当履行下列义务：

（一）提供真实、准确、完整的用户信息及融资信息；

（二）提供在所有网络借贷信息中介机构未偿还借款信息；

（三）保证融资项目真实、合法，并按照约定用途使用借贷资金，不得用于出借等其他目的；

（四）按照约定向出借人如实报告影响或可能影响出借人权益的重大信息；

（五）确保自身具有与借款金额相匹配的还款能力并按照合同约定还款；

（六）借贷合同及有关协议约定的其他义务。

第十三条　借款人不得从事下列行为：

（一）通过故意变换身份、虚构融资项目、夸大融资项目收益前景等形式的欺诈借款；

（二）同时通过多个网络借贷信息中介机构，或者通过变换项目名称、对项目内容进行非实质性变更等方式，就同一融资项目进行重复融资；

（三）在网络借贷信息中介机构以外的公开场所发布同一融资项目的信息；

（四）已发现网络借贷信息中介机构提供的服务中含有本办法第十条所列内容，仍进行交易；

（五）法律法规和网络借贷有关监管规定禁止从事的其他活动。

第十四条　参与网络借贷的出借人，应当具备投资风险意识、风险识别能力、拥有非保本类金融产品投资的经历并熟悉互联网。

第十五条　参与网络借贷的出借人应当履行下列义务:

(一)向网络借贷信息中介机构提供真实、准确、完整的身份等信息;

(二)出借资金为来源合法的自有资金;

(三)了解融资项目信贷风险,确认具有相应的风险认知和承受能力;

(四)自行承担借贷产生的本息损失;

(五)借贷合同及有关协议约定的其他义务。

第十六条　网络借贷信息中介机构在互联网、固定电话、移动电话等电子渠道以外的物理场所只能进行信用信息采集、核实、贷后跟踪、抵质押管理等风险管理及网络借贷有关监管规定明确的部分必要经营环节。

第十七条　网络借贷金额应当以小额为主。网络借贷信息中介机构应当根据本机构风险管理能力,控制同一借款人在同一网络借贷信息中介机构平台及不同网络借贷信息中介机构平台的借款余额上限,防范信贷集中风险。

同一自然人在同一网络借贷信息中介机构平台的借款余额上限不超过人民币 20 万元;同一法人或其他组织在同一网络借贷信息中介机构平台的借款余额上限不超过人民币 100 万元;同一自然人在不同网络借贷信息中介机构平台借款总余额不超过人民币 100 万元;同一法人或其他组织在不同网络借贷信息中介机构平台借款总余额不超过人民币 500 万元。

第十八条　网络借贷信息中介机构应当按照国家网络安全相关规定和国家信息安全等级保护制度的要求,开展信息系统定级备案和等级测试,具有完善的防火墙、入侵检测、数据加密以及灾难恢复等网络安全设施和管理制度,建立信息科技管理、科技风险管理和科技审计有关制度,配置充足的资源,采取完善的管理控制措施和技术手段保障信息系统安全稳健运行,保护出借人与借款人的信息安全。

网络借贷信息中介机构应当记录并留存借贷双方上网日志信息,信息交互内容等数据,留存期限为自借贷合同到期起 5 年;每两年至少开展一次全面的安全评估,接受国家或行业主管部门的信息安全检查和审计。

网络借贷信息中介机构成立两年以内,应当建立或使用与其业务规模相匹配的应用级灾备系统设施。

第十九条　网络借贷信息中介机构应当为单一融资项目设置募集期,最长不超过 20 个工作日。

第二十条 借款人支付的本金和利息应当归出借人所有。网络借贷信息中介机构应当与出借人、借款人另行约定费用标准和支付方式。

第二十一条 网络借贷信息中介机构应当加强与金融信用信息基础数据库运行机构、征信机构等的业务合作，依法提供、查询和使用有关金融信用信息。

第二十二条 各方参与网络借贷信息中介机构业务活动，需要对出借人与借款人的基本信息和交易信息等使用电子签名、电子认证时，应当遵守法律法规的规定，保障数据的真实性、完整性及电子签名、电子认证的法律效力。

网络借贷信息中介机构使用第三方数字认证系统，应当对第三方数字认证机构进行定期评估，保证有关认证安全可靠并具有独立性。

第二十三条 网络借贷信息中介机构应当采取适当的方法和技术，记录并妥善保存网络借贷业务活动数据和资料，做好数据备份。保存期限应当符合法律法规及网络借贷有关监管规定的要求。借贷合同到期后应当至少保存5年。

第二十四条 网络借贷信息中介机构暂停、终止业务时应当至少提前10个工作日通过官方网站等有效渠道向出借人与借款人公告，并通过移动电话、固定电话等渠道通知出借人与借款人。网络借贷信息中介机构业务暂停或者终止，不影响已经签订的借贷合同当事人有关权利义务。

网络借贷信息中介机构因解散或宣告破产而终止的，应当在解散或破产前，妥善处理已撮合存续的借贷业务，清算事宜按照有关法律法规的规定办理。

网络借贷信息中介机构清算时，出借人与借款人的资金分别属于出借人与借款人，不属于网络借贷信息中介机构的财产，不列入清算财产。

第四章 出借人与借款人保护

第二十五条 未经出借人授权，网络借贷信息中介机构不得以任何形式代出借人行使决策。

第二十六条 网络借贷信息中介机构应当向出借人以醒目方式提示网络借贷风险和禁止性行为，并经出借人确认。

网络借贷信息中介机构应当对出借人的年龄、财务状况、投资经验、风险偏好、风险承受能力等进行尽职评估,不得向未进行风险评估的出借人提供交易服务。

网络借贷信息中介机构应当根据风险评估结果对出借人实行分级管理,设置可动态调整的出借限额和出借标的限制。

第二十七条　网络借贷信息中介机构应当加强出借人与借款人信息管理,确保出借人与借款人信息采集、处理及使用的合法性和安全性。

网络借贷信息中介机构及其资金存管机构、其他各类外包服务机构等应当为业务开展过程中收集的出借人与借款人信息保密,未经出借人与借款人同意,不得将出借人与借款人提供的信息用于所提供服务之外的目的。

在中国境内收集的出借人与借款人信息的储存、处理和分析应当在中国境内进行。除法律法规另有规定外,网络借贷信息中介机构不得向境外提供境内出借人和借款人信息。

第二十八条　网络借贷信息中介机构应当实行自身资金与出借人和借款人资金的隔离管理,并选择符合条件的银行业金融机构作为出借人与借款人的资金存管机构。

第二十九条　出借人与网络借贷信息中介机构之间、出借人与借款人之间、借款人与网络借贷信息中介机构之间等纠纷,可以通过以下途径解决:

(一)自行和解;

(二)请求行业自律组织调解;

(三)向仲裁部门申请仲裁;

(四)向人民法院提起诉讼。

第五章　信息披露

第三十条　网络借贷信息中介机构应当在其官方网站上向出借人充分披露借款人基本信息、融资项目基本信息、风险评估及可能产生的风险结果、已撮合未到期融资项目资金运用情况等有关信息。

披露内容应符合法律法规关于国家秘密、商业秘密、个人隐私的有关规定。

第三十一条　网络借贷信息中介机构应当及时在其官方网站显著位置披露本机构所撮合借贷项目等经营管理信息。

网络借贷信息中介机构应当在其官方网站上建立业务活动经营管理信息

披露专栏,定期以公告形式向公众披露年度报告、法律法规、网络借贷有关监管规定。

网络借贷信息中介机构应当聘请会计师事务所定期对本机构出借人与借款人资金存管、信息披露情况、信息科技基础设施安全、经营合规性等重点环节实施审计,并且应当聘请有资质的信息安全测评认证机构定期对信息安全实施测评认证,向出借人与借款人等披露审计和测评认证结果。

网络借贷信息中介机构应当引入律师事务所、信息系统安全评价等第三方机构,对网络信息中介机构合规和信息系统稳健情况进行评估。

网络借贷信息中介机构应当将定期信息披露公告文稿和相关备查文件报送工商登记注册地地方金融监管部门,并置备于机构住所供社会公众查阅。

第三十二条　网络借贷信息中介机构的董事、监事、高级管理人员应当忠实、勤勉地履行职责,保证披露的信息真实、准确、完整、及时、公平,不得有虚假记载、误导性陈述或者重大遗漏。

借款人应当配合网络借贷信息中介机构及出借人对融资项目有关信息的调查核实,保证提供的信息真实、准确、完整。

网络借贷信息披露具体细则另行制定。

第六章　监督管理

第三十三条　国务院银行业监督管理机构及其派出机构负责制定统一的规范发展政策措施和监督管理制度,负责网络借贷信息中介机构的日常行为监管,指导和配合地方人民政府做好网络借贷信息中介机构的机构监管和风险处置工作,建立跨部门跨地区监管协调机制。

各地方金融监管部门具体负责本辖区网络借贷信息中介机构的机构监管,包括对本辖区网络借贷信息中介机构的规范引导、备案管理和风险防范、处置工作。

第三十四条　中国互联网金融协会从事网络借贷行业自律管理,并履行下列职责:

(一)制定自律规则、经营细则和行业标准并组织实施,教育会员遵守法律法规和网络借贷有关监管规定;

(二)依法维护会员的合法权益,协调会员关系,组织相关培训,向会员提

供行业信息、法律咨询等服务,调解纠纷;

(三)受理有关投诉和举报,开展自律检查;

(四)成立网络借贷专业委员会;

(五)法律法规和网络借贷有关监管规定赋予的其他职责。

第三十五条 借款人、出借人、网络借贷信息中介机构、资金存管机构、担保人等应当签订资金存管协议,明确各自权利义务和违约责任。

资金存管机构对出借人与借款人开立和使用资金账户进行管理和监督,并根据合同约定,对出借人与借款人的资金进行存管、划付、核算和监督。

资金存管机构承担实名开户和履行合同约定及借贷交易指令表面一致性的形式审核责任,但不承担融资项目及借贷交易信息真实性的实质审核责任。

资金存管机构应当按照网络借贷有关监管规定报送数据信息并依法接受相关监督管理。

第三十六条 网络借贷信息中介机构应当在下列重大事件发生后,立即采取应急措施并向工商登记注册地地方金融监管部门报告:

(一)因经营不善等原因出现重大经营风险;

(二)网络借贷信息中介机构或其董事、监事、高级管理人员发生重大违法违规行为;

(三)因商业欺诈行为被起诉,包括违规担保、夸大宣传、虚构隐瞒事实、发布虚假信息、签订虚假合同、错误处置资金等行为。

地方金融监管部门应当建立网络借贷行业重大事件的发现、报告和处置制度,制定处置预案,及时、有效地协调处置有关重大事件。

地方金融监管部门应当及时将本辖区网络借贷信息中介机构重大风险及处置情况信息报送省级人民政府、国务院银行业监督管理机构和中国人民银行。

第三十七条 除本办法第七条规定的事项外,网络借贷信息中介机构发生下列情形的,应当在5个工作日以内向工商登记注册地地方金融监管部门报告:

(一)因违规经营行为被查处或被起诉;

(二)董事、监事、高级管理人员违反境内外相关法律法规行为;

（三）国务院银行业监督管理机构、地方金融监管部门等要求的其他情形。

第三十八条　网络借贷信息中介机构应当聘请会计师事务所进行年度审计，并在上一会计年度结束之日起4个月内向工商登记注册地地方金融监管部门报送年度审计报告。

第七章　法律责任

第三十九条　地方金融监管部门存在未依照本办法规定报告重大风险和处置情况、未依照本办法规定向国务院银行业监督管理机构提供行业统计或行业报告等违反法律法规及本办法规定情形的，应当对有关责任人依法给予行政处分；构成犯罪的，依法追究刑事责任。

第四十条　网络借贷信息中介机构违反法律法规和网络借贷有关监管规定，有关法律法规有处罚规定的，依照其规定给予处罚；有关法律法规未作处罚规定的，工商登记注册地地方金融监管部门可以采取监管谈话、出具警示函、责令改正、通报批评、将其违法违规和不履行公开承诺等情况记入诚信档案并公布等监管措施，以及给予警告、人民币3万元以下罚款和依法可以采取的其他处罚措施；构成犯罪的，依法追究刑事责任。

网络借贷信息中介机构违反法律规定从事非法集资活动或欺诈的，按照相关法律法规和工作机制处理；构成犯罪的，依法追究刑事责任。

第四十一条　网络借贷信息中介机构的出借人及借款人违反法律法规和网络借贷有关监管规定，依照有关规定给予处罚；构成犯罪的，依法追究刑事责任。

第八章　附　则

第四十二条　银行业金融机构及国务院银行业监督管理机构批准设立的其他金融机构和省级人民政府批准设立的融资担保公司、小额贷款公司等投资设立具有独立法人资格的网络借贷信息中介机构，设立办法另行制定。

第四十三条　中国互联网金融协会网络借贷专业委员会按照《关于促进互联网金融健康发展的指导意见》和协会章程开展自律并接受相关监管部门指导。

第四十四条　本办法实施前设立的网络借贷信息中介机构不符合本办法

规定的,除违法犯罪行为按照本办法第四十条处理外,由地方金融监管部门要求其整改,整改期不超过 12 个月。

第四十五条 省级人民政府可以根据本办法制定实施细则,并报国务院银行业监督管理机构备案。

第四十六条 本办法解释权归国务院银行业监督管理机构、工业和信息化部、公安部、国家互联网信息办公室。

第四十七条 本办法所称不超过、以下、以内,包括本数。

中国人民银行、工业和信息化部、中国银行业监督管理委员会、中国证券监督管理委员会、中国保险监督管理委员会关于防范比特币风险的通知

(银发[2013]289 号,自 2013 年 12 月 3 日起施行)

近期,一种通过特定计算机程序计算出来的所谓"比特币"(Bitcoin)在国际上引起了广泛关注,国内也有一些机构和个人借机炒作比特币及与比特币相关的产品。为保护社会公众的财产权益,保障人民币的法定货币地位,防范洗钱风险,维护金融稳定,依据《中华人民共和国中国人民银行法》、《中华人民共和国反洗钱法》、《中华人民共和国商业银行法》、《中华人民共和国电信条例》等有关法律法规,现将有关事项通知如下:

一、正确认识比特币的属性

比特币具有没有集中发行方、总量有限、使用不受地域限制和匿名性等四个主要特点。虽然比特币被称为"货币",但由于其不是由货币当局发行,不具有法偿性与强制性等货币属性,并不是真正意义的货币。从性质上看,比特币应当是一种特定的虚拟商品,不具有与货币等同的法律地位,不能且不应作为货币在市场上流通使用。

二、各金融机构和支付机构不得开展与比特币相关的业务

现阶段,各金融机构和支付机构不得以比特币为产品或服务定价,不得买

卖或作为中央对手买卖比特币,不得承保与比特币相关的保险业务或将比特币纳入保险责任范围,不得直接或间接为客户提供其他与比特币相关的服务,包括:为客户提供比特币登记、交易、清算、结算等服务;接受比特币或以比特币作为支付结算工具;开展比特币与人民币及外币的兑换服务;开展比特币的储存、托管、抵押等业务;发行与比特币相关的金融产品;将比特币作为信托、基金等投资的投资标的等。

三、加强对比特币互联网站的管理

依据《中华人民共和国电信条例》和《互联网信息服务管理办法》,提供比特币登记、交易等服务的互联网站应当在电信管理机构备案。

电信管理机构根据相关管理部门的认定和处罚意见,依法对违法比特币互联网站予以关闭。

四、防范比特币可能产生的洗钱风险

中国人民银行各分支机构应当密切关注比特币及其他类似的具有匿名、跨境流通便利等特征的虚拟商品的动向及态势,认真研判洗钱风险,研究制定有针对性的防范措施。各分支机构应当将在辖区内依法设立并提供比特币登记、交易等服务的机构纳入反洗钱监管,督促其加强反洗钱监测。

提供比特币登记、交易等服务的互联网站应切实履行反洗钱义务,对用户身份进行识别,要求用户使用实名注册,登记姓名、身份证号码等信息。各金融机构、支付机构以及提供比特币登记、交易等服务的互联网站如发现与比特币及其他虚拟商品相关的可疑交易,应当立即向中国反洗钱监测分析中心报告,并配合中国人民银行的反洗钱调查活动;对于发现使用比特币进行诈骗、赌博、洗钱等犯罪活动线索的,应及时向公安机关报案。

五、加强对社会公众货币知识的教育及投资风险提示

各部门和金融机构、支付机构在日常工作中应当正确使用货币概念,注重加强对社会公众货币知识的教育,将正确认识货币、正确看待虚拟商品和虚拟货币、理性投资、合理控制投资风险、维护自身财产安全等观念纳入金融知识普及活动的内容,引导社会公众树立正确的货币观念和投资理念。

各金融监管机构可以根据本通知制定相关实施细则。

请中国人民银行上海总部,各分行、营业管理部、省会(首府)城市中心支行将本通知转发至辖区内各地方性金融机构和支付机构。本通知执行过程中发现的新情况、新问题,请及时向中国人民银行报告。

中国人民银行
工业和信息化部
银监会
证监会
保监会
2013 年 12 月 3 日

中国人民银行、中央网信办、工业和信息化部、工商总局、银监会、证监会、保监会关于防范代币发行融资风险的公告

(自 2017 年 9 月 4 日起施行)

近期,国内通过发行代币形式包括首次代币发行(ICO)进行融资的活动大量涌现,投机炒作盛行,涉嫌从事非法金融活动,严重扰乱了经济金融秩序。为贯彻落实全国金融工作会议精神,保护投资者合法权益,防范化解金融风险,依据《中华人民共和国人民银行法》、《中华人民共和国商业银行法》、《中华人民共和国证券法》、《中华人民共和国网络安全法》、《中华人民共和国电信条例》、《非法金融机构和非法金融业务活动取缔办法》等法律法规,现将有关事项公告如下:

一、准确认识代币发行融资活动的本质属性

代币发行融资是指融资主体通过代币的违规发售、流通,向投资者筹集比特币、以太币等所谓“虚拟货币”,本质上是一种未经批准非法公开融资的行为,涉嫌非法发售代币票券、非法发行证券以及非法集资、金融诈骗、传销等违法犯罪活动。有关部门将密切监测有关动态,加强与司法部门和地方政府的

工作协同，按照现行工作机制，严格执法，坚决治理市场乱象。发现涉嫌犯罪问题，将移送司法机关。

代币发行融资中使用的代币或“虚拟货币”不由货币当局发行，不具有法偿性与强制性等货币属性，不具有与货币等同的法律地位，不能也不应作为货币在市场上流通使用。

二、任何组织和个人不得非法从事代币发行融资活动

本公告发布之日起，各类代币发行融资活动应当立即停止。已完成代币发行融资的组织和个人应当做出清退等安排，合理保护投资者权益，妥善处置风险。有关部门将依法严肃查处拒不停止的代币发行融资活动以及已完成的代币发行融资项目中的违法违规行为。

三、加强代币融资交易平台的管理

本公告发布之日起，任何所谓的代币融资交易平台不得从事法定货币与代币、“虚拟货币”相互之间的兑换业务，不得买卖或作为中央对手方买卖代币或“虚拟货币”，不得为代币或“虚拟货币”提供定价、信息中介等服务。

对于存在违法违规问题的代币融资交易平台，金融管理部门将提请电信主管部门依法关闭其网站平台及移动 APP，提请网信部门对移动 APP 在应用商店做下架处置，并提请工商管理部门依法吊销其营业执照。

四、各金融机构和非银行支付机构不得开展与代币发行融资交易相关的业务

各金融机构和非银行支付机构不得直接或间接为代币发行融资和“虚拟货币”提供账户开立、登记、交易、清算、结算等产品或服务，不得承保与代币和“虚拟货币”相关的保险业务或将代币和“虚拟货币”纳入保险责任范围。金融机构和非银行支付机构发现代币发行融资交易违法违规线索的，应当及时向有关部门报告。

五、社会公众应当高度警惕代币发行融资与交易的风险隐患

代币发行融资与交易存在多重风险，包括虚假资产风险、经营失败风险、投资炒作风险等，投资者须自行承担投资风险，希望广大投资者谨防上当受骗。

对各类使用“币”的名称开展的非法金融活动,社会公众应当强化风险防范意识和识别能力,及时举报相关违法违规线索。

六、充分发挥行业组织的自律作用

各类金融行业组织应当做好政策解读,督促会员单位自觉抵制与代币发行融资交易及“虚拟货币”相关的非法金融活动,远离市场乱象,加强投资者教育,共同维护正常的金融秩序。

中国银行保险监督管理委员会、中央网络安全和信息化委员会办公室、公安部、中国人民银行、国家市场监督管理总局关于防范以“虚拟货币”“区块链”名义进行非法集资的风险提示

（自 2018 年 8 月 24 日起施行）

银保监会、中央网信办、公安部、人民银行、市场监管总局提示:

近期,一些不法分子打着“金融创新”“区块链”的旗号,通过发行所谓“虚拟货币”“虚拟资产”“数字资产”等方式吸收资金,侵害公众合法权益。此类活动并非真正基于区块链技术,而是炒作区块链概念行非法集资、传销、诈骗之实,主要有以下特征:

一、网络化、跨境化明显。依托互联网、聊天工具进行交易,利用网上支付工具收支资金,风险波及范围广、扩散速度快。一些不法分子通过租用境外服务器搭建网站,实质面向境内居民开展活动,并远程控制实施违法活动。一些个人在聊天工具群组中声称获得了境外优质区块链项目投资额度,可以代为投资,极可能是诈骗活动。这些不法活动资金多流向境外,监管和追踪难度很大。

二、欺骗性、诱惑性、隐蔽性较强。利用热点概念进行炒作,编造名目繁多的“高大上”理论,有的还利用名人大 V“站台”宣传,以空投“糖果”等为诱惑,宣称“币值只涨不跌”“投资周期短、收益高、风险低”,具有较强蛊惑性。实际操作中,不法分子通过幕后操纵所谓虚拟货币价格走势、设置获利和提现

门槛等手段非法牟取暴利。此外，一些不法分子还以 ICO、IFO、IEO 等花样翻新的名目发行代币，或打着共享经济的旗号以 IMO 方式进行虚拟货币炒作，具有较强的隐蔽性和迷惑性。

三、存在多种违法风险。不法分子通过公开宣传，以"静态收益"（炒币升值获利）和"动态收益"（发展下线获利）为诱饵，吸引公众投入资金，并利诱投资人发展人员加入，不断扩充资金池，具有非法集资、传销、诈骗等违法行为特征。

此类活动以"金融创新"为噱头，实质是"借新还旧"的庞氏骗局，资金运转难以长期维系。请广大公众理性看待区块链，不要盲目相信天花乱坠的承诺，树立正确的货币观念和投资理念，切实提高风险意识；对发现的违法犯罪线索，可积极向有关部门举报反映。

参考文献

一、中文文献

(一) 中文著作类

[1]白洁,刘洪国主编. 互联网金融法律集[M]. 北京:世界知识出版社,2014.

[2]白建军主编. 金融犯罪研究[M]. 北京:法律出版社,2000.

[3]池强主编. 金融领域职务犯罪预防与警示[M]. 北京:法律出版社, 2014.

[4]柴松霞,张路著. 庞氏骗局的法律分析——基于信用博弈的视角[M]. 北京:法律出版社, 2013.

[5]蔡桂生著. 构成要件论[M]. 北京:中国人民大学出版社, 2015.

[6]陈兴良著. 刑法的人性基础(第四版)[M]. 北京:中国人民大学出版社, 2017.

[7]丁建臣,柴艳茹编著. 金融监管案例教程[M]. 北京:中国金融出版社, 2012.

[8]郭华著. 非法集资的认定逻辑与处置策略(第二版)[M]. 北京:经济科学出版社, 2021.

[9]顾肖荣,周骏如,涂龙科等著. 当前金融犯罪新问题研究[M]. 哈尔滨:黑龙江人民出版社,2008.

[10]高铭暄著. 中华人民共和国刑法的孕育诞生和发展完善(精编本)[M]. 北京:北京大学出版社,2020.

[11]黄震,邓建鹏编著. 互联网金融法律与风险控制[M]. 北京:机械工业出版社,2014.

[12]韩龙等著. 国际金融法要论[M]. 北京:人民出版社,2008.

[13]胡启忠,石奎著. 修正金融刑法适用研究:立法·理论·实务[M]. 北京:法律出版社,2013.

[14]石奎著. 集资诈骗罪"非法占有目的"司法认定的实证研究[M]. 北京: 法律出版社,2016.

[15]李永升主编. 金融刑法与金融检察创新研究[M]. 北京:法律出版社,2013.

[16]李娜著. 社会管理创新视野下的金融犯罪防控研究[M]. 杭州:浙江大学出版社,2016.

[17]刘燕著. 金融犯罪侦查热点问题研究[M]. 北京:知识产权出版社,2014.

[18]刘鑫著. 民间融资犯罪问题研究[M]. 上海:上海人民出版社,2015.

[19]刘永斌著. 互联网金融法律风险防范实务指导[M]. 北京:中国法制出版社,2015.

[20]刘宪权著. 金融犯罪刑法学原理[M]. 上海:上海人民出版社,2017.

[21]刘宪权著. 廿载春秋——变革中的刑法理论与实践[M]. 北京:法律出版社,2017,

[22]刘明祥,冯军主编. 金融犯罪的全球考察[M]. 北京:中国人民大学出版社,2008.

[23]刘艳红著. 实质刑法观[M]. 北京:中国人民大学出版社,2009.

[24]刘士心著. 美国刑法中的犯罪论原理[M]. 北京:人民出版

社,2010.

[25]林孟皇著.金融犯罪與刑事審判[M].北京:元照出版有限公司,2010.

[26]零壹财经·零壹智库著.中国P2P借贷服务行业发展报告(2018)[M].北京:中国经济出版社,2019.

[27]劳东燕著.刑法中的学派之争与问题研究[M].北京:法律出版社,2015.

[28]廖天虎著.地下金融风险的刑法控制[M].北京:中国政法大学出版社,2016.

[29]毛玲玲著.金融犯罪的实证研究:金融领域的刑法规范与司法制度反思[M].北京:法律出版社,2014.

[30]马克昌主编.犯罪通论[M].武汉:武汉大学出版社,2010.

[31]齐爱民著.大数据时代个人信息保护法国际比较研究[M].北京:法律出版社,2015.

[32]曲伶俐,王占启,魏黎明等著.刑事政策视野下的金融犯罪研究[M].济南:山东大学出版社,2010.

[33]曲新久著.金融与金融犯罪[M].北京:中信出版社,2003.

[34]田朗亮编著.民间借贷法律政策案例适用指南(增订版)[M].北京:中国法制出版社,2012.

[35]王铼,李冰洋等著.常见疑难商业犯罪的认定与处理[M].北京:中国政法大学出版社,2013.

[36]王文华著.欧洲金融犯罪比较研究 以欧盟、英国和意大利为视角[M].北京:外语教学与研究出版社,2006.

[37]王凤垒著.金融犯罪研究[M].北京:中国检察出版社,2008.

[38]王名扬著.美国行政法[M].北京:中国法制出版社,1995.

[39]王晓东,朱清彬主编.当代金融犯罪防治对策研究[M].济南:山东人民出版社,2006.

[40]王荣芳著.私募股权投资基金监管法律问题研究[M].北

京:中国政法大学出版社,2013.

[41]翁岳生编. 行政法(上册)[M]. 北京:中国法制出版社,2009.

[42]熊春泉,聂佳龙著. 大数据时代的中国法治建设——一种立法视角的分析[M].北京:中国政法大学出版社,2017.

[43]谢玉进,陈士平主编. 中国网络社会研究报告 2015[M]. 北京:经济科学出版社,2015.

[44]徐彰著. 刑民交叉视野下的民间借贷问题研究[M]. 北京:法律出版社,2018.

[45]魏东,白宗钊主编. 非法集资犯罪司法审判与刑法解释[M]. 北京:法律出版社,2013.

[46]闫爱青,李丽,邵勇著. 金融与金融犯罪研究[M]. 北京:中国民主法制出版社,2011.

[47]岳彩申,盛学军等著. 互联网与民间融资法律问题研究[M]. 北京:法律出版社,2014.

[48]于冲著. 网络刑法的体系构建[M]. 北京:中国法制出版社,2016.

[49]郭旨龙等著. 网络刑法的逻辑与经验[M]. 北京:中国法制出版社,2015.

[50]张勇著. 存贷犯罪刑法理论与实务[M]. 上海:上海人民出版社,2012.

[51]张良均等著. Hadoop 大数据分析与挖掘实战[M]. 北京:机械工业出版社,2016.

[52]张明楷著. 责任刑与预防刑[M]. 北京:北京大学出版社,2015.

[53]赵秉志,杨诚主编. 金融犯罪比较研究[M]. 北京:法律出版社,2004.

[54]左卫民主编. 中国法律实证研究 第 1 卷[M]. 北京:法律出版社,2017.

[55]周英,夏智华主编. 经营风险管控[M].北京:中国金融出版社,2011.

[56]中国科协学会学术部编. 大数据时代隐私保护的挑战与思考[M]. 北京:中国科学技术出版社,2015.

(二)中文期刊类

[1]陈兴良. 违法性理论:一个反思性检讨[J]. 中国法学,2007(3).

[2]陈兴良. 形式解释论与实质解释论:事实与理念之展开[J]. 法制与社会发展,2011(2).

[3]陈兴良. 刑法的明确性问题:以《刑法》第225条第4项为例的分析[J]. 中国法学,2011(4).

[4]陈兴良. 刑民交叉案件的刑法适用[J]. 法律科学(西北政法大学学报),2019(02).

[5]陈家林. 法益理论的问题与出路[J]. 法学,2019(11).

[6]陈志敏,姜立文. ICO被禁下的金融创新与监管的法律思考[J]. 福建金融管理干部学院学报,2018(3).

[7]陈宗义. 英美成熟P2P商业平台运营模式特征解析及启示[J]. 商业经济与管理,2017(1).

[8]陈冠华. 英国监管沙盒项目对我国金融创新监管的启示[J]. 中国物价,2017(8).

[9]操群,林侃,李政,张卉琪. 证券通证发行(STO)国际监管比较与风险防控[J]. 今日科苑,2020(1).

[10]储槐植. 再说刑事一体化[J]. 法学,2004(3).

[11]程宇薇. 股权众筹法律规制问题研究[J]. 金融经济,2020(10).

[12]董淳锷. 中国股权众筹立法问题之检讨[J]. 比较法研究,2018(5).

[13]崔志伟. "但书"出罪的学理争议、实证分析与教义学解构[J]. 中国刑事法杂志,2018(2).

［14］崔永峰，李红. 非法吸收公众存款犯罪中民间借贷合同效力之认定［J］. 中国检察官，2012(2).

［15］董冬冬，高义广. 众筹的前世今生与法律风险和对策［J］. 中国律师，2014 (10).

［16］董玉庭. 再论计算机犯罪概念［J］. 当代法学，2005(6).

［17］董桂武，丛祎. 非法集资行为的刑法规制——以青岛市2014~2020年刑事判决书为样本［J］. 中共青岛市委党校青岛行政学院学报，2021(1).

［18］董文蕙. P2P模式下非法集资犯罪参与人与被害人之界分［J］. 环球法律评论，2020(1).

［19］戴辉. 当前利用计算机网络从事金融犯罪的现状及预防、打击对策［J］. 中国人民公安大学学报(自然科学版)，2006(4).

［20］闫东升、李樱杕. 试论金融领域计算机犯罪的防范与控制［J］. 政法学刊，2008(2).

［21］邓建鹏. 互联网金融时代众筹模式的法律风险分析［J］. 江苏行政学院学报，2014(3).

［22］邓建鹏. ICO非法集资问题的法学思考［J］. 暨南学报(哲学社会科学版)，2018(8).

［23］邓梦薇. 当代国内外艺术品投资基金纵览与浅析［J］. 当代经济，2015(6).

［24］都红雯，朱晓东. 中外股权众筹融资法律规制比较分析及启示［J］. 杭州电子科技大学学报(社会科学版)，2019(2).

［25］冯果. 金融法的“三足定理”及中国金融法制的变革［J］. 法学，2011(9).

［26］冯姣. 非法集资案件中集资参与人的诉讼地位认定［J］. 金融理论与实践，2018(5).

［27］高绍安. 明确政策法律边界 从严打击非法集资 最高人民法院发布关于审理非法集资案件司法解释［J］. 中国审判，2011(1).

[28]高艳东. 诈骗罪与集资诈骗罪的规范超越:吴英案的罪与罚[J]. 中外法学,2012(2).

[29]郭璐. 当前利用计算机网络从事金融犯罪的现状及预防打击对策[J]. 公安研究,2006(8).

[30]郭德香. 网上银行金融犯罪法律防治措施新探[J]. 中国刑事法杂志,2013(9).

[31]郭洪平. 打着高科技旗号的"区块链"骗局[J]. 方圆,2021(7).

[32]郭宁华. 司法视角:艺术品份额化交易的性质认定与法律适用——我国首例艺术品份额化交易生效判决评析[J]. 法律适用(司法案例),2017(8).

[33]国家检察院课题组. P2P 网络借贷平台异化的刑事规制[J]. 国家检察官学院学报,2018(1).

[34]黑静洁. 存款的占有新论[J]. 中国刑事法杂志,2012(1).

[35]胡吉祥,吴颖萌. 众筹融资的发展及监管[J]. 证券市场导报,2013(12).

[36]胡雁云. 论网络金融欺诈犯罪的刑事规制研究[J]. 金融理论与实践,2011(5).

[37]胡东迁,陈士松. 非法集资案件中担保合同的效力及各方权益保护[J]. 中国律师,2013(9).

[38]何帆. 刑民交叉案件的司法处理方式———以合同纠纷和合同诈骗为例[J]. 转引自王林清,刘高. 民刑交叉中合同效力的认定及诉讼程序的构建——以最高人民法院相关司法解释为视角[J]. 法学家,2015(2).

[39]冀洋. 法益保护原则:立法批判功能的证伪[J]. 政治与法律,2019(10).

[40]金泽刚,张正新. 行为犯的概念及其既遂形态研究[J]. 法商研究(中南政法学院学报),1999(3).

[41]金永红,慈向阳. 涉网金融犯罪的特点、成因与防范研究[J].

上海金融,2007(1).

[42]柯达.论区块链数字货币的非法集资刑法规制[J].东北大学学报(社会科学版),2020(6).

[43]克劳斯·罗克辛,陈璇.对批判立法之法益概念的检视[J].法学评论,2015(1).

[44]蓝俊杰.我国股权众筹融资模式的问题及政策建议[J].金融与经济,2015(2).

[45]林采宜.互联网金融是个伪行业[J].中国战略新兴产业,2015(17).

[46]林越坚,李俊.P2P网贷平台犯罪及司法治理研究[J].河北法学,2016(10).

[47]林珍瑶.互联网金融市场发展与安全规制研究[J],金融经济,2014(12).

[48]李爱君.互联网金融的法治路径[J].法学杂志,2016(2).

[49]李国权,白士泮,闫黎.证券通证化和通证证券化[J].中国金融,2019(2).

[50]李永升,胡冬阳.P2P网络借贷的刑法规制问题研究——以去了近三年的裁判文书为研究样本[J].政治与法律,2016(5).

[51]李雪静.众筹融资模式的发展探析[J].上海金融学院学报,2013(6).

[52]李雪娇.创新难!金交所合规路漫漫[J].经济,2018(6).

[53]李钰.众筹业务法律解读[J].金融理论与实践,2014(11).

[54]李波.网络金融犯罪问题探析[J].赤峰学院学报(汉文哲学社会科学版),2010(7).

[55]李兰英,陈传铿.网络融资的民刑交叉困境与抉择——基于被害人利益保护的视角[J].甘肃政法学院学报,2019(1).

[56]李硕、李浣.关于非法集资等涉众型金融犯罪适用法律问题研究[J].河北法学,2011(6).

[57]李霞. 互联网金融犯罪的刑法应对[J]. 广西社会科学, 2016(9).

[58]李晓云. 中外股权众筹监管制度的比较与借鉴[J]. 财会通讯,2021(11).

[59]李军,陈新. 国外众筹监管的考察与我国众筹监管的完善[J]. 西南金融,2020(3).

[60]李全锁,杜博. 刑民交叉案件法律规制路径之反思与重构——以涉嫌刑事犯罪的民间借贷案件为例[J]. 法律适用,2013(7).

[61]黎宏.单位犯罪中单位意思的界定[J].法学,2013(12).

[62]廖理,李梦然,王正位. 聪明的投资者:非完全市场化利率与风险识别——来自 P2P 网络借贷的证据[J]. 经济研究,2014(7).

[63]刘坤,高春兴. 互联网金融犯罪的特点与侦防对策研究[J]. 山东警察学院学报,2015(5).

[64]刘涛,戴铁浩. 互联网金融中非法吸收公众存款犯罪的界定与侦查研究[J]. 山东警察学院学报,2015(5).

[65]刘洋. 互联网企业家犯罪治理对策研究[J]. 湖北警官学院学报,2015(12).

[66]刘宪权. 互联网金融股权众筹行为刑法规制论[J]. 法商研究,2015(6).

[67]刘宪权. 论互联网金融刑法规制的"两面性"[J]. 法学家,2014(5).

[68]刘宪权,翟寅生. 刑民交叉案件中刑事案件对民事合同效力的影响研究——以非法集资案件中的合同效力为视角[J]. 政治与法律,2013(10).

[69]刘为波.《关于审理非法集资刑事案件具体应用法律若干问题的解释》的理解与适用[J].人民司法,2011(5).

[70]梁上上. 利益的层次结构与利益衡量的展开——兼评加藤一郎的利益衡量论[J]. 法学研究,2002(1).

[71]陆岷峰,张盟. 互联网金融背景下经济犯罪的理性审视与治

理对策[J]. 西南金融,2016(8).

[72]陆旭,宋佳宁. 网络服务提供者刑事责任的界域限定与政策转向[J]. 海峡法学,2021(1).

[73]马健. 艺术品私募投资基金的成长历程与发展方向[J]. 理论界,2011(2).

[74]马春晓. 使用他人许可证经营烟草的法教义学分析——以集体法益的分析为进路[J]. 政治与法律,2016(9).

[75]马庆强. 我国金融资产交易所发展问题研究——基于北京、天津金融资产交易所的比较[J]. 华北金融,2014(3).

[76]毛玲玲. 金融犯罪的新态势及刑法应对[J]. 法学,2009(7).

[77]莫洪宪,尚勇. 产权保护视角下非法集资行为刑事规制的教义学重塑[J]. 河南财经政法大学学报,2020(2).

[78]孟柳. 英美互联网金融股权众筹监管及对我国的启示[J]. 北方金融,2018(3).

[79]潘静. 从政府中心规制到社会共治:互联网金融治理的新视野[J]. 法律科学(西北政法大学学报),2018(1).

[80]彭冰. P2P 网贷与非法集资[J]. 金融监管研究,2014(6).

[81]彭龙,闫琳. 中美两国 P2P 网贷平台发展的运营模式对比研究[J]. 国际论坛,2018(3).

[82]其木提. 货币所有权归属及其流转规则——对"占有即所有"原则的质疑[J]. 法学,2009(11).

[83]钱小平. 中国金融刑法立法的应然转向:从"秩序法益观"到"利益法益观"[J]. 政治与法律,2017(5).

[84]全威巍. 互联网金融刑法规制扩大化的反思与限缩[J]. 河北法学,2021(1).

[85]皮勇,张启飞. 论我国互联网金融发展的刑法保障[J]. 吉首大学学报(社会科学版),2016(2).

[86]彭辅顺. 法定犯罪目的的实质探究[J]. 兰州学刊,2004(2).

[87]司伟攀：非法集资犯罪若干问题研究[J]. 法律适用,2017(5).

[88]苏力. 法律人思维？[J],北大法律评论,2013(2).

[89]孙学立. 我国众筹融资模式、风险及对策研究[J]. 浙江金融,2015(6).

[90]孙铁成. 计算机犯罪的罪名及其完善[J]. 中国法学,1998(1).

[91]孙点婧. 首次代币发行的监管：问题与对策[J]. 东北财经大学学报,2020(2).

[92]孙国祥. 对合犯与共同犯罪的关系[J]. 人民检察,2012 (15).

[93]孙国峰. 货币创造的逻辑形成和历史演进——对传统货币理论的批判[J]. 经济研究,2019(4).

[94]孙利天. 现代性的追求和内在超越[J]. 中国社会科学,2016(2).

[95]史强. 论我国互联网消费中个人金融信息的刑法保护[J]. 南方金融,2015(7).

[96]时方. 非法集资犯罪中的被害人认定——兼论刑法对金融投机者的保护界限[J]. 政治与法律,2017(11).

[97]贺卫. 网络金融犯罪治理研究[J]. 山东警察学院学报,2016(1).

[98]田光伟. 论互联网金融犯罪风险防控[J]. 哈尔滨师范大学社会科学学报,2015(3).

[99]王彬. 犯罪侦查中的大数据应用分析[J]. 中国刑警学院学报, 2017(4).

[100]王保树. 金融法二元规范结构的协调与发展趋势——完善金融法体系的一个视点[J]. 广东社会科学,2009(1).

[101]王陈慧子,杨东. 从比特币定性看数字货币的价值维度[J],学习与探索,2021(6).

[102]王德,李建军. 模式异化、筹资成本与 P2P 网络借贷平台市场化利率风险[J]. 中央财经大学学报,2021(2).

[103]王桂玲. 互联网金融安全规制研究[J]. 辽宁公安司法管理干部学院学报,2014(3).

[104]王荣芳. 合法私募与非法集资的界定标准[J]. 政法论坛,2014(6).

[105]王东. 论网络金融犯罪的成因与法律监管[J]. 中国经贸导刊,2011(14).

[106]王云才. 网络有组织犯罪威胁评估——欧洲网络犯罪中心报告解读与启示[J]. 中国人民公安大学学报(社会科学版),2015(1).

[107]王芳. 大数据时代互联网金融犯罪的防控对策[J]. 时代金融(下旬),2016(1).

[108]王铼,姜先良,宋宇. 互联网金融犯罪和刑法干预机理分析[J]. 中国检察官,2016(5).

[109]王良顺,杨成. 互联网金融下融资犯罪与法律规制——以P2P网贷和众筹为视角[J]. 山东警察学院学报,2016(4).

[110]王黎黎. 互联网金融监管政府角色的错误期待与矫正[J]. 宏观经济研究,2016(8).

[111]王敬波. 政府信息公开中的公共利益衡量[J]. 中国社会科学,2014(9).

[112]王新. 民间融资的刑事法律风险界限[J]. 当代法学,2021(1).

[113]王筱. "纯资本运作"传销犯罪的刑法规制检视与调适[J]. 福建警察学院学报,2021(1).

[114]魏昌东. 经济风险控制与中国经济刑法立法原则转型[J]. 南京大学学报(哲学·人文科学·社会科学版),2011(6).

[115]王祖书. 刑法目的论解释正当性之结果考量[J]. 东方法学,2015(6).

[116]王智杰. 刑民交叉案件现实困境的突破——以先刑后民原则为视角[J]. 中共郑州市委党校学报,2020(4).

[117]武向朋. 网络金融犯罪的成因及其防治[J]. 江西金融职工

大学学报,2010(1).

[118]吴一波,王冠. ICO 融资模式下非法集资问题研究[J]. 行政与法,2018(6).

[119]谢平,邹传伟. 互联网金融模式研究[J]. 金融研究,2012(12).

[120]谢杰. "去中心化"互联网金融对经济刑法规范的影响及其应对——比特币关联犯罪的刑法解释[J]. 犯罪研究,2015(2).

[121]肖中华,徐藩. 非法吸收公众存款罪的三个问题[J]. 中国检察官,2012(5).

[122]肖本华. 美国众筹融资模式的发展及其对我国的启示[J]. 南方金融,2013(1).

[123]肖凯. 论众筹融资的法律属性及其与非法集资的关系[J]. 华东政法大学学报,2014(5).

[124]肖扬宇. P2P 网络借贷平台犯罪的案例考察、行为分析与规范治理——以广东省近年来的法院判决为调查对象[J]. 广州大学学报(社会科学版),2018(1).

[125]徐凌波. 金融诈骗罪非法占有目的的功能性重构——以最高人民检察院指导案例第 40 号为中心[J]. 政治与法律,2018(10).

[126]熊进光. 互联网金融刑民交叉案件的法律规制[J]. 厦门大学学报(哲学社会科学版),2020(4).

[127]徐昕,黄艳好,王万琼. 非法集资类犯罪的立法反思与对策[J]. 学术界,2015(3).

[128]徐汉明,张乐. 大数据时代惩治与预防网络金融犯罪的若干思考[J]. 经济社会体制比较,2015(3).

[129]徐志,陈秋梅. 互联网金融犯罪侦查的难点与对策[J]. 北京警察学院学报,2016(1).

[130]许明毅. ICO 融资的类型与刑法评价[J]. 江西警察学院学报,2020(1).

[131]许炯. 虚拟币还是传销币[J]. 知识经济(中国直销),2018(9).

[132]段威,俞小海. 互联网金融犯罪中的事实问题研究[J]. 犯罪研究,2016(5).

[133]于改之,吕小红. 比例原则的刑法适用及其展开[J]. 现代法学,2018(4).

[134]于志刚. 论共同犯罪的网络异化[J]. 人民论坛,2010(29).

[135]杨乐. 网络金融违法犯罪行为的特点与防范[J]. 金融时代(下旬),2013(9).

[136]杨志华,陈娟,陈起阳,丁民生. 证券型通证的海外实践与分析[J]. 证券市场导报,2021(4).

[137]杨东,苏伦嘎. 股权众筹平台的运营模式及风险防范[J]. 国家检察官学院学报,2014(4).

[138]杨新培. 试论对合犯[J]. 法律科学(西北政法学院学报),1992(1).

[139]杨旭. 浅析我国资产证券化特殊目的载体法律问题[J]. 金融经济,2019(10).

[140]叶名怡. 涉合同诈骗的民法规制[J]. 中国法学,2012(1).

[141]张安毅. 刍论文化艺术品份额化交易的法律规制[J]. 财会月刊,2012(2).

[142]张超. 首次代币发行法律本质的类型化研究[J]. 福建金融,2018(8).

[143]张超. 证券型通证发行的法律性质与监管范式转变——以美国数字资产投资合同分析框架为视角[J]. 财经法学,2020(1).

[144]张明楷. 论明确性原则在刑事司法中的贯彻[J]. 吉林大学社会科学学报.2015(4).

[145]张明楷. 网络时代的刑法理念——以刑法的谦抑性为中心[J]. 人民检察,2014(9).

[146]张明楷. 论实质的法益概念——对法益概念的立法批判机能的肯定[J]. 法学家,2021(1).

［147］张明楷. 法益保护与比例原则［J］. 中国社会科学，2017(7).

［148］张明楷. 实质解释论的再提倡［J］. 中国法学，2010(4).

［149］张继源. 关于众筹模式及其效率和问题［J］. 东岳论丛，2015(3).

［150］张竹英. 金融领域计算机犯罪特征及法律政策［J］. 社会科学家，1998(4).

［151］吴文嫔，张启飞. 论互联网金融创新刑法规制的路径选择——以非法集资类犯罪为视角［J］. 中国检察官，2015(11).

［152］张丽. 互联网金融犯罪的经济诱因分析［J］. 经济研究导刊，2016(15).

［153］张海涛. 互联网金融视角下美国股权众筹法律监管经验及启示［J］. 经济研究导刊，2020(27).

［154］张海洋. 信息披露监管与 P2P 借贷运营模式［J］. 经济学（季刊），2016(4).

［155］张影. P2P 网贷债权转让模式的法律风险与防范［J］. 哈尔滨商业大学学报（社会科学版），2015(2).

［156］张康之. 论社会的网络结构［J］. 理论学刊，2008(3).

［157］周光权. 客观归责方法论的中国实践［J］. 法学家，2013(6).

［158］周光权. 转型时期刑法立法的思路与方法［J］. 中国社会科学，2016(3).

［159］赵秉志，刘建. 试析金融计算机犯罪的方式和原因［J］. 中国人民公安大学学报（社会科学版），1995(1).

［160］朱学明. 金融领域计算机犯罪与控制防范［J］. 理论月刊，2004(10).

［161］朱娴. 代币发行交易中的犯罪风险［J］. 国家检察官学院学报，2018(6).

［162］朱健齐，陈英杰. 两岸互联网金融犯罪法律规制探析——兼以两岸非金融机构（电子）支付管理规则为核心［J］. 云南社会科

学,2016(5).

［163］訾达. 中美 P2P 平台运营模式比较——以有利网和 Lending Club 为例［J］. 金融经济,2015(18).

［164］钟凯,郑泰安. 刑民交叉规范本质的立法论与解释论考察——以涉刑私募基金为考察对象［J］. 社会科学研究,2020(6).

［165］赵磊. 数字货币的私法意义——从东京地方裁判所 2014 年(ワ)第 33320 号判决谈起［J］. 北京理工大学学报(社会科学版),2020(6).

［166］邹玉祥. 非法吸收公众存款罪之行为类型研究——基于网贷背景下的教义学展开［J］. 政治与法律,2018(6).

［167］最高人民法院. 最高人民法院关于审理对非法集资刑事案件具体应用法律问题的若干解释［J］. 时事资料手册,2011(1).

(三)报纸类

［1］边万莉. 再见了,P2P! 网贷机构已完全归零［N］. 21 世纪经济报道,2020-11-27.

［2］陈鸷成. 立足金融本质 妥善处理互联网金融犯罪案件［N］. 检察日报,2017-11-29(03).

［3］东方金钰股份有限公司. 东方金钰股份有限公司公开发行 2017 年公司债券募集说明书摘要(面向合格投资者)［N］. 上海证券报,2017-03-14(29).

［4］宓迪. 百万条逃废债信息已上报［N］. 新京报,2018-09-03(B02).

［5］胡蝶飞. 当心"天上馅饼"变"地下陷阱"! ［N］. 上海法治报,2017-07-05(A04).

［6］郭宁华. 网络艺术品份额化交易纠纷的案由定性与责任承担［N］. 人民法院报,2016-11-10(07).

［7］湖北省银行业协会,招商银行武汉分行. 防范非法集资风险

从严处置违法案件[N]. 湖北日报,2021-06-15(08).

[8]李冰. 火币回应支付宝、微信下架要求:用户间转账为点对点个人行为[N]. 证券日报,2019-01-29(B1).

[9]刘茵,唐大利. 股权众筹平台的义务及违约赔偿范围的认定[N]. 人民法院报,2019-06-06(07).

[10]毛宇舟. 外资行违规揽储"吃罚单":韩亚中国被罚款 90 万元[N]. 证券日报,2016-07-05(B2).

[11]徐奥萍. 为上游电信网络诈骗团伙"吸粉"[N]. 安徽法制报,2021-05-17(02).

[12]孙本雄. 完善刑法制度助推互联网股权众筹发展[N]. 检察日报,2018-08-20(03).

[13]王新. "非法性"是确定融资活动罪与非罪的界限[N]. 检察日报,2019-04-02(03).

[14]肖恩. 参与传销何种情形构成集资诈骗罪[N]. 检察日报,2017-09-17(03).

[15]张珩,杨福明. 非法吸收公众存款案中存款人不应作为被害人[N]. 检察日报,2010-5-19(03).

[16]张忱,钱箐旎,周琳等. 明确互联网金融风险专项整治重点[N]. 经济日报,2016-10-14(05).

[17]中国建设银行湖北省分行. 保护消费者权益 提升金融服务水平[N]. 湖北日报,2015-10-16(02).

[18]周志华. 裸贷泛滥呼唤监管[N]. 上海法治报,2017-02-06(B05).

(四)电子文献

[1]晓投资. 陆金所近 4 亿亏损八成是获客成本[J/OL]. https://www.sohu.com/a/59222477_251719, 2019-02-17.

[2]金融超市网. P2P 平台获客成本上涨数倍 转化率不足一成[J/

OL]. https://www.sohu.com/a/144013824_390321, 2017-5-27.

[3]云南省人民政府. 云南省人民政府关于加快构建大众创业万众创新支撑平台的实施意见[EB/OL]. http://baike.baidu.com/view/19368257.html, 2020-01-01.

[4]许昌市人民政府. 许昌市人民政府关于加快众创众包众扶众筹发展的实施意见(试行)[EB/OL].http://www.faxin.cn/lib/dffl/Dffl-Content.aspx? gid = B901748&userinput =% E4% BC% 97% E7% AD% B9, 2020-10-10.

[5]众筹之家网.《2018 互联网众筹行业现状与发展趋势报告》重磅发布:2017 全国众筹平台 280 家,同期相比下降 33%[J/OL]. http://www.sohu.com/a/216318736_786855, 2018-01-22.

[6]众筹之家网. 中国众筹行业发展报告 2018:众筹的过去、现在和将来[J/OL]. https://www.sohu.com/a/232666972_264613, 2018-05-23.

[7]人创咨询. 中国众筹平台评级报告(2017)[EB/OL]. http://www.zhongchoujia.com/data/28813.html, 2020-10-10.

[8]人创咨询. 中国众筹行业发展报告 2018(上)[EB/OL]. http://www.zhongchoujia.com/data/31205.html, 2020-10-10.

[9]人创咨询. 2020 年 1 月中国众筹行业月报[EB/OL]. http://www.zhongchoujia.com/data/32392.html, 2020-10-10.

[10]51BB8 财经. 重磅! SEC 发布首份 ICO 监管指引,高风险投资逐步规范化[J/OL]. https://www.sohu.com/a/305957924_100189678, 2019-04-05.

[11]孙铭. 新加坡金管局发布《数字代币发行指引》[J/OL]. https://www.sohu.com/a/205912058_286863, 2021-02-28.

[12]罗枚. 数字资产领域的会计、税务挑战[J/OL]. http://iof.hexun.com/2018-11-06/195120128.html, 2018-11-02.

[13]最高检、最高法、公安部. 关于办理非法集资刑事案件若干问

题的意见[EB/OL]. http://baike.baidu.com/view/21907527.html, 2019-08-22.

[14]宋长兴,程晓嫚. 涉刑民间借贷纠纷案件相关合同效力问题探析[J/OL]. http://www.jsfy.gov.cn/lyj/gdjc/2012/05/31145920549.html, 2017-06-17.

[15]中国证券业协会. 关于就《私募股权众筹融资管理办法(试行)(征求意见稿)》公开征求意见的通知[EB/OL]. https://www.sac.net.cn/tzgg/201412/t20141218_113326.html, 2020-10-12.

[16]总裁网. 国内股权众筹案例:凭证式众筹—美微创投[J/OL]. http://wisdom.ichinaceo.com/news_detail-id45204.html, 2020-10-11.

[17]中央文化企业国有资产监督管理领导小组办公室. 艺术品份额化交易为何被叫停——以天津文交所艺术品份额化交易存在问题为例[EB/OL]. http://jkw.mof.gov.cn/lilunyanjiu/201907/t20190715_3300006.html, 2021-03-03.

[18]Pete Rizzo. 美国商品期货交易委员会将比特币和数字货币定义为商品[J/OL]. https://www.bitcoin86.com/news/8331.html, 2015-09-18.

二、译著

[1][日]川出敏裕,金光旭著. 刑事政策[M]. 钱叶六等译.北京:中国政法大学出版社, 2016.

[2][日]川端博著. 刑法总论二十五讲[M]. 余振华译.北京:中国政法大学出版社, 2003.

[3][日]城下裕二著. 量刑理论的现代课题(增补版)[M]. 黎其武,赵姗姗译.北京:法律出版社, 2016.

[4][日]大谷实著. 刑事政策学(新版)[M]. 黎宏译.北京:中国人民大学出版社, 2009.

[5][日]大塚仁著. 刑法概说(总论)[M]. 冯军译.北京:中国人

民大学出版社, 2003.

[6][日]福田平,[日]大塚仁编. 日本刑法总论讲义[M]. 李乔,文石,周世铮译.沈阳:辽宁人民出版社,1986.

[7][日]六本佳平著. 日本法与日本社会[M]. 刘银良译.北京:中国政法大学出版社, 2006.

[8][日]牧野英一著. 日本刑法通义[M]. 陈承泽译.北京:中国政法大学出版社, 2013.

[9][日]木村龟二主编. 刑法学词典(上)[M]. 顾肖荣等译.上海:上海翻译出版公司, 1991.

[10][日]平野龙一著. 刑法的基础[M]. 黎宏译.北京:中国政法大学出版社, 2016.

[11][日]日高义博著. 违法性的基础理论[M]. 张光云译.北京:法律出版社, 2015.

[12][日]山口厚著. 刑法总论(第3版)[M]. 付立庆译.北京:中国人民大学出版社,2018.

[13][日]松原芳博著. 刑法总论重要问题. [M]. 王昭武译.北京:中国政法大学出版社,2014.

[14][日]西田典之著. 日本刑法总论[M].王昭武,刘明祥译.北京:法律出版社,2013.

[15][日]西原春夫著. 犯罪实行行为论[M]. 戴波,江溯译.北京:北京大学出版社,2006.

[16][日]西原春夫著. 日本刑事法的重要问题(第2卷)[M]. 金光旭等译.北京:法律出版社,2000.

[17][日]伊东研祐著. 法益概念史研究[M]. 秦一禾译.北京:中国人民大学出版社,2014.

[18][日]佐伯仁志,[日]道垣内弘人著. 刑法与民法的对话[M]. 于改之,张小宁译.北京:北京大学出版社,2012.

[19][日]中山研一著. 刑法的基本思想[M]. 姜伟等译.北京:国

际文化出版社,1988.

[20][日]市桥克哉,[日]榊原秀训,[日]本多泷夫,[日]平田和一著. 日本现行行政法[M]. 田林,钱蓓蓓,李龙贤译,北京:法律出版社,2017.

[21][德]埃里克·希尔根多夫著. 德国刑法学:从传统到现代[M]. 江溯译.北京:北京大学出版社,2015.

[22][德]冯·李斯特著.犯罪论、刑罚与刑事政策[M]. 徐久生译.北京:北京大学出版社,2016.

[23][德]汉斯·韦尔策尔著. 目的行为论导论:刑法理论的新图景(增补第 4 版)[M]. 陈璇译.北京:中国人民大学出版社,2015.

[24][德]克劳斯·罗克辛著. 德国刑法学总论(第 2 卷)[M]. 王世洲等译.北京:法律出版社,2013.

[25][德]乌尔里希·齐白著. 全球风险社会与信息社会中的刑法:二十一世纪刑法模式的转换[M]. 周遵友,江溯等译.北京:中国法制出版社,2012.

[26][德]英格伯格·普珀著. 法学思维小课堂[M]. 蔡圣伟译.北京:北京大学出版社,2011.

[27][美]劳拉·昆兰蒂罗著. 赛博犯罪——如何防范计算机罪犯[M]. 王涌译 . 南昌:江西教育出版社,1999.

[28][美]罗纳德·德沃金著. 认真对待权利[M]. 信春鹰等译,北京:中国大百科全书出版社,2002.

[29][美]费雷德里克·芬斯顿,[美]史蒂芬·瓦格纳著. 风险智能:企业如何在不确定环境中生存和壮大[M]. 德勤中国企业风险管理服务部译,上海:上海交通大学出版社,2015.

[30][德]柯武刚,[德]史漫飞著. 制度经济学——社会秩序与公共政策[M]. 韩朝华译,上海:商务印书馆,2000.

三、外文期刊类

[1]WIECZORKOWSKI J, POLAK P. Big data: three-aspect approach [J]. Online Journal of Applied Knowledge Management, 2014, 2(2).

[2]EKBIA H,MATTIOLI M, KOUPER I, et al. Big data, bigger dilemmas: a critical review[J]. Journal of the Association for Information Science & Technology, 2015, 66(8): 1523-1545.

[3]CLIFTON B, LAVIGNE S, TSENG F. Predicting financial crime: augmenting the predictive policing arsenal [EB/OL]. (2017 - 04) https://whitecollar.thenewinquiry.com/static/whitepaper.pdf, 2017.[2021-09]

[4]MERLONGHI G. Fighting financial crimein the age of electronic money: opportunities and limitations[J]. Journal of Money Laundering Control, 2010, 13(3): 202-214.

[5]XIONG J Y. An early risk warning model for electronic financial crime based on big data[C] // International Conferenceon Education, Economics and Management Research. 2017.

[6]PICARD M. Financial crimes: the constant challenge of seeking effective prevention solutions[J]. Journal of Financial Crime, 2008, 15(4): 383-397.

[7]ZHANG Z F, SALERNO J J, YU P S. Applying data mining in investigating money laundering crimes [C]//Proceedings of the Ninth ACM SIGKDD International Conferenceon Knowledge Discovery and Data Mining. Washington DC, USA: ACM, 2003: 747-752.

[8]STEVENSON D D, WAGONER N J. Bargaining in the shadow of big data[J]. Florida Law Review, 2014, 66(5).

[9]GARRETT B L. Big data and due process[J]. Cornell Law Review Online, 2014, 99.

[10]HU M. Big data blacklisting[J]. Florida Law Review, 2016, 67.

[11]TENE O, POLONETSKY J. Big data for all: privacy and user

control in the age of analytics[J]. Northwestern Journal of Technology and Intellectual Property, 2013, 11(5): 239–374.

[12] GOTTSCHALK P, SOLLI-SÆTHER H. Financial crime in business organizations: an empirical study[J]. Journal of Financial Crime, 2011, 18(1): 76–92.

[13] NARDO M. Building synergies between theory and practice: countering financial crime on a systemic approach[J]. Journal of Financial Crime, 2006, 13(3): 292–299.

[14] WILLIAMS M L, BURNAP P, SLOAN L. Crime sensing with big data: the affordances and limitations of using open-source communications to estimate crime patterns[J]. The British Journal of Criminology, 2017, 57(2): 320–340.

[15] SUDJIANTO A, NAIR S, YUAN M, et al. Statistical methods for fighting financial crimes[J]. Technometrics, 2010, 52(1): 5–19.

[16] HU M. Small data surveillance v. big data cybersurveillance[J]. Pepperdine Law Review, 2014, 42(4): 773.

[17] SENATOR T E, GOLDBERG H G, WOOTON J, et al. The financial crimes enforcement network AI system (FAIS) identifying potential money laundering from reports of large cash transactions [J]. AI Magazine, 1995, 16(4): 21–39.

[18] GOTTSCHALK P. Categories of financial crime[J]. Journal of Financial Crime, 2010, 17(4):441–458.

[19] DOUGLASS J G. Rethinking theft crimes in Virginia[J].University of Richmond Law Review, 2003, 38(1).

[20] SHRIVASTAVA S, PAL S N. A big data analytics framework for enterprise service ecosystems in an e-governance scenario[C]//Proceedings of the 10th International Conference on Theory and Practice of Electronic Governance. New York: ACM, 2017: 5–11.

后　记

这几年我一直在思考人生的意义，如何不辜负此生，如何让有限的生命更有价值，这一度让我陷入沉思。后来我决定考博，一方面对自己多年的办案经验进行系统的梳理，加强理论的深度；另一方面从不断的学习中，去思考并寻找生命意义的答案。博士生涯结束，我陷入了更深的思考，人生也发生了很大的变化。

学习之路

2011 年，我第一次参与刑事诉讼法司法解释的制定工作。那时我还没有读博，是当时参与司法解释制定工作中学历最低、工作在最基层的一员，诚惶诚恐，一开始不敢过多地发表意见。后来最高人民法院的领导开玩笑地和我说："起初我们想，上海怎么派了一个沉默寡言的人过来，后来发现，这个法官实践经验还挺丰富。"

为了更好地完成司法解释的制定工作，那时的我利用所有能利用的时间看书、查资料，而看书是我最大的喜好。

小时候外公喜欢看古典书，竖排的印刷，看起来很吃力，因为那时可以买到的书有限，我就跟在外公后面，他看什么我看什么。再后来，可以买到的书多了，我就总是随身带着一本，利用碎片时间，走哪看哪。工作之后，因为看得多、说得少，不擅长聊天，平时就总是一个人坐在角落，除了看卷宗就是看书。就这样，一路看到了读博。

对一名法律生来说，法学是我的专长，但慢慢地我发现，当它成为我唯一的专长时,有时会成为成长的掣肘。刑事案件被告人犯罪的手法不断翻新,法庭上出现越来越多与技术相关的新名词,法官面临法律与技术融合的难题,这个时候靠单一的法律知识,靠“前半生充电、后半生放电”的学习模式,在工作中会显得捉襟见肘。那时,我们遇到了许多集资诈骗案件,涉及金融、经济、计算机等领域的知识,审理起来较为吃力,我想将这些知识与法学融会贯通,于是选择了“互联网金融下的非法集资”作为自己的研究课题。

印象中的非法集资是利用林业、矿业等吸收资金,被害人的血汗钱、救命钱、养老钱被“吸”走,被告人犯罪的手法没有太多的技术含量。案件到了法院以后,被害人总是一趟趟往法院跑,围在门口久久不愿离去,总觉得站在那儿就有希望、有盼头,自己的钱就能通过法院的审判执行早日回到自己的手中。但这几年的非法集资已融入了技术因素,使众多不那么“宝”的“大大宝”“国金宝”们,利用网络借贷平台进入了我们的视野。

“我又接了一个平台案”成了法官们见面的“问候语”,面对“茶叶平台”“邮票平台”“期货平台”等新类型案件,法官们进行审理时总恨不得揪几绺头发。尤其是老法官们,打字本已很吃力,现在又要啃与网络相关的一些技术名词。曾有学者在一次研讨会上问我:随着这些新型技术性的犯罪不断发生,司法人员面临着新情况、新问题,会不会觉得绝望?我的回答是:这就是刑事审判的魅力,我们始终在面对挑战的路上。

确定了研究课题,我开始搜集相关资料,这时我才发现,我所选择的这条路远比想象的复杂和艰辛。它不仅需要我具有扎实的法学理论功底、丰富的审判实践经验,还需要我在金融学、经济学、计算机等领域也不能是“小白”。我最初的设想是搜集众多的互联网非法集资案件,通过建立数学模型的方式,找出其中的发展规律或者变化轨迹,然后有针对性地研究解决之道,从而为立法者、司法者、社会大众提出系统的、有建设性的意见。但理想远比现实丰满,因涉及多学科的知识融合,光金融学、经济学、计算机知识的学习就已经占去了我所有的业余时间,再去啃深奥的数学知识,无论是时间还是精力上,都难以为继。

那个时候,几乎每个晚上,每个双休日、节假日,办公室、图书馆、书店、书房里,都是我抱着书的身影,我艰难地啃着区块链、网络借贷、股权众筹等鲜少接触的新知识,几度想放弃,几度失去继续研究下去的决心和勇气,几度怀疑自己能不能从跨界的研究中找到司法困境的解决路径。但每每想到之前的积累和付出,想到读博的初心,又咬牙坚持了下来。

几年后,当我发现区块链基础上的证券型通证融资模式的刑法风险,发现艺术品份额化交易的规制路径,尤其发现非法占有目的理论与实践存在错位时,就会暗自庆幸当初的坚持和努力。

我将互联网融资分成三个阶段,初始阶段的 P2P 网络借贷、股权众筹,发展阶段的艺术品资产份额化交易、代币发行融资,未来前瞻阶段的证券型通证融资。初始阶段的 P2P 网络借贷对司法人员、社会大众而言已经耳熟能详,但对其余的融资模式大多数人还不是很熟悉。

论文盲审时,校外的两个专家都给了 90 分的高分。答辩时,专家们从理论与实践两个方面肯定了我这些年的研究成果。一位答辩专家特地嘱咐我:研究互联网金融有特别的意义,现代技术与金融结合的法学研究是未来趋势,你的论文打开了互联网金融犯罪的体系,很多问题有了很好的研究基础和积累,不要转变研究方向,以后要继续长期、深入地研究下去。

这些话激励了我,于是决定让花了如此多心血写就的论文出版面世。虽然自觉理论功底还不够深厚,唯恐自己的理论思考贻笑大方,但想着理论研究无论对错,给别人的研究提供一些参考也是好的,于是就有了今天的这本书。

通常在后记里,作者总是在最后表达感谢之意,本书我想改变一下,把我对人生的思考放在最后,把感谢的话放在这儿。我要感谢我的导师金泽刚教授,是他让我下定决心在职读博,感谢他在我有所懈怠时督促我,感谢他为我的开题、论文写作、答辩提供宝贵意见并亲自作序。几年读博,我最大的感受是写文章很辛苦,但写就之后的那种喜悦是难以言表的。而且不知道从什么时候开始,专业法官会议上和同事们讨论案件时,自己能较快地抓住关键点,所说的理由同事们也较易接受并采纳,所以我从内心里感谢带我走上读博之路的导师。

感谢杨兴培教授,中秋假期还在逐字逐句看我的论文,提出了非常多中肯的意见,并且鼓励我"好论文是改出来的",我铭记在心,一遍又一遍地修改了论文,直到今天的面世。

感谢汪明亮教授,为我论文的提纲、布局提出了建设性的意见,并且几次与我探讨,说我的论文"是研究前沿问题"。有了这样的肯定,在我屡屡想放弃时,又屡屡觉得不舍,于是再屡屡回到研究的道路上来。

感谢陈庆安教授,在我为论文抓狂时说,"论文不要太完美,留点缺憾可以作为今后研究和努力的方向"。我后来把这个观点也用在了生活中,生活其实也不用太完美,留点遗憾不但自己轻松,别人也会觉着舒适。

感谢孙万怀教授,我最初开题时把写作的思路讲给他听,他说,"你犯了论文写作通常会犯的错误",一语点醒梦中人,让我在写作中避免了观点的简单堆砌,才有了今天校外专家评说的"填补空白"的研究论文。

特别感谢陈兴良老师,在我请他为拙作拨冗赐序时,他在繁忙的工作之余,仅仅用了 4 天时间就写就了几千字的序文,并微信我"你的博士论文写得很好"。我打开陈老师写的序,看了一遍又一遍,竟然红了眼眶。他看到了我写作的艰辛,看到了我写作的思考,给了我坚守的动力。在这,我再一次衷心地感谢他。

感谢我的同事们,他们与我一起讨论,一起研究,开阔了我的思路。

感谢我的家人们,如果没有你们的支持和理解,我不可能在繁忙的工作之余坚持写完论文,尤其是我的宝贝女儿魏慕蓉,我的博士论文是妈妈给女儿的一份礼物。我想要告诉女儿:虽然我没有像别的妈妈一样陪伴你良多,但今后的日子里我愿尽力弥补,和你一起前行,去探索和领略这世间的美好,不辜负此生。

工作之路

作为法官,我审理了很多大案要案,一些案件我想留待以后再说,这里我想特别提及上海首例艺术品资产份额化交易集资诈骗案。

这个案件里被害人多达几万名,案件起诉至法院后,因为补充审计迟迟开不了庭,每天办公室里电话此起彼伏,被害人不断申请法官开庭前进行会见。考虑到被害人迫切的心理,合议庭决定由被害人选出六名代表前来法院。

会见当天,信访部门的电话打来,请合议庭提前接待!我带着承办人前往接待室,走到大门口看到的却是人山人海。承办人通知被害人选出六名代表前来,那天却来了三百多名,还有一些在赶来的路上。没有扩音喇叭,我瘦小的身子穿梭在人群中,不断喊着:请你们派代表来见我们!

终于有人前来和我握手:我们就是代表,但我们有十二名,分别代表两个不同的诉请团体,请你们分别接待。

年轻的承办法官看着我,我现场叮嘱:无论被害人怎么说,情绪怎么激烈,你都要控制自己的情绪;同时记下他们的诉请,我们会认真研判。

狭小的接待室里坐满了人,被害人情绪很激动,既有对被告人犯罪行为的愤慨,也有对其他不同诉请团体的排斥。我坐在那里静静地听着。案件还没有开庭,没有裁判结果,被害人赶到法院,是想让法官听听他们所遇到的困难和艰辛,所以我们的任务就是倾听,而倾听是化解痛苦的一种方式。两个多小时,被害人诉说的愿望得到了满足,人群逐渐散去。

终于到了开庭的那天,我们没有限制旁听人数,而是开放了大礼堂,又开了几个视频法庭,只要是想旁听的被害人都可以进来。作出这样的决定,是想尽可能让被害人旁听整个庭审,通过庭审的公开与透明,让他们看到公正。

我们有些法官总是不明白，为什么自己明明一身正气、两袖清风，依法公正审理作出的判决，有的老百姓却不满意，有时不仅对案件本身，甚至对法官本人也产生怀疑。我在想，回答这个问题前得先问问自己：我们作出一个判决时，你心中想的是什么？是想着结案，完成办案指标；还是想着公正与效率，想着为老百姓实实在在做些事情？如果是后者，那就尽可能为老百姓多一些考虑，不仅是实体方面的，也包括程序方面的，因为我们所想的、所做的，老百姓一定能感受到。

比如对于有几万名被害人的案件，法院当然有理由限制旁听人数，没有一家法院能容纳如此多的被害人，但这种限制一定是建立在已经穷尽所有手段，已经尽力为老百姓着想之上。我们尽其所能提供旁听座位，让老百姓看到法院为此作出的努力，公正就会以一种看得见的方式呈现。

事实证明，我们的努力是对的，这种方式能更好地减少被害人对公正和效率的质疑。两天的庭审，虽然旁听人员众多，但秩序井然，被害人都认真地听着，并且明白了因为案情复杂，补充的审计报告迟迟未出，所以才导致庭审时间一延再延；同时也看到了合议庭的专业素养，以及为此付出的心血和努力。

到了宣判那一天，当我读完熬了几个夜才写就的判决书时，法庭里，视频室里，大礼堂里，几百名旁听人员全体起立鼓掌致谢。那一刻，我觉得所有的辛苦都值得了，也感受到了生命的价值。

网络上有一句流行语：你办的其实不是案子，而是别人的人生。事实上，它不就是这样吗？

刚当法官时，看到被告人在法庭上痛哭流涕，年轻气盛的我总会想：早知今日，何必当初。但随着时光的流逝，审理了一个又一个案件后，我褪去了年少时的青葱，越来越淡定从容，轻易不为外境所动，但总觉得少了一些什么。直到有一天，我明白了，当审判经验越来越多的同时，那少的是什么。

那天，我接到一个辩护人打来的电话：法官您好，被告人的妻子从广东赶过来了,您能见一下她吗,我们保证不谈论案情。

我的第一个反应是拒绝。跟我的领导提及此事时,他建议我:被告人的家人已经千里迢迢到了法院,还是见一下吧。

于是,我带着年轻的助理,在接待室见了被告人的妻子。这是一个长相娇好的年轻女人,话不多,见面时就从包里拿出一张照片。照片上是一个两三岁的小男孩和一个老人,一起坐在一张长凳上,微笑地对视着。孩子一脸的天真,老人满头的白发。女人说:孩子不知道爸爸被抓,老人则是知道后短短几天白了头。

我的法官助理"不争气"得流泪了。法官们总说自己越来越心硬,不为所动,而我在想:"被告人"不是一个个生硬的"标签",法官也不是法律的自动取款机,法律思维更不是简单的线性思考,三个效果的统一亦不是靠熟读法律条文就可以达到的。如果只是一味简单地对照法条办案,不考虑法、理、情的交融,不考虑案件背后复杂的人性,我们是不是太机械了呢?

我的心开始柔软,我知道多了一个东西叫"悲悯"。我开始跟我的同事们说:办案时轻轻重重,不是一味地轻,也不是一味地重,而是当轻则轻,当重则重;但无论轻重,办案时总要问问自己的心,我们有没有违背法官的良知,因为良知是我们的底线。

生活之路

司改期间,面临下基层还是留在原单位的选择,我毫不犹豫地选择了前者。我想去看看不一样的世界,丰富自己的生命,于是从市中心进入了靠近浙江海边、离家有 60 多公里的基层法院。未去之前,我对这家基层法院的印象就是"远",但等自己亲身经历后,才对"远"这个字有了切身的体会。每天来回三四个小时的路途,中间有一段是被上海人称之为"小火车"的交通工具。疫情期间,有一次车厢空无一人,我没有看书,而是细听列车的广播,发现所谓"小火车"原来就是高铁。

刚到基层时是夏天,郊区生态环境好,办公室的窗玻璃上,会因为灯光吸引各色的虫子趴在上面。我曾细细地看过,品种丰富,城市里长大的我几乎不识一种。

犹记得第一个夜晚,我离开办公室,习惯地关灯,然后愣在了原地。眼前是一片漆黑,伸手不见五指的黑,原来走廊是不开灯的。我摸索着去找墙上的开关,打开灯,长长的过道里,灯光映出我长长的身影。

走在院子里,没有路灯,空空的亦是只有我一人。我没有觉着害怕,多年的职业生涯,早已与这个词绝了缘。

宿舍里,紧闭的纱窗也挡不住壁虎和飞虫。我曾和壁虎面面相对,我对它说:你来去自由,但一定不要进我休息的区域啊。

有一天晚上回到宿舍,发现房间中央"乌黑黑"一片。走过去,这"乌黑黑"的一片竟然会四散而开,原来是一地的虫子。值班的男同事帮我用拖把将它们拖出了门。我问:这种虫子会上床吗?同事说:不会吧。我掀起被子,虫子爬出来,这个场景,我终生难忘。

暑去寒来,上海极少出现极冷的天气,但在难得出现的一个极冷的夜后,早上起来发现宿舍的水管冻住了,没有水。我买了脸盆,去水房打水洗漱,仿佛回到了大学时代。

对于这些经历,在别人的眼里看着辛苦无比,但人有时会比自己想象得坚强,时光飞逝,我竟然已奔波了近四年,十万多里路。"云和月"总要和十万里路相伴生,我一开始是乐在其中的,因为我每天有了整段的时间可以静静地看书。

这些经历,都是让我前行的动力。我们可能记不住安逸,但一定不会忘记路途的艰辛,因为那里有别样的风景,那里会因生活的丰富而开出生命之花。

心灵之路

安逸时,人们不会过多地思考人生的意义;只有痛苦,才能让人成长。我又开始思考人生的目的和意义。

每天的清晨,我喜欢避开人群,一个人走在空旷的站台上,看着列车驶来驶往。有一天,我突然在想:火车有它的方向和目标,我下一步的方向和目标又在哪里呢?路途遥远对我本不是事,我能吃苦能耐劳,用自己的所学去帮助更多的人,发挥自己的价值,让人生没有白来,一直是我的初心。可为什么今天我每一步踩下去,都察觉到了自己紧皱的双眉和沉重的脚步,当初的憧憬和踌躇满志去了哪儿呢?

这个世界不是扁平的,我们却总是用一点、一线、一面与它交融,当遇到困惑时,总是在选择上摇摆不定,但是不是只要方向是对的,走哪一条路都无所谓对错呢?我一直在寻找生命的价值,不知道前路,但会不会寻找生命的价值本身就是一件没有价值的事呢?因为它让我们没有活在当下。

人们总是一心一意去追求可以衡量的成功,总觉得财富、权力可以带来幸福和快乐,却没有停下脚步去感受当下的美好,没有去体会大自然的神奇,没有向深爱的人传达内心深处的情感。我们总说等退休以后去看这个世界,去好好感受生活,去做工作繁忙时没有时间去做的事情,可世界不就在眼前、生活不就在脚下吗?不就在你我相视的这一瞬间吗?不就在我写下这些字你在看的这一刻吗?外在的东西能让我们露出由衷的微笑吗?被这些东西覆盖住的本心,会绽放出鲜活的力量吗?不以生命作为思考的对象,我们难以摆脱世俗的羁绊;生命谢幕时,会发现忙忙碌碌一生,自己竟没有真正地活过。

努力做个集理论知识与实践经验于一身的司法裁判者,与大众分享自己所思、所想、所学,淡泊名利、实在做事,是我的初心。摆脱传统思维的固化,理性面对互联网技术发展所带来的挑战,用公平公正以及法官的良知审理案件,也是我的本心。

前方的路还会有困难与挑战,但安逸的人生是平庸与懒惰的温床。既然来这世上一遭,总要好好地活过;站在山脚下,大家看到的风景都是一样,只有走上崎岖的山路,爬上山顶,才能收获别样的风景。往前走,总是不错的。

愿未来的路上,初心不改,我心依旧。